AS GRANDES TEORIAS DO TEATRO

AS GRANDES TEORIAS DO TEATRO

Marie-Claude Hubert

Tradução
Eduardo Brandão

wmf **martinsfontes**

Esta obra foi publicada originalmente em francês com o título
LES GRANDES THÉORIES DU THÉÂTRE
por Armand Colin, Paris
Copyright © Armand Colin, edição 2005
Copyright © 2013, Editora WMF Martins Fontes Ltda.,
São Paulo, para a presente edição.

1ª. edição 2013
2ª. tiragem 2022

Tradução
Eduardo Brandão
Acompanhamento editorial
Luzia Aparecida dos Santos
Revisões
Otacílio Nunes
Veridiana Cunha
Edição de arte
Adriana Maria Porto Translatti
Produção gráfica
Geraldo Alves
Paginação
Moacir Katsumi Matsusaki
Capa
Erik Plácido
Imagem da capa
Plateia, novo teatro de Turim, Itália.
MAR-W424679 © tci / Age Fotostock / Keystone.

Dados Internacionais de Catalogação na Publicação (CIP)
(Câmara Brasileira do Livro, SP, Brasil)

Hubert, Marie-Claude
  As grandes teorias do teatro / Marie-Claude Hubert ; tradução Eduardo Brandão. – São Paulo : Editora WMF Martins Fontes, 2013.

  Título original: Les grandes théories du théâtre.
  ISBN 978-85-7827-595-2

  1. Teatro (Gênero literário) – História e crítica – Teoria, etc. 2. Teatro – Estética 3. Teatro europeu – História e crítica.

12-07075   CDD-809.2

Índices para catálogo sistemático:
1. Teatro europeu : História e crítica   809.2

Todos os direitos desta edição reservados à
Editora WMF Martins Fontes Ltda.
Rua Prof. Laerte Ramos de Carvalho, 133 01325-030 São Paulo SP Brasil
Tel. (11) 3293-8150 e-mail: info@wmfmartinsfontes.com.br
http://www.wmfmartinsfontes.com.br

Sumário

Prefácio 7

Capítulo 1. A ANTIGUIDADE 9

Capítulo 2. O CLASSICISMO 51

Capítulo 3. A REVOLUÇÃO DO DRAMA 125

Capítulo 4. RUMO À MODERNIDADE 223

Conclusão 271

Glossário 273

Cronologia 276

Bibliografia 280

Índice onomástico 281

Índice das ilustrações 285

Prefácio

Análise textual, arte da interpretação, estética da recepção – são esses os três modos possíveis de abordagem do teatro, conforme quem aborde se situe do ângulo do autor dramático, do ator ou do público. Em função das épocas, dos teóricos, um desses três modos foi privilegiado. Se é possível isolá-los, por razões metodológicas, é impossível, quando se opta por um deles, ignorar os outros dois, a tal ponto os três parceiros – autor, ator, público – estão envolvidos um com o outro no teatro.

Aos quatro grandes períodos do teatro ocidental – a época grega, a época clássica, a época do drama e a época contemporânea –, correspondem quatro modelos de sociedade: a democracia ateniense; a monarquia absoluta, ainda feudal sob muitos aspectos; o período revolucionário[1]; e o período moderno, que se inicia com a Revolução Industrial e tende para uma globalização cada vez mais considerável, que atinge tanto os costumes quanto as artes. Esses quatro períodos se caracterizam por dramaturgias, dispositivos cênicos e relações atores/espectadores específicas. Os filósofos, Platão e Aristóteles, foram os primeiros a discorrer sobre o teatro. Na Antiguidade, são eles que dão explanações sobre todos os campos do saber (matemática, física, gramática, retórica, etc.) e todos os fenômenos da sociedade (política, instituições: religiosas, jurídicas). O teatro, como lugar de eloquência e fato social, se inscreve no primeiro plano das suas preocupações. Assim, eles situam suas análises ora no que concerne ao texto, ora à recepção. Se os filósofos continuam mais tarde a se interrogar a seu respeito, se apagam todavia diante dos autores dramáticos que, desde o Classicismo, se arrogam a posição de principais teóricos. O teatro não é mais analisado como objeto externo por esses espectadores privilegiados que são os filósofos, mas sim de dentro pelos artesãos que o criam. Corneille, o abade d'Aubignac, Chapelain, Mairet falam como "poetas dramáticos", dando parte dos múltiplos problemas com que se defrontam, ao mesmo tempo que têm consciência de elaborar o aval de uma doutrina. Se a análise textual os preocupa acima de tudo, já que sua prática os predispõe a tanto, não se deve crer por isso que eles não se preocupam com os problemas de interpretação e de recepção. Longe de estarem encerrados na torre de marfim do seu gabinete, com frequência dirigem os atores e estão à escuta do público. Embora teóricos do drama burguês, como Diderot e Mercier, desejosos por sua vez de estabelecer uma dramaturgia, adotem a mesma atitude de autor dramático, orientam porém a reflexão sobre o teatro para um novo caminho que a modernidade seguirá com gosto. Eles centram a problemática teatral na arte do intérprete, que se torna o objeto principal do seu exame, como atesta *Le Paradoxe sur le comédien* [*Parado-*

---

1. Entendemos o termo no sentido lato, isto é, as três décadas que preparam a revolução de 1789 e os três grandes movimentos insurrecionais que a prolongam: 1830, 1848, 1870.

xo sobre o comediante], obra que ilustra perfeitamente o novo espírito. De fato, desde o fim do século XIX os diretores concorrem com os autores dramáticos em matéria de teoria teatral.

Os discursos desses diferentes teóricos, filósofos, autores dramáticos e diretores é que confrontamos aqui. Por isso, só nos interessamos pelos autores dramáticos que teorizaram sua prática e deixamos de lado os que não se dignaram explicar-se sobre a sua arte, ainda que se situem dentre os maiores, como Beckett, por exemplo, que não figura nesta obra.

Capítulo 1
A ANTIGUIDADE

Os mais antigos textos teóricos ocidentais que tratam do teatro são, com frequência, obras de filósofos. Os três grandes trágicos, Ésquilo, Sófocles e Eurípides, o primeiro cômico, Aristófanes, não nos deixaram nada das suas reflexões, seja porque esses demiurgos não se interrogaram sobre a arte a que, atônitos, davam nascimento (o que parece o mais verossímil), seja porque seus escritos não chegaram até nós, como foi o caso da maioria das suas peças. Platão, na *República*, Aristóteles, na *Poética*, são os primeiros teóricos. Um aborda o teatro como metafísico e moralista, o outro, teórico da poesia que é, se interroga sobre os modos de funcionamento da peça de teatro. Os procedimentos dos dois, um hermenêutico, o outro formalista, abrem caminho para dois tipos de enfoque que ainda são os de hoje – o que diz tudo sobre a sua importância. Eles colocaram três questões essenciais sobre a natureza do teatro. Que relação o teatro mantém com o real? Qual é seu impacto sobre o espectador e sobre o ator? Quais são as características da escrita dramática em relação à de outros gêneros literários? Novas respostas surgirão, no correr dos séculos, soluções diferentes virão à luz, mas não novas questões.

1. A ARTE DA MÍMESIS

O conceito de mímesis está no cerne de toda reflexão sobre o teatro, seja ela fenomenológica ou semiológica. Foi em função da pureza da mímesis que os teóricos classificaram o teatro em relação aos outros gêneros: romance e poesia.

1.1. O conceito de mímesis

Entende-se por mímesis a imitação da realidade, ou melhor, sua representação. Toda arte mimética supõe a existência de dois objetos – o modelo e o objeto criado –, que mantêm entre si uma relação complexa de similitude e de dessemelhança. O objeto de arte nunca é duplicação do real, mas o transfigura numa forma ideal, processo esse que lhe confere uma espécie de eternidade. Os artistas da Antiguidade sabiam bem disso, tanto que visavam criar uma obra imutável. A estética nasceu, no homem, do desejo de eternidade.

Na *Física*, Aristóteles, depois de ter constatado que a "arte imita a natureza", distingue dois modos de mímesis. "Por um lado, a arte leva a cabo aquilo que a natureza é incapaz de realizar, por outro lado, ela imita." Arraigada no realismo, a

---
1. Roselyne Dupont-Roc e Jean Lallot propuseram uma nova tradução do termo *mímesis*, habitualmente traduzido por "imitação" (cf. *La Poétique*, Le Seuil, 1980). O termo "representação" tem o interesse de admitir como complemento tanto o referente quanto o artefato, enquanto o de imitar exclui este último, que nos interessa especialmente.

mímesis, no sentido restrito, reproduz o que já é apresentado pela natureza. Em contrapartida, a mímesis, entendida num sentido geral, não reproduz nada de existente, mas supre pela estilização a incapacidade que a natureza tem de ordenar. Ela é poiética, isto é, criadora, pois, substituindo a natureza, leva a cabo o processo de criação. A arte oscila, em todas as épocas, entre esses dois modos da mímesis: realismo e estilização.

A atividade mimética, natural, a crer em Aristóteles, é fonte de prazer. "Desde a infância, os homens têm, inscritas em sua natureza, uma tendência a representar (...) e uma tendência a encontrar prazer nas representações" (*Poética*, cap. 4). Um componente intelectual entra na natureza desse prazer, que tem um suporte sensível. A atividade mimética requer um trabalho de abstração que consiste em discernir as características pertinentes de um objeto real, para passar ao caso geral, reproduzindo-o. Ela proporciona portanto, ao mesmo tempo, o prazer de aprender e o de reconhecer. "De fato, se gostamos de ver imagens é porque, vendo-as, aprendemos a conhecer e concluímos o que cada coisa é, como quando dizemos: aquele ali é ele" (*Poética*, cap. 4).

O jogo dramático, próximo dos jogos infantis, é a forma mais natural de atividade mimética, como sugere Dostoiévski em *Os irmãos Karamazov*. A um de seus colegas, que não queria que acreditassem que ele "brincou de bandido" no recreio com "os pirralhos do pré-primário" por prazer, mas sim para distraí-los, Alexei Karamazov responde:

> – Et même si vous aviez joué pour votre plaisir, quel mal y aurait-il?
> – Oh, pour mon plaisir... Vous n'iriez pas, vous, jouer au dada, n'est-ce pas!
> – Dites-vous ceci, réplique Aliocha en souriant: les grandes personnes, vont bien, par exemple, au théâtre. Or, au théâtre aussi on représente les aventures de toutes sortes de héros, on y voit des brigands, des scènes de guerre... Eh bien, n'est-ce pas la même chose, dans son genre s'entend? Jouer à la guerre pendant les récréations, ou à ces mêmes brigands, n'est-ce pas montrer l'art dans son germe, le besoin naissant de l'art pour l'âme juvénile? Et ces jeux sont organisés quelquefois d'une façon infiniment plus harmonieuse que les représentations théâtrales; la différence, c'est qu'au théâtre on regarde des acteurs, tandis qu'ici la jeunesse est elle-même l'acteur. Mais le jeu est tout naturel!
>
> (4.ª parte, livro 10, ed. Garnier, 1969, p. 751)

> [– Mesmo que você houvesse brincado de bandido para seu prazer, que mal teria?
> – Ora, para meu prazer... Vocês não brincariam de cavalinho, não é?
> – Pense no seguinte – replicou Aliocha, sorrindo. – Os adultos vão, por exemplo, ao teatro. Ora, no teatro também se representam aventuras de todo tipo de heróis, veem-se bandidos, cenas de guerra... Não é a mesma coisa, a seu modo, claro? Brincar de guerra no recreio, ou mesmo de bandido, não é mostrar a arte em seu germe, a necessidade nascente da arte para a alma juvenil? E esses jogos são organizados às vezes de uma maneira infinitamente mais harmoniosa do que as representações teatrais; a diferença é que no teatro vemos atores, e aqui a própria juventude é o ator. Mas a representação é completamente natural!]

É sem dúvida por causa da espontaneidade dos fenômenos de dramatização que o conceito de mímesis tem uma origem especificamente teatral, como lembra Aristóteles, no livro I da *Poética*. Com efeito, o termo "mimos" designa textos dramáticos que não chegaram até nós, os "mimos de Sófron e Xenarco", sainetes com temas extraídos da vida cotidiana. Posteriormente, o conceito se aplicou rapidamente tanto a artes espaciais, como a dança, a pintura, a escultura (hoje o cinema), quanto a artes temporais, como a literatura narrativa, e, às vezes, a música.

1.2. Lugar do teatro na tipologia dos gêneros literários

Na literatura, o teatro é o gênero literário mimético por excelência, pois põe o fictício em cena como se fosse real. Jean-Pierre Vernant e Pierre Vidal-Naquet observam que, em razão de tal tratamento do fictício, essa arte tinha necessariamente de nascer "no âmbito do culto de Dioniso, deus das ilusões, da confusão e da incessante mistura de realidade e aparências, verdade e ficção" (*Mythe et tragédie, deux*, La Découverte, 1995, col. Textes à l'appui). Platão, no livro III da *República*, distingue três gêneros literários: a narrativa pura, o drama e a forma mista, em função do seu modo de enunciação, conforme a "narrativa" seja "simples, imitativa ou ambas ao mesmo tempo". Sócrates, que dialoga com Adimanto, irmão de Platão, interroga-o assim:

> Tout ce que disent les conteurs de fable et les poètes n'est-il pas le récit d'événements passés, présents ou futurs? (...)
> Et bien, le récit dont ils usent n'est-il pas simple, imitatif, ou l'un et l'autre à la fois.
> (392d)

> [Tudo o que dizem os contadores de fábula e os poetas não é a narrativa de acontecimentos passados, presentes ou futuros? (...)
> Pois bem, a narrativa que utilizam não é simples, imitativa ou ambas ao mesmo tempo?]

O drama puro, inteiramente mimético, utiliza apenas o discurso direto. A narrativa pura, estritamente diegética, nunca é acompanhada de diálogo. Essa forma "sem imitação", de acordo com os próprios termos de Platão, só se realiza no ditirambo[2]. A epopeia, em que os diálogos citados interrompem às vezes a narrativa, constitui uma forma mista que mescla elementos miméticos ao diegético. "A poesia e a ficção comportam uma espécie completamente imitativa, isto é, (...) a tragédia e a comédia; depois, uma segunda que consiste na narrativa do próprio poeta; você a encontrará principalmente nos ditirambos; enfim, uma terceira, formada pela mistura das outras duas, é usada na epopeia e em vários outros gêneros" (394c).

Com a preocupação de clareza que o caracteriza, Sócrates ilustra suas palavras com um exemplo. Evocando a altercação no início da *Ilíada*, que se supõe

---

2. O ditirambo é um hino em versos em honra a Dioniso, cantado e dançado pelos oficiantes do culto, as bacantes e os bacantes.

seu interlocutor conheça de cor, entre Crises, o velho sacerdote de Apolo, e Agamenon, que não quer lhe devolver sua filha, ele lhe diz:

> Tu sais donc que jusqu'à ces vers:
> "et il conjurait tous les Grecs et en particulier les deux Atrides, chefs des peuples"
> le poète parle en son nom et ne cherche même pas à nous donner le change et à nous faire croire que c'est un autre que lui parle. Pour ce qi suit, au contraire, il le raconte, comme s'il était lui-même Chrysès, et il s'efforce de nous donner autant que possible l'illusion que ce n'est pas Homère qui parle, mais bien le vieillard, prêtre d'Appolon; et c'est à peu près ainsi qu'il a composé tout le récit des événements qui se sont passés à Ilion, à Ithaque et dans toute l'Odysée.
> C'est vrai, dit-il.
> N'ya-a-t-il pas récit quand il rapporte, soit les divers discours prononcés, soit les événements intercalés entre les discours?
> Évidemment si.
> Mais lorsqu'il prononce sous le nom d'un autre, ne pouvons-nous pas dire qu'il conforme alors autant que possible son langage à celui de chaque personnage auquel il nous avertit qu'il va donner la parole?
> Nous le pouvons; je ne vois pas d'autre réponse.
> Or se conformer à un autre, soit par la parole, soit par le geste, n'est-ce pas imiter celui auquel on se conforme?
> Sans doute.
> Mais en ce cas, ce me semble, Homère et les autres poètes ont recours à l'imitation dans leurs récits.
> Assurément.
> Au contraire si le poète ne se cachait jamais, l'imitation serait absente de toute sa composition et de tous ses récits.
>
> (393a-c)

> [Você sabe portanto que até estes versos:
> "e ele conjurava todos os gregos e, em particular, os dois átridas, chefes dos povos"
> o poeta fala em seu nome e não tenta sequer nos induzir em erro, nos fazendo crer que é um outro que lhe fala. No que se segue, ao contrário, ele conta como se ele próprio fosse Crises e se esforça para nos dar, tanto quanto possível, a ilusão de que não é Homero que fala, mas o ancião, sacerdote de Apolo; e foi mais ou menos assim que compôs toda a narrativa dos acontecimentos que se desenrolaram em Ílion, em Ítaca e em toda a Odisseia.
> É verdade, diz ele.
> Não há narrativa quando ele relata, sejam os diversos discursos pronunciados, sejam os acontecimentos intercalados entre os discursos?
> Claro que sim.
> Mas quando ele fala sob o nome de outro, não podemos dizer que ele conforma, então, tanto quanto possível, sua linguagem à de cada personagem a que nos avisa que vai dar a palavra?
> Podemos, sim; não vejo outra resposta.
> Ora, nos conformarmos a outro, seja pela palavra, seja pelo gesto, não é imitar aquele a quem nos conformamos?
> Sem dúvida.

Mas, nesse caso, parece-me, Homero e os outros poetas recorrem à imitação em suas narrativas.
Certamente.
Ao contrário, se o poeta não se ocultasse nunca, a imitação estaria ausente de toda a sua composição e de todas as suas narrativas.]

A tipologia platônica será muitas vezes retomada pelos teóricos ocidentais. Mairet, um dos primeiros teóricos do Classicismo, a reformula de maneira quase idêntica no prefácio de *La Silvanire* em 1631: "Creio que há três tipos de poema: o dramático, o exegemático e o misto. A obra dramática, em outras palavras, ativa, imitativa ou representativa, é aquela que representa as ações de um sujeito por pessoas que falam entre si e em que o poeta mesmo nunca fala: nesse gênero de escrever devem ser colocadas todas as tragédias, comédias, certas églogas e diálogos, em suma, todas as peças em que o autor introduz pessoas apaixonadas, sem se misturar a elas. O exegemático ou recitativo é uma obra que não recebe nenhuma pessoa falante, salvo seu autor, como são todos os livros que são feitos para ensinar, ou a física, como Lucrécio, ou a astrologia, como Aratos, ou a agricultura, como Virgílio em suas *Geórgicas*, tirando algumas fábulas que ele inseriu na quarta. O misto, enfim, é aquele no qual o próprio poeta fala, e faz falar ora os deuses, ora os homens: esse gênero de escrita se chama também épico ou heroico, por causa dos heróis ou grandes homens que têm algo mais que humano e cujas aventuras eles representam. Assim, Homero magnificou as ações do seu Aquiles, e Virgílio, depois dele, a do seu Enéas." Mairet, como vemos, não dá como exemplo de narrativa pura senão obras antigas de interesse didático, que têm um caráter tão literário quanto científico. De fato, é por intermédio da poesia que Lucrécio, em *De Natura rerum*, expõe sua teoria dos átomos, Virgílio, em *As Geórgicas*, suas considerações sobre a agricultura. Desde a época em que os campos de investigação do pensamento humano eclodiram em domínios específicos, esse tipo de reflexão passa a se exprimir somente em tratados científicos, matemáticos, físicos, filosóficos, históricos, etc., que têm um modo de expressão privilegiado, diferente do da literatura, o narrativo puro.

A tipologia aristotélica, formulada na *Poética*, é muito mais pertinente. Aristóteles conserva o modo de enunciação como critério essencial da diferenciação entre a forma narrativa e o teatro. Mas, na tipologia platônica, ele elimina a narrativa pura, forma teórica nunca realizada, salvo no ditirambo, segundo Platão. A epopeia, como mais tarde o romance e a novela, incorpora de saída elementos miméticos. Não existem, no conjunto da literatura universal, epopeia ou romance sem passagens dialogadas. Só algumas novelas brevíssimas constituem exceção. Assim, Aristóteles substitui a oposição platônica ternária – dramático/misto/narrativo – pela oposição binária dramático/narrativo. O que Platão considerava a forma mista, impura, se torna nele a forma narrativa[3].

Já que, conforme acabamos de ver, o modo de enunciação diferencia o gênero narrativo e o gênero dramático, a declamação caracteriza o teatro a partir do momento em que a literatura se fixa por escrito e o romance é destinado a ser lido,

---

3. Ver Genette, Gérard, *Introduction à l'architexte*, Le Seuil, 1979, col. Poétique.

e não mais recitado, como a epopeia em suas origens. Por isso a arte do ator foi por muito tempo comparada com a do orador, porque ambas demandam uma performance oral, de modo que foram assimiladas a retórica do orador e a que o autor dramático utiliza nas palavras que empresta a seus personagens. De fato, desde a Antiguidade atribui-se ao ator uma posição e um discurso análogos aos do orador. Os tratados de arte oratória contêm muitas vezes breves análises do diálogo do teatro e da atuação do ator. Quintiliano, em sua *L'Institution oratoire* [*A instituição oratória*], obra latina escrita em versos em torno de 93 d.C., destinada à formação do orador, toma seus exemplos emprestados várias vezes à arte dos comediantes. Para mostrar ao advogado que este só seria convincente se tentasse momentaneamente compartilhar as inquietudes de seu cliente, Quintiliano, que exerceu ele próprio o ofício de advogado, cita como modelo o ator que, embora pronunciando palavras fictícias, às vezes sai de cena perturbado, envolvido em sua representação. "Quando necessitarmos despertar a piedade, creiamos que as desgraças que deploramos caíram sobre nós mesmos e persuadamos que assim de fato é. Devemos nos identificar com aqueles de quem nos compadecemos por terem sofrido infortúnios graves, desmerecidos, amargos, não defender seu caso como um assunto alheio, mas assumir por um tempo essa dor: assim, diremos o que diríamos se nos víssemos em caso semelhante. Vi muitas vezes atores de tragédia e até de comédia saírem de cena ainda em lágrimas, depois de terem representado um papel um tanto comovente e tirado a sua máscara. Se o simples fato de dizer palavras escritas por outro inflama assim por sentimentos fictícios, o que não faremos se pensarmos o que pensa o acusado, para ficarmos emocionados como nosso cliente?" (*L'Institution oratoire*, livro 6, Les Belles Lettres, 1977).

Essa assimilação do estatuto do comediante ao do orador, ainda vivacíssima na época clássica[4], durará na Europa até o século XIX. Marmontel, em seus *Éléments de littérature* [*Elementos de literatura*], no verbete "eloquência poética", escreverá: "A poesia é a própria eloquência em toda a sua força e com todos os seus encantos (...). Se me acusam de confundir aqui os gêneros, digam-me em que diferem a eloquência de Burrus falando a Nero, na tragédia de Racine, e a de Cícero falando a César, na peroração em defesa de Ligário (...). A eloquência do poeta é a própria eloquência requintada do orador, aplicada a temas interessantes, fecundos, sublimes; e os diversos gêneros de eloquência que os retóricos distinguiram – o deliberativo, o demonstrativo, o judiciário – são do domínio tanto da arte poética, quanto da arte oratória; mas os poetas têm o cuidado de eleger grandes causas para discutir, grandes interesses a debater. Augusto deve abdicar ou preservar o império do mundo? Ptolomeu deve conceder ou recusar asilo a Pompeu; e, se o receber, deve defendê-lo, deve entregá-lo a César vivo ou morto?" (*Éléments de littérature*, in *Oeuvres complètes*, Slatkine, 1968).

Se a poesia lírica não entra na tipologia antiga, é porque ela não é mimética. Ela não admite a construção de uma ficção, que estabelece uma distância entre o eu íntimo e a obra. A ideia de agrupar diferentes poemas não miméticos sob o rótulo

---

4. Ver os trabalhos de Marc Fumaroli, notadamente *Héros et orateurs, rhétorique et dramaturgie cornéliennes*, Droz, 1990.

de poesia lírica aparece timidamente na era clássica. É só a partir do Romantismo que se impõe a tripartição dos gêneros líricos, épicos e dramáticos que adotamos hoje na maior parte das vezes. O critério de diferenciação que os opõe não se situa mais, como na Antiguidade, no modo de enunciação, mas na distância respectiva introduzida entre o eu e a obra. Joyce, em *Dedalus* [*Retrato do artista quando jovem*], considera, como Hugo, que, nas três formas surgidas sucessivamente na história da humanidade – a lírica, a épica e a dramática –, a distância entre o eu do artista e a escrita aumentou. Ele distingue: "a forma lírica, em que o artista apresenta sua imagem em relação imediata com ele mesmo; a forma épica, em que o artista apresenta sua imagem intermediária entre ele mesmo e os outros; a forma dramática, em que apresenta sua imagem em relação imediata com os outros. (...) A forma lírica é a mais simples roupagem verbal de um instante de emoção, um grito rítmico parecido com os que outrora excitavam o homem que acionava o remo ou rolava pedras para o alto de uma elevação. Quem profere esse grito é mais consciente do instante da sua emoção do que de si mesmo sentindo essa emoção. A forma épica mais simples emerge da literatura lírica quando o artista se detém e insiste sobre si mesmo, como se fosse o centro de um acontecimento épico; essa forma progride até o momento em que o centro de gravidade emocional se acha equidistante do artista e dos outros. A narrativa cessa então de ser pessoal. (...) Alcança-se forma dramática quando a vitalidade, que havia fluído e turbilhonado em torno dos personagens, enche cada um desses personagens de uma força tal que esse homem e essa mulher recebem uma vida estética própria e intangível. A personalidade do artista, traduzida primeiro por um grito, uma cadência, uma impressão, depois por uma narrativa fluida e superficial, se subtrai enfim até perder sua existência e, por assim dizer, se impessoaliza. (...) O artista, como o Deus da criação, permanece no interior, ou atrás, ou além, ou acima da sua obra, invisível, subtraído para fora da existência, indiferente, cuidando das unhas" (Gallimard/Folio, 1974, pp. 311-313).

Enquanto a forma lírica é a expressão direta do eu, a forma épica introduz uma distância entre o eu e a obra: a da narração. É no gênero dramático que a distância é máxima. O artista só se exprime através do discurso de seus personagens, ele próprio mediado pela voz do ator. Essa dupla mediação do discurso caracteriza o teatro.

1.3. Os critérios de diferenciação das artes miméticas

Com que se representa? O que se representa? Como se representa? Essas três perguntas, relativas respectivamente aos meios, aos objetos e ao modo da representação, constituem, segundo Aristóteles, os três critérios que permitem diferenciar as artes miméticas. Mais preocupado com a precisão do que Platão, ele introduz, com os meios e o modo da representação, dois critérios a que seu predecessor não recorria. Por "meio", Aristóteles entende a forma utilizada pelo artista, os materiais com que ele trabalha. É uma associação rítmica particular de declamação, de música e de canto, a que recorre o autor dramático, é um sistema de gestos que constitui o instrumento do mimo, são formas e cores que o pintor combina à sua vontade, etc. Por "objeto", Aristóteles entende o homem ou outro objeto (animado como o animal, inanimado como uma paisagem). Esse último critério lhe permite diferenciar notadamente a pintura, que representa tanto o homem quanto a natureza, e a literatura, que, na Antiguidade, representa apenas o homem.

Dentro desses critérios gerais, Aristóteles introduz subdivisões, opondo três tipos de objeto de representação: os personagens "nobres" ou melhores que nós, os personagens semelhantes a nós e os personagens "baixos" ou piores que nós. Precisemos que o termo "baixeza" deve ser entendido numa acepção tanto social quanto moral. Nobreza de coração e nobreza de classe se confundem para os gregos, como mais tarde para os nossos clássicos. Numa escala de valor aristocrático, o belo e o bem são privilégio dos grandes. Esse sistema de avaliação só caducará a partir da Revolução francesa. Somente com o Romantismo, um serviçal como Ruy Blas, um criado de grande coração, poderá aspirar ao estatuto de herói. Quando trata da pintura e da literatura narrativa, Aristóteles examina os três casos. Seus exemplos relativos aos personagens "iguais a nós" não são esclarecedores para o leitor moderno, já que as obras que eles citam não chegaram até nós. Em compensação, quando se trata de teatro, ele examina apenas personagens melhores do que nós ou piores do que nós, pois a literatura dramática grega não lhe fornecia nenhum exemplo de personagens "iguais a nós". Vai ser necessário esperar o drama burguês para esse exemplo ser explorado. O fracasso do gênero junto ao público mostrará que a ausência de transformação no processo de representação, para passar do objeto modelo ao objeto construído, não é esteticamente fecunda no teatro. O personagem dramático, em tudo semelhante a nós, não nos toca. "Como os que representam, representam personagens em ação e como, necessariamente, esses personagens são nobres ou baixos (os caracteres pertencem quase sempre a esses dois tipos apenas, já que, em matéria de caráter, são a baixeza e a nobreza que para todo o mundo fundam as diferenças), isto é, sejam melhores, sejam piores que nós, sejam semelhantes – como fazem os pintores: Polignoto seus personagens melhores, Pauson piores, Dioniso semelhantes –, é evidente que cada uma das representações de que falei comportará também diferenças e será outra porque representará objetos outros sob o aspecto que acabamos de indicar. De fato, essas dessemelhanças podem ser encontradas na arte da dança, da flauta, da cítara, e é também o caso das obras em prosa ou em verso sem acompanhamento musical; exemplo: Homero representou personagens melhores, Hegemon de Tasos, o primeiro autor de paródias, e Nicócares, o autor da *Deilíada*, piores. (...) É nessa diferença mesma que repousa a distinção entre a tragédia e a comédia: uma quer representar personagens piores, a outra personagens melhores que os homens atuais" (cap. 2).

É graças a essa série de critérios que Aristóteles esboça um quadro de classificação dos gêneros. Se a tragédia e a comédia têm o mesmo modo de representação, já que ambas mostram as personagens em ato, elas diferem porém pelos objetos da representação, uma pondo em cena personagens nobres, a outra personagens baixos. Quanto à tragédia e à epopeia, se elas se opõem por seus modos de representação, pois a epopeia recorre à narração, elas representam contudo os mesmos objetos, personagens nobres. Por preocupação didática, Aristóteles dá o seguinte exemplo: Sófocles é o autor do mesmo tipo de representação de Homero, pois ambos representam personagens nobres. Mas ele se coloca igualmente ao lado de Aristófanes, na medida em que ambos representam personagens que agem e fazem o drama.

Notemos que Aristóteles, na *Poética*, distingue tragédia e comédia não só pela nobreza ou baixeza dos personagens, mas também pelo efeito produzido sobre o espectador – as lágrimas ou o riso –, que é função da presença ou da ausência de dor manifestada pelo ator. Na parte da *Poética* que chegou até nós, Aristóteles trata essencialmente da tragédia e da epopeia. De acordo com o plano enunciado no capítulo 1, a obra continha igualmente um exame da comédia. Infelizmente, só temos uma definição sucinta desta: "A comédia, como dissemos, é a representação de homens baixos; no entanto, ela não cobre toda baixeza: o cômico nada mais é que uma parte do feio; de fato, o cômico consiste num defeito ou numa feiura que não causam nem dor nem destruição; um exemplo evidente é a máscara cômica: ela é feia e disforme sem exprimir a dor" (cap. 5). Aristóteles desenvolvia certamente muito menos a parte consagrada à comédia do que a parte em que examina a tragédia, porque não parece dar à primeira grande importância em razão da baixeza dos personagens que põe em cena e de sua origem mal conhecida. "As diversas transformações da tragédia e os que as introduziram são bem conhecidos; ao contrário, as coisas nos escapam no caso da comédia, porque em seus inícios ela não era levada a sério. De fato, é tardiamente que o coro cômico foi proporcionado pelo arconte; antes, eram voluntários. E foi num momento em que a comédia já tinha formas determinadas que os poetas cômicos de que se fala foram mencionados pela tradição. A quem se devem as máscaras, os prólogos, a quantidade de atores e todas as coisas desse gênero, não se sabe." Na hierarquia dos gêneros, a comédia é considerada, na Antiguidade, um gênero menor, juízo que valerá até o século XVIII.

2. A CONDENAÇÃO PLATÔNICA

É ao mesmo tempo como metafísico e moralista que Platão se ergue contra o teatro. Essa arte é perniciosa, pois mantém o homem no Universo sensível e só lhe propõe modelos de imoralidade.

Platão desenvolve suas ideias sobre o teatro essencialmente na *República*, texto escrito entre 389 e 370 a.C. Nesse longo diálogo filosófico, dividido pela tradição em dez livros, Sócrates e um certo número de atenienses discutem a fim de definir a justiça no seio da cidade ideal. O teatro, que é um fenômeno de sociedade, toma necessariamente lugar em tal debate.

2.1. O ponto de vista do metafísico

Platão denuncia a facticidade do teatro. Para ele, todas as artes miméticas não passam de um pálido reflexo do real. A pintura não escapa da sua suspeição. Eis como Sócrates questiona seu interlocutor a esse respeito:

> Considère ceci. Quel but se propose la peinture relativement à chaque objet? Est-ce de représenter ce qui est tel qu'il est, ou ce qui paraît tel qu'il paraît; est-ce l'imitation de l'apparence ou de la réalité?

De l'apparence, dit-il.
L'art d'imiter est donc bien éloigné du vrai, et, s'il peut tout exécuter, c'est, semble-
-t-il, qu'il ne touche qu'une petite partie de chaque chose, et cette partie n'est qu'un
fantôme. Nous pouvons dire par exemple que le peintre nous peindra un cordon-
nier, un charpentier ou tout autre artisan sans connaître le métier d'aucun d'eux; il
n'en fera pas moins, s'il est bon peintre, illusion aux enfants et aux ignorants, en
peignant un charpentier et en le montrant de loin, parce qu'il lui aura donné l'apparence d'un charpentier véritable. (livro X, 598 b-c)

[Considere o seguinte. Que objetivo se propõe a pintura relativamente a cada objeto?
Representar o que é tal como é ou o que parece tal como parece? É a imitação da
aparência ou da realidade?
Da aparência, diz ele.
A arte de imitar está, portanto, bem distante do verdadeiro e, se ela pode executar
tudo, é porque, parece, não abrange mais que uma pequena parte de cada coisa, e
essa parte não passa de um fantasma. Podemos dizer, por exemplo, que o pintor
pintará um sapateiro, um carpinteiro ou qualquer outro artesão sem conhecer o ofício de nenhum deles; mesmo assim, se for bom pintor, iludirá as crianças e os ignorantes ao pintar um carpinteiro e mostrá-lo de longe, porque terá dado a este a
aparência de um carpinteiro de verdade.]

Somente a música, menos diretamente imitativa, é agraciada por Platão. Assim, ela é inscrita, diferentemente de todas as outras artes, no vasto programa educativo que elabora para os guardiães da República ideal.

A literatura, como a imaginação será para Pascal, é uma força enganadora. "Damos por certo que todos os poetas, a começar por Homero, quer suas ficções tenham por objeto a virtude ou qualquer outra coisa, não passam de imitadores de imagens e não atingem a verdade, assim como um pintor, conforme dizíamos há pouco, fará, sem entender nada de sapataria, um sapateiro parecer verdadeiro a quem entende tanto quanto ele e que julgam segundo as cores e as atitudes" (600c-601a). Duplicação do mundo dos fenômenos, quimeras de que Platão quer afastar o homem para introduzi-lo no universo da transcendência, a literatura é uma arte das falsas aparências. Ela necessariamente manteria o homem em erros grosseiros. "O criador de fantasmas, o imitador, dizíamos, não entende nada da realidade, só conhece a aparência, não é?" (601c).

Platão considera o teatro um fenômeno tanto mais perigoso quanto possui uma força ilusória quase hipnótica, bem superior à das outras artes. O espectador fica numa situação análoga à do prisioneiro, agrilhoado na caverna, onde é enganado pela visão de sombras que acredita reais. Essa magia ilusionista do teatro, que pode facilmente turvar a fronteira entre a ficção e o real, inquietou os poderes públicos desde a origem. Sólon, a crer em Plutarco, saiu indignado do teatro de Dioniso em Atenas durante o primeiro espetáculo trágico a que assistiu, recusando-se a dar seu aval àquela arte da mentira. "Os discípulos de Téspis[5] começavam a animar a tragédia. A novidade do espetáculo atraía a multidão, embora ainda não

---

5. Téspis, cujas obras não chegaram até nós, é considerado o pai do teatro ocidental. Em cerca de 550 a.C., criou na Grécia o ator e as primeiras máscaras.

tivesse chegado a se tornar uma competição e um concurso. Sólon, que era de um temperamento curioso e ávido de conhecimentos, ia ver Téspis, que representava ele próprio suas peças, conforme era costume dos antigos poetas. Depois da representação, interpelou-o e lhe perguntou se não tinha vergonha de proferir tão grandes mentiras diante de tanta gente. Téspis respondeu que não havia mal nenhum em declamar e mimar como ele fazia à guisa de atuação."[6] Tal reação contém em germe as análises que, pouco mais de duzentos anos depois, Stendhal formulará sobre a "ilusão perfeita" e a "ilusão imperfeita", em *Racine et Shakespeare* [*Racine e Shakespeare*]. É para provocar essa reação de dúvida do espectador, o qual hesitará em concluir sobre a veracidade ou não do espetáculo a que assiste, que os barrocos conceberão suas peças. Persuadidos, ao contrário de Platão, de que não podemos escapar da ilusão, explorarão sistematicamente no teatro esses jogos de espelho entre a realidade e suas imagens. A partir desses pressupostos filosóficos, eles criarão um procedimento dramatúrgico de grande fecundidade.

2.2. O ponto de vista do moralista

A condenação inapelável que Platão profere na *República* contra a "poesia", isto é, o que chamamos hoje de literatura, é surpreendente, vinda de um homem que não cessa de elogiar Homero. Colocando-se numa posição de reformador político, de educador, ele bane da cidade o "poeta" (o escritor). Como um legislador, censura todas as ficções que não fossem "favoráveis à virtude". A seu ver, a literatura, imoral, perverteria necessariamente o cidadão.

> Je vois (...) bien des raisons de croire que la cité que nous venons de fonder est la meilleure possible, dit Socrate, qui s'adresse à Glaucon, l'un de ses disciples et son principal interlocuteur dans *La République*, mais c'est surtout en songeant à notre règlement sur la poésie que j'ose l'affirmer.
> Quel règlement?
> De n'admettre en aucun cas cette partie de la poésie qui consiste dans l'imitation. La nécessité de la rejeter absolument se montre, je crois, avec plus d'évidence encore depuis que nous avons distingué et séparé les différentes facultés de l'âme.
> Comment cela?
> Je peux vous dire à vous; car vous n'irez pas me dénoncer aux poètes tragiques et aux autres auteurs qui pratiquent l'imitation. Il me semble que toutes les oeuvres de ce genre causent la ruine de l'âme de ceux qui les entendent, s'ils n'ont pas l'antidote, c'est-à-dire la connaissance de ce qu'elles sont réellement. (livro X, 595a-b)

> [Vejo (...) muitas razões para acreditar que a cidade que acabamos de fundar é a melhor possível, diz Sócrates dirigindo-se a Glauco, um dos seus discípulos e seu principal interlocutor na *República*, mas é sobretudo pensando em nosso regulamento sobre a poesia que ouso afirmar isso.

---

6. Plutarco, *Solon*, 29, traduzido e citado por Paulette Ghiron-Bistagne, in *Recherches sur les acteurs de la Grèce antique*, les Belles Lettres, 1976, p. 139.

Que regulamento?
Não admitir em caso algum essa parte da poesia que consiste na imitação[7].
Como assim?
A você eu posso dizer, porque não irá me denunciar aos poetas trágicos nem a esses outros autores que praticam a imitação. Parece-me que todas as obras desse gênero causam a ruína da alma dos que as ouvem, se não tiverem o antídoto, isto é, o conhecimento do que elas realmente são.]

Platão se indigna, no livro II, com que os deuses sejam representados na literatura como seres corruptos e injustos. Ele responsabiliza Homero e Hesíodo, assim como os trágicos que são herdeiros destes, pelas aberrações que a religião grega encerra.

Voici l'idée que je m'en fais, dis-je. Il faut toujours représenter Dieu tel qu'il est, quel que soit le genre de poésie, épique, lyrique ou tragique où on le met en scène.
Il le faut, en effet.
Or Dieu n'est-il pas essentiellement bon, et n'est-ce pas suivant cette idée qu'il faut en parler? (379a-b)

[Eis a ideia que faço deles, disse eu. É sempre necessário representar Deus tal como ele é, qualquer que seja o gênero de poesia, épica, lírica ou trágica, em que ele é posto em cena.
De fato, é necessário.
Ora, Deus não é essencialmente bom, e não é de acordo com essa ideia que devemos falar dele?]

Dès lors, repris-je, il est impossible d'admettre, sur l'autorité d'Homère ou de tout autre poète, des erreurs au sujet des dieux aussi absurdes que celles-ci:
"Sur le seuil de Zeus sont placés deux tonneaux pleins, l'un de sorts heureux, l'autre de sorts malheureux"
(...)
Nous ne permettrons pas non plus de répéter en présence des jeunes gens les vers d'Eschyle où il est dit que
"Dieu implante le crime chez les humains,
Quand il veut ruiner complètement leur maison." (397c, 380a)

[Por conseguinte, prossegui, é impossível admitir, com base na autoridade de Homero ou de qualquer outro poeta, erros acerca dos deuses tão absurdos quanto estes:
"Na porta de Zeus estão postos dois tonéis cheios, um de boas sortes, outro de más sortes"
(...)
Não permitiremos tampouco que se repitam na presença dos jovens os versos de Ésquilo em que se diz que
"Deus implanta o crime nos humanos
Quando quer arruinar completamente a casa destes."]

---

7. Platão designa com isso o teatro.

Platão critica igualmente no livro III as fábulas que, longe de representar o homem de bem, sábio e comedido, pintam heróis intemperantes, propondo como modelos aos homens obras-primas de imoralidade. Essa passagem, que coloca o problema da finalidade moral da literatura, em particular da epopeia e do teatro, fará correr muita tinta. Ela será citada e comentada repetidamente pelos teóricos. O abade Du Bos, por exemplo, em 1719, em suas *Réflexions critiques sur la poésie et sur la peinture* [*Reflexões críticas sobre a poesia e a pintura*], na quinta seção da primeira parte da sua obra, intitulada "Que Platão só baniu os Poetas da sua República por causa da impressão demasiado grande que suas imitações podem provocar", interpela diretamente o filósofo. Ele infirma o ponto de vista platônico alegando o fato de que o leitor ou o espectador não poderiam ter nenhum prazer ante um herói que seria um perfeito modelo de virtude: "Os Poetas, diz Platão, não se contentam com descrever para nós a tranquilidade interior de um homem sábio, que conserva sempre uma igualdade de espírito à prova das dores e dos prazeres. Eles não se servem do talento da ficção para nos pintar a situação de um homem que sofre com confiança a perda de um filho único. Eles não introduzem nos teatros personagens que saibam calar as paixões diante da razão. Os Poetas não estão equivocados nesse ponto. Um estoico representaria um papel bem tedioso numa tragédia."

É com a tragédia que Platão se mostra mais severo. Segundo o ponto de vista de Sócrates no *Górgias*, ela não passa de uma retórica para uso das multidões cujo prazer ela cultiva. "Acabamos pois de encontrar uma retórica para uso de um povo formado por crianças, mulheres e homens, escravos e homens livres todos confundidos, retórica que apreciamos pouco, pois a consideramos uma adulação", declara Sócrates.

Perigosa, a tragédia põe em jogo a piedade. O espectador simpatiza com os heróis trágicos que, em seu infortúnio, são vítimas dessa "*hýbris*" que Platão não para de denunciar, porque contraria a razão. Ele perde então toda lucidez de juízo. É sobre essa constatação que Brecht fundará sua teoria do distanciamento. A emoção trágica, de acordo com Platão, amolece a alma e a perturba inutilmente. Malsã, ela desperta paixões e sentimentos desordenados, dos quais o homem procura se defender na vida. Ela é a escola do vício.

> Écoute et juge. Quand les meilleurs d'entre nous entendent Homère ou quelque poète tragique imitant un héros dans l'affliction, qui débite une longue tirade de gémissements ou qui chante son mal en se frappant la poitrine, tu sais que nous éprouvons du plaisir, que nous nous laissons aller à le suivre avec sympathie, et que nous admirons sérieusement le talent du poète qui nous fait sentir ainsi les émotions les plus vives.
> Je le sais, et comment pourrais-je l'ignorer?
> Mais lorsqu'un deuil nous frappe nous-mêmes, as-tu remarqué aussi que nous nous piquons du contraire, je veux dire de rester calmes et patients, persuadés que cette conduite convient à l'homme, et qu'il faut laisser aux femmes celle que nous louions tout à l'heure?
> Je l'ai remarqué, dit-il.

Mais a-t-on raison d'applaudir, demandai-je, quand on voit un homme auquel on refuserait, que dis-je, auquel on rougirait de ressembler, et qu'au lieu d'éprouver du dégoût, on éprouve du plaisir et de l'admiration? (605d-e)

[Escute e julgue. Quando os melhores de nós ouvem Homero ou algum poeta trágico imitando um herói na aflição, que pronuncia uma longa tirada de gemidos ou que canta seu mal batendo no peito, você sabe que sentimos prazer, que o acompanhamos com simpatia e admiramos seriamente o talento do poeta que nos faz sentir assim as mais vivas emoções.
Eu sei. Como poderia ignorar tal coisa?
Mas quando o luto atinge a nós mesmos, você percebeu também que nos gabamos do contrário, isto é, de permanecer calmos e pacientes, persuadidos de que essa conduta convém ao homem e que devemos deixar às mulheres a conduta que pouco antes louvávamos?
Notei isso, disse ele.
Mas temos razão de aplaudir, perguntei, quando vemos um homem com quem nos recusaríamos, que digo, com quem teríamos vergonha de nos parecer e que, em vez de sentir repulsa, sentimos prazer e admiração?]

Si tu considères que la partie de notre âme que tout à l'heure nous tâchions de contenir de force quand nous étions nous-mêmes malheureux, qui a soif de larmes, qui voudrait soupirer à son aise et se rassasier de lamentations, parce qu'il est dans sa nature de former de tels désirs, est justement celle que les poètes satisfont et réjouissent dans ces représentations, et que la partie de nous qui est naturellement la meilleure, n'étant pas suffisamment fortifiée par la raison et l'habitude, relâche sa surveillance sur cette partie pleureuse, sous prétexte que ce sont les malheurs d'autrui qu'elle se donne en spectacle et qu'il n'y a pas de honte pour elle d'applaudir et de compatir aux larmes qu'un autre qui se dit homme de bien répand mal à propos, qu'au contraire elle croit en tirer un profit, le plaisir, et qu'elle ne voudrait pas s'en priver en rejetant tout le poème. Il appartient en effet à peu de gens, je crois, de se rendre compte que les sentiments d'autrui passent nécessairement dans nos coeurs; car, après avoir nourri et fortifié notre sensibilité dans les maux d'autrui, il n'est pas facile de la maîtriser dans les nôtres. (606a-b)

[Se você considera que a parte da nossa alma que pouco antes tratávamos de conter à força quando éramos infelizes, aquela que tem sede de lágrimas, que gostaria de suspirar à vontade e se fartar de lamentos, porque faz parte da sua natureza formar tais desejos, é justamente a parte que os poetas satisfazem e alegram nessas representações, e que aquela parte nossa que é por natureza a melhor, não sendo suficientemente fortalecida pela razão e o hábito, afrouxa sua vigilância sobre essa parte chorosa, com o pretexto de que são as desgraças alheias que ela se oferece como espetáculo e de que para ela não é vergonha nenhuma aplaudir e compartilhar com as lágrimas que outro que se diz homem de bem derrama inconvenientemente, de que, ao contrário, ela crê tirar disso um proveito – o prazer – e de que não gostaria de se privar deste rejeitando todo o poema. De fato, pouca gente, creio eu, é capaz de se dar conta de que os sentimentos alheios passam necessariamente para os nossos corações; porque, depois de ter alimentado e fortalecido nossa sensibilidade com os males de outrem, não é fácil dominá-la nos nossos.]

O riso, no teatro, é ainda mais nocivo, segundo Platão. Ele transforma momentaneamente quem sorri, deixando escapar forças irracionais que a razão reprime. Diríamos hoje que ele burla a censura erguida pelo superego. "Não se dá a mesma coisa com o ridículo? E quando você ouve numa representação teatral ou numa conversa privada uma bufonaria que você teria vergonha de fazer e sente com ela um vivo prazer, em vez de reprovar sua perversidade, não acontece a mesma coisa nas emoções patéticas? A esse desejo de fazer rir que você também reprimia pela razão, como medo de passar por bufão, você dá livre curso por sua vez e, depois de tê-lo fortalecido assim, muitas vezes você se deixa levar sem querer a fazer nas conversas o ofício de farsista" (*A república*, livro X, 606c). Filósofos e moralistas, depois de Platão, sempre terão mais suspeita em relação à comédia do que à tragédia. O riso lhes aparece como uma forma de subversão difícil, se não impossível, de canalizar.

Segundo Platão, o ator, mais que o próprio espectador, corre o risco de ser pervertido pela representação. O papel desbota no comediante. É malsão imitar personagens cuja conduta é reprensível.

> N'as-tu pas remarqué que l'imitation, commencée dès l'enfance et prolongée dans la vie, tourne à l'habitude et devient une seconde nature, qui change le corps, la voix et l'esprit? Nous ne souffrirons pas (...) que ceux dont nous prétendons prendre soin et à qui nous faisons un devoir de la vertu contrefassent, eux qui sont des hommes, une femme jeune ou vieille, injuriant son mari ou rivalisant avec les dieux et se glorifiant de son bonheur ou tombée dans les malheur et se laissant aller aux plaintes et aux lamentations; encore moins leur permettrons-nous de l'imiter malade, amoureuse ou en mal d'enfant. (...)
> Ils n'imiteront pas les esclaves, mâles ou femelles, dans leurs actions serviles. (...)
> Ni sans doute les hommes méchants et lâches qui agissent tout au rebours de ce que nous demandions tout à l'heure, qui s'injurient et se bafouent les uns les autres et tiennent des propor obscènes soit dans l'ivresse soit de sang-froid, ni toutes les paroles ou actions par lesquelles ces sortes de gens se dégradent eux-mêmes et dégradent les autres. Je pense qu'il ne faut pas non plus les habituer à contrefaire le langage ni la conduite des fous; car il faut connaître les fous et les méchants, hommes ou femmes; mais il ne faut rien faire ni rien imiter de ce qu'ils font. (395d-2, 396a)

[Não reparou que a imitação, iniciada desde a infância e prolongada na vida, vira um hábito e se torna uma segunda natureza, que muda o corpo, a voz e o espírito? Não suportaremos (...) que aqueles de que pretendemos cuidar e pelos quais fazemos da virtude um dever, eles, que são homens, imitem uma mulher jovem ou velha, injuriando seu marido ou rivalizando com os deuses e se glorificando da sua felicidade, ou caída na desgraça e deixando-se levar às queixas e às lamentações; menos ainda lhes permitiremos imitá-la doente, apaixonada ou grávida. (...)

Eles não imitarão os escravos, machos ou fêmeas, em suas ações servis. (...)

Nem, sem dúvida, os homens maus e covardes que agem ao revés do que pedíamos há pouco, que se injuriam e se ultrajam uns aos outros e dizem coisas obscenas, seja embriagados, seja de sangue-frio, nem todas as palavras ou ações pelas quais esse tipo de gente se degrada e degrada os outros. Penso que não se deve tampouco acostumá-los a arremedar a linguagem e a conduta dos loucos; porque é preciso conhecer os loucos e os maus, homens e mulheres, mas não se deve fazer nada nem imitar nada do que fazem.]

2.3. Os herdeiros de Platão

Muitos teóricos, depois de Platão, notadamente entre os Padres da Igreja, tacharão o teatro de imoral. Para Tertuliano (155-225), que viveu numa Cartago ainda fortemente enraizada no paganismo, o teatro é uma invenção do diabo. Satanás insuflou a ideia do teatro nos homens porque, introduzindo o culto do herói, o teatro favorece a idolatria. Em seu tratado sobre os espetáculos, *De Spectatulis*, Tertuliano escreve: "Os demônios é que, prevendo desde o início que o prazer dos espetáculos seria um dos meios mais eficazes para introduzir a idolatria, inspiraram nos homens a arte das representações teatrais. De fato, o que devia servir para a glória deles só podia provir da sua inspiração; e, para ensinar essa funesta ciência ao mundo, não deviam empregar outros homens que não aqueles em cuja apoteose encontravam uma honra e uma vantagem singular" (tradução francesa, Pierre de Labriolle, CDU, 1933).

Dedicado a Vênus e a Baco, o teatro é perigoso, porque só oferece espetáculos lascivos. "O teatro é propriamente o templo de Vênus (...) O teatro não é apenas consagrado à deusa do amor, também o é ao deus do vinho. Porque esses dois demônios, da libertinagem e da embriaguez, são tão intimamente unidos que parecem ter conjurado juntos contra a virtude: assim, o palácio de Vênus também é o palacete de Baco."

O teatro é nocivo em sua essência mesma, segundo Tertuliano, porque a emoção suscitada no decorrer do espetáculo ativa no espectador todos os maus pendores – furor, cólera, etc. – que, na vida, ele procura refrear com tanta dificuldade. "Porque em toda parte em que há prazer, há paixão, sem a qual o prazer seria insípido; em toda parte em que há paixão, há emulação, sem a qual a paixão seria desagradável. Ora, a emulação traz a fúria, a exaltação, a cólera, a mágoa e mil outras paixões semelhantes, que são incompatíveis com os deveres da nossa religião. Quero inclusive que uma pessoa assista aos espetáculos com a gravidade e a modéstia que, de ordinário, são inspiradas por uma dignidade honrada, uma idade avançada ou um temperamento feliz; no entanto, é muito difícil a alma não sentir então alguma agitação, alguma paixão secreta. Ninguém assiste a esses divertimentos sem alguma afecção; e não sente essa afecção sem experimentar seus efeitos, que excitam de novo a paixão. Por outro lado, se não há afecção, não há prazer; então a pessoa se torna culpada de uma triste inutilidade, por se encontrar onde não há nada a aproveitar."

A maioria dos teólogos até o século XVIII retomará quase textualmente, em sua condenação do teatro, os argumentos de Tertuliano. Bossuet, assim como Nicole, conforme veremos mais adiante, apesar de suas filiações diferentes, um ao catolicismo, outro ao jansenismo, terão sobre o tema um ponto de vista idêntico.

Santo Agostinho (354-430), cartaginês como Tertuliano, se interroga sobre o caráter paradoxal do prazer que o espetáculo da tragédia cria. Como o homem pode ter prazer vendo a desgraça? No livro III das *Confissões*, ele enxerga no teatro, como Platão, um prazer malsão, impregnado de masoquismo, um comprazimento secreto da alma em se manter no vício.

> Le théâtre me ravissait avec ses spectacles pleins des images de mes maux et des matériaux du feu dont je brûlais. Ici une question: l'on veut, au théâtre, que le spectacle de tragiques et de lamentables événements, desquels cependant l'on ne voudrait avoir soi-même à pâtir, vous fasse de la peine, et la peine toutefois, dont, à propos d'eux, il pâtit, le spectateur la veut, et sa peine même fait son plaisir. Qu'est-ce donc, sinon misérable insanité, puisque ces événements émeuvent d'autant plus que l'on est, pour se voir ainsi affecté, moins sain. Le langage courant, il est vrai, dit, quand on a soi-même à pâtir, misère, quand on compatit avec d'autres, miséricorde. Mais quelle miséricorde, en fin de compte, à propos d'événements fictifs mis en scène? Ils ne provoquent pas l'auditeur à soulager, mais l'invitent à avoir de la peine et plus il a de la peine, plus il accorde de faveur à l'auteur de telles imaginations. Ces calamités soit antiques soit contrefaites sont-elles traitées de façon qu'il n'en ait aucune peine, le spectateur quitte la place: il est dégoûté, et il critique; si au contraire, il a de la peine, il reste, il tend l'oreille, il a de la joie.
> Eh quoi! larmes et peine, on aime cela? Allons donc! On veut – tout homme en est là – avoir de la joie. Serait-ce que, la misère ne plaisant à personne, mais bien la miséricorde, à cause d'elle seulement, on aime avoir de la peine? (pp. 62-63)

> Mais moi, alors, dans ma misère, j'aimais avoir de la peine et je cherchais des sujets de peine, tandis qu'à propos d'une fortune étrangère, contrefaite, mimée, le jeu de l'acteur me plaisait d'autant plus et m'attachait d'autant plus fort qu'il me tirait des larmes. Quoi d'étonnant? Brebis malheureuse, égarée hors de ton troupeau et impatiente de ta garde, une affreuse gale me souillait. De là mon amour non point pour des peines qui entreraient profond en moi (de fait, je ne les aimais pas telles à subir qu'à regarder), mais pour des peines contées et fictives, qui me racleraient en quelque sorte à fleur d'âme. C'était comme si l'on m'eût gratté avec les ongles; il s'ensuivrait une boursouflure enflammée, de l'excoriation, un écoulement de pus infect. Vivre en de telles conditions était-ce bien vivre, ô mon Dieu? (p. 64)

[O teatro me encantava com seus espetáculos repletos de imagens dos meus males e dos materiais de fogo de que eu ardia. Aqui uma questão: queremos, no teatro, que o espetáculo de trágicos e lamentáveis acontecimentos, dos quais no entanto não gostaríamos de ser vítimas, nos faça sofrer, e no entanto o espectador quer o sofrimento que o faz sofrer, e esse seu sofrimento causa seu prazer. Que é isso, senão uma miserável insanidade, já que esses acontecimentos comovem tanto mais quanto menos ele, por se ver a tal ponto afetado, é sadio? A linguagem corrente, é verdade, diz, quando sofremos nós mesmos, miséria, e quando nos compadecemos de outros, misericórdia. Mas que misericórdia, afinal de contas, a propósito de acontecimentos fictícios encenados? Eles não provocam o ouvinte [*auditeur*] a se aliviar, mas o convidam a sofrer e, quanto mais sofre, mais admira o autor de tais imaginações. Se essas calamidades, sejam antigas, sejam imitadas, são tratadas de maneira que não haja nenhum sofrimento, o espectador deixa seu lugar: fica indignado e critica; se, ao contrário, sofre, ele permanece, presta atenção, fica contente.
Mas como! Lágrimas e sofrimento, gosta-se disso? Ora essa! Queremos – todo homem quer – alegria. Será que, como a miséria não agrada a ninguém, mas sim a misericórdia, gostamos de sofrer somente por causa dela?]

[Mas eu, então, na minha miséria, gostava de sofrer e procurava temas de sofrimento, e quando tinha como tema um infortúnio exagerado, arremedado, mimado, a atuação do ator me agradava tanto mais e me prendia com tanta maior força, quanto mais lágrimas me arrancava. O que há de surpreendente nisso? Ovelha infeliz, desgarrada do Teu rebanho e impaciente da Tua guarda, um mal pavoroso me contaminava. Daí meu amor, não por sofrimentos que penetrassem fundo em mim (na verdade, eu não gostava de experimentá-los mas de vê-los), mas por sofrimentos narrados e fictícios, que de certo modo me atingiam na superfície da alma. Era como se tivesse me arranhado à unha: seguir-se-ia um inchaço inflamado, uma escoriação, um corrimento de pus infecto. Viver nessas condições era viver, ó meu Deus?]

Como Platão, santo Agostinho teme particularmente esses fenômenos de histeria coletiva que podem galvanizar os espectadores de teatro com quase tanta força quanto os que se apossam da multidão reunida para os jogos do circo. O indivíduo dificilmente consegue lutar contra essa histerização maciça. Santo Agostinho, em sua aversão pelo teatro, chega a assimilá-lo ao circo, o que Tertuliano já fazia. A comparação é abusiva, por não levar em conta o caráter fictício da ação representada no teatro. No circo, a ação não é representada, mas real. Enquanto o gladiador morre de fato na arena e seu sangue corre ante os olhos apavorados do espectador, a morte no teatro é representada. Tudo no teatro é truque. Os espectadores sabem disso e não se comovem desmedidamente. Santo Agostinho cita o exemplo de um dos seus alunos, que, por repugnância, nunca havia assistido a um espetáculo de gladiadores. Arrastado pelos amigos, para sua grande surpresa não pôde resistir a essa "sanguinária volúpia" que invadia o público.

Ce genre de spectacle lui inspirait, dans le fait, dégoût et répulsion. Or, ayant, aux jours des cruels et des funestes jeux, croisé par hasard à l'issue de leur déjeuner certains amis et condisciples, ceux-ci, malgré ses refus tranchés et ses résistances, le mènent avec une douce violence à l'amphithéâtre. "Vous avez beau, dit-il, m'y traîner de corps et m'y installer: pouvez-vous en même temps tendre au spectacle mon coeur et mes regards? Absent donc tout en y étant, je serai à la fois votre vainqueur et le vainqueur du jeu." Eux laissent dire et ne l'emmènent pas moins en leur compagnie, curieux précisément de voir ce qu'il pourra faire.
On arrive, on se case comme l'on peut sur les gradins. Tout flambe, la fête farouche bat son plein. Lui a clos la porte de ses yeux. Défense à l'âme d'aller hors, à de si mauvais objets! Ah! s'il s'était donc aussi bouché les oreilles! En effet, la chute d'un combattant a soulevé dans le peuple entier une immense clameur, dont il ressent un choc violent. La curiosité l'emporte. Il se croit armé, quoi que ce puisse être, pour continuer, quand il aura vu, à mépriser et à vaincre. Il ouvre les yeux et le voici atteint à l'âme d'une blessure plus grave que ne l'a été au corps l'homme qu'il a eu envie de regarder, victime aussi d'une chute plus à plaindre que la chute de l'homme qui a provoqué la clameur. Le bruit, entré par les oreilles a debarré les prunelles, frayant passage au coup qui jette bas son âme, plus hardie que forte et d'autant plus faible qu'elle avait compté sur soi. À peine a-t-il vu le sang, il boit d'un trait la férocité. Loin de se détourner, il fixe le spectacle et pompe sans prendre conscience de sa frénésie. Le combat le fascine par ce qui en fait le crime; une sanguinaire volupté l'enivre. Il n'est plus le même qu'à l'arrivée, mais un individu dans la foule qu'il était

venu trouver et le compagnon, au pied de la lettre, de ceux qui l'avaient amené. Bref, il regarde, il crie, il brûle, et il emporte avec soi un aiguillon de folie qui le presse de revenir, non seulement avec ceux qui d'abord l'ont entraîné, mais lui à leur tête pour entraîner les autres. (*Confessions*, livro VI, Le Livre de Poche, 1947, pp. 147-148)

[Esse gênero de espetáculo lhe inspirava, na verdade, desprazer e repulsão. Ora, tendo, nos dias dos cruéis e funestos jogos, cruzado por acaso, ao sair do almoço, com certos amigos e colegas, estes, apesar da sua recusa taxativa e das suas resistências, levam-no com uma suave violência ao anfiteatro. "Vocês podem levar meu corpo e instalá-lo, diz ele; acaso podem com isso prender ao espetáculo meu coração e meus olhares? Ausente, apesar de presente, vencerei ao mesmo tempo vocês e o jogo." Eles o deixam falar e mesmo assim o levam em sua companhia, curiosos precisamente por ver o que ele poderá fazer.

Chegam, sentam-se como podem na arquibancada. Tudo arde, a festa feroz está no auge. Ele fechou a porta de seus olhos. Proibição à alma de sair na direção de tão maus objetos! Ah! se ele também houvesse tapado as orelhas! Porque a queda de um combatente levantou em todo o povo um imenso clamor, que o choca violentamente. A curiosidade prevalece. Ele se crê armado, não importa o que houvesse acontecido, para depois de ver continuar a desprezar e a vencer. Abre os olhos e é atingido na alma por um ferimento mais grave do que sofreu o corpo do homem que ele teve vontade de olhar, vítima também de uma queda mais lamentável do que a queda do homem que provocou o clamor. O barulho que entrou pelos ouvidos desobstruiu as pupilas, abrindo passagem ao golpe que derruba sua alma, mais ousada do que forte e tanto mais fraca por ter contado consigo mesma. Mal vê o sangue, bebe de um só gole a ferocidade. Longe de desviar o olhar, fixa o espetáculo e a pompa sem ter consciência do seu frenesi. O combate o fascina pelo que tem de criminoso; uma volúpia sanguinária o inebria. Ele não é mais o mesmo que chegou, mas um indivíduo na multidão a que se juntara e companheiro, ao pé da letra, dos que o haviam trazido. Em suma, ele olha, ele grita, ele arde e leva consigo um aguilhão de loucura que o impele a voltar, não apenas com os que o arrastaram, mas à frente deles para arrastar os outros.]

O teatro, que pode a qualquer momento se tornar uma força de subversão, sempre inquietará os legisladores. Graças a ele, se estabelece um consenso, ainda que momentâneo, no seio de um grupo. Nascido ao mesmo tempo que a cidade, ele é um cimento capaz de unir uma coletividade. Por isso, sempre será, mais que as outras artes, submetido à censura.

3. A DRAMATURGIA ARISTOTÉLICA

A *Poética* foi redigida durante a segunda estada de Aristóteles em Atenas de 355 a 323 a.C., aproximadamente. O caminho dessa obra, que chegou até nós mutilada, merece ser narrado. Pouco conhecido na Antiguidade, o texto grego é traduzido em siríaco no século VI d.C. Essa versão é, por sua vez, traduzida para o árabe no século X, depois para o latim no fim do século XV, quando é difundida primeiro na Itália e logo em seguida na França. Essa série de rodeios efetuados sobre o texto original, notadamente sua transmissão pelo mundo árabe que não conhecia o teatro[8], explica os múltiplos problemas de interpretação que não cessou de levantar. Além do mais, os primeiros comentadores da Renascença são gramáticos e filósofos italianos. Francesco Robortello (1516-1567) publica em Florença em 1548 um dos mais célebres comentários da *Poética*. Em 1550 aparece a edição comentada de Maggi, em 1561 a de Scaliger, em 1570 a de Castelvetro. Somente em 1671 é publicada a primeira tradução francesa. Anteriormente, Aristóteles só é conhecido na França através dos comentários desses humanistas italianos, que dissertam eruditamente tanto de um ponto de vista filológico quanto filosófico, mas que ignoram tudo das exigências da cena, o que Corneille é o primeiro a deplorar. Em seu *Premier Discours* [*Primeiro discurso*], em 1660, interrogando-se sobre a interpretação a dar às regras editadas por Aristóteles e retomadas por Horácio, ele escreve: "É preciso saber portanto quais são essas regras; mas nosso infortúnio é que Aristóteles, e Horácio depois dele, escreveram tão obscuramente a esse respeito que necessitam de intérpretes e que os que quiseram lhe servir disso até aqui quase sempre só os explicaram enquanto gramáticos ou filósofos. Como eles tinham mais estudo e especulação do que experiência do teatro, sua leitura pode nos tornar mais doutos, mas não nos proporciona muito mais luzes seguras para ter êxito nesse sentido."

3.1. Os seis elementos constitutivos da peça de teatro

Aristóteles define a peça de teatro como a soma das suas características distintivas. Para determiná-las, utiliza os três critérios da diferenciação das artes miméticas, que ele enunciou. Embora, na *Poética*, ele trate principalmente da tragédia, que é, na Antiguidade, o gênero dramático maior, a definição que citamos aqui é pertinente para toda peça de teatro, quaisquer que sejam o gênero e a época a que pertencem. Corneille, no *Primeiro discurso*, sublinha o alcance geral da definição aristotélica do "poema dramático": "Digo ao poema dramático em geral, embora ao tratar dessa matéria ele (Aristóteles) só fale da tragédia; porque tudo o que ele diz a esse respeito convém também à comédia e porque a diferença entre essas duas espécies de poema consiste tão só na dignidade dos personagens e das ações que eles imitam, e não na maneira de imitá-las nem nas coisas que servem a essa imitação." Citemos a definição de Aristóteles: "(...) Toda tragédia comporta necessariamente seis partes, e é de acordo com isso que ela se qualifica. São elas a história, os caracteres, a expressão, o pensamento, o espetáculo e o canto. Com efeito há duas partes que são os meios da representação, uma que é o modo, três que são seus objetos, e não há outras fora dessas (em todo caso, são elas, esses elementos específicos por assim dizer, que muitos poetas utilizaram), já que o espetáculo implica tudo: caracteres, história, expressão, canto e também pensamento" (cap. 6).

---

8. O teatro não existia na civilização árabe, onde apareceu tardiamente, importado da Europa, no século XIX.

Convém explicitar essa definição. Se considerarmos o modo de representação, a organização do "espetáculo" é um dos elementos da peça. Do ponto de vista dos meios da representação, a "expressão" e a "composição do canto" constituem dois outros. O termo "expressão", que Aristóteles explicita como "ordenação dos metros", abrange o trabalho do ritmo e da versificação. Enfim, se considerarmos os objetos da representação, três elementos entram na estrutura da peça de teatro: a "história", que Aristóteles também chama de "sistema dos fatos"; os "caracteres" e o "pensamento".

Os dois termos, "caráter" e "pensamento", abrangem o conceito de personagem[9]. Aristóteles define o "caráter" (*éthos*) como "tudo o que nos permite qualificar os personagens em ação". Por "pensamento", ele entende a retórica que o personagem utiliza em seu discurso. "Pertence ao pensamento tudo o que pode ser produzido pela palavra. Distinguem-se nele como partes: demonstrar, refutar, produzir emoções violentas (como a piedade, o medo, a cólera e outras desse gênero), e também o efeito de amplificação e os efeitos de redução" (cap. 19). O "pensamento" é a forma do discurso adaptada à situação dramática: "É, diz Aristóteles, a faculdade de dizer o que a situação implica e o que convém; é precisamente, nos discursos, o objeto da arte política ou retórica; porque os poetas antigos faziam seus personagens falar como cidadãos; os modernos os fazem falar como oradores" (cap. 6). O pensamento é, portanto, o ato de linguagem, no sentido forte do termo, já que no teatro a linguagem é ato. Ele caracteriza o personagem ao mesmo título que o "caráter". Se Aristóteles, na *Poética*, se contenta com defini-lo brevemente, é que ele já se dedicou a seu estudo na *Retórica*, obra a que remete o leitor.

3.2. O primado da ação

Dentre os seis elementos que constituem a peça de teatro, "o sistema dos fatos (...) é o primeiro e o mais importante", declara Aristóteles no capítulo 7. É aquele cuja eficácia sobre o espectador é máxima. Por sua complexidade, ele requer do escritor não só um imenso trabalho de construção como prodígios de invenção. Todos os autores dramáticos afirmarão isso, privilegiando a ação em relação ao estilo, sejam eles poetas da cena, como Racine, Hugo ou Claudel, ou mestres em matéria de intriga como Corneille ou Goldoni. "O poeta deve ser poeta de histórias, muito mais que de metros, pois é em razão da representação que ele é poeta e o que ele representa são ações" (cap. 9). A tentação poética é um escolho contra o qual o autor dramático deve sempre se precaver, porque a ação sofreria com ele. Tinha plena consciência disso Vigny, que escrevia em sua *Carta a lorde *** sobre a soirée de 24 de outubro de 1829*: "A arte da cena pertence por demais à ação para não perturbar o recolhimento do poeta."

---

9. Não existe em grego termo equivalente a "personagem", mas apenas o gerúndio do verbo agir: *prattontes* = agindo.

3.2.1. "Uma ação una e que forma um todo"

A ação dramática se caracteriza pelas duas noções de "todo" e de "extensão". A unidade da ação não depende da presença de um herói único. Atesta-o, segundo Aristóteles, o fracasso de público de autores dramáticos que compuseram uma *Heracleida* ou uma *Tebaida*, não poupando ao espectador nenhum dos feitos dos seus protagonistas. "A unidade da história não vem, como alguns acreditam, do fato de haver um herói único. Porque se produz na vida de um indivíduo único um número elevado, quando não infinito, de acontecimentos, alguns dos quais não formam em absoluto uma ação una; e do mesmo modo que um indivíduo único realiza um grande número de ações que não formam em absoluto uma ação una. Por isso, parece que todos os poetas que compuseram uma *Heracleida*, uma *Teseida* ou poemas desse gênero, se extraviaram: eles creem que, como Héracles era um indivíduo único, segue-se que a história também é una. Mas Homero, que é incomparável sob todos os outros aspectos, parece também aqui ter enxergado corretamente, quer isso se explique por seu conhecimento da arte, quer por seu gênio natural: ao compor a *Odisseia*, ele não contou tudo o que aconteceu com Ulisses, por exemplo o ferimento que teve no Parnaso ou a loucura simulada diante do exército reunido, pois nenhum desses dois acontecimentos acarretava necessária ou verossimilmente o outro; mas foi em torno de uma ação una no sentido em que a entendemos que ele organizou a *Odisseia* e também a *Ilíada*" (cap. 8). No capítulo 18, Aristóteles cita também a experiência de Eurípides que, nas *Troianas*, evita judiciosamente abordar toda a matéria da pilhagem de Troia, ao contrário de Agaton[10], que fracassou por não ter selecionado seu material.

Aristóteles condena categoricamente essas "histórias em episódios", que hoje chamamos de "pièces à tiroirs". Elas não eram sem dúvida mais que um catálogo de acontecimentos cuja sucessão desordenada só cansava o público. "Dentre as histórias e as ações simples, as piores são as histórias ou ações 'em episódios'. Chamo de 'história em episódios' aquela em que os episódios se encadeiam sem verossimilhança nem necessidade. Os maus poetas compõem esse gênero de obra porque são o que são; os bons, por causa dos atores. De fato, como compõem peças para concursos, muitas vezes espicham a história em detrimento da sua capacidade e, assim, são forçados a distorcer a sequência dos fatos" (cap. 9). As "pièces à tiroirs", se considerarmos a história do teatro, raramente cativaram os espectadores. Somente Molière, por seu gênio, é exceção, com duas peças como *L'Étourdi* [*O estouvado*] ou *Les Fâcheux* [*Os importunos*], construídas unicamente com base no princípio da justaposição de episódios, sem verdadeira ligação uns com os outros[11].

Como mostra Paul Ricoeur em *Temps et récit* (t. 1, Le Seuil, 1983), a invenção da intriga, seja romanesca ou dramática, permite reconfigurar a experiência temporal. Obra de síntese, ela reúne elementos heterogêneos, finalidades, causas,

---

10. Agaton escreveu tragédias de que só nos chegou o título. Aristófanes nas *Tesmoforias* e Platão no *Banquete* debocham dele, um em razão do seu aspecto afeminado, o outro por seu estilo maneirista.
11. Lembremos que *Os importunos* é uma comédia-balé e que a música e a dança estabelecem uma ligação entre as diferentes cenas.

acasos que presidem a ação e os unifica. O poeta épico tem muito mais liberdade do que o autor dramático. A extensão da epopeia lhe possibilita integrar, na forma de episódios, elementos de narrativas relativamente autônomas, que constituem histórias na história. O teatro não dá ao autor dramático a mesma latitude. Sua arte consiste em escolher, na existência (real ou lendária) do herói, os acontecimentos de destaque capazes de serem ordenados de modo coerente. "Ademais, ela (a tragédia) tem a seu favor a brevidade com a qual alcança o objetivo da representação: de fato, mais concentrada, uma obra proporciona mais prazer do que diluída numa longa duração, como se, por exemplo, se fizesse do *Édipo* de Sófocles uma epopeia tão longa quanto a *Ilíada*. Ademais, nas epopeias, a representação tem menos unidade (prova disso é que de qualquer obra representativa tiram-se muitas tragédias, de sorte que, se os poetas épicos tratam uma história única, ou, pela brevidade da representação, ela parecerá terminar abruptamente, ou, por sua conformidade às dimensões que o metro requer, parecerá diluída), o que não impede que esses poemas tenham a melhor composição possível e sejam a representação da ação mais unificada possível. Falo, por exemplo, do caso em que ela é constituída de várias ações: a *Ilíada* tem muitas partes assim, e a *Odisseia* também, e essas partes são por si mesmas extensas" (cap. 26).

As imposições materiais do palco é que, limitando o autor dramático, tornam dificilmente integráveis episódios no seio de uma ação unificada. Se o romancista pode narrar à vontade ações simultâneas, é difícil para o autor dramático representá-las. "A epopeia tem uma característica bem particular que lhe permite ampliar sua extensão. É que, na tragédia, não é possível representar várias partes da ação que se produzem simultaneamente – pode-se apenas representar a que os atores representam no palco –, enquanto na epopeia, que é uma narrativa, podem ser contadas várias partes da história que se realizam simultaneamente: bem apropriadas à ação, elas aumentam a amplitude do poema. A epopeia dispõe portanto, com isso, de um excelente meio para alcançar a grandeza e proporcionar ao ouvinte o prazer da mudança introduzindo episódios variados. De fato, a uniformidade, que produz rápido a saturação, causa o fracasso das tragédias" (cap. 24). Alguns autores dramáticos tentaram a experiência, em diversas épocas da história do teatro. Para representar ações simultâneas, eles não resolveram o problema senão pela coexistência no palco de uma cena dialogada e de uma cena muda, unicamente pantomímica. Tal solução é usual às vezes nos mistérios da Idade Média[12]. Caída no esquecimento durante a Renascença, é redescoberta por Diderot, que preconiza seu emprego no drama burguês. De manejo difícil, na verdade é raramente adotada. Citemos todavia duas exceções de monta: Musset, em *Lorenzaccio*, quando quer retratar a efervescência política de Veneza tiranizada por

---

12. No *Mystère de la Passion* [*Mistério da paixão*] de Arnoul Gréban, várias vezes uma cena pantomímica muda se desenrola ao mesmo tempo que uma cena falada. O dispositivo simultâneo chapado possibilita tal simultaneidade. Pode-se ver, por exemplo, durante a Primeira Estação, os doutores da lei que, num canto silencioso da cena figurando Jerusalém, consultam livros, registram contas, enquanto, indo para um outro canto da cena, Maria e suas amigas, que voltam de Jerusalém, se dirigem conversando para Nazaré.

Alexandre de Medici, coloca, em diversos cantos do palco, diferentes grupos que o espectador ouve alternadamente. Genet procede do mesmo modo em *Les Paravents* [*Os biombos*], quando quer mostrar os efeitos da revolução em lados opostos. Mas é levado a subverter a cena e a abandonar o tablado único.

É em nome da unidade da ação que Aristóteles insiste na importância do coro. Desde a morte dos três grandes trágicos, o papel deste se atenuou. O discurso dos coreutas não tem mais um vínculo estreito com a palavra dos protagonistas. Pálidos ornamentos, os cantos se tornaram partes episódicas que contrariam a unidade requerida. Certos autores, como Agaton, cujas tragédias não chegaram até nós, puseram-se a compor intermédios corais utilizáveis em diferentes peças. É contra essa prática, que irá se ampliando, que Aristóteles se ergue. "O coro deve ser considerado como um dos atores, deve fazer parte do conjunto e participar da ação, não como em Eurípides mas como em Sófocles. Em todos os outros, as partes cantadas não têm maior relação com a história do que com uma outra tragédia; por isso os coros cantam interlúdios, prática cuja origem remonta a Agaton. E no entanto que diferença há entre cantar interlúdios e adaptar a uma peça uma fala ou um episódio inteiro tirados de outro?" (cap. 18).

Aristóteles se interroga sobre a "extensão" da peça de teatro, mas não edita lei em matéria de duração. Os teóricos do Classicismo se apoiarão abusivamente em sua autoridade para legitimar a regra da unidade de tempo. "A tragédia", escreve ele, "tenta *na medida do possível* caber numa só revolução do sol ou não se afastar muito disso" (cap. 5). Tal juízo reflete uma prática de escrita em uso na Grécia desde Sófocles e Eurípides, na qual a duração ficcional, relativamente breve, raramente excede 24 horas.

Aristóteles constata que, por sua vez, os poetas trágicos "do início" usaram a duração como na epopeia que "não é limitada no tempo". Ele faz sem dúvida alusão aqui a peças perdidas de Téspis e Frínico, predecessores de Ésquilo, e a duas tragédias de Ésquilo nas quais a ação se desenvolve ao longo de meses. Em *Agamenon*, o drama começa quando o vigia, postado no telhado do palácio dos átridas em Micenas, avista os sinais de fogo mandados de Troia por Agamenon, para anunciar a vitória, e repercuti-la de cidade em cidade. Logo depois chega o rei dos reis. Os meses de que necessitou para realizar com seus soldados esse longo périplo são contraídos em alguns segundos na peça. A ação das *Eumênides*, que começa em Micenas, onde Orestes é perseguido pelas Erínias, e termina em Atenas diante do altar da deusa, não pode tampouco se consumar em 24 horas.

O único limite que Aristóteles estabelece para a duração, variável em função dos temas, é o que, possibilitando uma consumação coerente da ação, contribui para sua unidade. "Desse modo, assim como os corpos e os seres vivos devem ter uma certa extensão, mas que o olhar possa abarcar facilmente, assim também as histórias devem ter certa duração, mas que a memória possa reter facilmente. O limite a ser estabelecido para a duração em função dos concursos e da percepção não decorre da arte; porque, se fosse necessário representar cem tragédias, elas seriam representadas correndo contra a clepsidra, como se fez, dizem, uma vez ou outra. Mas, no caso do limite imposto pela própria natureza da coisa, enquanto o conjunto ficar claro, na ordem da extensão, o mais longo é sempre o mais belo. Para estabelecer grosseiramente um limite, digamos que a extensão que permite a inversão da infelicidade em felicidade e da felicidade em infelicidade, por uma série de acontecimentos encadeados conforme o verossímil ou o necessário, fornece uma delimitação satisfatória da duração" (cap. 7).

Aristóteles tem plena consciência de que a duração da ação dramática é necessariamente limitada pelas condições da representação. O desenrolar dos concursos em Atenas, tanto quanto as capacidades de recepção do espectador, que não pode, na situação de escuta, se concentrar por muito tempo, impõem um limite. Se as trilogias conexas existiram pouco tempo na Grécia, é que era difícil obter do público um esforço de concentração sustentado durante muito tempo. As três peças da única trilogia conexa que chegou até nós, *Agamenon, As Coéforas, As Eumênides*, centradas nas mesmas personagens, constituem um todo. A ação de cada uma delas continua a da precedente. À vingança de Clitemnestra, que, na primeira peça, recrimina Agamenon pelo sacrifício da filha deles, Ifigênia, sucede, nas *Coéforas*, a vingança de Orestes, que recrimina a mãe pelo assassinato de seu pai. A terceira peça põe fim à série de crimes ditados pela lei selvagem de talião, instituindo, sob a égide de Atenas, o primeiro tribunal, em que Orestes é julgado. A trilogia conexa é logo abandonada em Atenas[13]. As condições do espetáculo, que se desenrola durante um dia inteiro, não mudaram porém. Os autores dramáticos sem dúvida tomaram consciência dos limites de memorização do espectador. Não existirão mais, na história do teatro ocidental, trilogias conexas. As três peças de Beaumarchais, *O barbeiro de Sevilha, As bodas de Fígaro* e *A mãe culpada*, que foram compostas e criadas com intervalo de anos, não constituem uma verdadeira trilogia conexa. Cada uma possui uma autonomia total. Somente Claudel, profundamente alimentado por Ésquilo, de quem traduziu a *Oréstia*, reatou com a trilogia conexa em seu grande drama histórico, *L'Ôtage, Le Pain dur, Le Père humilié*. Atualmente, certos diretores, como Ariane Mnouchkine com *Les atrides* [Os átridas][14], tentam recriar condições de representação favoráveis às trilogias conexas. Mas são experiências isoladas.

3.2.2. A regra do verossímil e do necessário

A ação dramática, para constituir um todo, não pode nem começar nem terminar ao acaso. Ela só é coerente se satisfizer a exigência do verossímil e do necessário. Corneille, no *Primeiro discurso*, ressalta a dificuldade inerente a esses dois conceitos, que Aristóteles sempre associa mas nunca define. "Aristóteles diz, e todos os seus intérpretes repetem as mesmas palavras, que lhes parecem tão claras e tão inteligíveis que nenhum deles também jamais se dignou de nos dizer o que é esse verossímil e esse necessário. Muitos, inclusive, consideraram tão pouco

---
13. Desde a geração de Sófocles, alguns autores apresentam nos concursos três peças independentes.
14. Ariane Mnouchkine criou *Os átridas* na Cartoucherie em 1992. Ela colocou antes da trilogia de Ésquilo – *Agamenon, As Coéforas, As Eumênides* – *Ifigênia em Áulis* de Eurípides, a fim de explicitar os motivos da conduta de Clitemnestra. Se esta mata Agamenon, é por lhe imputar o sacrifício de Ifigênia, cuja responsabilidade, a seu ver, é inteiramente dele.

este último, que acompanha sempre o outro nesse filósofo, fora uma só vez, em que ele fala da comédia, que chegou a se estabelecer uma máxima absolutamente falsa, de que *o tema de uma tragédia tem de ser verossímil*, aplicando assim às condições do tema a metade do que ele disse da maneira de tratá-lo."[15] O verossímil, na *Poética*, como explicita pertinentemente Corneille, diz respeito às condições do tema, que deve ser crível, enquanto o necessário concerne à maneira de tratá-lo.

Aristóteles, no teatro, privilegia o verossímil sobre o verdadeiro. Ele vai ao ponto de afirmar que "deve-se preferir o que é impossível mas verossímil, ao que é possível mas não persuasivo" (cap. 24). O verdadeiro (isto é, o que aconteceu) é uma categoria do real, enquanto o verossímil, que ele define como "o que se produz mais frequentemente", é uma criação do imaginário. Plausível, o verossímil é aceitável pela opinião comum, isto é, no teatro, pelo público. A arte da ficção dramática é inventar uma coisa crível. Essa diferença constitui, ao ver de Aristóteles, a superioridade da literatura sobre a crônica. Ao contrário do cronista que, situando-se no registro do particular, narra o que ocorreu, o autor dramático, elevando-se ao caso geral, mostra o que poderia ocorrer. "Do que dissemos, decorre claramente que o papel do poeta não é dizer o que realmente acontece, mas o que poderia acontecer na ordem do verossímil ou do necessário. Porque a diferença entre o cronista e o poeta não vem do fato de que um se exprime em verso e o outro em prosa (poder-se-ia pôr em verso a obra de Heródoto, ela não deixaria de ser uma crônica, em verso como em prosa); mas a diferença é que um diz o que aconteceu, o outro o que poderia acontecer. É por essa razão que a poesia é mais filosófica e mais nobre do que a crônica: a poesia trata mais do geral, a crônica do particular" (cap. 9).

A ação só é crível para o espectador se for regida por uma necessidade interna, isto é, se os fatos se encadearem de acordo com um princípio lógico de causalidade. O espectador só vai se sentir envolvido se houver uma relação de causa e efeito entre os diferentes acontecimentos da ação. Por isso o acaso é excluído da cena, salvo nos casos em que o espectador percebe, por trás deste, um semblante de racionalidade. Aristóteles cita o exemplo da estátua de Mítis em Argos, que caiu durante um espetáculo na cabeça do homem que a tinha assassinado outrora e o matou. Essa história pode dar lugar a três versões diferentes. Aristóteles elimina a que apresentava essa ação como resultado de uma coincidência puramente fortuita, porque não seria capaz de tocar o espectador. "O verossímil", escreve ele, "exclui que os acontecimentos se devam ao acaso cego" (cap. 9). Aristóteles retém, em compensação, a interpretação de uma vingança divina, plausível mas não certa. Ele afasta a solução de uma intervenção incontestável da providência, porque o autor dramático deixaria o domínio do verossímil para entrar no do maravilhoso, inaceitável no teatro, segundo ele.

Na verdade, Aristóteles bane o irracional do campo dramático. Se às vezes este pode ser bem-vindo na narrativa, que se preocupa menos com a verossimilhança, em contrapartida suporta mal a ribalta. "A epopeia admite facilmente o

---

15. Em itálico no texto de Corneille.

irracional, que é o meio mais adequado para provocar a surpresa, pois não temos diante dos olhos o personagem que age. Assim, a cena da perseguição de Heitor seria cômica no teatro – de um lado, a multidão de pé, que não o persegue; de outro, Aquiles, que a contém com um sinal da cabeça; mas na epopeia isso não se nota. E o efeito surpresa agrada; a prova é que todos exageram suas narrativas para ter sucesso" (cap. 24). Por isso o desfecho, no teatro, não deve ser provocado artificialmente por uma intervenção divina. Realizada mediante um maquinismo, a aparição no palco de um deus que vem resolver o conflito é racionalmente inaceitável. "É evidente portanto que o desfecho de cada história também deve resultar da própria história, e não de um recurso ao maquinismo, como em *Medeia* e na *Ilíada*, na cena do embarque: o maquinismo só deve ser utilizado para os acontecimentos externos à peça, os que aconteceram precedentemente e de que o homem não pode ter conhecimento, ou os que acontecerão mais tarde e que requerem uma predição anunciada por alguém: porque reconhecemos aos deuses o dom de ver tudo. Mas não deve haver nada de irracional nos fatos; ou, se for o caso, que seja fora da tragédia, como no *Édipo* de Sófocles" (cap. 15)[16].

Aristóteles não admite os elementos irracionais, a não ser que já estejam contidos na história preexistente em que o escritor se inspira. "Os temas não devem ser compostos de partes irracionais e, inclusive, na medida do possível, estas não devem comportar nada de irracional; a não ser que esteja fora da história contada – por exemplo, o fato de que Édipo não saiba como Laio morreu – e não no drama" (cap. 24).

Quanto ao "monstruoso"[17], que é uma categoria do irracional, deve ser rejeitado, por não ser crível. A história do teatro nos mostra que este sempre terá dificuldades para integrar elementos maravilhosos que a ópera, em compensação, admitirá de saída. O mesmo se dá com as tragédias em música, que se aparentam à ópera. Corneille recorre sem dificuldade ao irracional em *Andrômeda*. Ele tem a sensação de que a música lhe permite isso.

Somente a ação na qual os acontecimentos se encadeiam de acordo com a regra do verossímil e do necessário parece ser capaz de obter a adesão do público. Quanto ao mais, a eficácia do efeito surpresa (*thaumaston*) é inegável. O acontecimento que se produz "contra toda expectativa" cria, pela irrupção de uma irracionalidade, uma forte emoção. "A representação tem por objeto (...) acontecimentos que inspiram o pavor e a piedade, emoções particularmente fortes quando um encadeamento causal de acontecimentos se produz contra toda expectativa; a surpresa será então mais forte do que se eles tivessem se produzido por si mesmos ou por acaso, pois achamos os golpes do acaso particularmente surpreendentes quando parecem ocorrer de propósito" (cap. 9).

A exigência de lógica no espectador e sua propensão pelo irracional correm o risco de entrar em conflito. Assim, para satisfazê-las conjuntamente, o autor dra-

---

16. Aristóteles evita citar Eurípides, que faz largo uso do desfecho com máquina, porque o considera, por outro lado, "o mais trágico dos poetas".
17. Não confundi-lo com o "assustador", que, como o "monstruoso", provoca uma reação de pavor, mas pode ser crível.

mático pode ir até os limites do verossímil. Existe, para Aristóteles, uma verossimilhança da inverossimilhança, ponto de vista que Corneille compartilhará plenamente, mas que certos teóricos do Classicismo, como é o caso do abade de Aubignac, condenarão ferozmente.

3.2.3. Subordinação do personagem à ação

As características do personagem dramático são submetidas às exigências da verossimilhança da ação. Assinalemos que Aristóteles se dedica unicamente a definir o herói de tragédia. Fora do comum, o personagem nem por isso deve ser muito diferente de nós, porque perderia a sua credibilidade. Constituem-no quatro características que permitem realizar esse equilíbrio difícil entre exigências pouco conciliáveis.

Ele deve ser "de qualidade", isto é, ter "postura", "classe", sem o que não poderia suscitar a piedade do espectador. Aristóteles não entende com isso nem o nível social (ele cita o exemplo do escravo, que pode ser "de qualidade"), nem o nível moral (o herói pode ser dotado de maldade, se a ação assim requerer), mas o define como um ser excepcional.

Os outros três atributos do personagem contribuem para torná-lo crível. Eles visam temperar esse primeiro traço, que poderia afastar demasiadamente o personagem do espectador. O herói trágico deve ser "conveniente", isto é, conforme, no plano ético, aos tipos tradicionais: "assim, não convém que uma mulher seja viril ou eloquente", diz Aristóteles. Ele deve ser "veraz", isto é, semelhante a nós, nem bom demais, nem mau demais, para que o fenômeno de identificação se realize. Enfim, deve ser "constante", isto é, dotado de uma coerência interna. Um personagem cujo comportamento se modificasse sem razão no decorrer da peça não seria convincente para o público. Os atos que ele realiza não devem estar em contradição uns com os outros. Essa derradeira característica só será abandonada com o Romantismo, época em que se começa a ter interesse pela psicologia das profundezas[18].

3.3. A configuração trágica ideal

O objetivo profundo da *Poética* é enunciar as regras de composição da tragédia ideal a partir da análise dos componentes da tragédia.

Se Aristóteles define com precisão a tragédia, não se detém contudo na noção de trágico, considerando sem dúvida que ela é óbvia para seus contemporâneos. Não haveria que confundir trágico e tragédia. Pode muito bem haver trágico sem tragédia e tragédia sem trágico. A tragédia é um gênero literário regido por leis estritas na qual intervêm necessariamente dois elementos: o dramático e o patético. O patético nasce do espetáculo do sofrimento, enquanto o dramático resulta do espetáculo do conflito, da incerteza do seu desenlace. O trágico, manifestação das forças obscuras que pesam sobre a condição humana, não é ligado a um gênero literário. Alguns romances, os de Kafka e Dostoiévski, por exemplo,

---

18. Corneille retomará textualmente no *Primeiro discurso* essas quatro propriedades que o herói trágico requer.

certas obras poéticas como as de Rilke, incluem elementos trágicos. O exemplo citado por Aristóteles do homem morto pela estátua de Mítis permite esclarecer esses três conceitos. Esse espetáculo é patético, porque o homem que é atingido sofre e morre. O espectador se apieda da sua sorte. Se o homem luta por um momento e se o espectador entrevê uma luz de esperança, a situação é dramática. Se admite que sua morte não é devida ao acaso, já que a estátua é a do homem que matou, o trágico aparece.

3.3.1. Definição da tragédia

A definição que Aristóteles dá da tragédia será objeto dos comentários da maioria dos teóricos posteriores.

> La tragédie est la représentation d'une action noble, menée jusqu'à son terme et ayant une certaine étendue, au moyen d'un langage relevé d'assaisonnements d'espèces variées utilisées séparément selon les parties de l'oeuvre; la représentation est mise en oeuvre par les personnages du drame et n'a pas recours à la narration; et, en représentant la pitié et la frayeur, elle réalise une épuration de ce genre d'émotions (cap. 6).

> [A tragédia é a representação de uma ação nobre, levada a seu termo e tendo certa extensão por meio de uma linguagem temperada com variadas especiarias utilizadas separadamente, conforme as partes da obra[19]; a representação é efetuada pelos personagens do drama e não recorre à narração; e, representando a piedade e o pavor, ela realiza uma depuração desse gênero de emoções.]

Como vemos, dois traços essenciais caracterizam a tragédia: a nobreza da ação e os efeitos que ela produz no espectador pelo uso de duas emoções – a piedade e o temor – provocadas pelo espetáculo do *páthos*, ou acontecimento patético[20]. Para Aristóteles, é "a ação que causa destruição e dor, por exemplo os assassinatos realizados em cena, as grandes dores, os ferimentos e todas as coisas desse gênero" (cap. 11). A piedade (*eleos*) nasce diretamente do espetáculo do acontecimento penoso. Quanto ao temor (*phóbos*)[21], ele provém primeiro da surpresa experimentada pelo espectador diante da desgraça imprevista que atinge brutalmente o herói, depois, num segundo tempo, da ideia de que ele mesmo poderia ser atingido por um azar análogo. Os dois afetos são dirigidos, um para fora do eu, com o espectador sentindo pena do herói, o outro para o eu, na medida em que o espectador teme por si mesmo. "A piedade se dirige ao homem que não mereceu sua desgraça; o pavor à desgraça do semelhante" (cap. 13).

---

19. Por "linguagem temperada", Aristóteles explica que entende "a que comporta ritmo, melodia e canto". Quando fala de "variadas especiarias utilizadas separadamente", refere-se ao fato de que certas partes são "executadas somente em metros, outras com ajuda do canto". A alternância canto/declamação caracteriza a execução da peça grega que é próxima da ópera.
20. O termo "páthos" é traduzido ora por "acontecimento patético" (tradução de M. Magnien, Livre de Poche classique), ora por "efeito violento" (tradução de Dupont-Roc).
21. O termo "phóbos" é traduzido indiferentemente por temor ou pavor.

Pondo-se em ação a piedade e o temor cria-se a catarse. O termo grego, composto da preposição *katá* (em vista de) e do verbo *airo* (tirar, elevar, exaltar), reveste três acepções. No primeiro sentido, médico, significa "purgação", eliminação dos humores corruptos. No sentido psicológico, é empregado para descrever o alívio da alma, libertada dos distúrbios que a agitavam. No sentido religioso, é sinônimo de purificação. Explica o estado alcançado em certas cerimônias, graças a uma exaltação provocada, notadamente as dos ritos iniciáticos, quando dos mistérios de Elêusis ou dos mistérios órficos. É na segunda acepção que Platão entende o termo, definindo a catarse como o estado de apaziguamento da alma que, libertada da tirania do corpo e seus desejos, se aproxima do Bem. "Mas a catarse não é precisamente o que diz um texto de antanho, separar tanto quanto possível a alma do corpo, acostumá-la a se concentrar em si mesma, bem afastada de todas as partes do corpo, a se recolher e, na medida do possível, isolar-se, agora e sucessivamente, sozinha consigo mesma, libertando-se por assim dizer dos vínculos que a unem ao corpo?" (*Fédon*, 67c).

Retomando parcialmente o sentido médico, Aristóteles também entende o termo catarse em sua acepção psicológica, sem com isso lhe dar uma conotação moral, como faz Platão. Ele utiliza pela primeira vez na *Política* (livro VIII, 7), a propósito do efeito apaziguador da música sobre o executante ou o ouvinte. Atribui à música quatro finalidades: educativa, catártica, cultural e repousante. "A música não deve ser praticada tendo em vista uma só vantagem, mas várias, porque ela tem em vista a educação e a purgação (que entendemos por purgação? Por ora, tomamos esse termo em seu sentido geral, mas voltaremos a falar mais claramente nele em nossa *Poética*), em terceiro lugar, serve à vida de lazer nobremente vivida e, por fim, é útil ao relaxamento e ao descanso depois de um esforço continuado."

Como a música é uma imitação das emoções da alma, ela exerce um papel catártico, produzindo, depois da emoção provocada pela audição, uma sensação de bem-estar. Diversos graus de emoção podem ser empregados em função da personalidade do ouvinte e da natureza da música. Aristóteles distingue três tipos de música: uma música "ética", que é bom ensinar em razão das suas virtudes morais; uma música "ativa", cativante, que não é necessário praticar mas que é bom ouvir; uma música "exaltada", que deve ser usada com precaução. Não se pode confundi-las. "Nessas condições, vê-se que devemos nos servir de todos os modos, mas que não devemos empregar todos eles da mesma maneira: na educação utilizaremos os modos com tendências morais mais pronunciadas e, quando se tratar de ouvir a música executada por outros, poderemos admitir os modos ativos e os modos exaltados." Certas músicas muito violentas, "exaltadas", utilizadas nas cerimônias iniciáticas, chegam a provocar um estado de transe. É o caso, na época de Aristóteles, dos coribantes, sacerdotes frígios possuídos pelo deus durante sua dança sagrada. Podemos notar hoje experiências assim em certas tribos africanas ou no culto vodu. O transe, seguido de um apaziguamento, é benéfico. Esse tipo de música, segundo Aristóteles, cuidadosamente dosada, liberta, graças à possessão divina, da piedade e do temor, excitando-os. Assimilável a uma terapia, ela é catártica. "Porque a emoção que se apresenta em certas almas com energia, se encontra em todas, mas em graus diferentes de intensidade. É o caso da piedade e do temor, a que se somam a exaltação divina, porque certas pessoas são possuídas por essa forma de agitação; no entanto, sob a influência das melodias sagradas, vemos essas mesmas pessoas, quando recorrem às melodias que transportam a alma para fora de si, recompostas como se houvessem tomado um remédio e uma purgação. É a esse mesmo tratamento, portanto, que devem ser necessariamente submetidos tanto os que são propensos à piedade como os que são propensos ao terror, e todos os outros que, de uma maneira geral, estão sob o império de uma emoção qualquer, contanto que haja em cada um deles tendência a essas emoções, e para todos se produz uma certa purgação e um alívio acompanhado de prazer. Ora, é desse mesmo modo que as melodias purgativas proporcionam ao homem uma alegria inofensiva."

Os dois outros tipos de música – a música "ética" e a música "ativa" – agem mais moderadamente sobre a psique, pois somente são excitados a piedade e o temor, sem que intervenha o estado de possessão. Piedade e temor desempenham no ouvinte um papel catártico menor, que é da ordem de um benefício momentâneo, de uma quietude interior. É precisamente o que a tragédia exerce sobre o espectador. Para Aristóteles, a tragédia apazigua o espectador pelas emoções de piedade e de temor que suscita nele. O interesse do espetáculo trágico é que, nele, as emoções são sempre controladas, pois o espectador sabe que a cena apresenta tão somente uma ficção. Ele se identifica com o personagem cujos tormentos faz seus, mantendo porém certa distância e um olhar crítico. Todos nós temos necessidade de experimentar emoções fortes, temor e piedade. Se na vida elas são geradoras de perturbações e sofrimentos, na tragédia nós as sentimos sem ter seus tormentos e extraímos prazer delas, porque somos "purgados", "purificados" desses afetos. "Temos prazer de olhar as imagens mais bem-feitas das coisas cuja visão é penosa na realidade" (cap. 4). Aristóteles raciocina, bem antes de Freud, em termos de economia libidinal. Nós evacuamos a emoção sentida no espetáculo da tragédia, por intermédio do personagem, economizando assim um desprazer que sentiríamos na existência real. "Por sua célebre definição da tragédia, Aristóteles orientou de maneira decisiva o problema da estética incluindo na definição da essência da tragédia o efeito produzido sobre o espectador" (Hans Georg Gadamer, *Vérité et méthode*, Paris, Le Seuil, 1973, p. 56).

Essa distância entre o espectador e o espetáculo é indispensável para a catarse se efetuar. Se ela tender a desaparecer, as emoções de piedade e de temor, que não são mais controladas, voltarão a ser fonte de desprazer, como na vida. Por isso os autores trágicos quase sempre situaram a ação das suas peças num passado remoto, tomando seus temas emprestados da história ou da mitologia. O distanciamento no tempo possibilita ao espectador contemplar o drama mantendo certa serenidade apesar da sua emoção. Desde o início, pareceu delicado, se não perigoso, representar numa cena de teatro acontecimentos contemporâneos. Atesta-o o castigo infringido a Frínico, predecessor de Ésquilo, por ter encenado *A tomada de Mileto* em 493, apenas um ano depois do acontecimento que a peça relata: a destruição da cidade pelos persas. O público, a crer em Heródoto (VI, 21), não suportou tal espetáculo que reavivava sofrimentos recentes e reabria feridas ainda não cicatrizadas. "Ele (Frínico) escreveu e encenou uma peça sobre a tomada de

Mileto, fazendo o público do teatro desfazer-se em lágrimas. Foi condenado a uma multa de mil dracmas por ter lembrado desgraças tão próximas e foi proibido a qualquer um representar futuramente esse drama." Em razão dessa interdição, Ésquilo situa *Os persas* no campo inimigo, e não em Atenas. A peça, estreada em 472, evoca, apenas oito anos depois dos acontecimentos, a vitória de Salamina, obtida a alto preço, na qual os gregos esmagaram os persas. Como Racine fará mais tarde em *Bazajet*, Ésquilo oferece a seu público um espetáculo em que o exotismo introduz no nível espacial uma distância criada, em suas outras peças, pelo distanciamento no tempo. As reações dos espectadores não mudaram em nossos dias. Basta lembrar o escândalo que causou na França a representação póstuma da última peça de Bernard-Marie Koltès, *Roberto Zucco*. Koltès se inspira num caso que acaba de alimentar a crônica, os assassinatos perversos de um matador sem dó nem piedade, Succo, cujo nome mal altera. A peça, estreada em 1990 na Alemanha, foi proibida na França, quando das suas primeiras apresentações em 1992, sob a pressão de espectadores indignados.

3.3.2. Os critérios da tragédia ideal

As regras de composição da tragédia ideal são baseadas numa estética da recepção. Aristóteles examina sistematicamente todas as condições requeridas para que nasçam com a maior força possível a piedade e o temor no espectador. Essas condições, como veremos, dizem respeito à complexidade da ação, ao caráter da reviravolta de situação, à qualificação ética do herói que sofre a desgraça, à natureza das relações que unem os personagens em conflito.

Aristóteles privilegia a tragédia com ação complexa, que produz mais efeito sobre o espectador do que a tragédia dotada de uma ação simples. "É uma certeza", ele afirma no capítulo 13, "que a estrutura da mais bela tragédia deve ser complexa, e não simples." A ação é dita "simples" ou "complexa" conforme o desenlace se produza com ou sem peripécia e/ou cena de reconhecimento. Por peripécia[22] Aristóteles entende a reviravolta que afeta o herói e inverte o efeito das ações. Em *Édipo Rei* de Sófocles, por exemplo, o pastor de Corinto, acreditando livrar Édipo das suas angústias acerca de seus pais, lhe revela sua identidade. O efeito buscado inverteu-se, pois a revelação precipita Édipo no desespero.

Assinalemos que as tragédias gregas contêm uma só peripécia. Situada no desenlace, ela constitui o momento da ação em que se inicia a reviravolta que permite definir a fronteira entre o nó* e o desenlace. Não será sempre assim. No teatro europeu, a partir da Renascença, as peças podem comportar uma ou várias peripécias, algumas delas situando-se então no decorrer do clímax. *Fedra* de Racine contém duas peripécias – o anúncio da morte de Teseu e o do seu retorno –, ambas situadas no nó. O teatro do século XVIII multiplicará as peripécias.

---

22. O termo "peripéteia" é traduzido indiferentemente por "peripécia" ou "golpe de teatro".

* "Dou o nome de nó à parte da tragédia que vai do início ao ponto a partir do qual se produz a mudança para uma sorte ditosa ou desditosa; e chamo desenlace a parte que vai do princípio desta mudança ao final da peça" (Aristóteles, *Poética*, in *Dicionário de teatro*, Luiz Paulo Vasconcelos, L&PM, 1987). (N. do T.)

A cena de reconhecimento é uma forma particular de peripécia. Ela realiza uma reviravolta que faz o herói passar, da ignorância da identidade da pessoa que lhe faz face, ao conhecimento. É, diz Aristóteles, "uma passagem da ignorância ao conhecimento, que conduz a uma passagem do ódio à amizade ou da amizade ao ódio nos personagens destinados à felicidade e à infelicidade". Assim, Electra, na peça de Sófocles que leva seu nome, reconhece Orestes, que ela havia tomado de início por um estranho. Aristóteles repertoria cinco espécies de reconhecimento. A primeira, que se efetua por meio de sinais distintivos, não é um procedimento especificamente dramático. O próprio Aristóteles salienta esse fato, citando o exemplo de Ulisses na *Odisseia*, que é reconhecido por sua babá graças a uma cicatriz que tem no tornozelo. A segunda é a "arranjada pelo poeta", em que um personagem revela por si próprio sua identidade. É o caso na *Ifigênia* de Eurípides, onde Orestes é reconhecido quando evoca os lugares da sua infância. Aristóteles rejeita como impróprios para criar a emoção trágica esses dois tipos de reconhecimento em que o desenlace não é motivado. Em compensação, eles serão, ao longo de toda a história do teatro, abundantemente explorados na comédia, que admite de bom grado o artifício. O reconhecimento pode se dar também pela lembrança, ora a partir de sinais exteriores que o herói descobre (um quadro, por exemplo), ora a partir de um relato que lhe é feito. A cena é dotada então de uma forte carga emocional. Quando o reconhecimento decorre de um raciocínio, sua forma deriva da do silogismo. Assim, nas *Coéforas*, Ésquilo empresta a Electra o seguinte discurso: "Veio alguém que se parece comigo. Ora, ninguém se parece comigo, salvo Orestes. Logo, foi ele que veio." Enfim, a última forma de reconhecimento é a que deriva dos próprios fatos, quando "a surpresa se dá por meio de acontecimentos verossímeis", como no *Édipo Rei* de Sófocles. Aristóteles privilegia essas duas últimas formas de reconhecimento, profundamente motivadas.

A qualidade trágica da reviravolta que atinge o personagem é função de dois parâmetros: o sentido da reviravolta (conforme o herói passe da felicidade à infelicidade ou vice-versa) e a qualificação moral do protagonista (virtuoso ou mau). Aristóteles, como perfeito lógico, considera quatro configurações. O justo pode passar da felicidade à infelicidade, o mau da infelicidade à felicidade. Ele elimina de saída essas duas possibilidades, que não são capazes de provocar a piedade e o temor. Não retém tampouco a solução segundo a qual o mau passa da felicidade à infelicidade. Embora satisfaça o sentido do humano, tampouco suscita as duas emoções trágicas. Aristóteles silencia sobre a quarta possibilidade, a do homem de bem que passa da infelicidade à felicidade. Sem dúvida, ele a considera desprovida de potencialidades trágicas. Rejeitados esses casos extremos, ele considera a fórmula "intermediária" do homem que, "sem alcançar a excelência na ordem da virtude e da justiça, deve sua queda na infelicidade, não ao vício e à maldade, mas a algum erro". Aristóteles dá uma série de exemplos, citando Édipo, Tiestes, Orestes, Alcmeon, e estende suas palavras a "todos os outros heróis que suportaram ou causaram acontecimentos terríveis". O justo e o mau não podem portanto ser, nem um nem outro, heróis de tragédia. O primeiro representa uma perfeição demasiado elevada para que o espectador seja capaz de se identificar com ele. Quanto ao segundo, só poderia provocar a repulsão. O herói deve ser suficientemente "falível" para ser "semelhante a nós", suficientemente bom para que tenhamos piedade da sua infelicidade imerecida. É esse, conforme Aristóteles, o critério da "tragédia mais bela". É essa igualmente a razão pela qual Eurípides "se revela o mais trágico dos poetas". Essa noção de erro trágico, que torna a desgraça do herói aceitável, se nos colocamos no nível da verossimilhança da ação, será abundantemente comentada pelos teóricos futuros, em particular por Racine.

Dentre os três tipos de relação que podem existir no seio dos personagens – relação de hostilidade recíproca, relação de neutralidade, relação de aliança –, somente a terceira é capaz de criar a emoção trágica. O termo relação de aliança deve ser entendido no sentido lato: aliança pelo sangue, pelo casamento, pela hospitalidade. Sabe-se que, na Antiguidade, a relação com o hóspede ou convidado é sagrada. O termo abrange portanto as relações familiares, as relações amorosas e as relações de amizade. No caso de uma hostilidade recíproca ou de neutralidade entre os personagens, o mal que um faz ao outro não suscita nenhuma piedade no espectador. Em compensação, se eles são unidos por uma relação de aliança, a violência explode entre eles como um escândalo contrário à natureza, suscitando piedade e terror no espectador. Em razão da raridade dos atos de violência entre próximos, é sempre nas mesmas famílias que os autores dramáticos situam o drama, a dos labdácidas, a dos átridas, como Aristóteles observa no capítulo 13 da *Poética*: "No início, os poetas tratavam indistintamente as primeiras fábulas que apareciam, enquanto hoje as mais belas tragédias são compostas com base na história de um pequeno número de casas, exemplo, com base em Alcmeon, Édipo, Orestes, Meleagro, Tiestes, Telefo e todos os outros personagens que suportaram ou causaram desgraças terríveis."

São essas relações de aliança que o teatro ocidental, seja ele trágico ou não, explorará incansavelmente. Somente elas são capazes de interessar o espectador. Deve-se notar que mesmo Nathalie Sarraute – que, tanto em seus romances como em suas peças radiofônicas, esboça o retrato de personagens da burguesia ligados mais geralmente por relações mundanas do que por relações de aliança – explora, quando passa ao teatro propriamente dito, em suas três peças, os três tipos de relações de aliança definidas por Aristóteles: a relação de parentesco em *C'est beau*, a relação amorosa em *Elle est là* e a relação de amizade em *Pour un oui pour un non*. O teatro não poderia existir fora da relação de aliança.

Aristóteles analisa igualmente as formas que a ação trágica reveste em função de duas variáveis. O herói pode consumar um ato de violência ou renunciar a ele em pleno conhecimento de causa, ou no mais total desconhecimento da identidade da sua vítima. Quatro casos são possíveis, que Aristóteles classifica do pior ao melhor. "Não há outras possibilidades além destas: necessariamente, se age ou não se age, sabendo ou sem saber" (cap. 14).

– O herói que conhece a identidade de quem ele quer atingir renuncia a seu ato, depois de ter decidido consumá-lo. É o caso de Hemon, na *Antígona* de Sófocles, que ameaça Creonte, abandonando de imediato a ideia do parricídio. O trágico não pode se produzir, pois o acontecimento patético não ocorre. Por isso essa configuração raramente é explorada. "A combinação na qual, dispondo-se a agir em pleno conhecimento, não se passa ao ato é a pior, porque provoca a repulsa sem produzir o trágico – na falta de efeito violento" (cap. 14).

– O herói age sabendo contra quem. É o caso de Medeia, a heroína de Eurípides, que imola seus próprios filhos. Tal ato de violência gera o trágico.

– O herói só descobre a identidade de sua vítima depois de ter perpetrado seu ato. Em *Édipo Rei*, o protagonista só compreende a natureza incestuosa dos seus atos (o assassinato de Laio, o casamento com Jocasta) *a posteriori*, quando suas origens lhe são reveladas. Tal situação, mais ainda que a precedente, é fonte do trágico.

– O caso mais trágico, segundo Aristóteles, é o do personagem que ignora a identidade da sua vítima e só a descobre na hora de consumar seu ato, renunciando a ele. A heroína de Eurípides, em *Ifigênia em Táuride*, está a ponto de sacrificar o irmão Orestes, quando o reconhece. O efeito trágico é obtido por uma emoção depurada, pois o ato de violência não ocorre, mas o espectador temeu-o até o derradeiro instante.

A tragédia ideal, para Aristóteles, oferece o espetáculo de uma mudança de sorte no desfecho de um choque violento entre personagens, nem totalmente bons, nem totalmente maus, unidos por relações de aliança. O patético é máximo quando o herói ignora por certo tempo a identidade daquele contra quem age. *Édipo Rei*, que Aristóteles cita dez vezes na *Poética*, realiza esse modelo ideal. Nele, uma forte emoção nasce da reviravolta que, desvelando as identidades, revela a existência de uma relação de aliança entre personagens que, ignorando-a, transgrediram interditos. É em razão dessa preferência por *Édipo Rei*, nitidamente afirmada por Aristóteles, que o Teatro Olímpico de Vicenza, o primeiro teatro à antiga construído pelos humanistas na Itália, entre 1580 e 1585, foi inaugurado, com imenso sucesso, com a representação dessa tragédia de Sófocles.

3.4. O lugar do espetáculo

A posição de Aristóteles sobre o lugar do espetáculo não é desprovida de ambiguidade. Fazendo do espetáculo um dos seis elementos constitutivos da peça de teatro, ele lhe concede uma importância maior. Refutando o ponto de vista de Platão, para quem a epopeia é superior à tragédia (cf. *Leis*, 658d), considera que os recursos do espetáculo são um dos elementos que constituem a superioridade da tragédia sobre a epopeia.

> Elle (la tragédie) a tout ce qu'a l'épopée (dont elle peut utiliser le mètre), avec en plus, et ce n'est pas un élément négligeable, la musique et ce qui relève du spectacle, d'où naissent les plaisirs les plus vifs. Et puis elle a toute sa vivacité à la fois à la lecture et à la scène (cap. 26).
>
> [Ela (a tragédia) tem tudo o que tem a epopeia (de que pode utilizar o metro) e ademais, o que não é um elemento desprezível, a música e o que pertence ao espetáculo, de que nascem os prazeres mais vivos. E ela mantém toda a sua vivacidade tanto à leitura como na cena.]

Ele emite a ideia de que o autor dramático deve levar em conta o espetáculo, desde a etapa da escrita. É necessário que ele "ponha as coisas diante dos olhos" e imagine logo de início o drama no espaço. "Para compor as histórias e pela expressão lhes dar sua forma acabada, é necessário ter o mais possível a cena diante dos olhos – porque, assim, aquele que vê como se assistisse às próprias ações seria capaz de descobrir com maior eficácia o que é sensato, sem deixar passar nenhuma contradição interna" (cap. 17). Aristóteles pressente, muito tempo antes dos semiologistas, que a especificidade da escrita dramática reside em pôr o verbo no espaço.

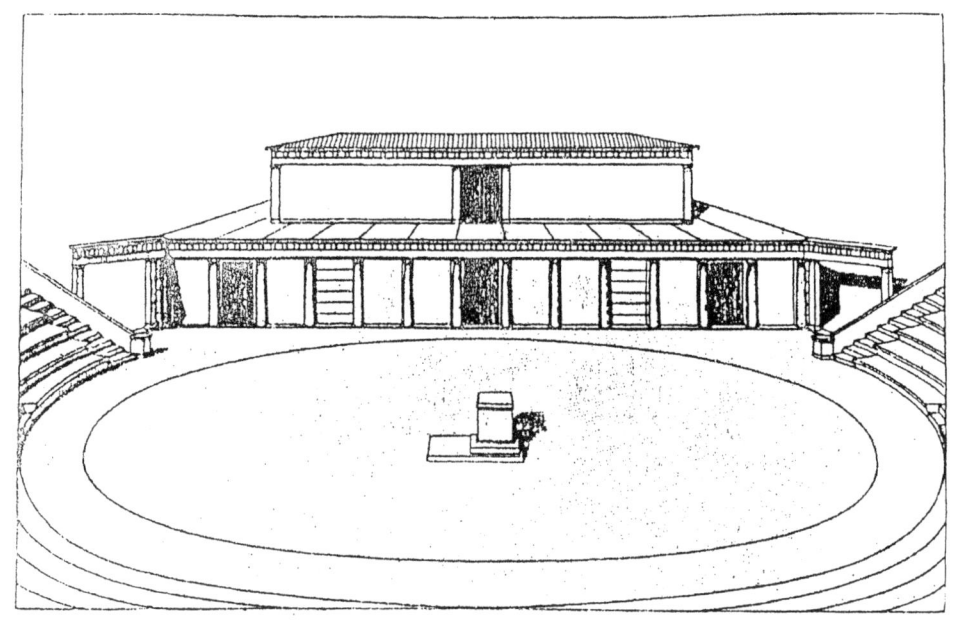

Figura 1 O teatro grego (reconstituição do teatro de Delos).

Além disso, o espectador é, segundo Aristóteles, o único juiz da qualidade de uma peça de teatro. Enquanto um texto não foi submetido ao público, é impossível prejulgar seu valor. Aristóteles cita o exemplo de peças, hoje perdidas, que, construídas de acordo com as regras, fracassaram ao serem representadas. Certas contradições no arranjo dos fatos, que poderiam ter passado despercebidas à leitura, chocaram. Aristóteles está bem consciente, por tê-lo experimentado pessoalmente, de que uma peça, conforme em sua escrita aos cânones ideais, não como-ve necessariamente o espectador.

Aristóteles parece, por outro lado, desprezar a arte do palco, que, para ele, é da alçada apenas do diretor de cena. Na *Poética*, nunca há análise da atuação do ator. O teatro de texto se basta por si só, sem necessitar recorrer aos artifícios da representação. "Quanto ao espetáculo, que exerce a maior sedução, é totalmente estranho à arte e não tem nada a ver com a poética, porque a tragédia realiza sua finalidade sem concurso e sem atores. Ademais, para a execução técnica do espetáculo, a arte do fabricante de acessórios é mais decisiva que a dos poetas" (cap. 6).

Embora possam nascer do espetáculo, as duas emoções mestras, piedade e temor, devem ser criadas principalmente pela ação dramática, provir "da escuta e não da visão". "O pavor e a piedade podem certamente nascer do espetáculo, mas também podem nascer do próprio sistema dos fatos: é esse o procedimento que tem a importância primordial e que revela o melhor poeta. De fato, é preciso que, independentemente do espetáculo, a história seja constituída de tal modo que, ao saber dos fatos que se produzem, nos arrepiemos e sejamos tomados de piedade ante o que acontece: é o que sentiríamos ao ouvir a história de *Édipo*. Produzir esse efeito pelos meios do espetáculo não pertence à arte: é assunto de encenação" (cap. 14).

Essa contradição flagrante na *Poética*, texto que não é propriamente um tratado, mas um curso, sem dúvida muitas vezes remanejado para uso do Liceu, atesta a hesitação de Aristóteles, que ora legifera como teórico sobre a literatura dramática, ora reage como espectador. Oscilando entre essas duas posições, ele se situa no âmago do fenômeno teatral, cuja complexidade reside na representação de um texto. Os teóricos que virão depois dele, ora privilegiarão, como ele, o texto, ora o espetáculo.

A *Poética* é o texto fundador da dramaturgia ocidental. Todos os teóricos se referem a ele, explicitamente ou não. O teatro humanista, na Itália depois na França, e o teatro clássico francês nasceram de uma releitura atenta de Aristóteles, mesmo quando os autores se demarcam dele, mesmo quando interpretam a contrapelo seu pensamento. Os grandes barrocos franceses e estrangeiros, que preconizam a irregularidade, como Lope de Vega em *L'Art de faire des comédies* [*A arte de fazer comédias*], contestam Aristóteles, mas, como veremos, têm de se posicionar em relação a ele. Os teóricos do drama – Diderot, Beaumarchais, Louis-Sébastien Mercier, na França, Lessing, na Alemanha, e Goldoni, na Itália – entabulam com ele, acima dos séculos, um interminável diálogo que continua, mais polêmico ainda na época romântica, com Stendhal, Vigny, Hugo. Mais próximos de nós, Brecht e Artaud, que atacam violentamente as concepções de Aristóteles, que simboliza para eles a dramaturgia ocidental, salientam com isso a importância da *Poética*.

4. A CONTRIBUIÇÃO DE HORÁCIO

Foi graças a Horácio que a herança aristotélica se transmitiu no mundo romano, depois pela Europa da Renascença. Em sua *Épître aux Pisons* [*Epístola aos Pisões*] (*Epistola ad Pisones*)[23], epístola de 477 versos, escrita entre 23 e 13 a.C., Horácio

---

23. A *Epístola aos Pisões* é o último poema da coletânea das *Epístolas*. Essa *Epístola* é dirigida a Pisão e seus dois filhos, personagens de grande destaque, contemporâneos de Horácio, dos quais não se sabe praticamente nada.

trata dos gêneros literários e, mais particularmente, do teatro. O texto é conhecido, desde a Antiguidade romana, pelo nome de *Arte poética* (*Ars poetica*)[24]. Quintiliano, em sua *Instituição oratória*, no livro I, escrito em 93 d.C., o designa assim.

Podemos fazer a Horácio duas críticas de natureza bem diferente. Por um lado, congelou o pensamento de Aristóteles numa espécie de ortodoxia. Ele legifera como teórico, sem nunca se colocar do ponto de vista do espectador, como Aristóteles faz com tanta frequência. Seria inútil procurar na *Epístola* alguma referência aos espetáculos a que Horácio pode ter assistido. Por outro lado, apesar do seu dogmatismo, a carta – talvez em razão da brevidade imposta pelo gênero – não é um tratado na devida forma. Horácio se contenta com apresentar, desordenadamente, uma série de preceitos. Diversos teóricos da Renascença o criticarão por isso, notadamente o italiano Scaliger, que, em 1561, considera a *Epístola* uma "ars sine arte" ("uma arte sem arte").

4.1. Fidelidade a Aristóteles

As concepções dramatúrgicas de Horácio se inserem numa teoria mais geral da unidade da obra de arte, que só será questionada com o Romantismo. "Se um pintor quisesse juntar a uma cabeça humana o pescoço de um cavalo e aplicar penas de diversas cores em membros tomados de todas as partes, de forma que a montagem terminasse em horrível peixe negro o que em cima era uma bonita mulher, vocês poderiam conter o riso, meus amigos, se fossem levados a contemplar essa obra? Acreditem-me, Pisões, esse quadro lhes oferecerá o retrato fiel de um livro em que, como os sonhos de um doente, seriam reconstituídas, tais como os sonhos de um doente, tão só imagens inconsistentes, formando um corpo cujos pés e cuja cabeça não corresponderiam a um tipo único. Os pintores e os poetas sempre tiveram o justo poder de tudo ousar, eu sei, e é esse um privilégio que reclamo e que concedo alternadamente, mas não a ponto de pôr juntos animais dóceis e feras, a ponto de acasalar as cobras com os passarinhos e os cordeiros com os tigres."[25]

As regras de Horácio são ditadas pela preocupação de salvaguardar a unidade e a verossimilhança da peça de teatro. Ele retoma, sem modificar em nada, o ponto de vista de Aristóteles sobre o papel do coro, sobre a linguagem do personagem, sobre a verossimilhança do desenlace. Atribui ao coro o estatuto de ator, recusando que os cantos sejam passagens interpoladas. Ao conferir a ele a função de moderar as paixões do herói, considera-o como fiador da moral. Concebe-o igualmente como um meio de acentuar o patético, na medida em que se compadece dos infortúnios do herói. "O coro deve apoiar o papel de um ator e ter sua função pessoal. Não deve cantar nos entreatos nada que não seja útil ao tema e não se

---

24. Baseado no modelo dos tratados de retórica, a *Epístola aos Pisões* contém três partes. Nela Horácio anota primeiro um certo número de preceitos gerais sobre a arte, depois considerações diversas sobre os gêneros literários, enfim conselhos destinados ao artista. Portanto é principalmente a segunda parte da *Arte poética* que nos interessa aqui.
25. Utilizamos, nas citações, a seguinte edição: *Epîtres*, Paris, Les Belles Lettres, 1961, 4.ª ed., pp. 202-6 (texto estabelecido e traduzido por François Villeneuve).

adapte intimamente a este. Cabe-lhe tomar a defesa dos bons e dar conselhos de amigo, moderar os que se exaltam e amar os que têm medo de fracassar; cabe-lhe elogiar os pratos de uma mesa frugal, os benefícios da justiça e das leis, a paz que abre as portas das cidades; cabe-lhe guardar as confidências, implorar aos deuses e suplicar-lhes que tragam a Fortuna aos infelizes, afastando-a dos soberbos."

Horácio exige que o personagem de teatro seja dotado de uma coerência interna. A linguagem de cada protagonista[26] deve ser função da sua condição social, da sua idade, do seu sexo. "Será muito importante observar se é um deus que fala ou um herói, um ancião amadurecido pelo tempo ou um homem ainda na flor de uma fogosa juventude, uma dama de alta estirpe ou uma babá apressada, um mercador que corre o mundo ou o cultivador de um pequeno lote verdejante, um cólquida ou um assírio, um filho de Tebas ou um filho de Argos.

"Sigam, ao escrever, a tradição ou componham personagens coerentes. Se tiverem de levar ao teatro Aquiles, tantas vezes celebrado, que ele seja incansável, irascível, inexorável, ardente, que ele negue que as leis são feitas para ele e arrogue tudo às armas. Que Medeia seja feroz e indomável, Ino chorosa, Íxion pérfido, Io errante, Orestes sombrio[27]. Se vocês se arriscam na cena com um tema virgem e ousarem modelar um novo personagem, que ele permaneça até o fim como se mostrou desde o início e continue em conformidade com ele."

Desejoso de salvaguardar a verossimilhança, Horácio condena, como Aristóteles, os desenlaces com "deus ex machina".

> Qu'un dieu n'intervienne pas, à moins qu'il ne se présente un noeud digne d'un pareil libérateur.
>
> [Que um deus não intervenha, a não ser que se apresente um nó digno de tal libertador.]

É por uma submissão excessiva à arte dramática da Grécia clássica, representada a seus olhos por Aristóteles, que Horácio pede que "um quarto personagem não se ponha a falar". Na época clássica, a cena grega nunca dispõe de mais de três atores que desempenham sucessivamente a totalidade dos papéis falados. Se os atores são pouco numerosos, é que o ofício requer um longo aprendizado das três técnicas: declamação, canto e dança. Por isso, os episódios pòem em pre-

---

26. Por "linguagem" Horácio entende o que Aristóteles chama de "pensamento".
27. Todos esses personagens que Horácio cita são símbolos, na Antiguidade. A personalidade deles não pode, portanto, ser transformada de forma alguma pelo autor dramático que os leva à cena. Medeia é o símbolo da mãe infanticida. Para punir Jasão, seu amante infiel, ela apunhala os dois filhos que tivera dele. Ino, cujas aventuras são narradas por Ovídio nas *Metamorfoses*, é o símbolo da madrasta que persegue os enteados com seu ódio. Íxion é o símbolo da perfídia: por não ter dado a seu futuro sogro os dotes do casamento, ele o joga, por traição, numa fornalha ardente. Io, cujos infortúnios são narrados por Ésquilo em *Prometeu acorrentado*, foi seduzida por Júpiter e perseguida pelo ciúme de Hera, que a metamorfoseou em vaca e a fez ser perseguida por um moscardo, de modo que a infeliz vagueia sem rumo por muito tempo. Quanto a Orestes, é o símbolo do herói torturado pelo matricídio, pois matou Clitemnestra, sua mãe, para vingar Agamenon, seu pai, que esta havia assassinado, e fica por isso com remorsos eternos.

sença dois ou três personagens. Nos raros momentos em que quatro personagens aparecem simultaneamente em cena, um dos papéis, representado por um figurante e não por um verdadeiro ator, é mudo. Se autores dramáticos como Ésquilo, Sófocles e Eurípides se submeteram facilmente a uma regra tão limitativa, é que sua concepção do diálogo, estático, se prestava a tanto. Aliás, só raramente utilizaram a configuração de três atores. O coro ou o segundo ator replicam ao protagonista, para valorizá-lo. Na época alexandrina, como mais tarde no teatro latino, o número de personagens se multiplicou, ao mesmo tempo que o papel do coro se enfraqueceu. Horácio queria perenizar essa regra dos quatro atores, ligada às condições da representação e às formas do diálogo da Grécia clássica, a Roma, onde se tornaram caducas, por terem mudado totalmente as condições da representação. Alguns teóricos do Classicismo ainda manterão a regra, por fidelidade a Horácio, apesar de ela não ter mais nenhum razão de ser e de eles próprios não compreenderem mais a sua necessidade. Assim, Chapelain, em seu *Discours de la poésie représentative* [*Discurso sobre a poesia representativa*], escreverá: "Alguns desejaram que, numa cena, os atores não fossem mais de três, a fim de evitar a confusão, o que aprovo sempre, fora nas últimas cenas do último ato, em que tudo deve tender ao fim e em que a confusão torna o desenlace mais nobre e mais belo."

4.2. Um ponto de vista normativo

Legislador severo, Horácio encerra a arte em regras que não existiam em Aristóteles. Em nome da unidade requerida, ele veda a mistura de gêneros no teatro, ao contrário de Aristóteles, que se contenta com analisar as diferenças existentes entre a tragédia e a comédia, mas que nem por isso impõe uma separação estrita dos gêneros. Com o argumento de que cada gênero nasceu adotando um estilo específico, um modo de versificação particular, Horácio exige que tragédia e comédia adotem tons diferentes. Com muita antecedência, formula uma estética da pureza que será a dos clássicos. "Em que ritmo se podiam escrever os feitos dos reis, dos chefes e as sombrias guerras, Homero já mostrou. Na união dos dois versos desiguais encerrou-se primeiro a queixa, depois a satisfação de um desejo satisfeito. Que criador, no entanto, inventou a brevidade dos versos elegíacos? Os gramáticos discutem a esse respeito e a questão ainda está em aberto. A fúria armou Arquíloco com o iambo, que lhe pertence; mas os borzeguins e os altos coturnos[28] adotaram esse pé métrico apropriado ao diálogo, pé que domina o barulho do público e que nasceu para a ação. A Musa concedeu à lira celebrar os deuses e os filhos dos deuses, e o pugilista vencedor, e o cavalo primeiro na corrida, e os males de amor dos jovens, e a liberdade do vinho.

"Por que deixar que me saúdem como poeta, se, por falta de talento e de saber, não posso respeitar o papel e o tom atribuído a cada obra? Por que, por falsa vergonha, preferir ignorar a aprender? Um tema de comédia não aceita ser desenvolvido em versos de tragédia; do mesmo modo, o banquete de Tiestes não

---

28. Arquíloco é um poeta lírico do século VII a.C., inventor do verso iâmbico. Os coturnos são o símbolo da tragédia; os borzeguins, da comédia.

suporta ser contado em versos familiares, dignos, ou quase, do borzeguim. Que cada gênero conserve o lugar que lhe convém e que lhe foi dado."

Ele pede que a ação seja dividida regularmente em cinco atos, à maneira das peças dos alexandrinos. Aristóteles, por sua vez, não fixava o número de episódios, deixando ao poeta dramático toda liberdade. A peça francesa, na Renascença depois na época clássica, será construída com base no modelo prescrito por Horácio. "Um tamanho de cinco atos, nem mais nem menos, é a medida de uma peça que deseja ser reclamada e reapresentada no teatro."

Embora tenha consciência de que uma ação representada no palco produz mais efeito do que um relato, Horácio proíbe a representação de cenas sangrentas. Aconselha que o autor dramático as situe fora de cena e recorra ao relato de uma testemunha para informar o espectador. Os teóricos do Classicismo se apoiarão na autoridade de Horácio para justificar, em nome do decoro, a recusa do sangue e a necessidade dos relatos. "Ou a ação transcorre no palco, ou é narrada depois de ter sido consumada. O espírito é menos vivamente afetado pelo que lhe é transmitido pelo ouvido do que pelos quadros oferecidos ao relato fiel dos olhos e percebidos sem intermediário pelo espectador. Há, no entanto, atos que é bom ocorrerem fora de cena e que não aparecerão nesta; há muitas coisas que se deve afastar dos olhos para confiar seu relato posteriormente à eloquência de uma testemunha. Que Medeia não mate seus filhos diante do público, que o abominável Atreu não mande cozinhar carne humana diante de todos, que não se veja Procne transformar-se em ave ou Carmo em serpente. Tudo desse tipo que você me mostrar só me inspira incredulidade e revolta."

A *Arte poética* não projeta nenhuma nova luz em matéria de dramaturgia. Se Horácio tem os olhos exclusivamente voltados para a Grécia clássica e se desinteressa pelo teatro do seu tempo, é que o teatro latino não brilha pela força de seus textos. A obra trágica de Sêneca (2-64 d.C.), imensa, ainda não havia vindo a lume. Quanto às comédias de Plauto (250-184 a.C.) e de Terêncio (209-149 a.C.), já bem antigas, certamente não são bem vistas por um teórico que só revela desdém pela farsa. Todavia, o grande mérito da *Arte poética*, traduzida em francês pelo humanista Peletier du Mans em 1541, está em ter transmitido o legado grego. Atesta-o este juízo de Du Bellay que, em 1549, em sua *Défense et illustration de la langue française* [*Defesa e ilustração da língua francesa*], não se cansa de elogiar Horácio. "Segundo a opinião de Horácio, que eu nunca citaria em excesso: no que concerne às coisas de que trato, ele me parece ter o cérebro mais bem purgado (ter o espírito mais sadio, mais claro) e o nariz melhor (ter mais finura) que os outros" (livro II, cap. 2).

Capítulo 2
O CLASSICISMO

Idade de ouro do teatro francês, o Classicismo é comparável na sua grandeza ao teatro grego. Apesar de se identificarem com Aristóteles e Horácio, os teóricos criam uma estética cênica francamente original, muito diferente da dos humanistas, prisioneiros do modelo antigo, que sonharam em vão ressuscitar. Se a regra das três unidades, concebida por grandes teóricos como Mairet e Chapelain, foi unanimemente considerada um símbolo da dramaturgia clássica, é que está no cerne dessa nova estética. Enquanto o teatro medieval oferece o espetáculo de ações sucessivas que não mantêm necessariamente relação umas com as outras, enquanto o teatro humanista, lírico e elegíaco apresenta ao espectador pouca ação, o Classicismo inventa, com a unidade de ação, a arte de montar uma intriga. O século é cartesiano, a regra, que se impõe a partir de 1640, corresponde a um ideal de ordem e de clareza análogo ao que está presente no *Discurso do método* de Descartes, publicado em 1637. Quanto à regra da unidade de tempo e à de unidade de lugar, elas nascem do desejo de verossimilhança que caracteriza o Classicismo. A verossimilhança é objeto de um interminável debate na época clássica. Seu respeito, ditado pelo desejo de tornar crível a encenação de uma ficção, não parou de atormentar o Grande Século. Duas correntes se defrontam, atestando dois sistemas de representação bem diferentes. Corneille, para quem o teatro é uma metáfora do mundo, se opõe aos doutos, partidários de um ilusionismo mimético, chegando às vezes a preconizar, como os barrocos, o direito à inverossimilhança. Desejando criar nos espectadores uma ilusão de realidade máxima, os doutos consideram em compensação que a ação representada deve parecer "verdadeira", termo que retornará muitas vezes na pena de Chapelain e de D'Aubignac. É o modo de representação deles que prevalecerá. Com o Classicismo, o teatro, ao se afastar da estilização antiga, se orienta lentamente para uma espécie de realismo ilusionista que triunfará um século depois.

1. DO HUMANISMO AO CLASSICISMO

Os humanistas, embora suas peças, que não são mais encenadas em nossos dias, não tenham suportado a prova do tempo, prepararam o caminho para o Classicismo por suas reflexões sobre a arte cênica. Eles não cessaram de reler, com o entusiasmo dos homens da Renascença, as poéticas de Horácio e Aristóteles, que a Idade Média havia em parte esquecido. A doutrina clássica, que se elabora, no essencial, de 1630 a 1660, não teria podido nascer sem eles.

1.1. Releitura de Horácio e de Aristóteles

O retorno da Antiguidade que caracteriza o espírito renascentista não tem nada com uma atitude passadista. Atesta-o a *Defesa e ilustração da língua francesa*, nosso mais antigo manifesto literário, redigido por Du Bellay, em 1549, em nome de todo o grupo da Plêiade. Se esses poetas e esses teóricos desejam redescobrir os segredos de fabricação da Antiguidade, não é para ressuscitar o passado, mas para apagar os vestígios de "barbárie" medieval e instaurar uma língua e uma literatura modernas. Os cânones antigos, ao sair de tantos séculos de trevas, lhes parecem os únicos capazes de dar forma ao novo espírito. Ele lançam o anátema contra o teatro medieval, simplista em suas intrigas não construídas, grosseiro em seus temas como em sua linguagem, e buscam exemplos na tragédia e na comédia antigas.

> Quant aux comédies et tragédies, écrit du Bellay dans sa *Défense et illustration de la langue française*, si les rois et les républiques les voulaient restituer en leur ancienne dignité, qu'ont usurpée les farces et moralités, je serais bien d'opinion que tu t'y employasses, et si tu le veux faire pour l'ornement de ta langue, tu sais où tui en dois trouver les archétypes.

> [Quanto às comédias e tragédias – escreve Du Bellay na sua *Defesa e ilustração da língua francesa* –, se os reis e as repúblicas quisessem restituí-las à sua antiga dignidade, que as farsas e moralidades usurparam, eu seria da opinião de que você se dedicasse a elas e, se quiser fazê-lo para embelezar a sua língua, sabe onde deve encontrar os arquétipos.][1]

Em 1502 e 1515, as obras de Terêncio e de Sêneca, que vão funcionar, durante todo o século XVI, como os dois grandes modelos, cômico e trágico, são editadas. Em 1537, Lazare de Baïf, pai do poeta, traduz a primeira tragédia grega, *Electra* de Sófocles. Quanto a Ronsard, encena *Pluto* de Aristófanes. Peletier du Mans, em sua *Art poétique* [*Arte poética*] de 1555, Jacques Grévin, em seu *Bref Discours pour l'intelligence de ce théâtre* [*Breve discurso para a compreensão desse teatro*] de 1561, Jean de la Taille, em seu *Discours sur l'art de la tragédie* [*Discurso sobre a arte da tragédia*] de 1572 e Vauquelin de la Fresnaye, em sua *Art poétique français* [*Arte poética francesa*] de 1605[2], meditam sobre as lições de Horácio e Aristóteles, cuja *Poética* é traduzida em 1561 por Scaliger, um erudito italiano instalado na França, bem como sobre os tratados dos gramáticos antigos, notadamente o de Donato, *De la Tragédie et de la comédie* [*Da tragédia e da comédia*]. Eles preconizam o retorno à "verdadeira tragédia", que para eles constitui, como na Antiguidade, o gênero dramático maior, "o que é feito de acordo com a verdadeira arte e no molde dos antigos, isto é, Sófocles, Eurípides e Sêneca", no dizer de Jean de la Taille. O que eles entendem por isso?

---

1. Du Bellay considera que as moralidades e os mistérios haviam feito até então as vezes de tragédias. Se não cita os mistérios, é que a representação desses acaba de ser proibida em Paris pelo decreto de 1548 do Parlamento. Quanto aos "arquétipos" (modelos) a que faz alusão, são as peças antigas.
2. Vauquelin de la Fresnaye, discípulo de Ronsard, faz reflexões preciosas sobre os poetas do seu tempo. Já em matéria de teatro, contenta-se com parafrasear Horácio.

Se não acrescenta nada de novo em relação a Horácio, de quem traduz a *Arte poética* e de quem parece ter ficado prisioneiro, Peletier du Mans tem o mérito de ser o primeiro na França a definir a tragédia, em 1555. Atribui-lhe cinco características distintivas. É uma ação funesta que põe em cena personagens de alta estirpe e um coro que faz eco ao pensamento do autor. Dividida em cinco atos, utiliza uma linguagem refinada. É uma definição que será retomada, depois dele, por todos os humanistas e sobre a qual refletirão os teóricos do Classicismo.

Em contrapartida, em 1572, Jean de la Taille propõe uma reflexão original no *Prefácio* da sua tragédia *Saül le furieux* [*Saul furioso*], intitulado *Discours sur l'art de la tragédie* [*Discurso sobre a arte da tragédia*]. Ele retoma o ponto de vista horaciano, formulado por seu predecessor, mas para a ele acrescentar um toque pessoal. Como Aristóteles, cuja *Poética*[3] foi publicada dois anos antes na Itália por Castelvetro, com seus *Comentários*, ele reflete longamente sobre os efeitos da tragédia sobre o público e sobre as características que o herói trágico deve revestir. Decididamente moderno, extrai seus exemplos tanto das tragédias humanistas com tema cristão quanto da Antiguidade. Elabora uma lista de temas que não são capazes de engendrar emoções trágicas de piedade e temor. A morte do malvado, que merece punição por seus crimes horríveis, como Golias "inimigo de Israel e da nossa religião", não inspira nenhuma compaixão, mas sim "alívio e contentamento", a do justo, como a morte de Sócrates, não pode causar temor. Quanto à desgraça anunciada que não se produz, como o sacrifício de Abraão, "em que essa simulação de mandar sacrificar Isaac, com a qual Deus experimenta Abraão, não traz nenhuma desgraça no fim", também não seria capaz de provocar emoções trágicas.

Particularmente inovador, ele estabelece as regras da tragédia, enunciando, muito brevemente porém, as unidades de tempo e de lugar: "Sempre se deve representar a história ou a representação num mesmo dia, num mesmo tempo, num mesmo lugar." É impossível saber se a unidade de dia é de doze ou 24 horas, pois o termo dia pode ser empregado para designar as duas durações, nos séculos XVI e XVII. Quanto à expressão "num mesmo tempo", ambígua, significa sem dúvida que a representação deve se dar num só dia, contrariamente aos mistérios, que se desenrolavam em vários dias. A unidade de lugar deve ser entendida aqui como uma unidade complexa, por estar a ação situada em lugares próximos. Em *Saul*, por exemplo, na qual se enfrentam israelitas e filisteus, de acordo com a narrativa bíblica, Jean de la Taille situa os dois primeiros atos em torno de Gelboé, no acampamento israelita (ele próprio situado nas proximidades do acampamento filisteu), diante da tenda do rei. O terceiro ato decorre perto do acampamento israelita, diante da casa da bruxa, os quarto e quinto atos em locais não definidos, próximos do acampamento israelita ou do campo de batalha. A peça é concebida para o cenário múltiplo, em uso na época.

Se Jean de la Taille veda, como Horácio, a representação de cenas sangrentas, é em nome da verossimilhança. Ele tem consciência de que é difícil representar cenas de violência de forma crível para o espectador. Escreve ele: "É preciso

---

3. Jean de la Taille, que sem dúvida não leu diretamente Aristóteles, conhece a *Poética* por intermédio dos seus comentadores.

(...) evitar fazer em cena algo que não se possa cômoda e honestamente nela fazer, como não executar assassinatos e outras mortes, e não por fingimento ou de outro modo, porque todos sempre verão o que é, que não passa de fingimento, como fez alguém que com muito pouca reverência, e não conforme a arte, fez por simulação crucificar em pleno teatro o grande Salvador de todos nós."[4] Por essa série de análises sobre os efeitos da tragédia, sobre as características do herói trágico, sobre as unidades de tempo e de lugar, sobre a necessidade do respeito à verossimilhança no teatro, Jean de la Taille aparece como o precursor dos teóricos do Classicismo.

1.2. Os teóricos do Classicismo

As regras clássicas são concebidas de 1630 a 1660 aproximadamente, graças à reflexão dos doutos e à de Corneille, frequentemente em conflito com eles. São fruto de teóricos e autores dramáticos como Chapelain, Mairet, La Mesnardière e d'Aubignac, que meditaram demoradamente sobre as relações entre a escrita e a encenação. Eles editaram regras a partir da sua própria experiência da cena e da observação das peças de seus contemporâneos.

Os anos 1630-1640 são especialmente fastos para o teatro francês, graças a Richelieu, que deseja reabilitar o teatro e o ofício de ator, até então muito malfalado. O cardeal é apaixonado pelo teatro, incentiva os jovens autores dramáticos e se gaba de também escrever para a cena, se bem que, com pouco tempo livre, se faça ajudar por autores tarimbados como Chapelain ou mesmo Corneille[5]. "Tendo limpado a cena de toda espécie de lixo, o senhor pode se glorificar de ter reconciliado a comédia[6] com os devotos e a volúpia com a virtude", escreve-lhe Balzac numa carta de 1636. É por seu incentivo que Scudéry escreve em 1639 *L'Apologie du théâtre* [*A apologia do teatro*]. No ano seguinte, encarrega o abade d'Aubignac de escrever um *Projet de rétablissement du théâtre français* [*Projeto de restabelecimento do teatro francês*]. Esse pregador, que se tornou autor dramático, faz o balanço de seis males de que o teatro padece na época, tanto de um ponto de vista moral como de um ponto de vista estético. Três razões concorrem para tornar repreensível a arte da cena. Para o espectador, ir ao teatro é pecar; quanto aos atores, que passam por ter costumes depravados, um grande descrédito pesa sobre eles; aos olhos dos escabinos, o teatro perturba a paz da cidade, visto que as brigas são frequentes à saída dos espetáculos. Três outros motivos, a que d'Aubignac incita a remediar o mais rápido possível, são alegados para explicar o desinteresse do público. Eles dizem respeito à qualidade dos espetáculos: atores, "poemas dramáticos", cenários, muitas vezes são ruins. Richelieu cria uma verdadeira campanha de imprensa a favor do teatro, orquestrada por escritores como Balzac, Boisrobert e

---

4. Jean de la Taille faz alusão à encenação dos *Mistérios da Paixão*, em que a representação da cena da crucifixão era sempre um problema. Uma vez, recorreram a um condenado à morte para representar o papel de Cristo nesse momento, e ele foi realmente morto em cena.
5. Essa reabilitação do teatro, apesar de corresponder a um interesse de Richelieu pelo palco, não é desinteressada. Para ele, é o meio mais seguro de subjugar a cultura e controlar a opinião pública.
6. O termo nos séculos XVI e XVII é sinônimo de "teatro".

Scudéry. Duas peças fazem eco à mudança que ocorre então: a *Comédie des comédiens* [*Comédia dos comediantes*], em que Scudéry, já em 1635, faz o elogio do "poema dramático", e *L'Illusion comique* [*A ilusão cômica*], do ano seguinte, em que Corneille insere uma defesa do teatro:

> À présent le théâtre
> Est en un point si haut que chacun l'idolâtre
> Et ce que votre temps voyait avec mépris
> Est aujourd'hui l'amour de tous les bons esprits. (V, 6)

> [Atualmente o teatro
> Está num ponto tão alto que todos o idolatram
> E o que vosso tempo via com desdém
> É hoje o amor de todos os bons espíritos.]

O rei subvenciona, em 1635, os comediantes do Hôtel de Bourgogne e uma jovem trupe, instalada desde 1629 no bairro do Marais, que acaba de ser revelada por Corneille. Os Grands Comédiens, com a concorrência do Théâtre du Marais, perdem seu monopólio dos espetáculos parisienses. Nos trinta anos que corresponderão ao florescimento do teatro clássico, sob Richelieu e sob Mazarin, o teatro desfruta da proteção real. É nesse período de entusiasmo pela cena que nasce o teatro clássico. Quando da morte de Mazarin, em 1661, Colbert, menos letrado que seus predecessores, confia a Chapelle, poeta e crítico literário, o cuidado de selecionar os melhores artistas para o rei. Foi assim que Molière e Lulli foram introduzidos na corte. Mas, desde 1665, jansenistas e devotos, instigados por gente como Nicole, Conti e Bossuet, atacam novamente o teatro, que Luís XIV protege até 1680 e pelo qual, sob a influência de Madame de Maintenon, se desinteressa em seguida.

Jean Chapelain (1595-1674) vulgariza na França as regras de Aristóteles. Considerado o maior crítico francês de seu tempo, goza então de uma fama europeia. Esse homem muito influente, que tem protetores poderosos na corte, reina nos salões parisienses, notadamente no de Madeleine de Scudéry. Faz-se conhecer brilhantemente em 1623 por seu prefácio ao *Adone* [*Adônis*] de Marino. Desejando publicar seu poema épico em Paris, o cavaleiro Marin lhe pede para prefaciá-lo, pois teme se expor às críticas dos doutos. Chapelain aproveita a oportunidade para expor, no prefácio, sua teoria literária sobre a mímesis, essencial, como veremos, na elaboração da doutrina clássica. Sua *Lettre sur la règle des vingt-quatre heures* [*Carta sobre a regra das vinte e quatro horas*], onde explicita a pertinência da unidade de tempo, consagra, em 1630, sua celebridade. Ela é seguida, logo depois, por seu *Discurso sobre a poesia representativa*, que é uma poética do gênero dramático. Richelieu, em 1638, lhe pede, em nome da Academia Francesa, que ele criara três anos antes, para resolver a querela do *Cid*, peça que acabava de alcançar um sucesso retumbante e que os doutos taxavam de irregular. Chapelain escreve então *Les Sentiments de l'Académie française sur la tragi-comédie du Cid* [*Os sentimentos da Academia Francesa sobre a tragicomédia Le Cid*], obra importantíssima, na qual, como conselheiro da Academia, ele demonstra, a partir da crítica do

Cid, a necessidade das regras. Tornará sobre esses diferentes pontos no prefácio da sua peça *La Pucelle* [*A donzela*], em 1656.

Jean de Mairet (1604-1686), cuja carreira dramática se estende de 1625 a 1640 aproximadamente, é o primeiro a formular, na França, a regra das três unidades, no seu *Préface en forme de discours poétique* [*Prefácio em forma de discurso poético*], escrito em 1631 para a sua tragicomédia *Silvanire*. Esse depoimento de um homem do palco, que realça as vantagens que a regra proporciona ao público, as injunções que ela cria para o autor dramático, vem mostrar que a maioria dos autores dramáticos franceses ignora então tudo acerca das unidades. O próprio Corneille escreverá em 1660 a propósito de sua primeira comédia, *Mélite*, estreada em 1630: "Essa peça foi minha primeira tentativa, e não se preocupa em ser conforme às Regras, pois eu não sabia então que estas existiam."

La Mesnardière (1610-1663), que se situa na corrente de Chapelain e Mairet, publica em 1639 sua *Poétique* [*Poética*], obra que pretende ser um manifesto das regras da dramaturgia clássica.

François Hédelin d'Aubignac (1604-1676) escreve em 1640, a pedido de Richelieu, sua *Pratique du théâtre* [*Prática do teatro*], na qual trabalha até 1657, data da sua publicação. É uma obra destinada tanto aos autores dramáticos quanto aos atores e espectadores, como ele mesmo indica no subtítulo, onde a apresenta como uma "obra muito necessária aos que querem se dedicar à composição de Poemas Dramáticos, que os recitam em público ou que se dão o prazer de assistir às suas representações". É da sua pena que sai pela primeira vez a distinção entre a "teoria do teatro" e a "prática do teatro", que ele explicita assim no livro I, capítulo 3, intitulado "Do que se deve entender por prática do teatro":

> ... on a traité fort au long l'Excellence du poème dramatique, son origine, son progrès, sa définition, ses espèces, l'Unité de l'action, la mesure du temps, la beauté des événements, les sentiments, les moeurs, le langage, et mille autres belles matières, et seulement en général, que j'appelle la théorie du théâtre. Mais pour les observations qu'il fallait faire sur ces premières maximes, comme l'adresse de préparer les incidents, et de réunir les temps et les lieux, la continuité de l'action, la liaison des scènes, les intervalles des actes, et cent autres particularités, il ne nous en reste aucun mémoire de l'Antiquité, et les modernes en ont si peu parlé, qu'on peut dire qu'ils n'en ont rien écrit du tout. Voilà ce que j'appelle la Pratique du théâtre.

> [... tratamos longamente da Excelência do poema dramático, sua origem, seu progresso, sua definição, suas espécies, da Unidade de ação, da medida do tempo, da beleza dos acontecimentos, dos sentimentos, dos costumes, da linguagem e de mil outras belas matérias, e somente em geral do que chamo de teoria do teatro. Mas quanto às observações que era preciso fazer sobre essas primeiras máximas, como a habilidade de preparar os incidentes, de reunir os tempos e lugares, a continuidade da ação, a ligação das cenas, os intervalos dos atos, e centenas de outras particularidades, não nos resta nenhuma lembrança da Antiguidade, e os modernos falaram tão pouco a seu respeito que podemos dizer que não escreveram nada sobre elas. É isso que chamo de Prática do teatro.]

Em face dos doutos, que criam as regras clássicas e logo as impõem como uma norma que não poderia ser transgredida, Corneille, cuja carreira dramática se inicia em 1630 com *Mélite*, aparece como um franco-atirador. Estará sempre às voltas com seus críticos. Passando permanentemente as regras pelo crivo, é o primeiro a reconhecer sua importância, ressaltando ao mesmo tempo seus limites. Sua obra doutrinal é imensa. Os *Trois Discours* [*Três discursos*], que escreve em 1660 para apresentar a edição completa das suas obras em três volumes – que ele próprio estabeleceu e que revisará em 1682 –, assim como os *Examens* [*Exames*], que insere antes de cada uma das suas peças, constituem uma suma. São eles o *Discours de l'utilité et des parties du poème dramatique* ou *Premier Discours*, o *Discours de la Tragédie et des moyens de la traiter selon le vraisemblable ou le nécessaire* ou *Deuxième Discours* e o *Discours des trois unités d'action, de jour et de lieu* ou *Troisième Discours* [*Discurso sobre a utilidade e as partes do poema dramático* ou *Primeiro discurso*; *Discurso sobre a tragédia e os meios de tratá-la segundo o verossímil ou o necessário* ou *Segundo discurso*; *Discurso sobre as três unidades: de ação, de dia e de lugar* ou *Terceiro discurso*]. Respondendo a seus detratores que o criticam por não se submeter às regras, trata nesses discursos de todas as regras da cena com as quais se viu confrontado e expõe as novas soluções que optou por dar. Neles, faz sobre o seu teatro um trabalho crítico considerável. Em sua *Lettre à l'Abbé de Pure* [*Carta ao abade de Pure*] de 25 de agosto de 1660, explica-se sobre as finalidades dos *Três discursos* que acaba de concluir. Foi uma tarefa que, como ele mesmo confessa, lhe deu muito trabalho.

> Je suis à la fin d'un travail fort pénible sur une matière fort délicate. J'ai traité en trois préfaces les principales questions de l'art poétique sur mes trois volumes de comédies. J'y ait fait quelques explications nouvelles d'Aristote et avancé quelques propositions, et quelques maximes inconnues à nos anciens. J'y réfute celles sur lesquelles l'Académie a fondé la condamnation du *Cid*, et ne suis pas d'accord avec Monsieur d'Aubignac de tout le bien qu'il a dit de moi.
>
> [Estou terminando um trabalho muito penoso sobre um assunto delicadíssimo. Tratei em três prefácios das principais questões da arte poética sobre meus três volumes de comédias. Introduzi algumas novas explicações de Aristóteles e defendi algumas propostas e algumas máximas desconhecidas dos antigos. Refuto neles aquelas em que a Academia fundamentou a condenação do *Cid* e não concordo com o senhor d'Aubignac quanto a todo o bem que ele falou de mim.]

Molière e Racine não se preocuparam em teorizar sua arte. Quando eles vêm à cena, trinta anos depois de Corneille, a doutrina clássica está totalmente elaborada. Quando Racine começa a escrever, o instrumento trágico está pronto, por isso ele nunca se preocupou com explicitar as regras de composição da tragédia, já que Corneille tinha se encarregado bem antes dele. Quanto a Molière, ele resolve no palco os problemas que se colocam e, desdenhando as regras, ironiza com frequência os teóricos. Na *Advertência* de *Os importunos*, de 1661, é sem dúvida do próprio Corneille, que acaba de publicar os *Três discursos*, que ele zomba assim:

> Ce n'est pas mon dessein d'examiner maintenant si tout cela pouvait être mieux, et si tout ceux qui s'y sont divertis ont ri selon les règles: le temps viendra de faire les remarques sur les pièces que j'aurai faites, et je ne désespère pas de faire voir un jour, en grand auteur, que je puis citer Aristote et Horace. En attendant cet examen, qui peut-être ne viendra point, je m'en remets assez aux décisions de la multitude, et je tiens aussi difficile de combattre l'ouvrage que le public approuve, que d'en défendre un qu'il condamne.
>
> [Não é meu propósito examinar agora se tudo isso podia ser melhor e se todos os que se divertiram riram de acordo com as regras. Virá o tempo de fazer as observações sobre as peças que eu teria feito e não perco a esperança de mostrar um dia, como grande autor, que posso citar Aristóteles e Horácio. Enquanto aguardo esse exame, que talvez nunca venha, remeto-me às decisões da multidão e considero tão difícil combater a obra que o público aprova quanto defender uma que ele condena.]

Todavia, Racine e Molière nos deixaram certo número de prefácios, de advertências ao leitor, nos quais se explicam sobre a sua experiência teatral. Esses "paratextos", apesar da sua brevidade, constituem uma mina de indicações preciosas. Molière compartilha suas reflexões sobre a comédia em *La Critique de l'École des Femmes* [*A crítica da Escola de Mulheres*], texto tanto mais importante que nenhum teórico do século XVII jamais se debruçou verdadeiramente sobre as peças cômicas. Todos eles se apegaram exclusivamente ao estudo da tragédia.

Quanto a Boileau, não foi ele, ao contrário do que se crê com tanta frequência, que elaborou a teoria do Classicismo. Claro, em sua *Art poétique* [*Arte poética*], cujo canto III é inteiramente consagrado ao teatro, ele dita regras. E é aí que estabelece a regra mestra da dramaturgia clássica:

> Qu'en un lieu, qu'en un jour, un seul fait accompli
> Tienne jusqu'à la fin le théâtre rempli.
>
> [Que num lugar, que num dia, um só fato consumado
> Mantenha até o fim o teatro lotado.]

Mas só teoriza *a posteriori*. Quando a *Arte poética* vem a lume, em 1674, o teatro clássico já produziu suas obras mestras. Molière acaba de morrer, Racine renunciará ao teatro profano três anos depois. Se se atribuiu a Boileau por tanto tempo um papel que ele não representou, é que ele próprio, em suas obras, forjou uma lenda em torno de si. Na realidade, ele teve a sorte de ser testemunha de duas gerações (nascido com *Le Cid*, falece em 1711) e de contar entre seus amigos os maiores criadores, notadamente Molière e Racine.

2. AS "PARTES INTEGRANTES"

Os teóricos do Classicismo distinguem, como Aristóteles, seis partes constitutivas ou "partes integrantes" da peça de teatro. São elas o "tema", os "modos", os "sentimentos", a "dicção", a "música" e a "decoração de teatro", termos que correspondem respectivamente, em Aristóteles, à "história", ao "caráter", ao "pensamento", à "expressão", ao "canto" e ao "espetáculo". Essas partes são ditas "integrantes", como explica Corneille em seu *Discurso sobre a utilidade e as partes do poema dramático*, porque se encontram em cada uma das "partes de extensão", constituídas, na peça antiga, pelo prólogo, o episódio, o êxodo e o coro, e, na peça clássica, pela exposição, o nó e o desenlace.

2.1. O primado da ação

Entre as seis partes "integrantes", Corneille, como Aristóteles, privilegia a ação, a que consagra a maioria das suas reflexões teóricas. "Dessas seis (partes), só no caso do tema a boa constituição depende propriamente da arte poética; as outras necessitam de outras artes subsidiárias. Os costumes, da moral; os sentimentos, da retórica; a dicção, da gramática; e as duas outras partes, cada uma tem sua arte, em que o poeta não precisa ser instruído, porque pode fazê-las suprir por outros, como faz Aristóteles, que não trata delas."

Corneille não se dedica portanto ao estudo das cinco outras partes da peça de teatro. Os "costumes", subordinados à ação, os "sentimentos" e a "dicção" (o estilo), que pertencem à moral[7] e à retórica, para ele não passam de ornamentos sobre os quais não lhe parece necessário teorizar. Eles não constituem o objeto da poética. Depois de resumir seus três *Discursos*, termina sua *Carta ao abade de Pure* de 25 de agosto de 1660 assim: "Creio que, depois disso, não há mais nenhuma questão importante a discutir e o que resta é só o bordado que a retórica, a moral e a poética podem acrescentar." Teriam sido sem dúvida essas as questões tratadas num quarto discurso, que Corneille anunciou mas nunca teve tempo de escrever.

2.2. As artes subsidiárias: moral e retórica

Não que Corneille desdenhe a arte oratória, que dominava perfeitamente – concluiu seus estudos de Direito, apesar de nunca ter advogado –, é que ele considera que as regras da retórica, tanto no nível das partes do discurso como no nível das figuras, são conhecidas. Todo "homem de bem" as domina. No entanto, ele é o primeiro a salientar a especificidade da retórica teatral, que difere da do orador do ponto de vista da enunciação: "Mas a esse respeito há entre o poeta dramático e o orador esta diferença, a de que este pode ostentar sua arte e torná-la notável com plena liberdade, enquanto o outro deve ocultá-la com cuidado para que nunca seja ele quem fale e os que ele faz falar não sejam oradores", escreve. Assim, o autor dramático, que recorre à retórica para pintar as paixões, para mostrar certos personagens presas da deliberação, outros preocupados em convencer seu interlocutor, deve usá-la com precaução. A tirada tem de aparecer como uma fala ditada pela emoção, e não como um exemplo de eloquência, os personagens

---

7. Para Corneille, a moral inclui a política.

têm de falar da forma mais simples possível. "Não tenho nada a dizer a esse respeito (sobre a dicção), a não ser que o linguajar deve ser claro, as figuras bem colocadas e diversificadas, e a versificação fácil e elevada acima da prosa, mas não até ao exagero do poema épico, *pois os que o poeta faz falar não são poetas.*"[8] Por isso Corneille alerta os autores dramáticos contra os abusos das sentenças que, atravancando inutilmente os diálogos, fazem a ação esmorecer. "Não é que eu quisesse banir inteiramente esta última maneira de enunciar as máximas da moral e da política", escreve. "Todos os meus poemas permaneceriam bem estropiados, se se tirasse deles o que pus; porém, mais uma vez, não se deve levá-los muito longe sem aplicá-los ao particular, senão ele se torna um lugar-comum, que nunca deixa de aborrecer o ouvinte, porque faz a ação esmorecer e, por mais felicidade que tenha nessa exposição de moralidades, deve-se sempre temer que não seja um desses ornamentos ambiciosos que Horácio nos manda retirar." Se bem que considere as sentenças como a primeira das utilidades do poema dramático e não hesite em introduzi-las no discurso dos seus personagens, Corneille as utiliza no entanto muito menos do que os autores antigos[9]. "A primeira (utilidade) consiste nas sentenças e instruções morais que se podem semear quase em toda parte, mas há que usá-las sobriamente", escreve no *Primeiro discurso*.

2.3. Espetáculo e indicações cênicas

Quanto ao canto e ao espetáculo, Corneille considera, tal como Aristóteles, que não é problema do autor dramático. Ele confia a execução desses a outros artistas – atores, músicos, diretores de cena –, que tem na mais alta estima. Não poupa elogios a Torelli, o maior maquinista da época, que tem "invenções admiráveis para (...) acionar (os maquinismos) adequadamente". Matemático, arquiteto, mecânico, pintor e poeta, esse italiano meditou sobre as lições de Sabbattini, cujo tratado de 1637, *Pratiques pour fabriquer des scènes et machines de théâtre* [Práticas para construir cenários e maquinismos de teatro] reúne todos os artifícios técnicos que permitem criar a ilusão. Célebre na Europa inteira, desde que concebeu os maquinismos do Teatro Novíssimo de Veneza, realiza em Paris, a partir de 1647, os da maioria dos grandes espetáculos. São cenários grandiosos que concebe para *Mirame*, tragicomédia de Desmarets de Saint-Sorlin, apresentada em 1647 inaugurando o teatro do Palais Cardinal[10], e para *Andrômeda* de Corneille em 1650.

Se não teoriza sobre o canto e o espetáculo, nem por isso Corneille se desinteressa pela encenação. É o primeiro a estimular os autores dramáticos a inscrever à margem do texto dialogado suas indicações. Ao contrário dos outros teóricos clássicos, como Chapelain, Scudéry e d'Aubignac, esse homem da arte sabe muito bem que a representação tem mais impacto que a simples leitura. Em sua nota *Ao leitor*, que antecede a *Mélite*, escreve: "Sei que a impressão de uma peça enfraquece sua reputação, publicá-la é aviltá-la, e há nisso até uma desvantagem particular

---

8. Grifos nossos.
9. Essa diferença se explica em parte pelo abandono do coro na época clássica. No teatro antigo, é a voz coletiva do coro que enuncia a maioria das sentenças.
10. O Palais Cardinal, pouco depois, à morte de Richelieu, se tornará o Palais Royal.

para mim, visto que, sendo minha maneira de escrever simples e familiar, a leitura fará minhas ingenuidades serem confundidas com baixezas." Ele também tem consciência de que a leitura de uma peça de teatro não é coisa fácil. É esse também o ponto de vista de Molière, na Advertência ao leitor de L'Amour médecin [O amor médico], que chega ao ponto de desaconselhar a ler peças de teatro. "É bem sabido que as comédias são feitas para serem representadas; e só aconselho lê-las às pessoas que têm olhos para descobrir na leitura toda a ação do teatro." Corneille também está convencido de que as didascálias facilitarão a leitura de uma peça de teatro. "Assim, eu seria da opinião de que o poeta tomasse o maior cuidado para anotar à margem os detalhes da ação que não merecem sobrecarregar seus versos e que até lhes tirariam algo da sua dignidade, se ele se rebaixasse a exprimi-las", diz ele no *Discurso sobre as três unidades*. "O comediante supre-as facilmente no teatro, mas no livro o leitor muitas vezes seria obrigado a adivinhar, e algumas vezes poderia até adivinhar mal, se não fosse esclarecido dessas pequenas coisas. Confesso que não é uso dos antigos, mas cumpre-me confessar também que, por não o terem praticado, eles nos deixam muitas obscuridades em seus poemas, que só os mestres da arte são capazes de desenvolver; mesmo assim, não sei se eles as superam todas as vezes, conforme imaginam." É necessário, de acordo com ele, anotar a encenação para que os atores não se equivoquem sobre as intenções do autor. "Temos mais uma razão particular para não desprezar esse pequeno socorro, como eles (os antigos) fizeram: a de que a impressão põe nossas peças nas mãos dos comediantes que correm as províncias, de que só assim podemos adverti-los sobre o que devem fazer e que eles cometeriam estranhos contratempos se não os ajudássemos com essas notas", acrescenta pouco depois no *Discurso sobre as três unidades*.

A maioria dos teóricos clássicos, ao contrário de Corneille, considera que, se um texto dramático não é inteiramente ilegível à simples leitura do diálogo, é que é imperfeito. Eles parecem ignorar que leitura e representação não acionam os mesmos canais de recepção. É por percepção ilusionista que d'Aubignac, desejoso de marcar a presença do autor, se mostra intratável em sua recusa das indicações cênicas. Em *A prática do teatro*, ele afirma peremptório: "Numa peça regular tudo deve ser tão facilmente conhecido pelo espírito quanto pelos olhos. E todo poema dramático que não puder se fazer conhecer assim, certamente é defeituoso." Segundo ele, a leitura do texto dialogado deve proporcionar todas as informações necessárias para que o leitor imagine com precisão perfeita os menores detalhes da representação. Nenhum elemento deveria ser acrescentado à margem. "No poema dramático, o poeta tem de se explicar pela boca dos atores; não pode empregar outros meios, e não ousaria imiscuir-se neles para rematar a explicação das coisas que ele não os teria feito dizer", escreve no capítulo I, intitulado "De que maneira o poeta deve dar a conhecer a decoração e as ações necessárias numa peça de teatro". Tudo o que diz respeito ao cenário, aos figurinos, deve ser descrito no diálogo: "(...) todos os pensamentos do poeta, seja para as decorações do teatro, seja para os movimentos de seus personagens, vestuário e gestos necessários à inteligência do tema, devem ser expressos pelos versos que ele os faz recitar", acrescenta. Mais adiante: "Se um templo ou palácio deve ser a decoração do teatro, um dos atores tem de nos fazer saber. Se ocorre um naufrágio em cena, são necessários alguns atores que, para explicá-lo, falem da desgraça dos que perecem e dos esforços dos que se salvam. Se aparece um personagem em vestimentas e num estado extraordinário, é necessário introduzir outros que o descrevam, se ele próprio não puder fazê-lo." D'Aubignac ataca diretamente *Andrômeda*, peça em que Corneille recorre mais que de costume às indicações cênicas, porque, nessa tragédia cheia de maquinismos, os elementos de espetáculo são mais importantes do que em suas outras peças. D'Aubignac constata que, se os cenários do ato III e do ato IV são "muito bem explicados e com uma delicadeza digna do teatro dos gregos", em compensação os do ato I e do ato III, pouco evocados no diálogo, requerem uma longa descrição, antes do ato começar. Em 1660, no *Exame* da sua peça, Corneille se defende dessa crítica, sem sequer se dignar de nomear o abade, dizendo: "Teria sido supérfluo especificá-las (as decorações) nos versos, pois elas estão presentes à vista." As anotações de cenário, segundo Corneille, podem de fato vir a tornar o diálogo inutilmente pesado. Ele sustenta que basta que um cenário seja verossímil para o poeta estar justificado a instalá-lo sem ter de se explicar no texto.

D'Aubignac chega ao ponto de afirmar que o texto deve ser tão claro à leitura que o nome dos protagonistas antes das falas não deveria ser indispensável à compreensão da divisão do diálogo. "O poeta deve fazer seus atores falarem com tanta arte, que não seja necessário nem mesmo assinalar a distinção dos atos e das cenas, nem pôr os nomes dos que dialogam. (...) E ouso dizer que, nisso, os antigos trabalharam tão sabiamente que, se me dessem uma tragédia de Sófocles e de Eurípides, ou uma comédia de Terêncio e de Plauto, (...) se eu tivesse em mãos um poema de um desses quatro que citei, sem título, sem distinção, sem nenhum nome de ator e sem nenhuma característica que pudesse dá-los a conhecer, nem a separação dos atos e a variedade das cenas, eu descobriria de início e sem nenhuma dificuldade o nome, a condição, as vestimentas, os adereços, os gestos e os interesses de todos os que falam, o que cada um deve dizer, o local da cena e suas decorações, a extensão do poema e tudo o que deve fazer parte da ação teatral." Semelhante ingenuidade é surpreendente. As passagens dos textos de Plauto e de Terêncio que chegaram mutiladas até nós colocaram graves problemas de ação. As falas em que falta o nome do personagem que deveria pronunciá-las são, às vezes, de difícil atribuição.

Corneille, entretanto, tem consciência de que o texto de teatro é prenhe de potencialidades que serão ou não realizadas na representação e que cabe ao autor dramático precisá-las. Se é pouco acompanhado nesse ponto por seus contemporâneos, em compensação, a partir do século XVIII, todos os teóricos do teatro abundarão em seu sentido e os autores dramáticos registrarão, por conseguinte, com uma precisão crescente, seus conselhos de encenação. Corneille dá início, assim, a uma profunda transformação da escrita dramática.

3. A UNIDADE DE AÇÃO

Essa ação, que é a parte essencial da peça de teatro, tanto para nossos clássicos como para Aristóteles, deve ser dotada de unidade, conceito difícil de definir em 1660, a crer no próprio Corneille, em seu *Primeiro discurso*. "É necessário observar a unidade de ação (…), disso ninguém duvida; mas não é uma pequena dificuldade saber o que é essa unidade de ação." Ele afirma no entanto que ela se impôs a ele como uma evidência, desde a sua primeira comédia, *Mélite*, quando ele ignorava tudo da existência das regras. Em 1660, retrospectivamente, no *Exame de Mélite*, ele declara: "Esse senso comum, que era toda a minha regra, tinha me feito encontrar a unidade de ação para enredar quatro amantes numa só intriga."

A unidade de ação implica sua continuidade. "A ação não será uma, se não for contínua", escreve d'Aubignac em *A prática do teatro*. As bruscas rupturas de ação usada pelos barrocos, Shakespeare e Calderón fora da França, Rotrou na França, as súbitas passagens de uma ação a outra são inadmissíveis para os teóricos do Classicismo. "Desde a abertura do teatro até o encerramento da catástrofe", escreve o abade d'Aubignac nessa sua obra, "a partir do momento em que o primeiro ator aparece em cena até que o último saia, é preciso que os principais personagens estejam sempre agindo e que o teatro traga continuamente e sem interrupção a imagem de alguns desígnios, expectativas, distúrbios, inquietações e outras agitações semelhantes, que não deixam os espectadores acreditarem que a ação do teatro cessou." Em 1630, o princípio da unidade de ação, recém-criado, incomoda os autores dramáticos na pastoral e na tragicomédia, que multiplicam episódios e peripécias. É uma limitação, inclusive para os partidários das regras, como atesta, ainda em 1641, o ponto de vista de Scudéry na *Nota ao leitor* que precede sua peça *Andromire*, e ele acaba de se alinhar às regras: "É bem difícil que uma ação despojada, de uma ou outra maneira, sem episódios e sem acidentes imprevistos, possa ter tanta graça quanto aquela que em cada cena mostra algo novo, que mantém sempre o espírito preso e que por mil meios surpreendentes chega imperceptivelmente ao fim." Por isso a regra da unidade de ação encontra muitas resistências. Seus adversários temem que ela empobreça a criação, restringindo bastante a opção dos temas, refreando a imaginação. Para autores barrocos como Rotrou ou Pichou, como Rayssiguier ou Mareschal, que querem fazer do teatro um "Compêndio de todo o universo", como está dito no *Discours à Cliton* [*Discurso a Cliton*], ela é inaceitável. O autor anônimo desse *Discurso*, publicado em 1637, a condena com uma virulência sem igual: "Se vocês tirarem da cena essa pluralidade e essa diversidade de tempo, de ações e de lugares, não poderão levar a ela as grandes histórias e, à parte o fato de que a poesia dramática perecerá por uma grande esterilidade de temas, só se verão nos poemas simples que vocês fizerem relatos e pensamentos frios e estudados, em todas as ocasiões em que os personagens devem agir e se apaixonar. (…) O objeto da poesia dramática é imitar toda ação, todo lugar e todo tempo, de modo que não aconteça nada no mundo por qualquer causa que seja, não se faça nada em nenhuma espécie de tempo e não haja país de tão grande extensão ou tão distante que o teatro não possa representar." O Classicismo substitui a concepção medieval e, depois, barroca da cena, que pretende representar o caos do mundo em toda a sua complexidade, por uma imagem depurada e unificada.

Unidade de ação não significa contudo ação única, como sublinha Corneille no *Discurso sobre as três unidades*. "O termo unidade de ação não quer dizer que a tragédia só deva mostrar uma ação no teatro. A que o poeta escolhe para seu tema deve ter um começo, um meio e um fim; e essas três partes não só são diferentes ações que desembocam na principal, como, além disso, cada uma delas pode conter várias com a mesma subordinação. Deve haver uma só ação completa, que deixa calmo o espírito do ouvinte; mas ela só pode se tornar completa por meio de várias outra imperfeitas, que lhe servem de encaminhamento e mantêm esse ouvinte numa agradável suspensão. É o que é necessário praticar no fim de cada ato para tornar a ação contínua." A unidade de ação consiste em estabelecer um vínculo de necessidade interna entre as ações secundárias e a ação principal. O Classicismo inventa, com a unidade de ação, a arte de tramar uma intriga, ignorada tanto na Antiguidade quanto na Idade Média. No teatro grego antigo, as ações secundárias são quase inexistentes. D'Aubignac observa que os gregos, quando queriam tratar de uma matéria demasiado rica, a dividiam em várias peças. "Assim também, quando os temas tinham demasiada extensão para uma só tragédia, tendo várias ações importantes, eles fizeram vários poemas, como que quadros separados do que não podia ser contido numa só imagem", escreve em *A prática do teatro* (livro II, cap. 3, "Da unidade de ação"). Ele cita como exemplo Ésquilo, que separa em duas peças o assassinato de Agamenon e a vingança de Orestes, que mata Clitemnestra. D'Aubignac parece esquecer, no entanto, que as duas peças a que faz alusão, *Agamenon* e *As Coéforas*, pertencem a uma trilogia ligada. Destinadas a serem representadas uma depois da outra, elas formam um todo. Abandonada em razão das condições de representação que ela impunha, a trilogia ligada constituía um meio cômodo para resolver, por contiguidade, o problema da ligação de várias ações. Quanto ao teatro medieval, com seus longuíssimos mistérios, e ao teatro barroco de intrigas complicadas, eles multiplicam as ações secundárias justapondo-as, sem se preocupar com relacioná-las. Já para o Classicismo, as ações secundárias devem necessariamente exercer uma influência direta sobre a ação principal. Elas são excluídas se não mantiverem um vínculo estreito com ela. D'Aubignac criticou o papel da infanta no *Cid*, que introduz uma intriga paralela à ação principal. O amor que a infanta tem por Rodrigo, inconfessável no início da peça, porque Rodrigo é de um nível social inferior ao seu, não o é mais quando o Cid, vencedor dos mouros, salva o reino de Castela. Mas a infanta cala o seu amor. Essa ação secundária não tem portanto nenhuma incidência sobre o amor de Rodrigo e de Jimena, que constitui a ação principal. A unidade de ação não é respeitada na peça, portanto. O mesmo vale para a personagem de Sabina, em *Horácio*, que recebe o contragolpe da ação principal, mas não a influencia em absoluto, como o próprio Corneille reconhece no *Exame* da peça. Marmontel, em seus *Elementos de literatura*, de 1787, explicitará com grande clareza esse ponto da doutrina clássica. "Há que (...) dizer, não que todas as ações episódicas de um poema devam ser dependências da ação principal, mas ao contrário que a ação principal de um poema deva ser uma dependência, um resultado de todas as ações particulares, empregadas como incidentes ou episódios."

A unidade de ação concerne tanto à tragédia quanto à comédia. Corneille, no *Discurso sobre as três unidades*, a define na comédia como "a unidade de intriga, ou de obstáculo aos desígnios dos principais atores", na tragédia como "a unidade de perigo (...), quer seu herói sucumba a eles, quer escape".

"Não que eu pretenda que se possam admitir vários perigos numa (a tragédia), e várias intrigas ou obstáculos na outra (a comédia), contanto que de um se caia necessariamente no outro; porque então a saída do primeiro perigo não torna a ação completa, pois atrai um segundo; e o esclarecimento de uma intriga não põe os atores em repouso, pois os envolve numa nova." No *Exame* de *Horácio*, o próprio Corneille ressalta os defeitos da sua tragédia, que peca quanto à unidade de ação. O assassinato de Camila cria um segundo perigo para Horácio, que corre o risco de ser condenado como assassino da irmã, quando ele acaba de escapar do primeiro perigo, no combate contra os Curiáceos. Corneille faz a mesma constatação no caso de *Théodore vierge et martyre* [*Teodora, virgem e mártir*], em que a heroína se oferece ao martírio depois de ter escapado da prostituição. Pode-se avaliar todavia, numa peça como essa – que, tal como os mistérios medievais, se inspira na História Sagrada –, a diferença de composição entre o mistério, que apresentava em quadros sucessivos todos os momento marcantes da vida do santo, e a tragédia clássica, que, elegendo apenas os derradeiros momentos para salientar a exemplaridade, condensa a ação e a concentra em um herói único. Racine também salienta o erro que, a seu ver, Rotrou comete em sua *Antígona*, onde mistura, à moda barroca, duas ações diferentes, o conflito de Etéocles e Polinices e as consequências da morte de ambos. Ele não deveria ter "feito morrer os dois irmãos já no início do terceiro ato. O resto era, de certo modo, o começo de outra tragédia, onde se entrava em novos interesses, e ele havia reunido numa só peça duas ações diferentes, uma das quais serve de matéria para as *Fenícias* de Eurípides, e a outra para a *Antígona* de Sófocles. Compreendi que essa duplicidade de ações pôde prejudicar sua peça que, de resto, estava repleta de um grande número de belas passagens". É por isso que, quando compõe sua *Tebaida*, cuja matéria toma emprestada das *Fenícias*, Racine centra o drama exclusivamente no conflito Etéocles e Polinices.

A unidade de ação, como Aristóteles tão bem mostrou, é uma exigência própria do teatro, com a qual o gênero narrativo, que pode multiplicar à vontade os episódios, nunca se vê confrontado. Ela está ligada à percepção global do espectador (bem diferente da do leitor, linear e temporal), que d'Aubignac compara judiciosamente à do esteta que contempla um quadro. Essa analogia fecunda, que repousa numa análise da recepção teatral em termos espaciais, prepara o caminho para o tratamento semiológico da cena que certos teóricos do século XX irão adotar. "É certo que o teatro não passa de uma imagem", escreve d'Aubignac em *A prática do teatro* (livro II, cap. 3), "e portanto, como é impossível fazer uma só imagem completa de dois originais diferentes, é impossível que duas ações (principais, quero dizer) sejam representadas razoavelmente por uma só peça de teatro. De fato, o pintor que quer fazer um quadro de uma história não tem outro fim senão oferecer a imagem de alguma ação, e essa imagem é tão limitada que não pode representar duas partes da história que ele escolheu, ainda menos a história inteira; porque seria preciso que um mesmo personagem fosse pintado várias vezes, o que acrescentaria uma confusão incompreensível no quadro e não seria possível discernir qual seria a ordem de todas essas diversas ações, o que tornaria a história infinitamente obscura e desconhecida; mas de todas as ações que comporiam essa história o pintor escolheria a mais importante, a mais conveniente à excelência da sua arte e que conteria, de certo modo, todas as outras para que de um só olhar se pudesse ter um conhecimento suficiente de tudo o que ele tinha querido pintar. E se ele quisesse representar duas partes da mesma história, faria no mesmo quadro outra moldura com um distanciamento, no qual pintaria outra ação que não a que estaria no quadro, de modo a deixar claro que faria duas imagens de duas ações diferentes, e que são dois quadros." Como o pintor, a partir da Renascença, só capta a cena mais marcante da história que ele ilustra, o autor dramático clássico só retém os elementos que, ligados entre si por uma relação de causalidade, constituem um todo. Pintura e teatro seguiram, desse ponto de vista, a mesma evolução. Da Idade Média à Renascença, passou-se do afresco amplo, que se desenvolve com toda liberdade nas paredes as igrejas e palácios, ou da tela em que são justapostas várias cenas, ao quadro de cavalete com tema único. No teatro, a estética medieval das mansões com cenário simultâneo chapado foi substituída pela cena com cenário único, em que os diferentes elementos são unificados pela perspectiva. A cena, como o quadro, é limitada além disso, desde os anos de 1640, pelo quadro de cena (ver ilustração p. 97). Enquanto o teatro medieval admitia múltiplas ações secundárias, porque o espaço cênico permitia, o teatro clássico não poderia se compatibilizar com elas. Os elementos da ação, bem como as diferentes partes do cenário, devem convergir para um ponto focal único.

4. A VEROSSIMILHANÇA INTERNA

O respeito à verossimilhança, como ressalta Corneille no *Discurso sobre a tragédia*, representa uma das dificuldades maiores para o autor dramático, constantemente às voltas com as limitações da cena. Comparando as condições em que o romancista escreve com as que o autor dramático enfrenta, ele declara, nesse texto: "Essa redução da tragédia ao romance é a pedra de toque para discernir as ações necessárias das ações verossímeis. No teatro, somos estorvados pelo lugar, pelo tempo e pelos incômodos da representação, que nos impedem de expor à vista muitos personagens ao mesmo tempo, com medo de que uns fiquem sem ação ou atrapalhem a dos outros. O romance não tem nenhuma dessas limitações: ele dá às ações que descreve todo o tempo de que precisam para acontecer; situa os que ele faz falar, agir ou sonhar num quarto, numa floresta, na praça pública, conforme seja mais adequado para a sua ação particular; tem para tanto todo um palácio, toda uma cidade, todo um reino, toda a terra para fazê-los passear; e se faz acontecer ou contar alguma coisa na presença de trinta pessoas, pode descrever os diversos sentimentos delas um depois do outro. É por isso que ele nunca tem nenhuma liberdade para renunciar à verossimilhança, porque nunca tem nenhuma razão nem desculpa legítima para se distanciar dela."

Essa preocupação com a verossimilhança concerne tanto à ação (ou verossimilhança interna) quanto às condições da representação (ou verossimilhança externa). Embora esses dois aspectos da verossimilhança não se situem no mesmo plano, Chapelain, que os designa pelo mesmo termo, não os distingue. Não é de espantar que essa confusão apareça na pena de um homem que gostaria que a representação refletisse o real a ponto de fazer esquecer a ficção. Convém no entanto não misturá-los e estudá-los sucessivamente.

4.1. A verossimilhança da ação

A adesão do público, na época clássica, repousa na verossimilhança da ação que implica a dos "costumes" dos personagens e de seus discursos.

4.1.1. A rejeição do maravilhoso

Os teóricos do Classicismo não cessam de meditar sobre as condições da credibilidade da ação dramática. Todos concordam com banir o maravilhoso, que não é compatível com a verossimilhança. O desenlace não deve resultar de uma intervenção divina, senão ele suscitaria apenas o "desgosto" do espectador, segundo os termos de Chapelain, em *Os sentimentos da Academia Francesa sobre a tragicomédia do Cid*. Racine explica, em seu *Prefácio* de *Iphigénie* [*Ifigênia*] que foi por uma questão de verossimilhança que ele se distanciou de Eurípides na sua concepção do desenlace. Em *Ifigênia em Áulis*, como mais tarde em *As metamorfoses* de Ovídio, Diana, apiedada, pega Ifigênia para fazê-la escapar do sacrifício e faz imolar em seu lugar uma corça ou outra vítima dessa natureza. "Que plausibilidade teria", escreve Racine, "realizar o desenlace de uma tragédia com o socorro de uma deusa e de uma máquina (isto é, de um artifício cênico) e por uma metamorfose, que podia encontrar alguma credibilidade na época de Eurípides, mas que seria por demais absurdo e inacreditável entre nós?" Racine preferiu adotar uma interpretação mais crível da lenda, a de Pausânias, em *As coríntícas*. A jovem Ifigênia, sacrificada no fim da peça, é uma filha que Helena teve secretamente de Teseu e cuja existência jamais revelou, por medo de Menelau.

> Un autre sang d'Hélène, une autre Iphigénie
> Sur ce bord immolée y doit laisser sa vie.
> Thésée avec Hélène uni secrètement
> Fit succéder l'hymen à son enlèvement.
> Une fille en sortit, que sa mère a celée;
> Du nom d'Iphigénie elle fut appelée.
>
> (V, 6, 1749-1754)

> [Um outro sangue de Helena, uma outra Ifigênia
> Neste local imolada deve deixar sua vida.
> Teseu com Helena unido secretamente
> Fez o enlace suceder a seu rapto.

Dele nasceu uma filha, que sua mãe escondeu;
Com o nome de Ifigênia ela foi chamada.]

Esse final convém mais a Racine, porque, como ele mesmo explica, "assim, o desenlace da peça é tirado do próprio fundo da peça".

Corneille, em 1660, também condena os desenlaces com *deus ex machina*, se este não passar de um artifício cômodo a que o autor dramático recorre para terminar sua peça, que não saberia concluir de outro modo. Ele aceita porém, como Aristóteles, a intrusão do maravilhoso quando preexiste na lenda. Por isso defende sua primeira tragédia, *Medeia*, vivamente criticada pelos doutos – a peça se encerra com a heroína voando embora em seu carro puxado por um dragão –, alegando a qualidade de maga da sua personagem. "Vejo um certo rigor no sentimento de Aristóteles, que põe no mesmo nível o carro de que Medeia se serve para fugir de Corinto, depois de sua vingança sobre Creonte", escreve no *Discurso sobre as três unidades*. "Parece-me que é um fundamento suficientemente grande tê-la feito maga e ter relatado no poema ações tão acima das forças da natureza quanto essa. Depois do que ela fez por Jasão na Cólquida, depois de ter rejuvenescido seu pai Éson quando de sua volta, depois de ter amarrado fogos invisíveis no presente que deu a Creusa, esse carro voador não foge à verossimilhança e esse poema não necessita de outra preparação para esse efeito extraordinário."

O maravilhoso cênico no século XVII encontra refúgio na ópera, gênero cuja estética não repousa na verossimilhança. A transposição introduzida pelo canto que substitui a declamação veda uma concepção realista da mímesis. A ópera, recente[11], conquistou rapidamente o público e acarretou o aparecimento de peças de um novo gênero, a "comédia com música" e a "tragédia com máquinas", cuja obra-prima é a *Andrômeda* de Corneille. Muito apreciadas por espectadores, não caem no agrado dos doutos em razão da sua irregularidade. Como a ópera, essas obras são um espetáculo completo em que a música, o canto e as mudanças de cenário satisfazem tanto ao ouvido como aos olhos. É esse o objetivo perseguido por Corneille em *Andrômeda*, como ele mesmo explica no *Argumento*: "Cada ato tem uma máquina voadora com um conjunto de música, que eu empreguei unicamente para satisfazer os ouvidos dos espectadores, enquanto os olhos se detêm em ver descer ou subir uma máquina, ou se prendem a algo que os impede de prestar atenção no que os atores poderiam dizer, como é o caso do combate de Perseu contra o monstro: mas eu me abstive de fazer cantar o que quer que fosse necessário ao entendimento da peça, porque comumente as palavras cantadas, sendo mal compreendidas pelos ouvintes, dada a confusão causada pela diversidade de vozes que as pronunciam juntas, teriam provocado uma grande obscuridade no corpo da obra, se tivessem de instruir o ouvinte sobre algo importante. O mesmo não se dá com as máquinas, que não estão nessa tragédia como graças à parte, mas constituem seu nó e seu desenlace, e são tão necessárias na peça que não se poderia tirar uma só sem fazer vir abaixo todo o edifício." Corneille se desculpa, sem dúvida devido aos doutos, por não ter dado nessa obra o lugar de

---

11. A ópera foi importada da Itália por Mazarin em 1647, com uma representação de *Orfeo*.

destaque à declamação, como faz em todas as outras. "(...) Consintam que a beleza da representação supra a falta de belos versos que vocês não encontrarão em tão grande quantidade quanto em *Cinna* [*Cina*] ou em *Rodogune* [*Rodoguna*], porque minha principal finalidade aqui foi satisfazer a vista pelo brilho e pela diversidade do espetáculo, e não tocar o espírito pela força do raciocínio, ou a delicadeza das paixões."

4.1.2. O verdadeiro ou o verossímil

Embora todos sejam unânimes em condenar o maravilhoso, as divergências entre Corneille e os doutos aparecem quando se trata de entender a noção de verossimilhança. Os clássicos, como Aristóteles, distinguem dois tipos de verossimilhança: a verossimilhança "ordinária", chamada também "comum", e a verossimilhança "extraordinária". Chapelain, em *Os sentimentos da Academia Francesa sobre a tragicomédia do Cid*, assim os define: "Pelo que podemos julgar dos sentimentos de Aristóteles sobre o assunto da verossimilhança, ele só reconhece dois gêneros: o *primeiro, o comum*[12], que compreende as coisas que acontecem de ordinário com os homens, conforme sua condição, sua idade, seus costumes e suas paixões, como é verossímil que um comerciante busque o ganho, que uma criança cometa imprudências, que um pródigo caia na miséria, que um covarde fuja do perigo, e o que de costume se segue a isso; *o segundo, o extraordinário*, que abrange as coisas que acontecem raramente e fora da verossimilhança ordinária, como uma pessoa hábil e maldosa ser enganada, um tirano poderoso ser vencido, extraordinário no qual entram todos os acidentes que surpreendem e que chamamos de Fortuna, contanto que produzidos por um encadeamento de coisas que ocorrem de ordinário. Fora desses dois gêneros não se faz nada que se possa classificar como verossímil."

Enquanto os primeiros comentadores de Aristóteles, Castelvetro em particular[13], consideravam que o autor dramático pode empregar tanto a verossimilhança ordinária quanto a verossimilhança extraordinária, os teóricos franceses da época clássica tendem a excluir a verossimilhança extraordinária. La Mesnadière, que aconselha "o verossímil ordinário" por ser "manifestamente possível", estima que "o verossímil raro", isto é,"o que acontece pouco e contra as aparências", deve ser banido de cena. O autor dramático deve descartar o "possível", se for pouco crível, porque, quando a probabilidade de uma ação é próxima de zero, não poderá acarretar a adesão do espectador. Chapelain, em *Os sentimentos da Academia Francesa sobre a tragicomédia do Cid*, também é taxativo sobre esse ponto. O possível, isto é, "o que se faz às vezes" e não está compreendido no verossímil, "não pode servir de tema para a poesia narrativa nem representativa". Ele dá o exemplo do

---

12. Grifos nossos.
13. Em sua *Poetica d'Aristotele vulgarizzata e sposta* [*Poética de Aristóteles vulgarizada e exposta*], publicada em 1570, Castelvetro distingue quatro tipos de verossimilhança: o possível crível, o possível não crível, o impossível crível e o impossível não crível. Nesse quadro de quatro elementos, em que a primeira e a terceira configurações (isto é, a verossimilhança ordinária) são aconselhadas, a segunda e a quarta (isto é, a verossimilhança extraordinária) são descartadas.

homem de bem que comete voluntariamente um crime. Tal ação, ainda que seja da ordem do possível, não é crível para o espectador.

Para os doutos, a autenticidade de um fato não poderia ser considerada uma garantia de verossimilhança. O verdadeiro nem sempre é verossímil. Segundo Chapelain, que retoma a distinção de Aristóteles no *Prefácio* de *Adone* [*Adônis*], é próprio do historiógrafo relatar o verdadeiro e o particular, mas não do autor dramático, que tem por tarefa mostrar o que é verossímil e geral. A conclusão que ele tira disso difere no entanto da de Aristóteles, pois ele declara que um tema "verdadeiro" não pode ser levado a uma cena de teatro se não for dotado de verossimilhança. É esse também o ponto de vista de La Mesnardière na *Poética*, de 1639, no capítulo V: "Embora a verdade seja adorável em toda parte, a verossimilhança prevalece aqui sobre ela; e o falso que é verossímil deve ser mais estimado do que o verdadeiro estranho, prodigioso e incrível." Será esse também o de Boileau em 1674, em sua *Arte poética*:

> Jamais au spectateur n'offrez rien d'incroyable
> Le vrai peut quelquefois n'être pas vraisemblable.
> Une merveille absurde est pour moi sans appâts:
> L'esprit n'est point ému de ce qu'il ne croit pas.
>
> [Nunca ofereça nada de incrível ao espectador
> O verdadeiro às vezes pode não ser verossímil.
> Uma maravilha absurda para mim não tem atração:
> O espírito não se comove com o que não crê.]

Somente o verossímil ordinário, ainda que seja falso, é crível para os teóricos do Classicismo, ao contrário do verdadeiro e do possível, como afirma d'Aubignac em *A prática do teatro*: "Eis o fundamento de todas as peças de teatro; todos falam dele e pouca gente o entende. Eis o caráter pelo qual se deve reconhecer tudo o que nelas ocorre. Numa palavra, a verossimilhança é, por assim dizer, a essência do poema dramático, sem a qual não se pode fazer nada nem nada dizer de razoável em cena.

"É uma máxima geral a de que o *verdadeiro* não é o sujeito do teatro, porque há muitas coisas verdadeiras que não devem ser vistas nele e muitas que nele não podem ser representadas (...). É verdade que Nero mandou estrangular a mãe e abriu-lhe o ventre para ver em que lugar ele havia sido gerado nove meses antes de nascer; mas essa barbárie, embora agradável a quem o executou, seria não apenas horrível para os que a vissem, como incrível, porque isso não devia acontecer; e entre todas as histórias de que o poeta quiser tirar seu tema, não há uma, pelo menos não creio que haja, cujas circunstâncias sejam todas capazes de ser levadas ao teatro, apesar de verdadeiras, e que se possa introduzir nele, sem alterar a ordem dos acontecimentos, o tempo, os lugares, as pessoas e muitas outras particularidades.

"O *possível* tampouco será seu tema, porque há muitas coisas que podem ser feitas, seja pela eventualidade das causas naturais, seja pelas aventuras da moral, que no entanto seriam ridículas e pouco críveis se fossem representadas.

É possível que um homem morra subitamente, e isso sucede com frequência; mas seria escarnecer de todo o mundo se, para o desenlace de uma peça de teatro, o autor fizesse morrer um rival de apoplexia, como se fosse uma doença natural e comum, ou seriam necessários muitos preparativos engenhosos. É possível que um homem morra fulminado por um raio, mas seria uma má invenção do poeta se desfazer desse modo de um amante que ele teria empregado para a intriga de uma comédia.

"Portanto, somente o *verossímil* pode razoavelmente fundamentar, sustentar e terminar um poema dramático" (livro II, cap. 2).

Para Corneille, em compensação, se a ação é verídica, não há por que se preocupar com a verossimilhança. Esse grande leitor de Plutarco tira a maior parte de seus temas da história romana, que lhe proporciona um reservatório inesgotável de acontecimentos heroicos autênticos. Só quando a ação é fruto da invenção do autor – quer este falsifique a história, quer forje inteiramente uma ficção – é que ele deve trabalhar para torná-la verossímil. Fiel nesse ponto a Aristóteles, ele considera que o autor dramático pode embelezar sua história à vontade, apresentando os fatos como ocorreram ou como deveriam ocorrer "segundo o verossímil ou o necessário". O "necessário" corneliano é o conjunto das alterações pelas quais o autor dramático é obrigado a fazer a história e a verossimilhança passarem. "Digo portanto que o necessário, no que concerne à poesia, outra coisa não é senão a necessidade do poeta de alcançar seu fim, ou de fazer seus atores alcançarem-no", escreve Corneille[14]. A dificuldade que se encontra quando se quer definir o termo "necessário" em Corneille decorre do fato de que ele o emprega, conforme os momentos, em dois sentidos diferentes. O "necessário", para ele, são as limitações impostas pela cena, as unidades de tempo e de lugar notadamente, a que o autor dramático não pode subtrair-se. Se ele oscila de um sentido a outro, é que a coesão entre esses diferentes acontecimentos não pode ser unicamente de ordem lógica, mas deve satisfazer também às regras próprias da arte dramática.

Corneille, como Aristóteles, privilegia a verossimilhança extraordinária que os doutos condenam. Apaixonado pelo sublime, busca situações excepcionais, capazes de comover o espectador. Para justificar sua opção, ele alega, no *Discurso sobre o poema dramático*, a inverossimilhança de certos grandes temas antigos, como os assassinatos de Medeia, de Clitemnestra, que no entanto originam peças fortíssimas. "Os grandes temas que mexem fortemente com as paixões e opõem a impetuosidade às leis do dever ou às ternuras do sangue, devem sempre ir além do verossímil e não encontrariam nenhuma crença entre os ouvintes, se não fossem sustentados pela autoridade da história que persuade com sua força, ou pela preocupação da opinião comum que nos entrega já totalmente persuadidos esses mesmos ouvintes. Não é verossímil que Medeia mate seus filhos, que Clitemnestra

---

14. Corneille se situa aqui tanto numa perspectiva interna que pertence ao encadeamento das ações, quanto numa perspectiva externa, ligada às condições da representação, isto é, ao tempo e ao lugar. Por "necessidade do poeta de alcançar seu fim", entende a necessidade de respeitar a unidade de tempo e a unidade de lugar; por "necessidade de fazer seus atores alcançarem-no", isto é, seus personagens, entende o encadeamento da ação.

assassine seu marido, que Orestes apunhale sua mãe, mas a história assim diz, e a representação desses grandes crimes não encontra incrédulos. Não é nem verdadeiro nem verossímil que Andrômeda, exposta a um monstro marinho, tenha sido salva desse perigo por um cavaleiro voador, que tinha asas nos pés, mas é uma ficção que a Antiguidade recebeu e, como esta foi transmitida até nós, ninguém se ofende quando a vê no teatro."

Corneille põe em dúvida a eficácia cênica da verossimilhança ordinária em matéria de tragédia. Admite que ela possa convir à comédia, que põe em cena a humanidade média, mas não à tragédia, povoada de seres fora do comum. Seus heróis trágicos realçam eles próprios com orgulho o aspecto extraordinário do seu destino. Schlegel observavará em seu *Cours de littérature dramatique* [*Curso de literatura dramática*], de 1809, a inverossimilhança em que repousa a intriga de *Horácio*. Como as duas cidades, de Alba e de Roma, puderam confiar seu destino a líderes unidos por laços familiares e afetivos tão profundos?

A querela do *Cid* ilustra esse debate sobre a verossimilhança. Scudéry primeiro, em suas *Observations sur le Cid* [*Observações sobre Le Cid*], em 1637, Chapelain depois, em *Os sentimentos da Academia Francesa sobre a tragicomédia do Cid*, em 1638, criticam Corneille pela inverossimilhança da peça[15]. O tema é "defeituoso em sua parte mais essencial, como carente tanto do verossímil comum como do verossímil extraordinário. Porque nem o decoro dos costumes de uma mulher, introduzida virtuosa, é mantido pelo poeta, quando ela decide se casar com aquele que matou seu pai, nem a fortuna constitui seu desenlace, por um acidente imprevisto e produzido por um encadeamento de coisas verossímeis", escreve Chapelain. A intervenção de dom Fernando no desenlace lhe parece particularmente inverossímil. "O desenlace da intriga baseia-se unicamente na inopinada injustiça de Fernando, que, como um Deus saído de uma máquina, vem ordenar um casamento que razoavelmente ele não devia nem sequer propor." Se a autenticidade do fato o torna crível aos olhos de Corneille, para Scudéry, em compensação, a historicidade não basta. "Foi aí que o Autor do *Cid* fracassou", escreve. "Ao encontrar na história da Espanha que essa moça tinha se casado com o assassino do pai, ele devia ter considerado que não era tema para um poema perfeito, porque, sendo histórico e, por conseguinte, verdadeiro, mas não verossímil, choca mais a razão e os bons costumes, ele não podia alterá-lo nem torná-lo adequado ao poema dramático." Chapelain compartilha esse ponto de vista e, em nome da Academia, declara que "o autor deve sempre preferir o verossímil à verdade. Confessamos de bom grado", acrescenta, "que a verdade dessa aventura combate a favor do poeta e o torna mais desculpável do que se fosse um tema inventado. Mas sustentamos que nem todas as verdades são boas para o teatro e que algumas são como esses crimes terríveis cujos autos os Juízes mandam para a

---

15. Semelhante crítica poderia ser formulada a muitas outras tragicomédias da época. Se a Academia condena *Le Cid*, é porque o enorme sucesso dessa peça não conforme às regras a incomoda. Quando escreve *Le Cid* em 1636, Corneille qualifica a peça de tragicomédia, gênero irregular. Como desde as primeiras apresentações a peça é tachada de irregular, a partir de 1648 ele a classifica como tragédia, gênero regular.

fogueira com os criminosos. Há verdades monstruosas que devem ser suprimidas para o bem da sociedade ou, não podendo ser mantidas ocultas, devemos nos contentar com notá-las como coisas estranhas. É principalmente nessas eventualidades que o poeta tem direito de preferir a verossimilhança à verdade e trabalhar um tema simulado e razoável a um tema verdadeiro que não seja conforme à razão". Quanto a d'Aubignac, feroz adversário de Corneille, ele zomba do papel de avalista que esse autor atribui à história em seu teatro. "É uma ideia ridícula", diz ele, "ir ao teatro para aprender história."

4.1.3. O gosto do público

Se o ponto de vista dos teóricos do Classicismo e o de Corneille sobre a verossimilhança divergem tanto, é que eles não visam o mesmo público. Scudéry, em *L'Apologie du théâtre*, de 1639, distingue quatro tipos de espectadores: os "preocupados", isto é, os que vão a um espetáculo com preconceitos favoráveis ou desfavoráveis e cujo juízo, partidário, é construído de forma incisiva; os "ignorantes da galeria", pelos quais os doutos não têm a menor consideração, porque os julgam pouco letrados, isto é, nobres e burgueses; os "ignorantes da plateia", isto é, o povo; e, por fim, os "doutos". É para satisfazer a essa última categoria de espectadores que são editadas as regras. Somente "os que sabem a arte", como escreve Scudéry, são capazes de julgar a verossimilhança de uma peça. "É por eles que os escritores de teatro devem imitar aquele pintor da Antiguidade, isto é, ter sempre o pincel na mão, disposto a apagar todas as coisas que não achar razoáveis; a nunca acreditar em si em detrimento deles; a fazer das suas opiniões leis invioláveis; e a lembrar que, indubitavelmente, ninguém nunca é bom juiz em causa própria." Os teóricos denotam total desprezo pelos outros espectadores, que não procuram conquistar. Desmarets de Saint-Sorlin, em *L'Argument des Visionnaires* [*O argumento dos visionários*], de 1637, assim exclama: "Mas desde quando os ignorantes se tornaram tão consideráveis na França que devemos nos interessar tanto por eles e sermos obrigados a agradá-los? Pensar que devemos respeito ou à baixeza da sua condição, ou à dureza de seus espíritos, ou ao desprezo que tiveram pelas letras, para termos a ideia de diverti-los."

Em compensação, é a todos os públicos, sem distinção, que se dirigem os grandes autores dramáticos, quer se trate de Corneille, de Racine ou de Molière. Eles dão muito mais importância às reações da plateia do que ao juízo dos doutos. Por isso são menos escrupulosos em matéria de verossimilhança. Atesta-o esta reflexão de Corneille, a propósito do *Cid*, peça cuja irregularidade a Academia criticou tanto mais severamente por ter recebido uma acolhida entusiasmada. "Se bem que seja, das minhas obras regulares, aquela em que me permiti maior licença", escreve no *Exame* de 1660, "ainda é tida como a mais bela pelos que não se apegam à estrita severidade das regras, e nos vinte e três anos em que ela mantém seu lugar em nossos teatros nem a história nem o esforço de imaginação mostraram nada que tenha apagado seu brilho." Mais explicitamente ainda, na *Dedicatória* de *La Suivante* [*A dama de companhia*], ele escreve: "Já que fazemos poemas para serem representados, nosso primeiro objetivo deve ser agradar a corte e o povo, e atrair um grande número à sua representação. É preciso, se possível, acrescentar as regras a ele, a fim de não desagradar os cultos e receber um aplauso universal."

Quanto a Molière, muito sensível às reações da plateia, ele mostra orgulho em obter a aceitação. Ele empresta a Dorante, seu porta-voz em *A crítica da Escola de Mulheres*, as seguintes palavras:

> Je me fieirais assez à l'approbation du parterre, par la raison qu'entre ceux qui le composent, il y en a plusieurs qui sont capables de juger d'une pièce selon les règles, et que les autres en jugent par la bonne façon d'en juger, qui est de se laisser prendre aux choses, et de n'avoir ni prévention aveugle, ni complaisance affectée, ni délicatesse ridicule.

> [Eu me fiaria bastante na aprovação da plateia, pelo motivo de que entre os que a compõem há vários que são capazes de julgar uma peça de acordo com as regras e de que os outros julgam pela boa maneira de julgar, que é se deixar envolver pelas coisas e não ter nem prevenção cega, nem complacência afetada, nem delicadeza ridícula] (cena 5).

Ele não para de zombar dos doutos e de suas regras.

> Dorante – Vous êtes de plaisantes gens avec vos règles, dont vous embarassez les ignorants et nous étourdissez tous les jours. Il semble, à vous ouïr parler, que les règles de l'art soient les plus grands mystères du monde; et cependant ce ne sont que *quelques observations aisées, que le bon sens a faites* sur ce qui peut ôter le plaisir que l'on prend à ces sortes de poèmes; et le même bon sens qui a fait autrefois ces observations les fait aisément tous les jours sans le secours d'Horace et d'Aristote. *Je voudrais bien savoir si la grande règle de toutes les règles n'est pas de plaire*, et si une pièce de théâtre qui a attrapé son but n'a pas suivi un bon chemin. Veut-on que tout un public s'abuse sur ces sortes de choses, et que chacun n'y soit juge du plaisir qu'il y prend?

> [Dorante – Vocês são engraçados com suas regras, com que embaraçam os ignorantes e nos aturdem todos os dias. Ouvindo vocês falarem, parece que as regras da arte são os maiores mistérios do mundo; e no entanto não são mais que *algumas observações simples, que o bom senso fez* sobre o que pode comprometer o prazer que temos com esses tipos de poemas; e o mesmo bom senso que fez outrora essas observações as faz facilmente todos os dias sem o socorro de Horácio e de Aristóteles. *Eu gostaria de saber se a grande regra de todas as regras não é agradar*, e se uma peça de teatro que alcançou seu objetivo não seguiu um bom caminho. Querem que todo um público se iluda com esses tipos de coisas e que cada um não seja juiz do prazer que tem?] (cena 6)[16].

4.2. A credibilidade dos costumes

Como em Aristóteles, o personagem, na época clássica, está subordinado à ação. A coerência de seus "costumes" assegura a verossimilhança. Três condições,

---

16. Grifos nossos.

já enunciadas por Aristóteles e desenvolvidas por Horácio, são necessárias para satisfazer essa verossimilhança interna. Os costumes devem ser "convenientes", "semelhantes" e "iguais"[17].

4.2.1. Sua "conveniência"

Em matéria de conveniência, os teóricos do Classicismo seguem fielmente os conselhos de Horácio. Corneille reafirma os critérios editados na *Epístola aos Pisões*, segundo os quais os costumes, para serem "convenientes", devem estar de acordo com a idade do personagem, seu sexo, sua condição social, seu país de origem (ou, em termos modernos, sua nacionalidade). "O poeta", escreve ele no *Discurso sobre o poema dramático*, "deve considerar a idade, a dignidade, o nascimento, a ocupação e o país dos que ele introduz: ele tem de saber o que se deve à pátria, aos pais, aos amigos, ao rei; qual o ofício de um magistrado ou de um general do exército, para que possa adequar a eles os que ele quer fazer os espectadores amarem e afastar os que ele os quer fazer odiar, porque é uma máxima infalível a de que, para ter êxito, é necessário fazer o auditório se interessar pelos primeiros atores." Quanto a La Mesnardière, ele consagra todo o oitavo capítulo da sua *Poética* aos costumes, desenvolvendo mais longamente que Corneille os preceitos de Horácio. Aos quatro critérios horacianos – idade, sexo, condição social, origem geográfica –, que asseguram a "conveniência" dos costumes, ele acrescenta a "fortuna presente" do personagem, isto é, a sorte afortunada ou infortunada que ele tem e as "paixões", o "terror" e a "compaixão" que o espetáculo do seu destino provocam no espectador. La Mesnardière entende com isso as duas emoções trágicas que estão na origem da catarse. "Para que ele (o autor dramático) não falhe num ponto dessa importância, é melhor que lhe tracemos uma ideia geral dos costumes que ele deve atribuir a cada espécie de pessoa e lhe ensinar a buscá-los nas suas seis primeiras fontes: na idade, nas paixões, na fortuna presente, na condição de vida, na nação e no sexo."

4.2.2. Sua "similitude"

Para que a verossimilhança da ação seja assegurada, os costumes também devem ser "semelhantes", isto é, quando se trata de personagens ilustres, históricos ou mitológicos, conformes aos que a tradição nos legou. Assim, La Mesnardière escreve: "A regra principal que o poeta trágico deve observar a esse respeito é nunca introduzir um herói ou uma heroína com outras inclinações além das que os historiadores observaram neles outrora." Quando a tradição não é respeitada, a peça, em razão da sua inverossimilhança, não consegue obter a aprovação do público. "(O autor de tragédias) não seria inadequado se nos fizesse (…) um Alexandre galante e mais enamorado pelos atrativos da encantadora Ipsicrates do que pelo cetro do marido desta e pelas riquezas da Pérsia? Um Cipião afetado e mais capaz de arder com os traços do primeiro rosto provido de alguma formosura do

---

17. Os costumes, segundo Aristóteles, devem ser "de qualidade", "convenientes", "semelhantes" e "iguais" (cf. cap. 1). Corneille, nos *Três discursos*, retoma textualmente essas quatro características.

que de vingar os ancestrais e o sangue dos seus cidadãos? Um Marco Antônio continente e mais preocupado com o Império do que com os olhares langorosos da sua bela e funesta rainha?..." Corneille compartilha essa opinião e escreve no *Discurso sobre o poema dramático*:

> La qualité de *semblables*, qu'Aristote demande aux moeurs, regarde particulièrement les personnes que l'histoire ou la fable nous fait connaître, et qu'il faut toujours peindre telles que nous les y trouvons. C'est ce que veut dire Horace par ce vers:
> Sit Medea ferox invictaque...
> Qui peindrait Ulysse en grand guerrier, ou Achille en grand discoureur, ou Médée en femme fort soumise, s'exposerait à la risée publique. Ainsi ces deux qualités, dont quelques interprètes ont beaucoup de peine à trouver la différence qu'Aristote veut qui soit entre elles sans la désigner, s'accorderont aisément, pourvu qu'on les sépare et qu'on donne celle de convenables aux personnes imaginées, qui n'ont jamais eu d'être que dans l'esprit du poète, en réservant l'autre pour celles qui sont connues par l'histoire ou par la fable, comme je le viens de dire.
>
> [A qualidade de *semelhantes*, que Aristóteles pede aos costumes, diz particularmente respeito às pessoas que a história ou a fábula nos dá a conhecer e que é sempre necessário pintar tais como as encontramos nelas. É o que Horácio quer dizer com este verso:
> Sit Medea ferox invictaque...[18]
> Quem pintasse Ulisses como grande guerreiro, ou Aquiles como grande orador, ou Medeia como mulher submissa se exporia à galhofa pública. Assim, essas duas qualidades, cuja diferença Aristóteles, sem designá-la, quer que exista entre elas e que alguns intérpretes têm grande dificuldade de encontrar, se harmonizarão facilmente, contanto que as separemos e demos a qualidade de convenientes às pessoas imaginadas, que nunca existiram senão no espírito do poeta, reservando a outra para as que são conhecidas pela história ou pela fábula, como acabo de dizer.]

Assim se explicam as precauções de Corneille e de Racine, que insistem em sua fidelidade às fontes antigas. No *Primeiro prefácio* de *Andrômaca*, Racine se abriga atrás de Virgílio, cuja *Eneida* contém "em poucos versos todo o tema dessa tragédia". "Meus personagens são tão famosos na Antiguidade, que, por pouco que se a conheça, ver-se-á muito bem que eu os apresentei tais quais os antigos poetas nos transmitiram. Também não pensei que me fosse permitido mudar o que quer que fosse em seus costumes. A única liberdade que tomei foi atenuar a ferocidade de Pirro." Essa fidelidade às fontes se faz acompanhar no entanto de muitas alterações, contanto que a verossimilhança seja salva e o herói da peça seja conforme à imagem que os espectadores da época têm dele. Em seu *Segundo prefácio* de *Andrômaca*, de 1676, Racine reconhecerá ter se distanciado bastante da *Andrômaca* de Eurípides. De fato, ele pinta Andrômaca com os traços da viúva chorosa, que transferiu toda a sua ternura para Astianax, o filho que teve com Heitor, e não, como faz Eurípides, como amante de Pirro, com quem teve outro filho. "O tema é no entanto bem diferente: em Eurípides, Andrômaca teme pela vida de Molosso,

---

18. "Que Medeia seja feroz e insubmissa" (Horácio, *Arte poética*, v. 126).

um filho que ela teve com Pirro, e que Hermíone quer matar com sua mãe. Mas aqui não se trata de Molosso. Andrômaca só tem um marido, Heitor, e um filho, Astianax. Acreditei com isso me conformar à ideia que temos *hoje* dessa princesa. A maior parte dos que ouviram falar de Andrômaca só a conhece como viúva de Heitor e mãe de Astianax. Não se acredita que ela deva amar nem outro marido, nem outro filho."

4.2.3. Sua "igualdade"

É preciso enfim que os costumes sejam "iguais". O personagem, para ser crível, não deve mudar de comportamento sem razão. Tal incoerência macularia de inverossimilhança a ação. "Falta falar da *igualdade*", escreve Corneille no *Discurso sobre o poema dramático*, "que nos obriga a conservar até o fim em nossos personagens os costumes que lhes demos no começo:

> Servetur ad imum
> *Qualis ab incepto processerit, et sibi constet.*[19]

Com o espírito de liberdade que o caracteriza, Corneille ressalta todavia que essa prescrição nada tem de absoluto. A inconstância, o caráter instável (a histeria, em termos modernos) podem ser um traço da personalidade. Além disso, um personagem é capaz de modificar seu comportamento em razão das circunstâncias sem com isso mudar de sentimentos em seu foro íntimo. "A desigualdade pode no entanto entrar nele sem inconveniente", acrescenta Corneille, "não só quando introduzimos pessoas de espírito ligeiro e desigual, mas também quando, conservando a igualdade interna, apresentamos a desigualdade externa, conforme a ocasião."

Para os teóricos do século XVII, não há verdade do personagem enquanto essas três condições, indispensáveis à salvaguarda da verossimilhança ordinária, não são preenchidas. Por isso, o personagem de Jimena, no *Cid*, não lhes parece crível, porque seus costumes não são nem "convenientes" nem "iguais". Eles pecam em relação ao decoro interno. Chapelain, em *Sobre a poesia representativa*, define o decoro em função da coerência dos costumes como "não o que é honesto, mas o que convém às pessoas boas ou más, tais como são introduzidas na peça". Correto, com frequência, é nele o equivalente de verossímil. Qualificada de "impudica" e de "escandalosa", como decorre do juízo emitido por Chapelain em *Os sentimentos da Academia Francesa sobre a tragicomédia do Cid*, a atitude de Jimena não satisfaz à "conveniência", por estar em contradição com o papel de heroína. O fato de que Jimena aceite receber Rodrigo em seus aposentos depois do assassinato do pai, é tachado de inverossímil. É impossível uma moça de alta linhagem, que recebeu a mais perfeita educação e que é apresentada como virtuosa no início da peça, se case com o assassino do pai. Tal comportamento atesta uma incoerência, uma "desigualdade" de costumes inadmissível para o público da

---

19. "Que ele as conserve até o fim tal como se mostrou no início, constante consigo mesmo" (*id.*, v. 126-127).

época. "Pelo menos não se pode negar que ela não seja uma amante demasiado sensível e sem pudor em relação ao decoro do seu sexo e mulher de mau caráter em relação ao que devia à memória do pai", escreve Chapelain. "Por maior violência que sua paixão possa lhe fazer, é claro que ela não devia relaxar na vingança da morte do conde e muito menos se decidir a casar com aquele que o matara. Nisso, seus costumes, se não se pode chamá-los de *maldosos*, devem pelo menos revelar-se escandalosos, e a obra que os contém é *por causa deles* notavelmente defeituosa, distanciando-se do objetivo da poesia que quer ser útil; não pelo fato de que essa utilidade não pode se produzir por costumes escandalosos, mas de que ela não pode se produzir mediante estes a não ser quando encontram sua punição no fim e não quando são recompensadas, como são nesta obra. Falaríamos aqui de *desigualdade de seus costumes*[20] e de verdadeira *incerteza* destes, o que é na arte um vício que não foi notado pelo observador, se não bastasse o que ele diz para nos fazer aprovar sua censura."

As reações dos teóricos do drama, no século XVIII, serão idênticas. Louis-Sébastien Mercier, que no entanto fará o elogio do *Cid*, apresentando-o como "um verdadeiro drama" em que a pintura da ternura filial atinge graus de emoção raramente igualados, condena, ainda em 1773, em *Du Théâtre ou Nouvel Essai sur l'art dramatique* [*Do teatro ou Novo ensaio sobre a arte dramática*], a cena de amor entre Rodrigo e Jimena depois da morte do Conde, pelas mesmas razões. "(...) quando Jimena ousa receber seu amante em casa por um só momento, ouvi-lo, vê-lo a seus joelhos, ver a espada ensanguentada que acaba de penetrar seu pai, não se concebe como uma cena tão revoltante, tão contrária inclusive à finalidade da peça, pôde ser ouvida pelo povo, que conhece as leis da decência. Eles não deviam mais se ver: Jimena devia buscar a morte do amante; e, separados um do outro, teriam sido mais interessantes ainda. Aliás, não sou o único que notou na representação que Jimena é uma amante calorosa e uma filha fria: pode ser assim na verdade, mas essa verdade não é bela."

4.2.4. Sua "excelência"

Aristóteles, recordemos, define uma quarta característica dos "costumes" do personagem dramático: a "qualidade", termo que Corneille traduz por "*bonté*" [excelência]. Muitos comentadores deram ao termo uma acepção moral, fazendo dele um sinônimo de virtude. Corneille se ergue contra essa interpretação, porque nas peças antigas ou modernas há muitos personagens "maus, perversos ou maculados por alguma fraqueza, que combina mal com a virtude". Para Corneille, Aristóteles designa assim "um caráter brilhante e elevado, de conformação virtuosa ou criminosa, conforme seja própria e conveniente à pessoa que se introduz". Corneille, como Aristóteles, dá grande importância a essa "excelência" dos costumes, que muitos teóricos do Classicismo interpretam de forma errônea ou sobre a qual silenciam. Semelhante tratamento dos "costumes" atesta, da parte de ambos, uma admiração igual por uma elevada virtude ou pelo grande crime. Ele só é compatível

---

20. Grifos nossos.

com a verossimilhança extraordinária, para a qual vai a preferência deles. Tais personagens, fora do comum, não poderiam entrar numa ação regida pela verossimilhança ordinária.

4.3. Verossimilhança e linguagem dramática

Para que a coerência do personagem assegure a verossimilhança da ação, é preciso não somente que seus "costumes" sejam "convenientes", "semelhantes" e "iguais", mas também que suas falas sejam críveis. Tal exigência diz respeito aos dois gêneros em uso na época clássica, em particular à comédia, que põe em cena personagens pertencentes à humanidade média. Corneille, que se destacou seja na comédia, seja na tragédia, tem plena consciência disso, tanto que escreveu na *Nota ao leitor*, datada de 1632, que precede *La Veuve* [*A viúva*]: "A Comédia não é mais que um retrato das nossas ações e de nossos discursos, e a perfeição dos retratos consiste na semelhança. Com base nessa máxima, procuro pôr na boca dos meus atores somente o que diriam verossimilmente em seu lugar aqueles que eles representam, e fazê-los discorrer como gente comum, e não como autores."

Certo número de formas que realçam as convenções do teatro – o emprego do verso, o recurso ao monólogo ou ao aparte, a introdução de longas narrativas – podem comprometer a verossimilhança do diálogo.

4.3.1. O verso em questão

O verso é uma linguagem bem distante da conversa. Todos os autores dramáticos concordam com isso na época clássica, ainda que Corneille apresente, em sua *Nota ao leitor* de *A viúva*, os versos de suas comédias como uma simples "prosa rimada", porque não têm o "brilho" com que fulguram os das suas tragédias. Se, desde a Renascença, o verso se impôs à maneira antiga na cena francesa, tanto para a comédia como para a tragédia, não foi sem reservas da parte de certos teóricos do Classicismo para quem tal linguagem realça as convenções. Somente alguns raros autores de comédia, notadamente Molière numa parte da sua obra, recorrem à prosa, adotando então um tom próximo do da farsa.

Chapelain, na *Carta sobre a regra das vinte e quatro horas*, que precede *Axiane* em 1643, considera que o verso no teatro é uma forma artificial que não seria capaz de satisfazer ao ideal de verossimilhança. Como nota Chapelain, na carta citada, o verso francês, que impõe a rima, é uma forma muito diferente da que é adotada na língua falada. "Enfim", ele escreve, "quanto à última, quando você diz que se fala em verso e até em rima no teatro[21], concordo plenamente, e esse absurdo me parece tão grande que só isso seria capaz de me fazer perder a vontade de trabalhar na poesia cênica, mesmo que eu tivesse uma forte inclinação para ela. E nisso nossa língua pode se dizer mais infeliz do que qualquer outra,

---

21. Chegando ao fim da sua carta, Chapelain aborda a questão do verso, para responder a Antoine Godeau, que, na carta que lhe dirigiu, condena o emprego do verso no teatro e lhe pede sua opinião a esse respeito.

sendo obrigada, além do verso, à tirania da rima, a qual retira toda verossimilhança do teatro e todo crédito aos que levam a ele alguma centelha de juízo." Linguagem de convenção, o verso, para ele, deve ser banido da cena. Chapelain cita como modelo os autores dramáticos italianos ou espanhóis que, em sua maioria, utilizam com felicidade a prosa. "De milhares de comédias e tragédias italianas, só tenho de rimada a *Sophonisba* de Carretto, todas as outras são em prosa ou em versos livres, que quase não se fazem sentir; fora o rimador Lope de Vega, todos os espanhóis, desrespeitando todas as demais regras do teatro, tiveram o cuidado de não pecar contra a verossimilhança nesta, trabalhando, como os italianos em suas comédias, em prosa ou em versos não rimados. Somente nós, os últimos bárbaros, ainda estamos nesse abuso e, pior ainda, não vejo como poderíamos sair dele."

É também em nome da verossimilhança que d'Aubignac condena o emprego do verso. Sua tragédia em prosa, *Zénobie*, peça escrita em 1640 e publicada em 1647, devia ser precedida de uma "apologia da prosa contra os versos", a crer na *Nota do editor*[22]. Essa apologia não será publicada, mas d'Aubignac põe seu princípio em aplicação, porque, depois de *Zénobie*, ele escreve, igualmente em prosa, *Cyminde* e *La Pucelle d'Orléans* [*A donzela de Orléans*], em 1642. Como são raras as tragédias em prosa, ele não aborda o problema do verso em *A prática do teatro*, mas estatui sobre a escolha do metro. O alexandrino lhe parece o mais próximo da prosa, porque "ele se dá sem trabalho e sem premeditação no discurso ordinário". D'Aubignac chega ao ponto de afirmar que os "grandes versos de doze sílabas devem ser considerados, no teatro, como prosa".

Corneille é mais matizado sobre a questão. No *Argumento* de *Andrômeda*, ele escreve que "*se presume* que os versos recitados no teatro são prosa: normalmente não falamos em verso, e sem *essa ficção*, sua métrica e sua rima sairiam do verossímil"[23]. Por outro lado, ao contrário de d'Aubignac, ele está convencido de que versos desiguais são mais próximos da linguagem da conversa do que o alexandrino muito regular. "Se acreditarmos em Aristóteles", escreve ele no *Exame* de *Andrômeda*, "devem ser utilizados no teatro versos que sejam menos versos e que se confundam com a linguagem comum, sem querer, mais frequentemente que os outros." É por isso que ele defende as estâncias de que seus contemporâneos o acusaram de abusar[24], alegando que a flexibilidade da sua construção, a liberdade do seu ritmo, lhes conferem um aspecto natural. "Por essa mesma razão", acrescenta, "os versos de estâncias são menos versos que os alexandrinos, porque em nossa linguagem comum fluem mais esses versos desiguais, uns curtos, os outros longos, com rimas cruzadas e distanciadas umas das outras, do que os versos cuja métrica é sempre igual e as rimas, bem casadas." Corneille observa que, se as estâncias não são aptas a traduzir sentimentos violentos, em compensação, são capazes de exprimir emoções em meias-tintas. Escreve ele no *Exame* de *Andrômeda*:

---

22. Parece que nessa "Apologia" d'Aubignac quis convencer Richelieu da superioridade da tragédia em prosa sobre a tragédia em versos.
23. Grifos nossos.
24. Corneille utilizou frequentemente as estâncias, em voga no teatro de 1630 a 1660, enquanto Racine só recorreu a elas na sua primeira peça, *A tebaida*, porque a moda declina quando ele começa sua carreira dramática.

"A cólera, o furor, a ameaça e outros movimentos violentos como esses não são próprios para elas, mas sim os desprazeres, as irresoluções, as inquietudes, os doces devaneios; e, geralmente, tudo o que pode permitir que um ator tome fôlego e pense no que deve dizer ou resolver se acomoda maravilhosamente às suas cadências desiguais e às pausas que elas levam a fazer no fim de cada estrofe. A surpresa agradável que essa mudança imprevista de cadência produz no ouvido chama poderosamente de volta as atenções distraídas."

Claro, ele tem plena consciência do perigo que está à espreita do escritor. Não convém burilar demais os versos, a risco de transformar as estâncias em puros exercícios de estilo e fazer a fala perder sua aparente espontaneidade[25]. Ele próprio reconhece ter dado um tom demasiado retórico às estâncias de Rodrigo, no *Cid*. "É necessário evitar demasiada afetação. É por isso que as estâncias do *Cid* são indesculpáveis, e as palavras *pena* e *Jimena*, que fazem a última rima de cada estrofe, assinalam um jogo no poeta que não tem nada de natural no ator. Para se afastar menos da naturalidade, seria bom não ordenar todas as estrofes com base na mesma métrica, nem nos mesmos cruzamentos de rimas, nem com base no mesmo número de versos. Sua desigualdade nesses três artigos se aproximaria mais do discurso ordinário e faria sentir o arroubo e os ímpetos de um espírito que tem por guia a sua paixão, e não a regularidade de um autor que os arredonda no mesmo torno."

Certos teóricos do Classicismo, d'Aubignac notadamente, tentaram justificar a verossimilhança da perfeição formal das estâncias fingindo acreditar que o personagem as compôs nos bastidores, antes de entrar em cena. Corneille salienta o absurdo de tal explicação. "Mas", escreve ele no *Exame* de *Andrômeda*, "eu não poderia aprovar que um ator, fortemente tocado pelo que acaba de lhe acontecer na tragédia, se desse ao trabalho de fazer estâncias, ou tomasse o cuidado de mandar outro fazê-las, e as aprendesse de cor, para exprimir seu desprazer diante dos espectadores. Esse sentimento estudado não os tocaria muito, porque esse estudo assinalaria muito mais um espírito tranquilo e um esforço de memória do que um efeito de paixão. À parte o fato de que não seria mais o sentimento presente da pessoa que falaria, mas no máximo o sentimento que ela teria tido ao compor esses versos e que seria bastante reduzido por esse esforço de memória, para fazer que seu estado de espírito não correspondesse mais ao que ela pronunciaria. O ouvinte não se deixaria comover com ele e o acharia demasiado premeditado para crê-lo verdadeiro."

Essas reticências, formuladas por certo número de teóricos do Classicismo sobre a pertinência do uso do verso no teatro, crescerão no fim do século. No século XVIII, quando é considerado impróprio para imitar a linguagem da vida, pesará sobre o verso um verdadeiro descrédito, em razão da pompa e da ênfase que o caracterizam.

---

25. Sabiamente estruturadas, essas estâncias são constituídas por longas estrofes regulares (de 3 a 8), construídas segundo um mesmo modelo rítmico. Cada estrofe, que apresenta uma unidade de sentido, termina com uma queda. A forma dos versos é variável, porém os utilizados com maior frequência são os octossílabos e os alexandrinos.

4.3.2. O artifício do monólogo e do aparte

No teatro, supõe-se que os atores dialoguem diante dos espectadores, como se se estabelecesse entre eles uma verdadeira conversa. O monólogo, o aparte, que vêm, como os versos, sublinhar o artifício, destroem esse efeito buscado. Por isso os teóricos da dramaturgia clássica se esforçam para apagar o aspecto convencional dessas duas categorias da linguagem dramática, a fim de torná-las compatíveis com a verossimilhança.

No monólogo, o personagem fala em voz alta consigo mesmo. Suas palavras não seriam dirigidas ao espectador. Também não seriam ouvidas por outro personagem, cuja presença em cena ele ignoraria. Essa linguagem interior, em seu irrealismo, pode levar a destruir a ilusão. Por isso Chapelain, em sua *Carta sobre a regra das vinte e quatro horas*, aconselha proscrevê-lo, se tem como único fim informar o espectador. "Quanto a mim, o absurdo que, além disso, você[26] observa no fato de alguns fazerem os atores recitar em solilóquios o que os espectadores deviam saber pela compreensão da fábula, eu critico ainda mais que você, e se tivesse de organizar as cenas de uma peça de teatro, quando se fizessem necessárias essas narrativas eu sempre introduziria alguém interessado em que as fizessem; ou, se introduzisse um homem sozinho fazendo-as, entremearia em partes o relato na paixão, somente como forma de melhor exprimi-la; pois, se não o é como narração pura, o solilóquio é admitido no palco como o discurso interior que ocorre todos os dias com todos os homens que não são absolutamente estúpidos."

Corneille abunda nesse sentido. A narrativa, segundo ele, só poderia aparecer se fosse motivada pelo estado de espírito de quem a faz. Para que a verossimilhança seja parcialmente salvaguardada, o espectador precisa ter a sensação de que o personagem se encontra num estado de perturbação tão grande que não percebe que exprime em voz alta seus pensamentos. "Não que eu queira dizer que, quando um ator fala sozinho, não possa instruir o ouvinte sobre muitas coisas", escreve ele no *Discurso sobre o poema dramático*, "mas isso tem de ser feito pelos sentimentos de uma paixão que o agita, e não por uma simples narrativa. O monólogo de Emília, que abre o teatro em *Cina*, dá a saber que Augusto matou o pai e que, para vingar sua morte, ela faz seu amante conspirar contra ele; mas é pela perturbação e o temor que o risco a que ela expõe Cina lança em sua alma que temos conhecimento do fato. Sobretudo, o poeta deve se lembrar de que, quando um ator está só no palco, presume-se que esteja falando consigo mesmo, e não para que o espectador saiba o que ele se diz e no que pensa. Assim, seria um erro insuportável se outro ator ficasse sabendo desse modo os segredos do outro. Isso se desculpa numa paixão tão violenta que faz as palavras irromperem, embora não haja ninguém para ouvi-las. Eu não quero condenar isso num outro, mas teria dificuldade de impô-lo a mim."

Em *A prática do teatro* d'Aubignac também denuncia o caráter artificial do monólogo, que só é aceitável se o estado de espírito do personagem permitir. Ele toma dois exemplos de situações em que o monólogo não poderia ser crível: o do

---

26. Chapelain se dirige sempre a Godeau.

general que se rejubilasse em voz alta da sua vitória; o do amante aflito que revelasse as preocupações que sua amante lhe causa. "Por exemplo, não seria verossímil que um general de exército que houvesse acabado de tomar à força uma cidade importante, se encontrasse na Grande Praça[27]; portanto, quem pusesse um monólogo na boca desse personagem faria uma coisa ridícula (…). Se um amante soubesse que sua amada corria algum grande perigo e se ocupasse sozinho em reclamar do destino em vez de correr em seu socorro, não o perdoariam na representação, como tampouco na realidade."

O caso do monólogo do personagem que fala ao lado de outro cuja presença ignora, mais irrealista ainda, só é aceitável, para d'Aubignac, se ele se expressar baixinho, porque "não é verossímil que um homem sozinho fale gritando, como os histriões têm de fazer para serem ouvidos". Tal monólogo é ainda mais difícil de legitimar que o do personagem sozinho em cena. Por isso, d'Aubignac aconselha o ator que pronuncia o solilóquio a modular a voz, falando ora alto, ora bem baixinho, e aquele que o ouve a sublinhar com sua atuação o desprazer que sente em não ouvi-lo direito. "Portanto, nessas eventualidades há que achar uma razão de verossimilhança que obrigue esse ator a falar alto, o que me parece muito difícil, porque o excesso da dor ou de outra paixão não é, a meu ver, suficiente; em verdade, ele pode obrigar um homem a emitir algumas queixas em palavras interrompidas, mas não um discurso contínuo e bem arrazoado. Ou então seria preciso que o poeta usasse de tal habilidade na composição desse monólogo, que o ator teria de elevar a voz recitando apenas certas palavras e moderá-la em outras; isso para que seja verossímil que o outro ator que ouve de longe ouça umas como sendo pronunciadas em voz alta e com uma paixão que prorrompe várias vezes, mas não as outras, como sendo pronunciadas baixinho. E para dizer o que penso dessa composição, o outro ator, depois da fala pronunciada em voz suficientemente alta pelo que faria esse monólogo, deveria emitir algumas expressões de surpresa ou de alegria, conforme o tema, e se aborrecer por não poder ouvir o resto. Às vezes, inclusive, quando o ator que fizesse o monólogo contivesse a voz, o outro deveria observar todas as suas ações, como se se tratasse de um homem que sonhasse profundamente e que fosse agitado por uma violenta inquietude. Assim talvez seria possível conservar a verossimilhança e fazer uma bela cena de teatro."

O aparte, que proporciona uma situação de fala tão irreal quanto o monólogo, também pode vir a destruir a ilusão. D'Aubignac ressalta várias vezes a sua inverossimilhança. "É muito pouco razoável (não obstante o que diga Scaliger por uma grande indulgência para com o teatro) que um ator fale alto o bastante para ser ouvido pelos que estão bem distantes dele, e que o outro ator, que está bem mais próximo, não o ouça; e, pior, que para fingir não ouvi-lo seja reduzido a fazer mil caretas forçadas e inúteis."

Corneille, que sempre teve, como ele próprio declara no *Exame* de *Le menteur* [*O mentiroso*], uma "aversão natural (…) pelos apartes", recorre a eles muito raramente. A fim de conservar a situação da conversa, prefere dar lugar a confidências antes e depois de uma cena de amor ou de uma cena de intriga a usar, com o

---

27. Trata-se aqui da praça central da cidade, um dos cenários tradicionais do século XVII.

aparte, uma linguagem artificial. Se, ao contrário do que faz em outras peças, utiliza muitos apartes em *O mentiroso*, é que o próprio tema o obriga a isso. A ambiguidade permanente, que as confidências dissipariam, deve reinar até o fim da peça, para possibilitar mentiras e quiproquós incessantes. Colocando-se do ponto de vista do público, Corneille está persuadido de que o aparte é incômodo. Ele declara, no *Exame* de *O mentiroso*: "Eu os fiz (os apartes) o mais breves possível, e me permiti fazê-los raramente, sem deixar dois atores juntos, falando baixinho, enquanto outros dizem o que estes não devem escutar. Essa duplicidade da ação particular não quebra a unidade da ação principal, mas atrapalha um pouco a atenção do ouvinte, que não sabe a qual delas se ater e que se vê obrigado a dividir entre as duas o que está acostumado a dar a uma."

O aparte não pode ser longo, porque a presença do interlocutor não tem mais razão de ser então, a não ser que o autor dramático consiga, por uma proeza, legitimar seu silêncio. Para salvaguardar um mínimo de verossimilhança, d'Aubignac estabelece três condições a que o aparte deve obedecer. Não pode ultrapassar um verso: "Considero que dois versos não podem ser tolerados, que meio verso é a mais justa medida e que a maior licença deva não ser mais que um verso inteiro", escreve. Uma só palavra, até, deveria bastar. "Mesmo na verdade das coisas, pode nos escapar uma palavra que não será ouvida por quem nos fala, ou por causa da atenção que seu espírito dá ao que ele nos conta, ou por ser mal pronunciada, ou baixo demais."

Além disso, o aparte só pode ocorrer quando for plausível que o diálogo seja interrompido. "Há que (...) encontrar alguma razão adequada para interromper quem fala, a fim de dar tempo ao outro ator que vai fazer seu aparte; e se quem fala se interromper a si mesmo para fazer um e dizer algo como que consigo mesmo que não deva ser ouvido, é preciso que quem escute se espante com o fato de o outro não falar mais, que o obrigue a continuar e saiba a razão simulada ou verdadeira dessa interrupção; senão, seria ridículo que um homem falasse e se calasse diversas vezes, sem que os que o ouçam se surpreendessem, nem sem dizer a causa de agir assim: porque há que supor sempre que quem faz um aparte fala somente em pensamento e não em voz alta. Portanto o poeta deve tomar o tempo de uma admiração, de uma exclamação, e de algum outro sentimento semelhante que deixe uma pessoa em condições de poder ficar alguns momentos sem dizer nada e sem ouvir nada; e nesses momentos poderá pôr algumas palavras, ou um meio verso, na boca de outro ator e fazer um aparte razoável. Exemplos disso são bastante frequentes nos latinos e, se os modernos só houvessem copiado esses trechos, não teriam pecado tanto nesse assunto. Se por acaso o tempo consumido por um dos atores para fazer seu aparte for sensível ao outro, este tem de dizer também alguma palavra de espanto sobre o devaneio de quem falou primeiro, a fim de dar a conhecer que o ator que fez o aparte, ou falava como consigo mesmo e não era ouvido, ou falava entre os dentes, e assim era difícil saber o que ele tinha dito."

Enfim, d'Aubignac considera que a utilização do aparte é particularmente judiciosa nos momentos em que convém preencher o silêncio de um dos dois interlocutores, que seria pesado para o espectador. "Por exemplo, se um dos atores lê uma carta baixinho, outro pode falar como que consigo mesmo esse tempo todo. Se um avarento conta seu dinheiro, o ladrão que o visse poderia fazer um aparte durante essa contagem. Acrescento até que é necessário introduzir um nessas eventualidades, porque não há maior defeito no teatro que o de torná-lo mudo; e, o que quer que se faça, é sempre necessário ter alguém que fale."

4.3.3. A motivação da narrativa

O verso, o recurso ao monólogo e ao aparte, formas que não existem na conversa, não são os únicos a pôr em risco a verossimilhança. As narrativas, que no entanto ocupam bom número das nossas conversas, também podem, por sua abundância e extensão, macular com a inverossimilhança a fala dos personagens. No teatro, mais vale mostrar do que contar. Todos os autores dramáticos afirmaram isso, inclusive Racine, no qual as narrativas abundam. No primeiro *Prefácio* de *Britannicus* [*Britânico*], ele retorque a seus detratores, que o criticam por fazer Júnia voltar à cena depois da morte de Britânico, para dizer "em quatro versos comoventes que ela vai passar na casa de Otávia", em vez de fazer esse fato ser contado por outro personagem: "Eles não sabem que uma das regras do teatro é só narrar as coisas que não podem se traduzir em ação e que todos os antigos costumam trazer à cena atores que não têm outra coisa a dizer, a não ser que vêm de um lugar e vão a outro."

Dirigida por um personagem implicado no drama a outro que também está envolvido nele, a narrativa só é verossímil se for parte integrante do diálogo. Sua função de informação ao público deve ser cuidadosamente mascarada. Deve parecer plausível que apareça num momento preciso do diálogo, levando em conta a natureza da relação entre os dois protagonistas. Em *Horácio*, quando volta do campo de batalha, Júlia se espanta com que Sabina ainda não saiba de nada.

> Julie – Quoi? Ce qui s'est passé, vous l'ignorez encore?
> Sabine – Vous faut-il étonner de ce que je l'ignore
> Et ne savez-vous point que dans cette maison
> Pour Camille et pour moi l'on fait une prison?
>
> [Júlia – O quê? Ainda ignorais o que aconteceu?
> Sabina – Espantai-vos com que eu ignore
> E não sabeis que desta casa
> Fazem para mim e Camila uma prisão?]
>
> (III, 2, v. 771-774)

É assim que Corneille legitima a narrativa neste ponto preciso.

Corneille insiste no fato de que, durante as "narrações", o autor dramático nunca deve perder de vista o estado de espírito de quem fala e o de quem escuta. "Sobretudo", escreve ele no *Exame* de *Medeia*, "nas narrações ornamentadas e patéticas é preciso levar cuidadosamente em conta em que estado está o espírito de quem fala e de quem escuta, e prescindir desse ornamento, que vai sempre junto com alguma ostentação ambiciosa, se houver a menor aparência de que um dos dois corre grande perigo ou é presa de uma paixão demasiado violenta para ter toda a paciência necessária à narrativa que se pretende fazer."

A narrativa só pode ser longa se quem a pronuncia e quem a escuta desfrutam de uma calma suficiente. É assim que Corneille, no *Exame* de *Cina*, justifica a extensão do relato que este faz a Emília para lhe anunciar o bom caminho que está tomando a conspiração contra Augusto. "As contas que Cina lhe presta da sua conspiração justificam o que eu disse em outro lugar: que para tolerar uma narração bem ornamentada, aquele que a faz e aquele que a ouve têm de estar com o espírito bem tranquilo e se comprazer o bastante com ela para lhe prestar toda a atenção que lhe é necessária. Emília tem a alegria de saber da boca do seu amante com que ardor ele observou suas intenções; e Cina não a tem menos por lhe dar tão belas esperanças do feito que ela deseja. É por isso que essa narração sem nenhuma interrupção, por mais longa que seja, não é tediosa; os ornamentos de retórica com que procurei enriquecê-la não a fazem ser condenada por demasiado artifício, e a diversidade das suas figuras não faz lamentar o tempo que perco com eles."

A narrativa, no entanto, tem defensores entre os doutos. Chapelain defende a causa da narrativa contra os que a julgam tediosa com tanto maior boa vontade quanto mais ela satisfaz à verossimilhança, contanto, porém, que seja motivada, já que se situa na conversa. "Quanto a mim, não posso compreender por que uma provável narrativa de uma coisa passada é mais tediosa em cena do que nas conversas costumeiras, principalmente se é necessária ao tema e se o poeta a faz acompanhar-se de agudezas e de figuras, que ele entrecortou de perguntas e enriqueceu com magníficas descrições, como fizeram todos os que chegaram até nós."

Quanto a d'Aubignac, que estabelece uma equivalência absoluta entre ação e discurso no teatro, ele faz da narrativa um dos mais belos ornamentos da peça de teatro. "No teatro", escreve ele, "falar é agir (...), porque, no teatro, os discursos não são mais que os acessórios da ação, embora toda a tragédia, na representação, não consista senão em discursos (...). Está aí todo o labor do poeta e a que sobretudo ele aplica as forças do seu espírito. E se ele faz algumas ações aparecerem no seu teatro, é para tirar daí uma ocasião de fazer algum discurso agradável; tudo o que ele inventa é para dizê-lo; ele supõe muitas coisas a fim de que essas ações sirvam de matéria para agradáveis narrações" (*A prática do teatro*, livro IV, cap. 2, "Dos discursos em geral").

5. "A ILUSÃO DE PRESENÇA"

Na época clássica, ainda que a ação seja verossímil, o espectador não pode crer em sua realidade se as condições da representação não o forem. A ação representada deve parecer verdadeira, como explica d'Aubignac em *A prática do teatro*: "Quando se quer aprovar ou condenar (as peças) que são levadas em nossos teatros, supomos que a coisa é verdadeira ou, pelo menos, que deve ser, ou pode ser, e com base nessa suposição aprovamos todas as ações e as palavras que podiam ser realizadas e ditas pelos que agem e falam; e todos os acontecimentos que podiam suceder às primeiras aparências: porque, nesse caso acreditamos que as coisas se passaram verdadeiramente assim ou, pelo menos, podiam ou deviam se passar assim. E, ao contrário, condenamos tudo o que não deve ser feito e dito, segundo as promessas, os lugares, o tempo e as primeiras aparências do poema; porque não acreditamos que tenha acontecido assim. Tanto é verdade que a tragédia é considerada principalmente, em si, como uma ação verdadeira" (livro I, cap. 6, "Dos espectadores e como o poeta deve considerá-los").

É para assegurar essa verossimilhança externa que são elaboradas as unidades de tempo e de lugar. Elipses temporais, mudanças de lugar que façam pensar na encenação devem ser banidas. Para que o espectador possa esquecer que está no teatro, a ação a que ele assiste tem de se desenrolar em tempo real e num lugar único, já que ele próprio não se locomove. Somente com essa condição ele pode desfrutar da "ilusão de presença". Baseando-se neste preceito de Scaliger, "*res ipsae disponandae sunt ut quam proxime accedant ad veritatem*"[28], Chapelain, em sua célebre *Carta sobre a regra das vinte e quatro horas*, pede que a imitação seja "tão perfeita que não apareça nenhuma diferença entre a coisa imitada e a que imita, porque o principal efeito desta consiste em propor os objetos ao espírito, para purgá-lo de suas paixões desregradas, como verdadeiros e presentes; coisa que, reinando por todos os gêneros da poesia, parece dizer particularmente respeito à cênica, na qual a pessoa do poeta só se esconde para melhor surpreender a imaginação do espectador e para melhor conduzir sem obstáculo à *crença* que queremos que ele tenha no que lhe é representado". Convém inclusive, segundo d'Aubignac, que o leitor possa experimentar essa ilusão de presença. "O poema dramático é feito principalmente para ser representado por pessoas que fazem coisas perfeitamente semelhantes àquelas que quem representa poderia ter feito; e também para serem lidas por pessoas que, sem nada ver, têm *presentes à imaginação pela força dos versos* as pessoas e as ações que são introduzidas, *como se todas as coisas fossem verdadeiramente feitas da mesma maneira como são escritas.*"

5.1. A unidade de tempo

Chapelain foi o primeiro a enunciar, na França, em 1630, a regra da unidade de tempo em sua *Carta sobre a regra das vinte e quatro horas*. A ação de uma peça não deve ultrapassar 24 horas. Pela modernidade desse texto-manifesto, que ele próprio salienta e cuja paternidade reivindica com orgulho, Chapelain se afirma como o grande teórico do teatro clássico. Bem mais tarde, numa carta de 1663, quando a doutrina clássica já se impôs, ele declara: "A razão que alego para essa regra deve ser ainda mais submetida à sua censura por ser minha e por não se sustentar na autoridade dos mestres, nem antigos nem novos." Datada de 29 de novembro de 1630, a *Carta* se apresenta como uma resposta a Antoine Godeau, que se pretende literato. Desejoso de compor uma peça de teatro, esse mundano, que virá a ser bispo de Grasse, escreveu a Chapelain para lhe pedir

---

28. "Devem-se dispor as coisas em cena de tal sorte que elas sejam o mais próximas possível da verdade" (grifos nossos).

que justificasse a regra da unidade de tempo, que ele contesta e cuja inutilidade salienta com uma série de nove argumentos que Chapelain, em sua resposta, refuta sucessivamente.

Chapelain funda a regra na mímesis. A verossimilhança da representação repousa parcialmente, segundo ele, na confusão entre as duas temporalidades que interferem no teatro: o tempo da ação, puramente ficcional, e o tempo da representação. D'Aubignac, no capítulo de *A prática do teatro* intitulado "Da extensão da ação teatral ou do tempo e da duração convenientes ao poema dramático" (livro II, cap. 7), está consciente de que uma das dificuldades maiores a que o autor dramático se choca reside nessa dualidade do tempo teatral. "Cumpre considerar", escreve, "que o poema dramático tem duas formas de duração, cada uma com seu tempo próprio e conveniente." Ele insiste na realidade do tempo da representação, objetivamente mensurável, ao contrário do tempo ficcional, que nem sempre é nitidamente definido. "A primeira é a duração verdadeira da representação, porque, muito embora esse poema, como dissemos várias vezes, não seja em si considerado com precisão, nada mais que uma imagem, e, portanto, só deva ser normalmente considerado num ser representativo, deve-se não obstante recordar que há realidade inclusive nas coisas representadas. Os atores são realmente vistos e ouvidos; os versos são realmente pronunciados e sente-se realmente prazer e dor assistindo a essas representações, nelas se despende um tempo verdadeiro que mantém o espírito dos ouvintes atento durante certo momento, isto é, desde que o teatro se abre até se fechar. Ora, esse tempo é o que chamo de duração verdadeira da representação." O objetivo da regra da unidade de tempo é fazer os espectadores acreditarem que as duas durações são idênticas. Tudo deve ser empregado para que o espectador tenha a ilusão de que o acontecimento representado diante de seus olhos se produz realmente. É necessário "tirar dos assistentes todas as ocasiões de refletir sobre o que veem e de duvidar da sua realidade", escreve Chapelain em sua *Carta sobre a regra das vinte e quatro horas*.

Mairet, que enuncia a regra um ano depois de Chapelain, no *Prefácio* de *Silvanire*, de 1631, também faz dela a garantia da verossimilhança da representação. "Parece pois necessário que a peça obedeça à regra, pelo menos a das 24 horas, de sorte que todas as ações, do primeiro ao último ato, que não devem estar aquém nem ir além de cinco, possam ter ocorrido nesse espaço de tempo.

"Essa regra, que pode ser dita *uma das leis fundamentais do teatro*, sempre foi religiosamente observada pelos gregos e latinos[29]. E me espanta que, de nossos escritores dramáticos, cujo número é hoje tão grande, uns ainda não pensaram em observá-la e os outros não têm suficiente discrição para, pelo menos, se impedir de criticá-la, se não são suficientemente sensatos para observá-la, acompanhando os passos dos primeiros homens da Antiguidade, que geralmente não se sujeitaram a ela sem motivo. Quanto a mim, tenho tanto respeito pelos antigos que nunca me distancio nem da sua opinião nem dos seus costumes, se não for obrigado por uma clara e pertinente razão. É de se pensar que, como tudo leva a crer,

---

29. Assinalemos que Mairet comete um erro, ao atribuir erroneamente aos antigos a paternidade da regra.

eles *estabeleceram essa regra em benefício da imaginação do ouvinte*, que sente incomparavelmente mais prazer (como a experiência mostra) na representação de um tema disposto desse modo que na de um que não o é. Tanto que sem nenhuma dor ou distração *ele vê aqui as coisas como se verdadeiramente ocorressem diante dele*, e que, quanto ao tamanho do tempo, que será às vezes de dez ou doze anos, é de todo necessário que a imaginação seja desviada do prazer desse espetáculo, que ela considerava presente, e trabalhe para entender como o mesmo ator que falava em Roma na última cena do primeiro ato, na primeira do segundo se acha na cidade de Atenas ou no Cairo, por exemplo. É impossível que a imaginação não se arrefeça e que uma mudança tão súbita de cena não a surpreenda e não a incomode extremamente, se ela tiver sempre de correr atrás de seu objeto, de província em província, e se quase num instante atravessar os montes e cruzar os mares com ele."

Chapelain chama atenção para a inverossimilhança que consistiria em representar num lapso de tempo de três horas uma ação que se desenrolaria em vários anos: o espectador não poderia acreditar na realidade do espetáculo. "Mas não creio que haja algo menos verossímil do que o que faria o poeta que representasse um acontecimento de dez anos no espaço de duas ou três horas, pois a *figura deve ser o mais possível semelhante em todas as circunstâncias à coisa figurada*, e uma das principais circunstâncias é o tempo, que o teatro, que faz particular profissão de imitar, deve preencher em sua justa proporção, isto é, na verdadeira extensão que ele teve quando se supõe que a coisa imitada decorria. De outro modo, ficando o olho dos espectadores sobrecarregado de objetos e se deixando persuadir com dificuldade de que nas três horas que dedicou ao espetáculo passaram-se meses e anos, o espírito que julga o todo, ao perceber que há uma impossibilidade ali, e que, por conseguinte, dá atenção a uma coisa falsa, relaxa-a em tudo o que pode haver de útil no resto e não sente a impressão sem a qual todo o trabalho do poeta é vão." Posto em tal situação, o espectador, segundo Chapelain, consideraria falsa a ação representada, como o homem que contemplasse um quadro em que seriam justapostas várias cenas que teriam ocorrido em momentos diferentes[30] ou no qual a perspectiva não seria respeitada.

"Um plano de quadro que quisesse representar dois tempos ou dois lugares diferentes e, com isso, fizesse o olho perceber a falsidade da coisa representada seria tão falso quanto se as proporções dos corpos particulares fossem mal entendidas, as luzes e as sombras fossem postas sem critério, e não se levassem em conta as coisas que devem estar situadas próximas do olho e as que querem estar distantes dele; em suma, se fosse necessário, para fazer compreender a história imitada, acrescentar um letreiro em cada parte, explicando: isto é um homem e isto é um cavalo."

Ao argumento de Godeau, para quem não há mais verossimilhança em representar em duas ou três horas uma ação que se desenrola em 24 horas, do que uma ação cujo tempo se estende por vários anos, Chapelain responde: "É muito mais fácil enganar a imaginação quando se trata de um pequeno espaço em rela-

---

30. É o caso da pintura medieval, que não é mais apreciada no século XVII.

ção a outro que não é muito maior, quero dizer, duas horas em relação a vinte e quatro." Chapelain compreendeu que a avaliação da duração da ação fictícia pelo espectador condiciona a credibilidade da ficção.

Godeau salienta aqui uma das dificuldades maiores com que se chocam os teóricos do Classicismo e que suas divergências atestam. Se eles são unânimes em querer reduzir o tempo ficcional a uma jornada, não se põem de acordo sobre a duração dessa jornada. Alguns, na linha de Chapelain, entendem por dia "o dia natural", isto é, 24 horas, outros, mais preocupados com a verossimilhança, "o dia artificial", isto é, 12 horas. Quanto a Corneille, considera possível superar as 24 horas, se a complexidade do tema assim requerer, e ir até 30 horas, salvaguardando a verossimilhança.

Para reduzir o mais possível a distância entre as duas durações, os teóricos consideraram várias soluções. Corneille aconselha encurtar, na medida do possível, a duração da ação: "Assim, não nos detenhamos nem nas doze, nem nas vinte e quatro horas, mas comprimamos a ação do poema na menor duração que nos for possível, para que a sua representação se assemelhe mais e seja mais perfeita." D'Aubignac, por sua vez, sugere situar a ação o mais perto possível da catástrofe. "(...) o mais belo artifício é abrir o teatro o mais perto possível da catástrofe, a fim de empregar menos tempo no trato da cena e ter mais liberdade de estender as paixões e os outros discursos que podem agradar." É um conselho que Racine explorará com uma fecundidade sem igual. No *Prefácio* de *Berenice*, ele precisa que escolheu um tema "cuja duração deve ser de apenas algumas horas".

É também com o fim de fazer coincidir as duas durações que certos teóricos, d'Aubignac notadamente, limitam a duração da peça a 1500 versos, em média. Corneille, que não poderia conter sua imaginação numa dimensão tão estreita, prefere fixar o limite em 1 800 versos.

Mas é difícil, senão impossível, reduzir o tempo da ação ao da representação. Sabe muito bem disso Corneille, que declara, no *Terceiro discurso*: "A representação dura duas horas e seria perfeitamente semelhante, se a ação que ela representa não pedisse mais para a sua realidade." Um meio cômodo que os teóricos preconizam para salvaguardar a ilusão consiste em situar o tempo excedente no entreato, lapso de tempo cuja duração o espectador avalia confusamente. É preferível que as elipses temporais, situadas entre os atos, sejam aproximadamente da mesma duração. "Estimo também", escreve Chapelain na *Carta sobre a regra das vinte e quatro horas*, "que as distinções dos atos, quando o teatro se esvazia de atores e a audiência é entretida com música ou intermédios, devem fazer a vez do tempo que se pode imaginar possível deduzir das vinte e quatro horas." O ato se desenrola então em tempo real, pois as duas durações, a da ação fictícia e a do espetáculo, são idênticas. "Eu sei", escreve Corneille no *Exame* de *Mélite*, "que a representação encurta a duração da ação e que mostra, em duas horas, sem sair da regra, o que muitas vezes necessita de um dia inteiro para se efetivar. Mas, para pôr as coisas em seu devido lugar, gostaria que esse abreviamento se desse nos intervalos dos atos e que o tempo que se tem de perder se perdesse neles, de sorte que cada ato só tivesse, na parte da ação que representa, o abreviamento necessário para a sua representação."

Corneille critica *Mélite*, sua primeira comédia, estreada em 1630, porque a unidade de tempo não é respeitada e porque as elipses temporais, situadas entre os atos, não têm a mesma duração. "Quanto à duração da ação", ele escreve no *Exame* de 1682, "é visível que ela ultrapassa a unidade de dia, mas não é o único defeito; há, além disso, uma desigualdade de intervalo entre os atos, que convém evitar." De fato, é inadmissível na época clássica que a duração da ação exceda, dentro do ato, a da representação. O próprio Corneille salienta a irregularidade de *A viúva*. Assim, Philiste, depois de deixar Alcidon, no início do primeiro ato, para ir fazer visitas com Clarice, reaparece na última cena do primeiro ato, de volta dessas visitas "que devem ter consumido todo o pós-jantar ou pelo menos a melhor parte". Tal tratamento da duração ficcional supõe que as cenas sejam separadas por elipses temporais. No *Exame*, escrito em 1660, Corneille se explica assim a esse respeito: "A desculpa que se poderia dar (…) é que não há ligação entre as cenas e, por conseguinte, não há continuidade de ação. Assim, poder-se-ia dizer que essas cenas soltas, que são postas uma depois da outra, não se seguem imediatamente e que passa um tempo notável entre o fim de uma e o começo da outra, o que não acontece quando elas são interligadas, interligação essa que faz que uma comece necessariamente no mesmo instante em que a outra termina."

Corneille sabe muito bem que o prazer teatral, se passa pela satisfação da verossimilhança, ativa primeiramente a imaginação do espectador. É melhor, portanto, para ele, não especificar a duração da ação e manter uma vagueza propícia à ilusão. "Sobretudo, eu gostaria de deixar essa duração por conta da imaginação dos ouvintes", escreve ele no *Discurso sobre as três unidades*, "e nunca determinar o tempo que ela carrega consigo, se o tema não exigir, principalmente quando a verossimilhança é um pouco forçada, como no *Cid*, porque então isso só serve para avisá-los dessa precipitação. Mesmo que nada seja violentado num poema pela necessidade de obedecer a essa regra, que necessidade há de observar quando da abertura do teatro que o sol nasce, que é meio-dia no terceiro ato e que o sol se põe no fim do último ato? É uma afetação que só importuna; basta estabelecer a possibilidade da coisa no tempo em que é encerrada, e que se possa encontrá-lo facilmente, se assim se quiser, sem se aplicar involuntariamente o espírito em fazê-lo. Nas ações que não duram mais do que a representação, seria de mau gosto assinalar de ato em ato que passou meia hora entre um e outro."

5.2. A unidade de lugar

A unidade de lugar é uma criação do Classicismo, como nota Corneille, que escreve: "Quanto à unidade de lugar, não encontro nenhuma prescrição dela nem em Aristóteles nem em Horácio." Ele constata que, para um grande número de seus contemporâneos, ela deriva da unidade de tempo. "É o que às vezes leva a crer que a regra se estabeleceu em consequência da unidade de dia", acrescenta. As duas regras nasceram da mesma preocupação em assegurar a verossimilhança da representação.

Para os nossos clássicos, a cena não pode se apresentar como um espaço de convenção abstrato, que se modifica em função das necessidades da ação ante os olhos do espectador, à maneira barroca, porque não há ilusão possível nesse caso. D'Aubignac critica Théophile de Viau, que, em *Les Amours tragiques de Pyrame et Thisbé* [*Os amores trágicos de Píramo e Tisbe*], de 1621, usa um artifício cênico que ele acha grosseiro. Uma parede, que aparece e desaparece com os dois amantes, serve para delimitar seus respectivos quartos e figurar o espaço que os separa. Quando a parede é retirada, indica que a cena é transportada para outro lugar, de modo que outros personagens, que não compartilham os mesmos lugares, possam dialogar por sua vez. Tal procedimento choca o gosto clássico, por sua inverossimilhança. "Pode-se julgar com isso quanto foi ridícula na *Tisbe* de Théophile uma parede avançada no teatro, através da qual ela e Píramo se falavam, e que desaparecia quando eles se retiravam para que os outros atores pudessem se ver: porque, à parte os fatos de que os dois espaços que estavam aquém e além dessa falsa parede representavam os quartos de Tisbe e de Píramo, e de que era contrário a qualquer aparência de razão que nesse mesmo lugar o rei viesse falar com seus confidentes, e mais ainda que uma leoa aí viesse amedrontar Tisbe, eu perguntaria por qual meio, supostamente na verdade da ação, essa muralha se tornava visível e invisível? Por qual encantamento ela impedia esses dois amantes de se ver e não impedia os outros? Ou ainda por qual poder extraordinário ela ora estava presente, ora deixava de estar?" (livro II, cap. 6, "Da unidade de lugar").

A "unidade de cidade", adotada com frequência pelos barrocos e pelo próprio Corneille no começo, também é rejeitada pelo Classicismo, por tampouco permitir a verossimilhança da representação. As lacônicas indicações inaugurais que Corneille dá na maioria das suas comédias de juventude, do tipo "a cena é em Paris", não significam que ele respeite a unidade de lugar, com a qual não se preocupa na época. A única coisa que lhe repugna, em nome da verossimilhança, é a solução que consiste em transportar o espectador de uma cidade a outra. "Esse senso comum, que era toda a minha regra, tinha me dado aversão bastante a esse horrível desregramento que punha Paris, Roma e Constantinopla no mesmo teatro, para reduzir o meu a uma só cidade", escreve no *Exame* de *Mélite*. Acrescenta que se supõe que os personagens da sua peça "residam em bairros tão distantes um do outro que seria possível não se conhecerem". Apesar desse distanciamento que o espectador deve supor, coexistem em torno de uma praça ou dos dois lados de uma rua as casas de todos os protagonistas: a de Mélite, a de Cliton e a de Tircis e Cloris. O cenário de *La Galerie du Palais* [*A galeria do Palácio*] (1632) justapõe dois lugares situados em diferentes bairros de Paris, a galeria do Palácio de Justiça, passeio com arcadas onde lojas luxuosas atraem as elegantes, e uma rua do Marais, bairro na moda. Em *Medeia*, onde "a cena é em Corinto", três lugares coexistem: a gruta de Medeia, o cárcere de Egeu, a praça pública. A única unidade a que Corneille se submete então, como ele próprio precisa na "Nota ao leitor", que precede *A viúva* (1631), é a unidade de cidade: "Quanto à unidade de lugar, eu a interpreto à minha moda: ora eu a reduzo apenas ao tamanho do teatro, ora eu a estendo a toda uma cidade, como nesta peça." Corneille procede outra vez da mesma maneira no *Cid*, representado no Marais em 1637. Ele se explicará a esse respeito em 1660, no *Discurso sobre as três unidades*, publicado no início do tomo III das suas *Obras*: "*Le Cid* multiplica ainda mais os lugares particulares sem sair de Sevilha; o teatro, desde o primeiro ato, é a casa de Jimena, os aposentos da Infanta no palácio do rei e a praça pública; o segundo ato acrescenta a câmara do rei; e, sem dúvida, há algum excesso nessa licença." Somente com *Horácio*, em 1640, é que Corneille adota pela primeira vez a unidade de lugar, regra à qual, como ele mesmo confessa, nunca se submeterá tão rigorosamente, salvo em *Polyeucte* [*Polieucto*] e em *Pompée* [*Pompeu*]. Ele próprio frisa, no *Discurso sobre as três unidades*, a irregularidade de *Cina*, peça escrita no mesmo ano de *Horácio*, "na qual tudo acontece, geralmente, em Roma, em particular metade no gabinete de Augusto e metade em casa de Emília".

Somente o lugar possibilita a "ilusão de presença". O espaço oferecido aos olhares do espectador não deve variar, pois este não se locomove. "Para não incomodar os espectadores", escreve Corneille, "eu desejaria (...) que o que lhe mostram num teatro que não muda pudesse parar num quarto ou numa sala, conforme a escolha feita; mas muitas vezes é tão complicado, para não dizer impossível, que é necessário encontrar alguma ampliação para o lugar." Trata-se portanto de encontrar um espaço intermediário suficientemente neutro para que os encontros dos diferentes protagonistas sejam plausíveis. É assim que se impõe a praça da cidade ou a grande sala de uma casa burguesa, no caso da comédia, o "palácio à vontade", no caso da tragédia, conforme a expressão de Mahelot[31]. Corneille assim descreve esse lugar único no *Discurso sobre as três unidades*: "Os jurisconsultos admitem ficções de direito; e eu gostaria, seguindo o exemplo deles, de introduzir ficções de teatro, para estabelecer um lugar teatral que não seria nem os aposentos de Cleópatra, nem o de Rodoguna na peça desse título, nem o de Phocas, Léontine ou Pulchérie, em *Héraclius* [*Heráclio*]; mas uma sala para a qual se abrem esses diversos aposentos, a que eu atribuiria dois privilégios: um, o de que cada um dos que falassem nela falariam supostamente com o mesmo segredo que se estivesse em seu quarto; o outro, que enquanto na ordem comum faz parte do decoro dos que ocupam o teatro irem encontrar os que estão em seu gabinete para falar com eles, estes possam vir encontrá-los no teatro, sem chocar esse decoro, a fim de conservar a unidade de lugar e a ligação das cenas." É a solução que Corneille adota em *Polieucto*. A ação transcorre numa antecâmara comum aos aposentos de Félix e da sua filha, procedimento que torna verossímil tanto os encontros amorosos entre Paulina e Polieucto e entre Paulina e Severo, quanto as conversas políticas de Félix e Severo. Racine concebe o espaço de maneira análoga em *Berenice*. "A cena é em Roma", ele anota, "num gabinete que fica entre os aposentos de Tito e os de Berenice." Esse gabinete é o ponto de encontro entre os dois espaços dramatúrgicos conflituais: o espaço público, o da corte, onde Tito representa Roma e onde age em nome da razão de Estado; o espaço privado, onde Tito vem ver Berenice.

---

31. A maioria dos documentos relativos à encenação no século XVII provém do *Mémoire de Laurent Mahelot* e de outros cenógrafos do Hôtel de Bourgogne. Esse caderno de direção de cena, realizado de 1633 a 1688, compreende ilustrações acerca de certos cenários, notas descrevendo compartimentos necessários à ação, uma lista dos acessórios e dos figurinos utilizados em certas peças representadas no Hôtel de Bourgogne, depois, a partir da sua fundação em 1680, na Comédie-Française. A parte referente a Mahelot, primeiro cenógrafo do Hôtel de Bourgogne, teria sido redigida em 1633-1634.

Existe um meio para atenuar essa regra, às vezes incômoda para o autor dramático. O abade d'Aubignac, que é no entanto um dos mais intratáveis defensores da unidade de lugar, considera que as duas partes da cena – o proscênio, de um lado, e o fundo e as laterais, de outro – não estão submetidas às mesmas imposições. O proscênio deve imperativamente representar o mesmo lugar por toda a duração do espetáculo. "Mas convém lembrar que esse lugar, que deve sempre ser um e não deve mudar, é entendido como a área, chão ou assoalho do teatro, que os antigos chamam de *proscenium* ou *avant-scène*, isto é, o espaço em que os atores aparecem, andam e discorrem; porque, como ele representa o terreno ou lugar firme em que os personagens representados estavam ou andavam, e pois que a terra não se move como um torniquete, a partir do momento em que se escolhe um terreno para iniciar uma ação de representação, deve-se supô-lo imóvel em todo o resto do poema, como de fato é" (livro II, cap. 6, "Da unidade de lugar"). Em compensação, um segundo plano pode se abrir pelo escamoteamento de um telão pintado no fundo da cena ou nas laterais. Aparece um novo lugar, que até então estava oculto aos olhares. D'Aubignac toma o exemplo do cenário trágico tradicional: a fachada de um templo ou de um palácio. Se esse palácio pega fogo no fim de um ato, o espectador vê, no ato seguinte, o mar situado atrás do palácio. Nasce assim, com o Classicismo, o desejo de fazer do espaço cênico e dos espaços dramatúrgicos que o prolongam um reflexo do espaço referencial. Uma topologia realista dos lugares que se supõem contíguos à cena, ignorada nas dramaturgias anteriores, começa timidamente a se constituir e se tornará mais complexo a partir do drama burguês.

A unidade de lugar gera, do mesmo modo que a unidade de tempo, certo número de dificuldades para o autor dramático, que deve motivar a vinda dos diversos personagens sem pôr em risco a verossimilhança da ação. De fato, num cenário único, as motivações que levam determinado personagem à cena devem ser esclarecidas. "Se possível", escreve Corneille no *Discurso sobre as três unidades*, "devem ser dadas razões para a entrada e saída de cada ator. Principalmente para a saída, considero essa regra indispensável, e não há nada tão de mau gosto quanto um ator que se retira do teatro apenas porque não tem mais versos a dizer." Por isso, o Classicismo está na origem das ligações de cena, inexistentes nas dramaturgias anteriores. Corneille distingue três tipos: a ligação de vista, a ligação de presença, a ligação de ruído. Define do seguinte modo, no *Exame* de *La Suivante* [*A dama de companhia*], a ligação de vista: "Considero que uma ligação é suficiente quando o ator que entra no teatro vê o que sai, ou o que sai vê o que entra, seja por procurá-lo, seja por fugir dele, seja por simplesmente vê-lo sem estar interessado em procurá-lo nem em fugir dele." Ele prefere a ligação de presença e de discurso, "que se faz quando um ator não sai do teatro sem nele deixar um outro com quem tenha falado". Quanto à ligação de ruído, desaconselha seu uso: "ela não me parece suportável, se não houver ocasiões muito precisas e importantes que obriguem um ator a sair do teatro quando ouve um ruído. Porque ir simplesmente por curiosidade, para saber o que significa esse ruído, é uma ligação tão frágil, que não aconselharei ninguém a utilizá-la." A cena clássica nunca deve permanecer vazia.

Ao contrário de Corneille, Racine só muito raramente fala da composição das suas peças, salvo quando de sua estreia na cena, quando no *Prefácio* de *Alexandre*, para calar seus adversários, põe em relevo o fato de que sua tragédia é bem constituída, pois que nessa peça as cenas são ligadas e a vinda de cada personagem é cuidadosamente motivada.

"Mas de que se queixam eles (seus detratores), se todas as minhas cenas são bem preenchidas, se elas são ligadas necessariamente umas às outras, se todos os meus atores não vêm ao teatro sem que se saiba a razão que os faz vir e se, com poucos incidentes e pouca matéria, fui bastante feliz para fazer uma peça que talvez os tenha prendido, sem que quisessem, desde o começo até o fim?" Racine não retornará mais, posteriormente, sobre esse gênero de consideração, julgando sem dúvida que Corneille teorizou o suficiente a esse respeito antes dele.

É particularmente difícil, num cenário de interior, motivar todas as idas e vindas, muitas vezes inverossímeis. O abade d'Aubignac não deixa de criticar Corneille sobre esse ponto. "Não posso aprovar que na sala de um palácio, onde aparentemente sempre há gente que vai e vem, se faça uma longa narração de aventuras secretas e que não poderiam ser descobertas sem grande perigo, do que resulta que nunca pude conceber direito como o senhor Corneille pode fazer que num mesmo lugar Cina conte a Emília toda a ordem e todas as circunstâncias de uma grande conspiração contra Augusto, e que Augusto realize aí uma reunião confidencial com seus dois favoritos; porque se é um lugar público, como parece, já que Augusto manda retirar os outros cortesãos, que verossimilhança tem que Cina venha visitar aí Emília, com uma conversa de 130 versos e um relato de coisas tão perigosas, que podiam ser ouvidas pela gente da corte que passasse naquele lugar? E se é um lugar particular, por exemplo, o gabinete do imperador, que manda retirar os que ele não quer que participem do seu segredo, como pode ser verossímil que Cina tenha vindo fazer esse discurso a Emília? E menos ainda que Emília faça queixas irritadas contra o imperador? Eis minha dificuldade, que o senhor Corneille resolverá quando bem lhe convier."

É mais fácil justificar as entradas e saídas adotando um cenário de exterior, como Corneille observa no *Exame* de *A galeria do palácio*, mas, em contrapartida, as cenas íntimas correm o risco de parecer pouco verossímeis. "É verdade que o que elas dizem seria melhor ser dito num quarto, ou numa sala, e inclusive é apenas para se fazer ver aos espectadores que elas saem de detrás dessa porta onde deveriam estar ocultas e vêm falar no meio da cena; mas é um acomodamento de teatro que há que tolerar para encontrar essa rigorosa unidade de lugar que os grandes regristas requerem. Sai um pouco da exata verossimilhança e do próprio decoro, mas é quase impossível fazê-lo de outro modo. E os espectadores estão tão acostumados, que não veem nisso nada que os incomode. Os antigos, em cujos exemplos foram formadas as regras, se davam essa liberdade; eles escolhiam como lugar das suas comédias, e até das suas tragédias, uma praça pública; mas eu tenho certeza de que, examinando-as bem, mais da metade do que fazem dizer seria mais bem dito na casa do que nessa praça."

Para bem frisar as dificuldades inerentes ao lugar, Corneille imagina qual teria sido a solução adotada por um romancista para narrar a ação de *Horácio*, que ele teve de situar na casa do velho Horácio. "*Horácio* pode dar alguns exemplos disso", escreve ele no *Discurso sobre a tragédia*. "Nele, a unidade de lugar é exata, tudo acontece numa sala. Mas se alguém escrevesse um romance com as mesmas particularidades, de cena em cena, que empreguei, faria tudo transcorrer nessa sala? No fim do primeiro ato, Curiácio e Camila, sua amante, vão se juntar ao resto da família, que deve estar num outro aposento; entre os dois atos, recebem a notícia da eleição dos três Horácios. Na abertura do segundo ato, Curiácio aparece nessa mesma sala para cumprimentá-lo. No romance, ele teria se congratulado no mesmo lugar em que recebe a notícia, em presença de toda a família, não sendo verossímil que os dois se afastassem para essa comemoração, mas no teatro isso é necessário, a não ser que se fizesse os três Horácios, o pai e a irmã deles, Curiácio e Sabina aparecerem todos ao mesmo tempo para manifestar seus sentimentos. O romance, que não mostra nada, teria resolvido facilmente o problema, mas na cena foi necessário separá-los, para pôr alguma ordem e pegar um depois do outro, a começar por esses dois, que fui forçado a trazer sem verossimilhança a essa sala."

No caso de a verossimilhança da ação ser posta em risco pelo lugar único, Corneille sugere uma solução de compromisso entre a "unidade de cidade" barroca e a unidade de lugar imposta pelo Classicismo. Se ele admite, com os doutos, que o lugar não deve mudar durante o ato, pensa porém que pode variar de um ato a outro. Ele aconselha o autor a situar a ação na mesma cidade, sem designar um lugar preciso, para que o mesmo cenário possa ser conservado durante toda a peça e para que o espectador não seja sensível à mudança. "Isso ajudaria a enganar o ouvinte, que, não vendo nada que assinalasse a diversidade dos lugares, não a perceberia, a não ser que fizesse uma reflexão maliciosa e crítica, de que poucos são capazes, apegando-se a maioria ardorosamente à ação que veem representar."

É a Diderot que caberá forjar, um século mais tarde, o conceito de "quarta parede", mas já aparece com o Classicismo o princípio dramatúrgico que o embasa, a saber, a autonomia da ação cênica que resulta do imperativo da verossimilhança. O texto e a ação cênica devem concorrer para assegurar essa autonomia, de modo que o telespectador tenha a ilusão de assistir a uma ação real. Assim, d'Aubignac precisa que o poeta dramático deve fazer "como se não houvesse espectadores, isto é, todos os personagens devem agir e falar como se fossem de fato rei, e não como sendo Bellerose ou Mondory (atores célebres), como se estivessem no palácio de Horácio em Roma, e não no Hôtel de Bourgogne em Paris; e como se ninguém os visse e os ouvisse, salvo os que estão no teatro agindo e como que no lugar representado. O que deve ser observado a tal ponto, que tudo o que parece destinado aos espectadores é vicioso". A cena à italiana, dispositivo cênico que começa a ser usado em Paris desde os anos 1640[32], propicia essa autonomia da representação. Com alguns graus de elevação em relação aos espectadores da plateia, o palco é delimitado por uma moldura arquitetônica ornada de colunas. Essa moldura cênica abre uma janela para um local fictício momentaneamente tido como real.

---

32. Foi Richelieu que introduziu na França a cena à italiana, ao encarregar o arquiteto Lemercier da construção de uma sala de espetáculos no Palais Cardinal, que, depois da sua morte, passará a ser chamado de Palais-Royal.

Figura 2 Disposição típica da cena à italiana,
segundo um desenho de Sabbattini (1638)

Para Chapelain, como para a maioria dos teóricos do Classicismo, o sucesso da catarse está subordinado a esse respeito à verossimilhança, cuja importância podemos assim aquilatar. A catarse só pode se dar se a ação representada for crível para o espectador. "A fé é de absoluta necessidade em poesia", escreve no *Prefácio de Adônis* em 1620. (...) "Onde falta a credibilidade, também faltam a atenção ou a afeição; mas onde não há afeição, não pode haver emoção e, por conseguinte, purgação, ou emenda dos costumes dos homens, que é o objetivo da poesia." Volta ao tema de maneira igualmente peremptória na *Carta sobre a regra das vinte e quatro horas*: "Também estabeleço como fundamento que a imitação em todos os poemas deve ser tão perfeita que não apareça nenhuma diferença entre a coisa imitada e a que imita, porque o principal efeito desta consiste em propor os objetos ao espírito como verdadeiros e como presentes, para purgá-lo das suas paixões desregradas."

6. A ESTÉTICA DA PUREZA

A separação estabelecida entre a comédia e a tragédia é tão rigorosa na época clássica quanto na Antiguidade. A influência de Aristóteles, a redescoberta, já no início da Renascença, das tragédias de Sêneca introduzem na Itália e na França a separação dos gêneros cômicos e trágicos, desconhecida em outros lugares. A *comedia* espanhola e o teatro elisabetano justapõem os procedimentos da composição de Sêneca e a mistura de tons herdada do teatro medieval. A recusa da contaminação dos gêneros é exclusivamente francesa. Explica-se assim o descrédito que os teóricos franceses farão pesar por muito tempo sobre esses teatros estrangeiros, persuadidos de que só há uma estética possível, a estética clássica da pureza.

6.1. Definição tradicional dos gêneros dramáticos

Os teóricos do Classicismo retomam, no século XVII, a oposição estabelecida por Aristóteles entre a tragédia e a comédia, em termos quase idênticos. Assim, Mairet, no *Préface en forme de discours poéthique* [*Prefácio em forma de discurso poético*] que antecede *Silvanire*, as diferencia principalmente pelo tema e pela condição dos personagens, representando a tragédia o infortúnio dos grandes, e a comédia, a vida cotidiana de homens pertencentes à humanidade média. Enquanto o desenlace da primeira é funesto, o da segunda é alegre. Por isso, o efeito produzido no público é de natureza bem diversa, uma mergulhando-o na tristeza, a outra, graças ao riso, dando a ele gosto pela vida. A tragédia retoma um tema conhecido, tomado da mitologia ou da história, enquanto a comédia inventa uma nova situação nos limites do verossímil. Os dois gêneros se diferenciam igualmente pelo estilo, nobre ou simples e medíocre. "Tragédia outra coisa não é que a representação de uma aventura heroica, na miséria", escreve Mairet. "(...) A comédia é uma representação de uma fortuna privada sem nenhum risco de vida. (...) A tragédia é como que o espelho da fragilidade das coisas humanas, tanto mais que esses mesmos reis e esses mesmos príncipes que vemos, no começo, tão gloriosos e tão triunfantes servem, no fim, de lamentáveis provas das insolências da fortuna. A comédia, ao contrário, é um certo jogo que nos figura a vida de pessoas de casamento medíocre e que mostra aos pais e aos filhos da família a maneira de viver bem entre si; e o começo dela normalmente não deve ser alegre, enquanto o fim, ao contrário, nunca deve ser triste. O tema da tragédia deve ser um tema conhecido e, por conseguinte, baseado na história, se bem que às vezes se possa inserir nele algo fabuloso. O tema da comédia deve ser composto de uma matéria totalmente simulada, e no entanto verossímil. A tragédia descreve em estilo nobre as ações e as paixões das pessoas nobres, ao passo que a comédia só fala dos medíocres em estilo simples e medíocre. A tragédia em seu início é gloriosa e mostra a magnificência dos grandes; no fim, é lamentável, por mostrar reis e príncipes reduzidos ao desespero. A comédia é hesitante no início, turbulenta no meio, porque é aí que se realizam todas as trapaças e intrigas, e alegre no desenlace. De maneira que o começo da tragédia é sempre alegre, e o fim é sempre triste; totalmente ao contrário da comédia, cujo começo costuma ser triste, por ser ambíguo, mas cujo fim é infalivelmente belo e alegre; uma causa um desgosto pela vida, por causa dos infortúnios de que está repleta; a outra, pelo contrário, nos persuade a amá-la."

Como na Antiguidade, a tragédia na época clássica é considerada, ao menos pelos doutos, como o gênero maior, em razão da nobreza dos seus temas e dos seus personagens. "É por isso mesmo que vemos na corte da França as tragédias serem mais bem recebidas do que as comédias", escreve d'Aubignac em *A prática do teatro*, "e que entre o povinho as comédias e até as farsas e péssimas bufonarias dos nossos teatros são consideradas mais divertidas do que as tragédias. Neste reino, as pessoas, seja de nascimento ou criadas entre os grandes, só se entretêm com sentimentos generosos e só se deixam atrair por desígnios elevados, seja pelos movimentos da virtude, seja pelos arroubos da ambição; de sorte que sua vida está muito relacionada com as representações do teatro trágico. Mas o populacho, criado na lama e entretido com sentimentos e discursos desonestos se acha fortemente disposto a aceitar como boas as más bufonarias das nossas farsas, e sempre sente prazer em ver nelas as imagens do que está acostumado a dizer e fazer" (livro II, cap. 1, "Do tema").

Tal juízo, que faz da tragédia um gênero de corte, da farsa um gênero popular, deve ser nuançado. Se, efetivamente, a tragédia se dirige sobretudo a um público letrado, a farsa, de seu lado, seduz às vezes também o público aristocrático. As primeiras peças de Molière, resolutamente farsescas, é que lhe asseguraram a proteção de Luís XIV, que muitas vezes se entediava com a tragédia, mas apreciava muito esse tipo de espetáculo. Só depois da morte de Molière é que a farsa caiu em descrédito junto ao público letrado. Daí em diante, ela só é representada nos teatros de feira. Boileau, na *Arte poética*, de 1674, condena sem apelo esse gênero grosseiro, que só prestava, a seu ver, para divertir o povo.

> J'aime sur le théâtre un agréable auteur
> Qui, sans se diffamer aux yeux du spectateur,
> Plaît par la raison seule, et jamais ne la choque.
> Mais pour un faux plaisant, à grossière équivoque,
> Qui, pour me divertir, n'a que la saleté,
> Qu'il s'en aille, s'il veut, sur deux tréteaux montés,
> Amusant le Pont Neuf de ses sornettes fades,
> Aux laquais assemblés jouer ses mascarades.

> [Aprecio no teatro um agradável autor
> Que, sem se difamar aos olhos do espectador,
> Agrada somente pela razão e nunca a choca.
> Mas o falso engraçado, grosseiramente equívoco,
> Que para me distrair só tenha imundices,
> Pode ir, se quiser, em cima de dois cavaletes,
> Montar suas mascaradas no Pont Neuf,
> Divertindo os lacaios com suas patacoadas insípidas.]

Ele critica Molière, notadamente sobre *As artimanhas de Scapino*, por ter desacreditado sua arte consagrando-se à farsa. Ele queria que Molière, de quem é amigo, fosse o Terêncio francês, único modelo cômico que admite. Ora, é de Plauto, que Boileau ignora em seu desdém, que Molière se sente muito mais próximo, a ponto de às vezes tomar emprestados seus temas.

> C'est par là que Molière, illustrant ses écrits,
> Peut-être de son art eût remporté le prix,
> Si, moins ami du peuple en ses doctes peintures,
> Il n'eût point fait souvent grimacer ses figures,
> Quitté pour le bouffon l'agréable et le fin,
> Et sans honte à Térence allié Tabarin.
> Dans ce sac ridicule où Scapin s'enveloppe,
> Je ne reconnais plus l'auteur du *Misanthrope*.

[É assim que Molière, ilustrando seus escritos,
Talvez ganhasse o prêmio por sua arte,
Se, menos amigo do povo em suas doutas pinturas,
Não fizesse tantas vezes seus personagens caretear,
Trocasse pelo bufo o agradável e o fino,
E, sem se envergonhar, a Terêncio aliasse Tabarin*.
Nesse saco ridículo em que Scapino se enrola,
Não reconheço mais o autor do *Misantropo*.] (*Arte poética*)

6.2. Formas novas

Corneille parece, à primeira vista, se conformar à definição tradicional da tragédia e da comédia, que os teóricos do Classicismo fazem sua. "Assim, a comédia se diferencia da tragédia por esta pedir como tema uma ação ilustre, extraordinária, séria", escreve ele em *Discurso sobre o poema dramático*. "Aquela se detém numa ação corriqueira e jovial, esta requer grandes perigos para seus heróis; aquela se contenta com a inquietação e os desprazeres daqueles a quem põe em primeiro plano entre seus atores." Mas é só em aparência que ele adota a distinção tradicional entre os dois gêneros, herdada de Aristóteles. Ela não pode mais, na sua opinião, ser feita com pertinência no século XVII de acordo com o nível dos personagens, como ocorria na Antiguidade. Somente a ação, e não a condição dos personagens, é que, a seu ver, determina a natureza da peça. "É somente pela consideração das ações, sem nenhuma deferência aos personagens, que se deve determinar de que espécie é um poema dramático", ele escreve na *Épître dédicatoire* de *Don Sanche d'Aragon* [*Epístola dedicatória* de *Dom Sancho de Aragão*], em 1650. No *Discurso sobre o poema dramático*, contestando a definição aristotélica, ele declara, dez anos depois: "Essa definição tinha a ver com o uso do seu tempo, quando só se dava voz na comédia a pessoas de uma condição muito medíocre, mas ela não tem mais inteira justeza no nosso, em que os próprios reis podem aparecer nela, em que as ações deles não estão acima dela. Quando se põe em cena uma simples intriga de amor entre reis e eles não correm nenhum risco, nem de sua vida nem de seu Estado, não creio que, apesar de as pessoas serem ilustres, a ação o seja suficientemente para se elevar até a tragédia. Sua dignidade requer algum grande interesse de Estado ou alguma paixão mais nobre e mais máscula do que o amor, como são a ambição ou a vingança, e faz temer desgraças maiores do que a perda de uma amante. É apropriado introduzir nela o amor, porque ele sempre tem muito encanto e pode servir de fundamento a esses interesses e a essas outras paixões de que falo; mas ele tem de se contentar com o segundo plano no poema, e deixar a esses e essas o primeiro."

Por isso Corneille criou, em 1650, com *Dom Sancho de Aragão*, um novo gênero, a "comédia heroica"[33]. Como ele explica na *Epístola dedicatória* dessa

---

* Tabarin: célebre comediante popular do século XVII. (N. do T.)
33. Notemos que é raro, no teatro francês, que personagens reais, míticos ou heroicos apareçam na comédia. *La Place royale* [*A Place Royale*] de Corneille, *Anfitrião* de Molière, *O triunfo do amor* de Marivaux fazem parte das raras comédias aristocráticas do teatro francês. Em *O triunfo do amor*, os dois protagonistas principais, Agis, herdeiro legítimo afastado do trono, e a princesa Léonide de Esparta são de sangue real.

peça, "eis um poema de uma nova espécie, que não tem exemplo entre os antigos (...). É uma comédia, embora os atores sejam reis ou grandes de Espanha, pois não se vê aparecer nela nenhum perigo, pelo qual possamos ser levados à piedade ou ao medo." Ele próprio confessa ter hesitado muito ao escolher um nome para esse novo gênero, que não é uma tragédia, apesar da posição dos personagens. Critica o "bom Plauto", que faz do seu *Anfitrião* uma tragédia apenas porque há deuses e reis, e uma comédia porque há lacaios que se fazem de bufões. "É condescender demais com os personagens e considerar muito pouco a ação", escreve. Contestando a pertinência de um dos critérios distintivos maiores entre a tragédia e a comédia – o nível dos personagens –, Corneille, sem ter consciência do que faz, assina a sentença de morte da tragédia política. É somente ao pôr em cena personagens que detêm o poder, sejam eles reis, príncipes, conselheiros, presidentes ou ministros, que o conflito mistura aos interesses privados o destino de todo um povo. É isso que confere uma dimensão mítica à tragédia, seja ela grega, elisabetana ou clássica.

De resto, quando, em 1660, lança um olhar retrospectivo sobre a sua obra, Corneille tem de imediato o sentimento de ter modernizado a comédia, com *Mélite*, em 1630. Não faz aparecer nenhum personagem ridículo e introduz, com base no modelo da pastoral ou da tragicomédia, personagens pertencentes à alta sociedade. Muito diferente da comédia tradicional herdada da farsa latina ou medieval, essa peça põe em cena personagens que empregam em seu discurso uma casuística amorosa refinada. Com *A galeria do Palácio*, sua terceira comédia, Corneille introduz o papel da confidente, que passa a substituir o da babá, herdada do teatro latino e considerada agora prosaica demais. "Não se tinha visto até então a comédia fazer rir sem personagens ridículos, como os lacaios bufões, os parasitas, os capitães, os doutores, etc. Ela produzia seu efeito pelo humor jovial de pessoas de uma posição acima das que se veem nas comédias de Plauto e de Terêncio, que eram apenas comerciantes", declara no *Exame* de *Mélite* em 1660. Separando a comédia da farsa desde 1630, Corneille prepara o caminho para a comédia refinada do século XVIII, de que Boileau se faz defensor, em 1674, em sua *Arte poética*, na qual preconiza um cômico contido.

> Le comique, ennemi des soupirs et des pleurs,
> N'admet point en ses vers de tragiques douleurs;
> Mais son emploi n'est pas d'aller, dans une place,
> De mots sales et bas charmer la populace.
> Il faut que ses acteurs badinent noblement;
> Que son noeud bien formé se dénoue aisément;
> Que l'action, marchant où la raison la guide,
> Ne se perde jamais dans une scène vide;
> Que son style humble et doux se relève à propos;
> Que ses discours, partout fertiles en bons mots,
> Soient pleins de passions finement maniées,
> Et les scènes toujours l'une à l'autre liées.
> Aux dépens du bon sens gardez de plaisanter:
> Jamais de la nature il ne faut s'écarter.

Contemplez de quel air un père dans Térence
Vient d'un fils amoureux gourmander l'imprudence;
De quel air cet amant écoute ses leçons,
Et court chez sa maîtresse oublier ces chansons.
Ce n'est pas un portrait, une image semblable;
C'est un amant, un fils, un père véritable.

[O cômico, inimigo dos suspiros e das lágrimas,
Não admite em seus versos as dores trágicas;
Mas seu uso não é ir a uma praça
Com palavras sujas e baixas encantar o populacho.
Seus atores têm de gracejar nobremente;
Que seu nó bem formado se desenlace facilmente;
Que a ação, indo para onde a razão a guia,
Não se perca jamais numa cena vazia;
Que seu estilo humilde e doce se apimente propriamente;
Que seus discursos, sempre férteis em anedotas,
Sejam repletos de paixões finamente manejadas,
E as cenas sempre uma à outra ligadas.
À custa do bom senso evitai fazer troças:
Jamais da natureza há que se afastar.
Contemplai com que ar um pai em Terêncio
Vem de um filho amoroso repreender a imprudência;
Com que ar esse amante escuta suas lições,
E corre para junto da amante esquecer essas cantilenas.
Não é um retrato, uma imagem semelhante;
É um amante, um filho, um pai verdadeiro.]

É a Molière que caberá efetuar uma reviravolta decisiva na relação hierárquica estabelecida na Antiguidade entre a tragédia e a comédia. Em *A crítica da Escola de Mulheres*, Dorante, que, assim como Uranie, assume a defesa da peça contra um de seus detratores, Lysidas – autor em que Donneau de Visé teria se reconhecido –, contesta o ponto de vista do seu interlocutor que dá muito mais importância à tragédia que à comédia.

Dorante – Vous croyez donc, Monsieur Lysidas, que tout l'esprit et toute la beauté sont dans les poèmes sérieux, et que les pièces comiques sont des niaiseries qui ne méritent aucune louange?
Uranie – Ce n'est pas mon sentiment, pour moi. La tragédie, sans doute, est quelque chose de beau quand elle est bien touchée; mais la comédie a ses charmes, et je tiens que l'une n'est pas moins difficile à faire que l'autre.
Dorante – Assurément, Madame; et quand, pour la difficulté, vous mettriez un *plus* du côté de la comédie, peut-être que vous ne vous abuseriez pas.

[Dorante – Com que então o senhor acredita, Lysidas, que todo o espírito e toda a beleza estão nos poemas sérios e que as peças cômicas são tolices que não merecem nenhum louvor?

> Uranie – Quanto a mim, não é meu sentimento. A tragédia sem dúvida é uma coisa bela quando é bem composta; mas a comédia tem seus encantos, e considero que uma não é menos difícil de fazer que a outra.
> Dorante – Certamente, senhora; e se, no que concerne à dificuldade, a senhora acrescentasse um *plus* a favor da comédia, talvez não se enganasse.]

Em *A crítica da Escola de Mulheres*, Molière, furioso por ser rebaixado por alguns dos seus detratores ao nível de farsista vulgar, persegue um inegável objetivo polêmico, mas age também como teórico, dando uma poética à comédia, que obtém pela primeira vez seu título de nobreza. Mostrando, através das palavras ditas aqui por Dorante, a superioridade da comédia sobre a tragédia, Molière anuncia o triunfo da comédia no século XVIII. Ele salienta o fato de que a comédia é um gênero exigente. É importante que o quadro de costumes que ela oferece ao espectador seja verossímil. O autor cômico, assim como o etnólogo, deve ser um observador clarividente, ou mesmo um clínico apurado, capaz de desmontar as mais ínfimas engrenagens da alma humana, que arrancou suas máscaras para exibi-las. É toda a sociedade do seu tempo que Molière faz desfilar em cena. Ninguém escapa da sátira: médicos e boticários, advogados vigaristas e agiotas, professores pedantes e preciosas bitoladas, alcoviteiras, cortesãos bajuladores, libertinos e falsos devotos, etc. Essa obrigação de fidelidade ao real, da qual a tragédia escapa totalmente, essa busca do verdadeiro é uma das dificuldades maiores com que se choca o autor cômico.

> Dorante – Car enfin, je ne trouve qu'il est bien plus aisé de se guinder sur de grands sentiments, de braver envers la Fortune, accuser les Destins, et dire des injures aux Dieux, que d'entrer comme il faut dans le ridicule des hommes, et de rendre agréablement sur le théâtre des défauts de tout le monde. Lorsque vous peignez des héros, vous faites ce que vous voulez. Ce sont des portraits à plaisir, où l'on ne cherche point de ressemblance; et vous n'avez qu'à suivre les traits d'une imagination qui se donne l'essor, et qui souvent laisse le vrai pour atrapper le merveilleux. Mais lorsque vous peignez les hommes, il faut peindre d'après nature. On veut que ces portraits ressemblent; et vous n'avez rien fait, si vous n'y faites reconnaître les gens de votre siècle. En un mot, dans les pièces sérieuses, il suffit, pour n'être point blâmé, de dire des choses qui soient de bon sens et bien écrites; mais ce n'est pas assez dans les autres, il y faut plaisanter; et c'est une étrange entreprise que celle de faire rire les honnêtes gens.

> [Dorante – Porque, afinal, acho que é bem mais fácil se elevar a grandes sentimentos, afrontar a Fortuna, acusar o Destino e dizer injúrias aos Deuses, do que penetrar devidamente no ridículo dos homens e mostrar agradavelmente no palco defeitos de todo o mundo. Quando o senhor pinta heróis, faz o que quer. São retratos ao bel-prazer, onde não se busca a semelhança; e o senhor só precisa acompanhar os rasgos de uma imaginação que se dá livre curso e que muitas vezes deixa o verdadeiro para alcançar o maravilhoso. Mas quando o senhor pinta os homens, é preciso pintar conforme a natureza. As pessoas querem que esses retratos tenham verossimilhança; e o senhor não faz nada, se não consegue que se reconheçam neles as pessoas do seu tempo. Numa palavra, nas peças sérias, basta, para não ser criticado,

dizer coisas que sejam de bom senso e bem escritas; mas não basta nas outras, nelas é preciso gracejar; e é uma estranha empreitada a de fazer as pessoas de bem rir] (cena VI).

Também é esse o ponto de vista de Boileau, que, no entanto, ao contrário de Molière, tem mais apreço pela tragédia.

> Que la nature soit donc votre étude unique,
> Auteurs qui prétendez aux honneurs du comique.
> Quiconque voit bien l'homme, et d'un esprit profond,
> De tant de coeurs cachés a pénétré le fond;
> Qui sait bien ce qu c'est qu'un prodigue, un avare,
> Un honnête homme, un fat, un jaloux, un bizarre,
> Sur une scène heureuse il peut les étaler,
> Et les faire à nos yeux vivre, agir et parler.
> Présentez-en partout les images naïves;
> Que chacun y soit peint des couleurs les plus vives.
> La nature, féconde en bizarres portraits,
> Dans chaque âme est marquée à de différents traits;
> Un geste la découvre, un rien la fait paraître:
> Mais tout esprit n'a pas des yeux pour la connaître. (canto III)

> [Que a natureza seja pois vosso único estudo,
> Autores que aspirais às honrarias do cômico.
> Quem enxerga bem o homem e, com um espírito profundo,
> De tantos corações ocultos penetra o fundo;
> Quem sabe direito o que é um pródigo, um avaro,
> Um homem de bem, um tolo, um invejoso, um bizarro,
> Numa cena feliz pode exibi-los
> E fazê-los diante de nós viver, agir e falar.
> Apresentai em toda parte as imagens ingênuas deles;
> Que cada um seja pintado com as cores mais vivas.
> A natureza, fecunda em retratos bizarros,
> Em cada alma é marcada por diferentes traços;
> Um gesto a descobre, um nada a faz aparecer:
> Mas nem todo espírito tem olhos para a conhecer.]

Os gêneros são menos compartimentados na época clássica do que pode parecer à primeira vista, apesar da força da estética da pureza. Se os teóricos não concebem nenhuma contaminação possível entre a tragédia e a comédia, os autores dramáticos, em compensação, questionam as definições tradicionais da comédia e da tragédia. Corneille faz personagens da alta sociedade entrarem na comédia, e até reis na "comédia heroica", recusando o estatuto de tragédia para as peças que são povoadas por personagens de alta posição mas que não apresentam grandes perigos políticos. Quanto a Molière, ele proclama a superioridade da comédia sobre a tragédia, o que vai de encontro aos discursos dos teóricos, que continuam, durante todo o século, a tratar a tragédia como gênero maior.

7. A TRAGÉDIA IDEAL

7.1. Seu objetivo: a catarse

Corneille, em seu *Primeiro discurso* que ele intitula *Discurso sobre a tragédia e os meios de tratá-la conforme o verossímil ou o necessário*, Racine, em seus *Prefácios*, atribuem à tragédia a mesma finalidade de Aristóteles: a criação da catarse. Embasando, nas pegadas deste, as regras da tragédia numa estética da recepção, eles a definem por seus efeitos sobre o público.

Todas as considerações de Racine, mais próximo de Aristóteles do que Corneille nesse ponto sobre o qual tem o mais alto interesse, concernem à arte de criar o patético. Ele nunca aborda os problemas relativos às regras de composição da tragédia porque julga sem dúvida que não tem mais nada a acrescentar, pois Corneille tratou suficientemente da dramaturgia antes dele. Em seu exemplar pessoal da *Poética*, é na parte relativa à catarse que ele anota o maior número de reflexões. À margem da definição aristotélica que ele lê na seguinte tradução: "uma representação viva que, suscitando a piedade e o terror, purga e tempera esses tipos de paixões", ele acrescenta de próprio punho: "isto é, comovendo essas paixões, ela lhes tira o que têm de excessivo e vicioso, e as reduz a um estado moderado e conforme à razão". Racine não poupa elogios a Eurípides, a quem toma como modelo porque, escreve no prefácio de *Ifigênia*, era "extremamente trágico, isto é, tinha suscitado maravilhosamente a compaixão e o terror, que são os verdadeiros efeitos da tragédia". Sabe-se, por diversos depoimentos dos seus contemporâneos, em particular o de seu filho Louis, em suas *Mémoires sur la vie et les ouvrages de Jean Racine* [Memórias sobre a vida e as obras de Jean Racine][34], que o teatro grego sempre figurou entre suas leituras prediletas. Esse amor lhe é transmitido desde a adolescência em Port-Royal des Champs, onde tem como mestres os mais brilhantes helenistas do seu tempo. "Seu maior prazer era se enveredar nos bosques da abadia com Sófocles e Eurípides, que ele sabia quase de cor." Sua emoção em face dessas obras antigas era tão forte que ele a comunicava a todos os que o ouviam, quando declamava uma tragédia. "Ele estava em Auteuil, na casa de Boileau com o sr. Nicole e alguns outros amigos distintos", escreve o filho. "Puseram-se a falar de Sófocles, de que ele era tão grande admirador que nunca ousou adotar um de seus temas de tragédia. Tomado por esse pensamento, pega um Sófocles em grego e lê a tragédia de Édipo, traduzindo-a diretamente. Emocionou-se a tal ponto, diz o sr. de Valincour, que todos os ouvintes experimentaram os sentimentos de terror e de piedade de que essa peça está repleta. 'Eu vi', ele acrescenta, 'nossas melhores peças representadas por nossos melhores atores: nada nunca chegou perto da comoção em que esse relato me lançou; e no momento em que escrevo, ainda imagino ver Racine com o livro na mão e nós

---

34. Louis Racine (1692-1763), último filho de Racine, tinha sete anos quando da morte de seu pai. Em *Mémoires sur la vie et les ouvrages de Jean Racine*, publicado em 1747 em Lausanne e Genebra, ele utiliza testemunhos de segunda mão, em especial os de Boileau e de Valincour, que sucedeu seu pai na Academia. Essas *Mémoires* às vezes são duvidosas devido a seu caráter hagiográfico (cf. Racine, *Oeuvres complètes*, Le Seuil, 1962, *Mémoires*, pp. 17-66).

todos consternados a seu redor.' Eis sem dúvida o que leva a crer que ele tinha o projeto de compor um Édipo."

Racine sublinha, comentando-os, os momentos mais patéticos das tragédias gregas. Assim, em seu exemplar de *Electra*, anota à margem do episódio em que Orestes, com uma identidade falsa, anuncia a Electra que seu irmão tinha morrido, e depois se dá a conhecer: "Orestes vem em pessoa trazendo o vaso em que diz que suas cinzas estão encerradas. Dirige-se a Electra. É o último episódio da sua dor (dela), em que o poeta se esgotou para causar compaixão. Não há nada mais belo no teatro do que ver Electra chorar seu irmão morto na presença deste, o qual, ficando enternecido, é obrigado a se revelar." Racine constata que nas tragédias gregas há um bom número de cenas inúteis, do estrito ponto de vista da ação, que têm por único objetivo fortalecer o patético. "É assim que Sófocles costuma fazer quase sempre", escreve no primeiro prefácio de *Britânico*, em 1669. "É assim que em *Antígona* ele emprega tantos versos para representar a fúria de Hêmon e a punição de Creonte depois da morte dessa princesa, quantos eu empreguei nas imprecações de Agripina, na retirada de Júnia, na punição de Narciso e no desespero de Nero depois da morte de Britânico." Se Racine se mostra partidário da simplicidade da ação, ao contrário de Corneille, que prefere a tragédia com ação complexa, é para se conformar ao modelo antigo, particularmente apto a gerar o patético. Desse ponto de vista, Racine se mostra inteiramente satisfeito com *Berenice*, peça que, aliás, teve uma acolhida entusiasta do público, pois, nas próprias palavras de Racine, ela "foi honrada com tantas lágrimas". "Havia muito tempo que eu queria experimentar se podia fazer uma tragédia com aquela simplicidade de ação que era tão do gosto dos antigos", escreve no *Prefácio*. Essa simplicidade lhe foi criticada, e Racine a justifica baseando-a na exigência de verossimilhança: "Somente o verossímil comove na tragédia", escreve no *Prefácio*. "E que verossimilhança há quando acontece num só dia uma multidão de coisas que poderiam acontecer em várias semanas? Há quem pense que essa simplicidade é um sinal de escassa invenção. Estes não imaginam que, ao contrário, toda invenção consiste em fazer alguma coisa de nada e que todo esse grande número de incidentes sempre foi o refúgio dos poetas que não sentiam em seu gênio nem suficiente abundância nem suficiente força para prender durante cinco atos seus espectadores com uma ação simples, sustentada pela violência das paixões, pela beleza dos sentimentos e pela elegância da expressão." Foi sempre o desejo de emocionar que ditou a Racine a escolha dos seus temas. Aos contemporâneos que o criticavam por ter posto em cena, em *Britânico*, um herói jovem demais, Racine retorque, em seu *Prefácio*, que é precisamente a extrema juventude de Britânico que o torna "muito capaz de suscitar a compaixão".

Corneille também parece retomar, textualmente, as palavras de Aristóteles sobre a catarse, na *Poética*. "*Pela piedade e pelo temor, ela* (a tragédia) *purga semelhantes paixões*. São os termos de que Aristóteles se serve na sua definição e que nos ensinam duas coisas: uma, que ela suscita a piedade e o temor; a outra, que por meio destes ela purga semelhantes paixões", escreve nas primeiras palavras do *Discurso sobre a tragédia*. Citando Aristóteles, cujos termos põe em itálico, Corneille faz sem saber uma confusão, criada pelos primeiros tradutores da *Poética* na

Itália e na França e perpetrado até a segunda metade do século XVIII. Segundo Aristóteles, a tragédia purga as paixões da piedade e do temor que faz o espectador sentir. Para Corneille, porém, como para todos os teóricos desde a Renascença, a tragédia purga todas as paixões humanas – amor, ódio, inveja, ambição – que os autores dramáticos prestam a seus personagens. Vai ter de se aguardar Lessing para o erro ser corrigido. Este, em *La Dramaturgie de Hambourg* [*A dramaturgia de Hamburgo*], de 1768, estabelecerá, baseado no texto grego, que as únicas paixões que a tragédia é capaz de purgar são as que o espetáculo suscita, a saber, a piedade e o temor. Corneille, por esse erro de interpretação, acrescenta uma dimensão moral à catarse – talvez com o fim de conquistar a simpatia dos doutos e dos Padres da Igreja, hostis ao teatro –, totalmente ausente em Aristóteles. O espectador, vendo o herói sofrer por causa de uma desgraça imerecida, teme, segundo ele, que lhe aconteça uma parecida. Posto ante os estragos que a paixão causa no protagonista, ele tentará portanto dominar a paixão que, nele, poderia provocar os mesmos efeitos. "Temos piedade, diz ele (Aristóteles), dos que vemos sofrer uma desgraça que não merecem, e tememos que nos aconteça uma igual, quando vemos nossos semelhantes sofrer uma. Assim, a piedade abraça o interesse da pessoa que vemos sofrer, o temor que causa se refere ao nosso, e somente essa personagem nos dá abertura suficiente para encontrar a maneira pela qual se faz a purgação das paixões na tragédia. A piedade de uma desgraça em que vemos nossos semelhantes cair nos leva ao temor de uma desgraça parecida nos suceder; esse temor, ao desejo de evitá-la; e esse desejo, a purgar, moderar, retificar e até desarraigar de nós a paixão que submerge, ao nosso olhar, nessa desgraça as pessoas de que temos dó, por essa razão comum, mas natural e indubitável, de que para evitar o efeito é necessário suprimir a causa" (*Discurso sobre a tragédia*). Corneille, aliás, faz da pintura dos vícios e das virtudes a "segunda utilidade do poema dramático". Quanto à terceira utilidade, ela diz respeito à natureza do desenlace que deve apresentar, para satisfazer o espectador, o espetáculo do castigo dos maus e da recompensa dos bons. Sua primeira utilidade, recordemos, consiste nas "sentenças e instruções morais que se podem semear quase em toda parte", a quarta reside na catarse. Essa "terceira utilidade", específica do teatro clássico, é estranha ao teatro antigo, como constata Corneille. Os antigos não se preocupavam muito com "recompensar as boas ações e punir as más" em suas tragédias. Já seus contemporâneos terminam suas peças, no mais das vezes, pela "punição das más ações e a recompensa das boas, o que não é um preceito da arte, mas um uso que abraçamos e a que cada um sabe renunciar a seu próprio risco"[35].

Se Corneille e Racine concordam com Aristóteles quanto à definição da catarse, nem sempre o acompanham, conforme vamos ver, quanto aos meios de criá-la.

---

35. Corneille insiste sempre no fato de que não se devem confundir as regras da arte com os "usos", que são função das conveniências da época.

7.2. O acontecimento patético

A representação de cenas sangrentas já não faz parte do gosto na época clássica. Apreciadíssimo no início do século, no teatro de Hardy por exemplo, tal espetáculo parece então provir de uma concepção arcaizante e bárbara da cena. Preocupados com o decoro, certos teóricos se abrigam atrás da autoridade dos antigos para desaconselhar seu uso. No entanto, somente Horácio veda a representação de atos de violência, que Aristóteles, por sua vez, não condena. Ele se contenta com assinalar sua preferência pelas cenas em que o patético nasce "mais da escuta que da visão". Os gregos apreciavam muito, em Ésquilo, momentos como a irrupção dos cadáveres ensanguentados de Agamenon e Cassandra, de Clitemnestra e Egisto, em *Agamenon* e nas *Coéforas*, levados à cena graças ao eciclema, uma espécie de plataforma rolante. O aparecimento de Édipo, de olhos furados, no fim do *Édipo rei* de Sófocles, a peça mais apreciada de Aristóteles, lembremos, também provocava uma viva emoção. No século XVII, na França, assim que o Classicismo se impõe, tais atos só podem ocorrer fora de cena.

Na *Advertência ao leitor* que faz em *Édipo*, peça de 1659, Corneille explica que se afastou dos seus modelos, Sófocles e Sêneca, para não chocar seu público. "Essa eloquente e curiosa descrição da maneira como esse infortunado príncipe fura os olhos, e o espetáculo desses muitos olhos furados que ocupa todo o quinto ato desses incomparáveis originais, suscitaria a delicadeza das nossas damas, que compõem a mais bela parte de nossa audiência e cujo desgosto atrai facilmente a censura dos que as acompanham." Quanto a Racine, ele se desculpa, no *Prefácio* de *A tebaida*, escrita para a edição de 1676, doze anos depois da estreia da peça, por ter mostrado, no desenlace, cenas cuja visão poderia ser penosa. A catástrofe que ela apresenta talvez seja "um pouco sangrenta demais", ele escreve. "De fato, quase não há ator que não morra no fim." Para explicar esse desrespeito pelo decoro, ele alega duas razões, de natureza bem diferentes: a violência do tema, que pega emprestado das *Fenícias* de Eurípides, e sua inexperiência de autor principiante. "Mas é também *A tebaida*, isto é, o tema mais trágico da Antiguidade. (...) O leitor me permitirá lhe pedir um pouco mais de indulgência para essa peça do que para as outras que a seguem; eu era muito jovem quando a escrevi." Quando reconsidera, muitos anos depois, essa peça de juventude para lhe escrever um prefácio, sua obra está quase completa, está terminando *Fedra*. Tem atrás de si uma longa experiência da cena, que não vai tardar a deixar. Ele sabe muito bem que o patético só pode nascer do jogo da crueldade das paixões, sem que nenhum ato de violência seja perpetrado no palco. "Não é uma necessidade que haja sangue e mortos numa tragédia", escreve no *Prefácio* de *Berenice*, em 1670. "Basta que a ação seja grandiosa, que os atores sejam heroicos, que as paixões sejam estimuladas e que tudo se ressinta dessa tristeza majestosa que proporciona à tragédia todo o seu prazer." O Classicismo prefere recorrer a um patético depurado pelo discurso. Em vez de mostrar o ato de violência, mais vale narrá-lo.

É em razão dessa mesma mudança de gosto que, na época clássica, o caráter funesto do desenlace não aparece mais como uma característica pertinente da tragédia. Vossius, em sua *Poétique* [*Poética*] latina, em 1647, contesta o ponto de vista aristotélico, revisto e corrigido por Scaliger, nestes termos: "Jules Scaliger, em sua *Poétique* (1561), liv. I, cap. 6, define a tragédia como a ilustração de um ilustre destino, com desenlace infeliz, escrita num estilo sério e em verso. Não posso aprová-lo quando ele exige um desenlace infeliz. Claro, assim é na maior parte do tempo; mas não é da essência da tragédia." Claro, a morte violenta do herói que sobrevém no fim da tragédia é um topos que satisfaz a expectativa do público, como sugere Corneille em *Agésilas*.

> Ce n'est pas d'aujourd'hui que l'envie et la haine ont persécuté les Héros,
> Hercule en sert d'exemple, et l'Histoire en est pleine,
> Nous ne pouvons souffrir qu'ils meurent en repos.
>
> (*Agésilas*, III, 1, vv. 874-877)

> [Não é de hoje que a inveja e o ódio perseguem os heróis,
> Hércules é disso um exemplo, e deles a história está cheia,
> Não podemos aceitar que eles morram tranquilamente.]

Todavia tal desenlace não é mais uma condição necessária para a realização da tragédia. D'Aubignac contesta a distinção feita desde o início do século entre tragicomédia e tragédia, em função da natureza do desenlace, feliz ou infeliz. Ele sustenta que a tragédia, depois de suscitar vivíssimas emoções, pode terminar com uma alegria que as aplaque. "A tragédia representava a vida dos príncipes, cheia de inquietudes, de suspeitas, de distúrbios, de rebeliões, de guerras, de assassinatos, de paixões violentas e de grandes aventuras...

"Ora, se distinguirmos as tragédias pela catástrofe, havia duas espécies delas: umas eram funestas neste último acontecimento e acabavam com alguma desgraça sangrenta e assinalada do herói; as outras tinham o revés mais feliz e terminavam pelo contentamento dos principais personagens. E no entanto, como as tragédias tiveram com frequência catástrofes infortunadas, seja pelo encontro das histórias, seja pela complacência dos poetas para com os atenienses que não odiavam esses objetos de horror em seu teatro, como dissemos alhures, muitos imaginaram que a palavra trágico sempre significava uma aventura funesta e sangrenta; e que um poema dramático só podia ser chamado de tragédia se a catástrofe contivesse a morte ou o infortúnio dos principais personagens. Mas isso é um equívoco, sendo certo que tal termo não quer dizer nada, senão uma coisa magnífica, séria, grave e conveniente às agitações e aos grandes reveses da fortuna dos príncipes; e que uma peça de teatro tem o nome de tragédia somente em consideração aos incidentes e às pessoas cuja vida ela representa, e não por causa da catástrofe...

"Mas o que fizemos sem fundamento foi que tiramos o nome de *tragédia* das peças de teatro cuja catástrofe é feliz, ainda que o tema e as pessoas sejam trágicos, isto é, heroicos, para lhes dar o de tragicomédias" (*A prática do teatro*, livro II, cap. 10).

Corneille introduziu, desde *Cina*, em 1640, a noção de "tragédia com final feliz". O espectador, depois de tremer durante toda a peça por Augusto, que corre o risco de ser assassinado, por Cina e por Emília, que, como conspiradores, se expõem ao castigo, se compraz em assistir à reconciliação geral, graças à clemência de Augusto. Criando um novo tipo de desenlace da tragédia, Corneille privilegia uma configuração trágica que Aristóteles exclui categoricamente: a do herói que, conhecendo a identidade da sua vítima, decide matá-la, depois renuncia. Ele introduz uma distinção ausente em Aristóteles. Se não se produz uma reviravolta que obrigue o herói a renunciar a seu ato, ele considera, como Aristóteles, que essa configuração deve ser rejeitada. O caso de Hêmon, "que saca a espada contra seu pai em *Antígona* e só usa dela para matar a si mesmo" não é capaz de gerar o patético. Em compensação, se sobrevém um acontecimento que modifica a fortuna do herói, obrigando-o a renunciar a seu ato, Corneille dá a configuração como ótima. "Digamos portanto que a condenação (por Aristóteles) só deve ser entendida no caso dos que conhecem a pessoa que devem matar e desistem de fazê-lo por uma simples mudança de vontade, sem que nenhum acontecimento notável os obrigue a tal e sem nenhuma falta de poder de sua parte. Já assinalei como vicioso esse tipo de desenlace. Mas quando eles fazem, de seu lado, tudo o que podem e são impedidos de efetivá-lo por alguma força superior ou por alguma mudança de fortuna que os faz, a eles próprios, perecer, ou os reduz ao poder daqueles que eles queriam matar, não há dúvida de que isso constitui uma tragédia de um gênero talvez mais sublime que os três que Aristóteles revela e que, se não falou dele, é que não via exemplos nos teatros do seu tempo, onde não era moda salvar os bons pela perda dos maus" (*Discurso sobre a tragédia*).

É Racine que dá, com *Berenice*, a prova mais brilhante de que essa configuração, rejeitada por Aristóteles, pode ser tremendamente patética. A morte paira sobre todo o último ato, em que Tito, Berenice e Antíoco, desesperados por não poderem salvar seu amor, tomam cada qual por sua vez a decisão de se suicidar. Os três renunciam a ela na última cena, após a intervenção de Berenice, que parte, decidida a viver com sua tristeza, e suplica aos dois homens que a imitem. A catástrofe é evitada por pouco, no momento em que o patético estava no auge.

Apesar dessas diferenças maiores entre a tragédia antiga e a tragédia clássica, o Classicismo conserva um certo número de condições formuladas por Aristóteles para que o personagem seja digno de entrar na tragédia. Como vamos ver, uma distância tem de separar os espectadores. Convém igualmente que os diferentes protagonistas sejam ligados por relações de aliança e que o herói seja maculado por uma certa falibilidade.

7.3. Um personagem longe da humanidade média

A distância necessária entre o personagem e o espectador é instaurada, tanto na tragédia clássica como na Antiguidade, pela condição social dos personagens e pelo distanciamento no tempo. Corneille e Racine sempre situam a ação das suas peças na residência dos reis ou dos grandes, num passado distante. No caso de *Bajazet*, a única das suas tragédias em que ele põe em cena acontecimentos quase contemporâneos, Racine explica, em seu *Segundo prefácio*, que reintroduziu uma distância entre os espectadores e os personagens pelo distanciamento no espaço.

O drama se passa na Turquia, lugar misterioso por seu exotismo, para os espectadores do século XVII. "Na verdade, eu não aconselharia a um autor que tomasse como tema de uma tragédia uma ação tão moderna quanto essa, se ela transcorresse no país em que ele quer fazer representar sua tragédia, nem pôr em cena heróis que teriam sido conhecidos pela maioria dos espectadores. Os personagens trágicos devem ser vistos com um olhar diferente daquele com que costumamos enxergar os personagens que vimos de perto. Pode-se dizer que o respeito que se tem pelos heróis aumenta à medida que eles se distanciam de nós. O distanciamento dos países repara de certo modo a proximidade demasiado grande do tempo, porque o povo não faz muita diferença entre o que está, se ouso falar assim, a mil anos dele e o que está a mil léguas."

Corneille no entanto não está seguro da necessidade de criar essa distância entre o personagem trágico e o espectador pelo nível social. Está persuadido de que os infortúnios do homem comum nos tocariam mais do que os que advêm aos reis ou aos deuses. Scédase, pobre camponês vítima de males pavorosos na peça de Alexandre Hardy de 1624, é digno, a seu ver, de ser um herói de tragédia[36]. Se ele o exclui da cena trágica, é unicamente em nome do decoro, porque não pode admitir a representação das cenas de estupro das duas filhas de Scédase. "Além de não ser uma necessidade levar somente o infortúnio dos reis à cena, os dos outros homens teriam seu lugar no teatro se lhes sucedessem infortúnios ilustres e extraordinários o bastante para merecê-lo, e se a história se preocupasse o bastante com eles para trazê-los ao nosso conhecimento. Scédase não passava de um camponês de Leuctres, e eu não consideraria seu infortúnio indigno de ser apresentado, se a pureza da nossa cena pudesse admitir que se falasse nela da violação efetiva das suas duas filhas, depois que a ideia da prostituição não pôde ser admitida na pessoa de uma santa, que dela foi preservada" (*Discurso sobre a tragédia*). O que cria de fato para Corneille a distância necessária entre o personagem trágico e o público é o caráter excepcional do seu destino. Se Corneille se opõs a um bom número de teóricos do Classicismo sobre o problema da verossimilhança e se defendeu a "verossimilhança extraordinária", é que só ela, e não a "verossimilhança ordinária", introduz essa distância.

7.4. As relações de aliança

Para Corneille como para Racine, os personagens trágicos devem estar ligados pelas relações de aliança, tais como Aristóteles as define – aliança pelo sangue, o casamento ou a amizade –, a fim de que a intensidade do patético seja máxima. No entanto, os dois autores dramáticos não usam as relações de aliança da mesma maneira.

Corneille situa, na maior parte do tempo, o drama do herói no conflito entre os deveres, o que é prescrito pelos laços de sangue, o que é ditado pelas relações

---

36. O tema de *Scédase* é tomado de Plutarco. Dois jovens citadinos, vindos de Esparta, violentam as filhas do camponês Scédase que lhes dera hospitalidade, depois atiram o corpo das moças num poço. Corneille faz alusão aqui à sua própria tragédia, *Théodore vierge et martyre*, que tem, em 1645, um fracasso retumbante.

de amor ou de amizade. É essa a forma que o dilema reveste nele. "As oposições dos sentimentos da natureza aos arrebatamentos da paixão ou à severidade do dever formam poderosas agitações, que são recebidas pelo ouvinte com prazer, e ele tende facilmente a se condoer de um infeliz oprimido ou perseguido por uma pessoa que deveria se interessar por sua conservação e que às vezes busca a sua morte com desprazer, ou pelo menos com repugnância" (*Discurso sobre a tragédia*). Seu herói vive dolorosamente a obrigação de perpetrar um ato de violência contra um ser querido. Rodrigo, no decorrer da queixa que ele desfia nas estâncias, se espanta com a natureza excepcional da sua desgraça.

> Ô Dieu, l'étrange peine!
> En cet affront mon père est l'offensé,
> Et l'offenseur le père de Chimène!
>
> [Ó Deus, que estranha pena!
> Nesta afronta meu pai é o ofendido,
> E o ofensor, o pai de Jimena!]
>
> (*O Cid*, I, 7)

Corneille cita três tragédias de que tem motivos de se orgulhar particularmente, *O Cid*, *Horácio* e *Antíoco*. Ele atribuiu à intensidade do conflito entre as relações de aliança pelo sangue e pelo casamento o entusiasmo que essas três peças suscitaram no público. "Não haveria por que se condoer de Horácio e Curiácio se eles não fossem amigos e cunhados, nem de Rodrigo se ele fosse perseguido por outra, que não sua amante, e a desgraça de Antíoco comoveria muito menos se uma outra, que não sua mãe, lhe pedisse o sangue da sua amante ou uma outra, que não sua amante, lhe pedisse o sangue da sua mãe, ou se, depois da morte do irmão, que lhe dá motivo de temer um atentado assim contra a sua pessoa, ele tivesse de desconfiar de outras, que não sua mãe e sua amante.

"É portanto uma grande vantagem, para suscitar a comiseração, a proximidade de sangue e das ligações de amor ou de amizade entre o perseguidor e o perseguido, o que faz sofrer e o que sofre" (*Discurso sobre a tragédia*).

O surgimento de um ato de violência no seio das relações de aliança não é, porém, uma condição *sine qua non* para o nascimento do patético. Corneille constata que os antigos nem sempre se submeteram a ela, notadamente Sófocles em *Ajax* e *Philoctète* [*Filoctetes*], peças que no entanto são carregadas de patético. "Quem quiser percorrer o que nos resta de Ésquilo e de Eurípides poderá encontrar alguns exemplos a acrescentar a esses. Quando digo que essas duas condições valem apenas para as tragédias perfeitas, não pretendo dizer que aquelas em que não se encontram sejam imperfeitas: seria torná-las de uma necessidade absoluta e me contradizer. Mas por esse termo de tragédias perfeitas entendo as do gênero mais sublime e mais comovente, de sorte que as que não tenham uma dessas duas condições ou todas as duas, contanto que fora isso sejam regulares, não deixam de ser perfeitas em seu gênero, embora permaneçam num nível menos elevado e não se aproximem da beleza e do brilho das outras, se não se valem da pompa dos versos ou da magnificência do espetáculo ou de alguma outra graça que venha de outra parte que não o tema" (*Discurso sobre a tragédia*).

É raro Corneille situar o drama unicamente no nível da transgressão da aliança pelo sangue. É verdade que ele trata duas vezes – em 1635, em *Medeia*, e em 1661, em *La Toison d'or* [*O velo de ouro*] – da história de Medeia, que mata os filhos que teve com Jasão para punir o infiel; cria também *Édipo* em 1659, porque está seduzido pelo caráter extraordinário de destinos como esses. Racine, por sua vez, situa quase sempre o ato de violência no seio da relação de aliança pelo sangue, entre irmãos e entre pais e filhos, como mostrou, em 1957, Charles Mauron em *L'Inconscient dans l'oeuvre et la vie de Racine* [*O inconsciente na obra e na vida de Racine*]. "Uma sobrevalorização das relações de parentesco", para retomar os termos de Lévi-Strauss, está na origem do conflito que opõe os personagens racinianos. Se Racine inicia sua carreira no teatro com *A tebaida ou Os irmãos inimigos*, é que, no imaginário coletivo, desde a Antiguidade, a família dos labdácidas ilustra a transgressão da proibição do incesto. No *Prefácio*, Racine explica que não pode haver lugar para a relação amorosa nessa peça em que as relações familiares são desmedidamente fortes: "Numa palavra, estou persuadido de que as ternuras ou os ciúmes dos amantes não poderiam encontrar muito espaço entre os incestos, os parricídios e todos os outros horrores que compõem a história de Édipo e da sua infortunada família." O que interessa a Racine no tema que a história dos filhos de Édipo lhe proporciona é o ódio fraterno em estado puro, que nada seria capaz de refrear. A pulsão de morte que desencadeia esse ódio é tão forte que Etéocles e Polinices, indiferentes à sua própria vida, têm de se matar um ao outro. As súplicas da mãe Jocasta, as de Antígona, irmã deles, são impotentes.

> Étéocle:
> Nous avons l'un et l'autre une haine obstinée:
> Elle n'est pas, Créon, l'ouvrage d'une année,
> Elle est née avec nous, et sa noire fureur
> Aussitôt que la vie entra dans notre coeur.
> Nous étions ennemis dès la plus tendre enfance;
> Que dis-je? nous l'étions avant notre naissance.
> Triste et fatal effet d'un sang incestueux!
> Pendant qu'un même sein nous renfermait tous deux,
> Dans les flancs de ma mère une guerre intestine
> De nos divisions lui marqua l'origine.
> Elles ont, tu le sais, paru dans le berceau,
> Et nous suivront peut-être encore dans le tombeau.
> On dirait que le ciel, par un arrêt funeste,
> Voulut de nos parents punir ainsi l'inceste,
> Et que dans notre sang il voulut mettre au jour
> Tout ce qu'ont de plus noir na haine et l'amour.
>
> (*La Thebaïde*, IV, 1, vv. 915-930)

[Etéocles:
Temos um e outro um ódio obstinado:
Ele não é, Creonte, resultado de um ano,

> Ele nasceu conosco, e seu negro furor
> Assim que a vida entrou em nosso coração.
> Éramos inimigos desde a mais tenra infância;
> Que digo?, o éramos antes mesmo de nascer.
> Triste e fatal efeito de um sangue incestuoso!
> Enquanto um mesmo ventre encerrava nós dois,
> Nos flancos de minha mãe uma guerra intestina
> Das nossas divisões marcou sua origem.
> Elas, tu sabes, surgiram no berço,
> E nos seguirão, talvez, no túmulo também.
> Dir-se-ia que o céu, por um decreto funesto,
> Quis de nossos pais punir assim o incesto,
> E que em nosso sangue quis expor à luz
> Tudo o que têm de mais negro o ódio e o amor.]
>
> (*A tebaida*, IV, 1, vv. 915-930)

Em suas peças posteriores, Racine, sem dúvida para mascarar parcialmente a violência da pulsão, funda o ódio entre os irmãos numa rivalidade política ou amorosa. Em *Britânico*, Nero sente atração por Júnia, que ama e é amada por Britânico, seu meio-irmão, a quem manda matar para ficar com ela. Em *Bajazet*, o sultão Amurat, que guerreia na Babilônia, dá, duas vezes, a ordem de matar o irmão Bajazet, que deixou prisioneiro de Roxane, no serralho de Constantinopla. Espera alijar desse modo um concorrente potencial ao trono.

Pai e filho também estão numa relação de concorrência, política e/ou amorosa, no teatro de Racine. Mitrídates, rival de seus dois filhos ante Monima, ordena em segredo a morte desta quando compreende que ela ama seu filho Xifarés. Não podendo possuí-la, prefere vê-la perecer. Creonte, traidor como Mitrídates, gostaria de usar da sua autoridade política para desposar Antígona, noiva de seu filho Hêmon. Quanto a Teseu, acreditando-se rival de Hipólito perante Fedra, entrega esta à vingança de Netuno. A relação mãe/filho é igualmente destrutiva. À paixão devoradora de Agripina, Nero responde pela violência. Seus dois primeiros atos, o rapto de Júnia, o exílio de Palas, assim como o assassinato de Britânico, são dirigidos contra a sua mãe, cuja morte ele decide em seguida. A relação pai/filha é igualmente funesta. Agamenon manda matar Ifigênia, embora o sacrifício seja imposto pela causa política. Os ventos têm de ser favoráveis para que o exército dos gregos possa zarpar para Troia.

Portanto é sempre na transgressão do incesto, numa relação de ódio primitivo, que se desenrola o drama raciniano, enquanto em Corneille o conflito surge entre duas relações de amor, uma relacionada ao parentesco, a outra ao amor ou à amizade.

7.5. A falta trágica

O personagem da tragédia clássica, à semelhança do herói antigo, não poderia ser nem o justo nem o malvado, mas um intermediário, capaz de falibilidade. Corneille e Racine concordam com Aristóteles nessa noção de erro trágico, ainda que Corneille, como veremos mais adiante, emita restrições.

Corneille cita textualmente Aristóteles que o toma como modelo:

En premier lieu, il (Aristote) ne veut point qu'un homme fort vertueux y tombe de la félicité dans le malheur et soutient que cela ne produit ni pitié, ni crainte, parque que c'est un événement tout à fait injuste. Quelques interprètes poussent la force de ce mot grec μιαρου, qu'il fait servir d'épithète à cet événement, jusqu'à le rendre par celui d'abominable; à quoi j'ajoute qu'un tel succès excite plus d'indignation et de haine contre celui qui fait souffrir que de pitié pour celui qui souffre, et qu'ainsi ce sentiment qui n'est pas le propre de la tragédie, à moins que d'être bien ménagé, peut étouffer celui qu'elle doit produire et laisser l'auditeur mécontent par la colère qu'il remporte et qui se mêle à la compassion, qui lui plairait s'il le remportait seule.
Il ne veut pas non plus qu'un méchant homme passe du malheur à la félicité, parce que non seulement il ne peut naître d'un tel succès aucune pitié ni crainte, mais il ne peut pas même nous toucher par ce sentiment de joie dont nous remplit la prospérité d'un premier acteur, à qui notre faveur s'attache. La chute d'un méchant dans le malheur a de quoi nous plaire par l'aversion que nous prenons pour lui, mais comme ce n'est qu'une juste punition, elle ne nous fait point de pitié et ne nous imprime aucune crainte, d'autant que nous ne sommes pas si méchants que lui, pour être capables de ses crimes, et en appréhender une aussi funeste issue.
Il reste donc à trouver un milieu entre ces deux extrémités, par le choix d'un homme qui ne soit ni tout à fait bon ni tout à fait méchant et qui, par une faute ou faiblesse humaine, tombe dans un malheur qu'il ne mérite pas.

(Discours de la tragédie)

[Em primeiro lugar, ele (Aristóteles) não quer que [nas tragédias] um homem virtuoso caia da felicidade na desgraça e sustenta que isso não produz nem dó nem temor, porque é um acontecimento totalmente injusto. Alguns intérpretes ampliam a força desta palavra grega μιαρου, que ele usa como epíteto desse acontecimento, ao ponto de traduzi-la como abominável; ao que ele acrescenta que tal fato causa mais indignação e ódio contra quem faz sofrer do que piedade por quem sofre e que, assim, esse sentimento que não é próprio da tragédia, a não ser que seja bem empregado, pode sufocar o sentimento que a tragédia deve produzir e deixar o ouvinte descontente por causa da cólera que ele traz consigo e que se mistura à compaixão, que lhe agradaria se trouxesse somente esta.
Ele não quer tampouco que um homem mau passe da infelicidade à felicidade, porque não só não pode nascer de tal fato nenhuma piedade nem temor, como ele não pode nem sequer nos tocar por esse sentimento natural de alegria que toma conta de nós pela boa fortuna de um primeiro ator, que conquista nossa simpatia. A queda de um malvado na infelicidade tem do que nos agradar, pela aversão que adquirimos por ele, mas como é uma justa punição, ela não nos causa piedade e não nos incute nenhum temor, tanto mais que não somos tão maus quanto ele para sermos capazes de seus crimes e termos um fim tão funesto quanto o dele.
Resta portanto encontrar um meio entre essas duas extremidades, pela escolha de um homem que não seja nem totalmente bom nem totalmente mau e que, por uma falta ou uma fraqueza humana, caia numa desgraça que não merece.

(Discurso da tragédia)

Se Corneille considera *O Cid* uma das suas mais belas tragédias, é porque a peça é irretocável tanto no que concerne à falibilidade do herói quanto às relações de aliança. Rodrigo, que matando o conde comete uma falta contra a sua vontade, é perseguido pela vingança daquela a quem ama. Como observa Corneille na *Advertência*, "vemos *as duas condições mestras* que o grande mestre (Aristóteles) requer das excelentes tragédias e que raramente se acham reunidas numa mesma obra. (...) A primeira é que quem sofre e é perseguido não seja nem totalmente mau, nem totalmente virtuoso, mas sim um homem mais virtuoso do que mau, que, por algum impulso de fraqueza humana que não seja um crime, caia numa desgraça que não merece; a outra, que a perseguição e o perigo não venham de um inimigo, nem de um indiferente, mas de uma pessoa que deva amar quem sofre e ser amado por ele". Com *Horácio*, Corneille cria igualmente uma situação perfeita no plano do trágico. O herói, chegando ao ápice da glória, comete, ao matar a irmã, um crime contra a natureza que suscita no espectador um temor e uma piedade máximas. O erro desse justo – que é, de resto, um modelo de virtude, no sentido corneliano do termo (coragem) – não pode ser maior. O virtuoso tornou-se fratricida!

Racine também retoma a definição aristotélica do herói trágico. Ele escreve no prefácio de *Andrômaca*, de 1667: "Aristóteles, muito longe de nos pedir heróis perfeitos, quer ao contrário que os personagens trágicos, isto é, aquele cuja desgraça faz a catástrofe da tragédia, não sejam nem totalmente bons, nem totalmente maus. Ele não quer que sejam extremamente bons, porque a punição de um homem de bem suscitaria mais a indignação do que a piedade do espectador; nem que sejam excessivamente maus, porque não se tem piedade por um celerado. É preciso portanto que tenham uma bondade medíocre, isto é, uma virtude capaz de fraqueza e que caiam na desgraça por alguma falta que os faça serem deplorados sem serem detestados."

Se os dois autores, no plano teórico, reivindicam Aristóteles, Racine, aqui também, se mostra mais próximo do que Corneille da dramaturgia antiga, cujo modelo ele utiliza em todas as suas peças, o que não é o caso de Corneille. Racine situa a ação de *Britânico* nos primeiros anos do reinado de Nero, com o fim de apresentar Nero como um personagem "nem totalmente bom nem totalmente mau". Este ainda não passa de um "monstro nascente". Mais tarde, seu comportamento teria sido negro demais. "Cumpre recordar que, aqui, ele se encontra nos primeiros anos do seu reinado, que foram felizes, como se sabe", escreve Racine no *Segundo prefácio*, de 1676. "Assim, não me foi permitido representá-lo tão mau quanto ele foi posteriormente. Não o represento tampouco como um homem virtuoso, porque ele nunca o foi." A escolha desse herói causou problemas. As reações dos contemporâneos de Racine o provam. Alguns o criticaram por ter representado Nero como "demasiado cruel". Para se justificar, Racine se abriga atrás de Tácito, "o maior pintor da Antiguidade", no qual se inspirou para criar seu personagem. Alega, além disso, o fato de que trata aqui muito mais de um drama privado do que de um drama político. "Nero está aqui em sua privacidade e em família, e eles (os doutos) me dispensarão de lhes remeter a todas as passagens que poderiam facilmente lhes provar que não tenho reparo a lhe fazer", escreve

Racine no *Primeiro prefácio*, de 1669. Outros criticaram Racine por ter "feito Nero bom demais", em relação ao personagem histórico. "Eu sempre o enxerguei como um monstro", escreve Racine no *Primeiro prefácio*. "Mas aqui é um *monstro nascente*. Ainda não incendiou Roma, ainda não matou a mãe, a mulher, seus governadores: fora isso, parece-me que ele comete crueldades suficientes para impedir que alguém não o reconheça." O confronto desses dois juízos opostos mostra com que dificuldades deparou Racine ao levar à cena o personagem de Nero, um dos maiores perversos que a humanidade produziu. Obrigado a permanecer fiel à história, em razão da triste celebridade do personagem, precisava atenuar sua crueldade, para que, digno de um herói de tragédia, não fosse inteiramente odioso. Sua margem de manobra era estreita.

Ao criar *Fedra* em 1677, Racine tem a sensação de que havia atingido a perfeição no registro do patético. Ele ressalta sua dívida para como Eurípides, que, em *Hipólito*, lhe inspirou o personagem da sua heroína. Ela tem "todas as qualidades que Aristóteles requer do herói da tragédia e que são capazes de suscitar a compaixão ou o terror. De fato, Fedra não é nem totalmente culpada, nem totalmente inocente", escreve no *Prefácio*. Racine acrescenta que tomou o cuidado "de torná-la um pouco menos odiosa do que é nas tragédias dos antigos". Assim, é a babá, e não Fedra mesma, como em Eurípides, que ele encarrega da calúnia. Se ele transformou o personagem de Hipólito, fazendo-o se apaixonar por Arícia, foi para que todos os personagens da peça suscitassem a piedade do espectador. Com efeito, os antigos criticavam Eurípides por ter representado Hipólito como um "filósofo isento de qualquer imperfeição, (...) o que fazia que a morte desse jovem príncipe causasse muito mais indignação do que piedade. (...) Acreditei lhe dar alguma fraqueza que o tornasse um pouco culpado em relação a seu pai, sem no entanto nada lhe tirar dessa grandeza de alma com a qual ele protege a honra de Fedra e se deixa oprimir sem a acusar. Chamo de fraqueza a paixão que ele sente contra a própria vontade por Arícia, que é filha e irmã dos inimigos mortais de seu pai".

7.6. A rejeição da agnição

Se os teóricos clássicos são fiéis a Aristóteles sobre a questão da falta trágica, eles afastam todavia, como veremos, certo número de configurações que este considera capazes de criar o patético. Ao inverso da tragédia grega, na qual quem age pode ignorar a identidade da sua vítima, um ato mortal consumado com desconhecimento não é admissível na época clássica. Corneille contesta a culpa que Aristóteles atribui a Édipo. A seu ver, Édipo não é culpado, pois mata o pai sem conhecê-lo e não faz mais que "disputar o caminho como homem valoroso que era contra um desconhecido que o ataca com vantagem". A moral cristã não poderia aceitar que haja uma falta aí, se não há consciência da falta. Assim, Corneille, formado pelos jesuítas, que levam mais em conta a intenção do que a ação, estima que a agnição (é assim que Corneille designa o reconhecimento) não é capaz de criar bons efeitos trágicos. Como Aristóteles considera que a cena de reconhecimento é uma forma de desenlace particularmente propícia a gerar o patético, Corneille justifica seu próprio ponto de vista alegando que o gosto do público mudou desde a Antiguidade. "Eu sei", escreve no *Discurso sobre a tragédia*, "que a agnição é um grande ornamento nas tragédias – Aristóteles o diz –, mas é certo que ela tem seus inconvenientes. Os italianos afetam-na na maioria dos seus poemas e perdem às vezes, pelo apego que têm a ela, muitas ocasiões de sentimentos patéticos que teriam belezas mais consideráveis."

Quanto a Racine, a interpretação errônea que ele dá de uma frase de Aristóteles prova que ele também exclui a possibilidade de um desconhecimento da identidade da vítima. "É necessário que aquele que age conheça ou não conheça", escreve Aristóteles, que elide o complemento de objeto direto do verbo "conhecer", porque, para ele, não há equívoco possível. Ele entende o reconhecimento como o meio de estabelecer a identidade da vítima. Cometendo um contrassenso sobre o complemento de objeto, Racine comenta Aristóteles nos seguintes termos: "Os que agem têm de saber ou ignorar o que querem fazer." Para Racine, não poderia haver dúvida sobre a identidade da vítima. O assassino consuma seu ato com pleno conhecimento de causa. O que os heróis de Racine ignoram é a consequência que o ato terá para eles mesmos. "O patético do drama raciniano é a mais terrível das descobertas pelos personagens: o horror de suas ações", escreve Eugène Vinaver em seus *Entretiens sur Racine* [*Conversas sobre Racine*] (Nizet, 1984). Hermíone conhece a identidade da sua vítima, mas não se dá conta, no momento em que ordena o crime, de que não poderá sobreviver a esse assassinato. Seu grito, quando fica sabendo da morte de Pirro, atesta a imensidão do seu desespero em face do ato irreparável que ela mesma consumou.

7.7. Um novo móvel trágico: a admiração da virtude

Corneille e Racine não adotam o mesmo ponto de vista sobre o caso do personagem inteiramente virtuoso que Aristóteles exclui do universo trágico. Para Racine, tal caso não é aceitável. Assim, em *Ifigênia*, ele se afastou da tradição, a de Ésquilo e Sófocles, que terminam a peça com o sacrifício da heroína. Como explica no *Prefácio*, a ideia do desenlace ele prefere tomar emprestada de Pausânias, que relata, segundo uma velha crença em uso no país de Argos, que uma outra Ifigênia, filha de Helena e de Teseu, é que teria sido sacrificada. Aos olhos de Racine, Ifigênia é uma heroína por demais virtuosa para que o espectador possa aceitar sua morte sem indignação. "Que verossimilhança", escreve ele em seu *Prefácio*, "se eu tivesse maculado a cena com o assassinato horrível de uma pessoa tão virtuosa e tão amável quanto teria de representar Ifigênia?" Já Erifila, que peca por seu ciúme, pode ser imolada. "(...) caindo na desgraça em que essa amante ciumenta queria precipitar sua rival, (ela) merece de certo modo ser punida, sem ser com isso totalmente indigna de compaixão."

Já Corneille contesta a exclusão de personagens "muito virtuosos" ou "muito maus" da cena trágica. "Ele (Aristóteles) não quer que um homem totalmente inocente caia no infortúnio, porque, sendo isso abominável, suscita mais indignação contra quem o persegue do que piedade por sua desgraça; ele não quer tampouco que um homem demasiado mau caia, porque não pode causar piedade por uma desgraça que merece, nem fazer os espectadores, que com ele não se assemelham, temerem uma igual; mas quando essas duas razões cessam, de sorte que um homem de bem que sofre suscite mais piedade por si do que indignação contra quem o faz sofrer, visto que a punição de um grande crime pode corrigir em nós alguma imperfeição que tem relação com ele, estimo que não se deve criar dificuldades para expor na cena homens muito virtuosos ou muito maus caídos no infortúnio" (*Discurso sobre a tragédia*). Se um homem "muito virtuoso", perseguido por um "muito mau", escapa do perigo em que se encontra, a piedade aparece, sem ser sufocada pelo ódio ao personagem perseguidor. A configuração é aceitável então. Para ilustrar sua tese, Corneille cita como exemplo *Rodoguna* e *Héraclio*, peças nas quais ele a realizou perfeitamente. "A desgraça deles causa uma piedade que não é sufocada pela aversão que temos pelos que os tiranizam, porque sempre esperamos que alguma feliz reviravolta os impedirá de sucumbir; e embora os crimes de Focas e Cleópatra sejam grandes demais para que o ouvinte tema cometer iguais, o desfecho funesto destes pode provocar nele os efeitos de que já falei" (*Discurso sobre a tragédia*).

O caso do homem muito virtuoso que é perseguido "por ordem de outro que não (é) suficientemente mau para atrair demasiada indignação sobre si e que mostra mais fraqueza do que crime na perseguição que lhe move" também é digno de figurar no universo trágico. Corneille o realiza em *Polieucto*. Félix, carreirista fraco e medroso, envia seu genro à morte sem nem por isso ser extremamente mau. É desprezível, mas não odioso. A se ater ao ponto de vista de Aristóteles, um personagem de mártir não poderia entrar no universo trágico, pois que ele imprime, na alma do espectador, piedade e não temor. Ora, como observa Corneille no seu *Discurso sobre a tragédia*, *Polieucto* recebeu do público uma acolhida entusiasta. "A exclusão das pessoas plenamente virtuosas que caem na desgraça bane os mártires do nosso teatro. Polieucto teve êxito contra essa máxima, e Heráclio e Nicomedes agradaram, embora imprimam apenas piedade e não nos deem nada a temer, e nenhuma paixão a purgar, pois que nós os víamos oprimidos e à beira de perecer, sem nenhuma falta da parte deles por cujo exemplo pudéssemos nos corrigir."

Enquanto Racine sempre associa os dois móveis trágicos – piedade e temor –, Corneille reivindica sua autonomia. Uma leitura atenta de Aristóteles mostra, segundo ele, que a presença simultânea das duas emoções trágicas não é indispensável para que a catarse se produza. "No entanto, tendo-se alguma dificuldade em encontrar essa purgação efetiva e sensível das paixões pelo meio da piedade e do temor, é fácil nos ajustar a Aristóteles. Basta dizer que, por esse modo de enunciar, ele não entendeu que esses dois meios atuam sempre juntos e que basta, segundo ele, um dos dois para fazer essa purgação, com a diferença, todavia, de que a piedade não pode ter sucesso sem o temor e de que o temor não pode ter êxito sem a piedade" (*Discurso sobre a tragédia*). Se Corneille se demarca aqui de Aristóteles, é que a tragédia corneliana exalta a grandeza do homem, enquanto a tragédia grega, bem como a de Racine, é uma deploração da impotência humana. Desse modo, Corneille procura substituir o temor por outras paixões, como a admiração da virtude, abrindo assim caminho para o drama burguês. "Na admiração que temos por sua virtude", escreve no *Exame* de *Nicomedes*, "encontro uma maneira de purgar as paixões de que Aristóteles não falou, e que é talvez mais segura do que a que ele prescreve à tragédia por meio da piedade e do temor. O amor que ela nos proporciona por essa virtude que admiramos nos imprime ódio pelo vício contrário." Mas se a admiração da virtude não é associada à piedade, a emoção trágica pode não aparecer. É essa sem dúvida a causa do fracasso de *Nicomedes*.

Corneille não esconde seu ceticismo quanto à eficácia física da catarse. Duvida que ela se efetue como diz Aristóteles, isto é, unicamente no caso em que a piedade e o temor são suscitados no espectador. "Se a purgação das paixões se faz na tragédia, considero que ela deve se fazer da maneira que explico; mas me pergunto se ela ocorre assim alguma vez, particularmente naquelas que cumprem as condições requeridas por Aristóteles. Elas se encontram em *O Cid* e causaram seu grande sucesso: Rodrigo e Jimena têm aquela probidade sujeita às paixões, e essas paixões causam a sua desgraça, pois eles são infelizes apenas na medida em que são apaixonados um pelo outro. Eles caem na infelicidade por essa fraqueza humana de que somos capazes como eles; a desgraça deles causa piedade, isso é constante, e custou bastantes lágrimas aos espectadores para que se venha contestar essa afirmação. Essa piedade deve nos causar o temor de cair em desgraça semelhante e purgar em nós esse excesso de amor que causa o infortúnio deles e nos faz lastimá-los, mas não sei se ela causa esse temor em nós ou se o purga, e temo que o raciocínio de Aristóteles sobre esse ponto não passe de uma bela ideia que nunca tem seu efeito na verdade. Eu me remeto aos que viram as representações: eles podem pedir explicações ao segredo do seu coração e tornar sobre o que os comoveu no teatro, para reconhecer se chegaram por elas a esse temor refletido e se esse temor retificou neles a paixão que causou a desgraça que eles lastimaram" (*Discurso sobre a tragédia*).

7.8. Os Padres da Igreja e o teatro

Como o teatro desencadeia emoções fortes, tanto no ator quanto no espectador, muitos Padres da Igreja, no século XVII, o consideram com suspeição. Retomando os argumentos de Tertuliano e de santo Agostinho, alguns movem um verdadeiro requisitório contra ele. Nicole, no seu *Traité de la comédie* [*Tratado da comédia*], de 1667, Bossuet, em sua *Lettre au Père Caffaro* e em suas *Maximes et réflexions sur la comédie* [*Carta ao padre Caffaro* e *Máximas e reflexões sobre a comédia*], de 1694, se mostram particularmente virulentos. Segundo Nicole, o teatro, como toda outra forma de divertimento, seria necessariamente nefasto, porque como tal ele dissipa os dons da graça e afasta de Deus. Os dois teólogos arremetem contra a própria natureza do teatro. Essa arte é incitação ao pecado, que representa "as paixões viciosas" como amáveis e as exacerba. "Não somente são necessárias paixões nas comédias, mas paixões vivas e violentas, porque os afetos comuns não são feitos para proporcionar o prazer que nelas se busca, e não haveria nada mais frio que um casamento cristão privado da paixão de ambas as partes. Nelas, tem sempre de haver arrebatamento, de estar presente o ciúme, a vontade dos pais tem de ser sempre contrariada e os personagens têm de se servir de intrigas para alcançar seus desígnios. Assim, mostra-se àquelas que forem possuídas pela mesma paixão o caminho para se servirem das mesmas artimanhas a fim de alcançar o mesmo fim.

"Enfim, o próprio objetivo da comédia obriga os poetas a só representarem paixões viciosas. Porque o fim que eles se propõem é agradar aos espectadores, e eles só poderiam agradá-los pondo na boca dos seus atores palavras e sentimentos conformes aos das pessoas que eles fazem falar, ou a quem falam. Ora, só são representados os maus e só se fala diante das pessoas mundanas que têm o coração e o espírito corrompidos por paixões desregradas e máximas ruins.

"É o que faz que não haja nada mais pernicioso do que a moral poética e romanesca, porque ela não passa de um amontoado de falsas opiniões que nascem da concupiscência e que só são agradáveis na medida em que afagam as inclinações corrompidas dos leitores ou dos espectadores. (…)

"E se considerarmos quase todas as comédias e todos os romances, não encontraremos nenhuma coisa além das paixões viciosas embelezadas e coloridas com certa maquiagem, que as torna agradáveis à gente mundana. Que se não é permitido apreciar os vícios, talvez sinta-se prazer com o que tem por fim torná-los amáveis!" (Nicole, *Tratado da comédia*, cap. VII).

Em sua *Lettre au Père Caffaro au sujet de la comédie* [*Carta ao padre Caffaro acerca da comédia*] de 9 de maio de 1694, escrita pouco antes das *Máximas e reflexões sobre a comédia*, Bossuet refuta o ponto de vista desse padre que, ensinando filosofia e teologia em Paris, desfruta de uma grande autoridade. Esse teatino de origem italiana acaba de assumir a defesa do teatro contra todos os que o tacham de imoralidade, numa carta aberta em que afirma que "a comédia, tal como é hoje em dia, não tem nada de contrário aos bons costumes". Em sua resposta, Bossuet ataca violentamente o teatro, notadamente as peças de Molière, por demais complacentes, a seu ver, para com a infidelidade conjugal[37]. "Teremos então de fazer passar por honestas impiedades e infâmias de que estão repletas as comédias de Molière, ou que o senhor coloque entre as peças de hoje as de um autor que mal acaba de expirar e que ainda agora enche todos os teatros com os equívocos mais grosseiros com que já infectaram os ouvidos dos cristãos.

"Não me obrigue a repeti-los: pense apenas se o senhor ousaria sustentar, diante do céu, peças em que a virtude e a piedade são sempre ridículas, a corrupção sempre defendida e sempre divertida, e o pudor sempre ofendido ou sempre com medo de ser violado pelos mais vis atentados; quero dizer, pelas expressões mais imprudentes, às quais apenas se dão os invólucros mais tênues."

Bossuet denuncia em particular o perigo da representação da paixão de amor, porque o espectador, que vê heróis prestes a sacrificar tudo pelo objeto amado, será incitado a agir do mesmo modo na vida. Todo ímpeto amoroso que não tenha Deus como objeto é, para ele, condenável. É Corneille que, então, é diretamente visado. "Diga-me, o que quer um Corneille no seu *Cid*, senão que amemos Jimena, que a adoremos com Rodrigo, que tremamos com ele quando

---
37. Bossuet está longe de ser o primeiro a tachar Molière de imoralidade. O autor do *Tartufo* e de *Dom Juan*, obras que atestam um espírito libertino, desencadeou a ira não só do partido dos devotos, mas também dos pregadores mais em vista, como Bourdaloue, notadamente.

está temendo perdê-la e que com ele nos estimemos felizes quando espera possuí-la? O primeiro princípio sobre o qual agem os poetas trágicos e cômicos é o de que é necessário tornar interessante o espetáculo; e se o autor ou o ator de uma tragédia não sabe comovê-lo e arrebatá-lo com a paixão que quer exprimir, onde ele cai, senão no frio, no tedioso, no ridículo, conforme as regras dos mestres da arte? *Aut dormitabo, aut ridebo*[38], e o resto. Assim, todo o desígnio de um poeta, toda a finalidade do seu trabalho é que sejamos, como seu herói, inflamado pelas belas pessoas, que elas sejam servidas como divindades; numa palavra, que lhes seja sacrificado tudo, salvo talvez a glória, cujo amor é mais perigoso que o da própria beleza" (*Máximas e reflexões sobre a comédia*).

Para todos os teólogos do século XVII a pintura das paixões é perigosa. Aqueles dentre eles que querem conservar o teatro no seio da sociedade, a título de distração, pretendem que o único meio de lhe conferir uma certa honestidade é suprimir do teatro a representação do amor. Assim, Boileau pensava (sinceramente ou não) que era possível escrever boas tragédias sem que a paixão de amor fosse pintada. Ele cita, a título de exemplo, *Édipo* de Corneille e *Atália* de Racine.

Se por um lado Bossuet investe contra a representação da paixão de amor, por outro ele se mostra reservado acerca do orgulho, não se explicando praticamente nunca sobre a atitude moral que convém adotar diante da representação de condutas heroicas. Nicole, em contrapartida, como dois outros jansenistas ilustres, Pascal e La Rochefoucauld, condena sem apelação o demônio da "glória". Reduzindo a nada o mito do herói, ele destrói os ideais cavaleirescos, que fecundam a literatura da primeira metade do Grande Século. Por isso toma seus exemplos emprestados exclusivamente do teatro de Corneille, no qual os heróis, inflamados pelo sublime, sacrificam tudo à sua "glória"[39]. Citando *Horácio* e *O Cid*, Nicole se detém particularmente em *Teodora, virgem e mártir*. O caráter edificante da peça de Corneille é apenas aparente, a seu ver, porque a heroína não é dotada de humildade. Para Nicole, que fala em nome do jansenismo, as virtudes cristãs não poderiam ser levadas ao teatro, porque o verdadeiro cristão é um homem humilde que, nunca se pondo em evidência, permanece silencioso. Um autor dramático não pode, portanto, segundo ele, representar um santo, senão na atitude do pecado de orgulho. "No entanto, se considerarmos as comédias dos que mais afetaram essa honestidade aparente, veremos que eles não evitaram representar objetos inteiramente desonestos, a não ser para pintar outros igualmente criminosos, e que não são menos contagiosos. Todas as suas peças não passam de vivas representações de paixões de orgulho, de ambição, de ciúme, de vingança e, principalmente, dessa virtude romana que mais não é que um furioso amor por si mesmo. Quanto mais eles colorem esses vícios de uma imagem com grandeza e generosidade, mais os tornam perigosos, e capazes de entrar nas almas mais bem-nascidas, e a imitação dessas paixões só nos agrada porque o fundo da nossa corrupção suscita ao

---

38. Citação de Horácio, *Arte poética*, v. 105 : "Ou dormirei, ou rirei."
39. Nicole se refere uma só vez a um autor dramático, ademais de Corneille. Não diz o nome nem a obra, porque o grande Corneille é, a seu ver, o único alvo digno de interesse. Trata-se então de *Illustres Ennemis* [*Ilustres inimigos*] de Thomas Corneille.

mesmo tempo um movimento em tudo semelhante, que nos transforma em certa força e nos faz entrar na paixão que nos é representada" (*Tratado da comédia*).

Se os teólogos do século XVII se encarniçam sobre o teatro, é que estão persuadidos de que ele age mais perniciosamente sobre o espectador do que as outras artes, porque nele o espetáculo é tido como verdadeiro. Comparando o efeito produzido pela pintura e pelo espetáculo teatral, Bossuet insiste no fato de que a presença real do ator torna a representação muito mais perturbadora do que a contemplação de um quadro.

"Se as nudezes, se as pinturas imodestas causam naturalmente o que exprimem e, por essa razão, seu uso é condenado, porque não as apreciamos tanto quanto uma mão hábil quis, porque não entramos no espírito do operário e de certo modo não nos colocamos no estado que ele quis pintar, quão mais seremos tocados pelas expressões do teatro, onde tudo parece efetivo, onde não são traços mortos e cores secas que atuam, mas personagens vivos, olhos verdadeiros ou ardentes, ou ternos, e imersos na paixão; verdadeiras lágrimas nos atores, que provocam outras nos que assistem; enfim, verdadeiros movimentos que põem em fogo toda a plateia e todos os camarotes. E tudo isso, diz o senhor, só emociona indiretamente e só por acidente estimula as paixões?" (*Carta ao padre Caffaro acerca da comédia*).

Os efeitos da ópera são muito mais temíveis ainda, a crer em Bossuet, porque penetram mais profundamente na alma dos espectadores. Enquanto o encanto da melodia adormece seu espírito crítico, o espectador se entrega à magia do espetáculo. É por essa mesma razão, mas perseguindo um objetivo totalmente diferente, que Brecht, por sua vez, três séculos depois, desconfiará da ópera. Bossuet investe em particular contra Quinault e Lulli, os dois mais brilhantes compositores operísticos da época. "Pense também se o senhor julga digno do seu hábito e do nome de cristão e de padre achar honestas todas as falsas ternuras, todas as máximas de amor e todos esses doces convites a fruir o bom tempo da juventude, que ecoam em toda parte nas óperas de Quinault, que eu vi cem vezes deplorar esses desvarios. Mas hoje o senhor autoriza o que foi causa da justa penitência e do justo arrependimento dele, quando pensou seriamente em sua salvação; e o senhor é obrigado, seguindo as suas máximas, a aprovar que esses sentimentos, cuja natureza corrupta é tão perigosamente elogiada, ainda sejam animados por um canto que só exala lascívia.

"Se Lulli destacou-se em sua arte, teve de ajustar, como fez, os acentos dos seus cantores e das suas cantoras às suas partes e a seus versos; e suas árias tão repetidas no mundo não servem mais que para insinuar as paixões mais decepcionantes, tornando-as as mais agradáveis e mais vivas que pode haver.

"Não adianta nada responder que as pessoas só se preocuparam com o canto e o espetáculo, sem pensar no sentido das palavras, nem nos sentimentos que elas exprimem, porque está aí precisamente o perigo: enquanto um se encanta com a doçura da melodia ou fica estonteado com o maravilhoso do espetáculo, esses sentimentos se insinuam sem que se pense neles e tomam o coração sem ser percebidos" (*Carta ao padre Caffaro acerca da comédia*). A ópera, lembremos, fazia furor. Desde o seu aparecimento na França na segunda metade do século XVII, ela sensibilizou o público para uma nova forma de espetáculo, que se caracteriza por "manter os espíritos, os olhos e os ouvidos num igual encantamento", escreve La Bruyère. Como esse espetáculo conquistou rapidamente a predileção do público (desde a década de 1660, aproximadamente), a declamação, bruscamente, pareceu fria e compassada diante dos encantos da música e do canto. Por isso a desconfiança de Bossuet em relação à ópera é maior ainda.

O comediante, que perverte o espectador depois de ter sido, ele próprio, pervertido pelo espetáculo, é acusado de todos os males pelos teólogos. Eles não o banem da cidade, como fazia Platão, mas, pior, o excluem da comunidade cristã. Eles o excomungam e lhe recusam uma sepultura em recintos pertencentes a uma igreja. Molière, que no entanto goza da proteção real, é enterrado de noite, às escondidas. Como Platão, Nicole lança uma diatribe injuriosa contra o ator que, passando a vida a arremedar os vícios, os desposa. Ele não pode se desfazer dos papéis sucessivos que lhe colam na pele. "É um ofício em que homens e mulheres representam paixões de ódio, de cólera, de ambição, de vingança e, principalmente, de amor. Eles têm de exprimi-los o mais naturalmente e o mais vivamente que lhes é possível; e não o saberiam fazer se não os estimulassem de certo modo em si mesmos e se sua alma não os imprimisse nela, para exprimi-los exteriormente pelos gestos e pelas palavras. É preciso portanto que os que representam uma paixão de amor sejam de certa forma tocados por ela, enquanto a representam. Ora, não se deve imaginar que seja possível apagar do seu espírito essa impressão que nele foi suscitada voluntariamente e que não deixa em nós uma grande disposição para essa mesma paixão que se quis de bom grado sentir. Assim, a comédia por sua natureza mesma é uma escola e um exercício de vício, pois ela obriga necessariamente a estimular em si mesmo paixões viciosas. Se se considerar que toda a vida dos comediantes é ocupada nesse exercício, que eles a passam inteira a aprender em particular, ou a ensaiar entre si, ou a representar diante de espectadores, a imagem de algum vício, que eles quase não têm outra coisa no espírito além dessas loucuras; ver-se-á facilmente que é impossível aliar esse ofício à pureza da nossa religião" (*Tratado da comédia*, cap. 2).

Capítulo 3
A REVOLUÇÃO DO DRAMA

Na segunda metade do século XVIII, um maremoto subverte o teatro europeu, derrubando os princípios imutáveis que o fundavam desde a Antiguidade e lhe dando novos alicerces. Preparada antes do próprio nascimento do Classicismo por precursores como Guarini na Itália, Tirso de Molina na Espanha e Ogier na França, essa revolução é consumada graças a dois teóricos maiores, Diderot e Louis-Sébastien Mercier. Criadores do drama burguês, influenciam profundamente Lessing, que, fundando o teatro alemão, se coloca sob a égide deles. Graças à reforma que empreende, Goldoni, cuja obra reveste uma inegável originalidade, também participa desse movimento. A despeito da especificidade das formas que o teatro reveste na França, na Alemanha e na Itália, um real parentesco as une. Em toda parte, a doutrina da imitação dos antigos é definitivamente rejeitada. Ao culto da razão sucede o da emoção. As regras são varridas em nome da liberdade da arte. Perecida, a noção de eternidade do Belo é destronada pelo sonho de um teatro nacional, no qual uma sociedade lerá sua identidade presente, isto é, no qual a classe ascendente, a burguesia, poderá se mirar. O interesse pelo particular prevalece sobre a busca do universal. Nunca a preocupação realista foi tão forte quanto em cena. O teatro aparece como um meio privilegiado de instaurar as ideologias nascentes, principalmente na França pré-revolucionária. Esse trabalho de reflexão, profundamente inovador, é de uma importância maior, apesar de não ter produzido, na França, nenhuma obra-prima. Introduzindo uma ruptura definitiva com as concepções antigas e clássicas, ele faz o teatro passar do Antigo Regime ao mundo moderno. O caminho está aberto para o drama romântico, que o seguirá resolutamente, conservando a maioria dos princípios do drama burguês, mas abandonando um imperativo de monta, o do realismo, que o teatro naturalista se apressará a restaurar.

1. LOPE DE VEGA E OS PRECURSORES DO DRAMA

Bem no início do século XVII, na Europa, na época do Barroco, algumas décadas antes de o Classicismo se impor na França, um certo número de partidários da irregularidade concebe um teatro em liberdade. Guarini, na Itália, publica seu *Abrégé de la poésie tragi-comique* [*Compêndio da poesia tragicômica*] em 1601, Lope de Vega, na Espanha, *L'art nouveau de faire les comédies* [*Nova arte de fazer comédias*] em 1609, Ogier, na França, seu prefácio para a segunda edição de *Tyr et Sidon* [*Tiro e Sídon*], tragicomédia de Jean de Schélandre, em 1628. Os princípios desses autores anunciam, com um século e meio de antecedência, os do drama. Somente o teatro elisabetano, que apresenta, no entanto, de 1558 a 1642, sob os reinados de Elisabete, Jaime I e Carlos I, as grandes criações de Marlowe, Shakespeare,

Ben Jonson, Cyril Tourneur, etc., não tem teóricos. Algumas tiradas, todavia, nos deixam adivinhar incidentalmente que as posições desses autores dramáticos são idênticas às dos seus contemporâneos italianos, espanhóis e franceses. Convém portanto voltar atrás momentaneamente e considerar o estado do teatro antes da emergência do Classicismo.

A *Nova arte de fazer comédias* (*Arte Nuevo de hacer comedias en este tiempo*)[1] de Lope de Vega (1562-1635) é um texto inovador que prepara o caminho para o drama. Nesse discurso, pronunciado na Academia de Madri antes de 1608 e publicado em 1609, Lope de Vega, que já havia produzido 483 peças de teatro[2], defende sua arte contra seus detratores que o acusam de se afastar de Aristóteles e o intimam a se justificar, condenando sem apelação os partidários da "nova arte". Essa obra polêmica, escrita em estrofes hendecassilábicas, longe de revestir a forma de um tratado, toma como modelo o "sermo" horaciano. Recusando-se deliberadamente a fazer uma obra acadêmica, por desprezo das regras, Lope remete ironicamente seus ouvintes madrilenhos e seus leitores vindouros à obra do "doutíssimo Robortello de Udine", isto é, por meio dele, a todos os comentadores de Aristóteles. Desde o início da *Arte*, ele fala como um homem do *métier*, que tem, detrás de si, uma longa carreira de autor dramático de sucesso, para constatar que os que escreveram conforme as regras nem sempre obtiveram a adesão do público. Dirigindo-se aos acadêmicos, ele declara:

> Vous me mandez, nobles esprits, fleur d'Espagne,
> (...)
> que pour vous j'écrive un Art de faire les comédies
> qui selon les goûts du vulgaire sont admis.
> Le sujet semble aisé, aisé sans doute
> il le serait pour quiconque parmi vous,
> ayant écrit moins de pièces que moi, en sait plus
> sur l'art de composer, comme sur toutes choses;
> car ce qui me nuit ici pour ma part,
> c'est de les avoir composés sans art.

> [Vós me pedis, nobres espíritos, flor da Espanha,
> (...)
> que para vós eu escreva uma Arte de fazer comédias
> que, segundo os gostos do vulgo, seja aceita.
> O tema parece fácil, fácil sem dúvida
> seria ele para qualquer um de vós,
> que, tendo escrito menos peças que eu, saiba mais
> sobre a arte de compor, assim como sobre todas as coisas;

---

1. *L'art nouveau de faire les comédies*, Les Belles Lettres, *Le Corps éloquent*, 1992 (tradução de Jean--Jacques Préau). Precisemos que o termo *comedia*, em espanhol, é dotado de uma extensão mais ampla que o de *comédie* no francês moderno. Assim como o termo "comédie" na França, no século XVII, é o equivalente de "peça de teatro".
2. Lope de Vega é o mais fecundo autor dramático espanhol. Das 1800 *comedias* e 400 *autos sacramentales* que ele escreveu, chegaram até nós 426 *comedias* e 42 *autos*.

porque o que me incomoda aqui, de minha parte,
é as ter composto sem arte.]

1.1. O respeito da unidade de ação

Lope de Vega preconiza, como única regra, a unidade de ação que proporcione à peça uma coerência de ordem lógica.

> Veillez à ce que le sujet ne comporte
> qu'une seule action, prenez soin que la fable
> ne soit en aucune sorte épisodique,
> je veux dire par là, que rien ne s'y insère
> qui vienne s'écarter de la première visée;
> ni qu'on puisse lui ôter aucun membre
> qui ne détruise aussitôt tout l'ensemble.
>
> [Atentai que o tema comporte
> uma só ação, cuidai que a fábula
> não seja de modo algum episódica,
> quero dizer com isso que não se insira nela
> nada que venha se afastar da intenção inicial;
> nem que se lhe possa tirar qualquer membro
> que não destrua de imediato todo o conjunto.]

O drama burguês, depois romântico, manterá igualmente essa unidade. Ela só voltará a ser questionada, no teatro ocidental, no limiar do século XX, pelos expressionistas, nos países da Europa do Norte, por Jarry, depois por Apollinaire e os surrealistas na França, quando as teorias do inconsciente farão voar pelos ares o imperativo de coerência lógica.

Se conserva a unidade de ação, Lope de Vega recusa em compensação a limitação das unidades de tempo e de lugar, que não são formuladas por Aristóteles, como vimos, mas acrescentadas pelos comentadores italianos. Ele preconiza simplesmente escolher, para as comodidades da cena, uma ação que se desenrole num lapso de tempo bastante breve e sugere situar nos entreatos as elipses temporais.

> Inutile de limiter l'action à la course
> d'un soleil, même si c'est là conseil d'Aristote;
> (...) qu'elle ne dure pourtant que le temps le
> plus court, si ce n'est quand le poète écrit une
> histoire qui doit se dérouler sur des longues
> années, et qu'il pourra situer dans l'intervalle
> entre deux actes, tout comme, s'il le fallait,
> le voyage qu'entreprendrait un personnage,
> chose qui n'offense tant les esprits avisés,
> mais que n'aille pas y voir qui veut s'en offenser!
> Mais combien aujourd'hui font leur signe de
> croix quand ils voient courir les années dans
> une action dont le terme convenu est un jour

artificiel qui n'en a même pas la durée
                        [mathématique!
Considérant pourtant qu'au théâtre, la colère
d'un Espagnol assis ne se tempère
que si on lui représente en deux heures
tout ce qui va de la Genèse au Jugement
Dernier, je pense quant à moi, puisqu'il s'agit de
                        [plaire
qu'est juste tout effort qui parvient à le faire.

[Inútil limitar a ação ao curso
de um sol, seja esse embora o conselho de
                        [Aristóteles;
(...) que ela dure no entanto somente o tempo
mais curto, a não ser que o poeta escreva uma
história que deve se desenrolar em longos
anos, e que ele poderá situar no intervalo
entre dois atos, como, se fosse preciso,
a viagem que faria um personagem,
coisa que ofende tantos espíritos sensatos,
mas que não vá vê-la quem quer com isso se
                        [ofender!
Mas quantos hoje fazem o sinal
da cruz quando veem passar os anos
numa ação cujo termo acordado é um dia
artificial que não tem nem sequer sua duração
                        [matemática!
Considerando entretanto que no teatro a cólera
de um espanhol sentado só se aplaca
se lhe é representado em duas horas
tudo o que vai da Gênese ao Juízo Final,
quanto a mim creio, já que se trata de agradar,
que é justo todo esforço que consiga assim fazer.]

Figura 3 O carro do autossacramental espanhol.

Ele aconselha no entanto conservar, se possível, a unidade de tempo dentro de cada ato.

Le sujet est choisi (...);
en trois actes de temps, répartissez son cours,
en tentant s'il se peut qu'en chachun des trois actes
ne soit jamais rompue la durée d'un seul jour.

[O tema está escolhido (...);
em três atos de tempo, dividi seu curso,
tentando se possível que em cada um dos três atos
nunca seja rompida a duração de um só dia.]

Na mesma época é bem mais radical a irregularidade de um Shakespeare, que está pouco ligando para a continuidade temporal. Homem de palco, não se dá ao trabalho de teorizar, mas nos oferece incidentalmente, ao acaso de uma réplica, seu ponto de vista. Em *Conto de inverno*, no início do ato IV, para explicar ao público que dezesseis anos transcorreram no entreato que separa o ato III do ato IV, ele faz o tempo aparecer na forma de um personagem alegórico e lhe presta, à guisa de prólogo, as seguintes palavras:

> Le Temps. – Moi qui plais à certains, qui éprouve tout le monde, à la fois joie et terreur des bons et des méchants, moi qui fais et défais l'erreur, il est temps, maintenant, au nom du Temps, d'user mes ailes. N'en faites pas un crime, ni à moi, ni à mon passage rapide, si je glisse par-dessus seize années et laisse inexplorés les événements de ce vaste intervalle, puisqu'il est en mon pouvoir de transgresser la loi, et, dans une seule de ces heures nées de l'heure, de planter et de déplanter la coutume. Laissez-moi passer, tel que je suis, le même, plus ancien que l'ordre ancien ou que celui d'aujourd'hui: je suis le témoin des temps qui les firent naître, et se serai le témoin de ceux qui reignent maintenant. De même que je ternirai l'éclat du présent, de même mon histoire me semble terne maintenant. Si votre patience le permet, je retourne mon sablier et je fais faire un grand saut à ma pièce, comme si vous aviez dormi entre-temps.

> [Tempo. – Eu, que agrado a alguns, ponho à prova todos, alegria e terror de bons e de maus, que faço e desfaço o erro, assumo agora, em nome do Tempo, a responsabilidade de usar minhas asas. Não considerem um crime, cometido por mim ou por minha rápida passagem, eu saltar dezesseis anos e deixar inexplorados os acon-

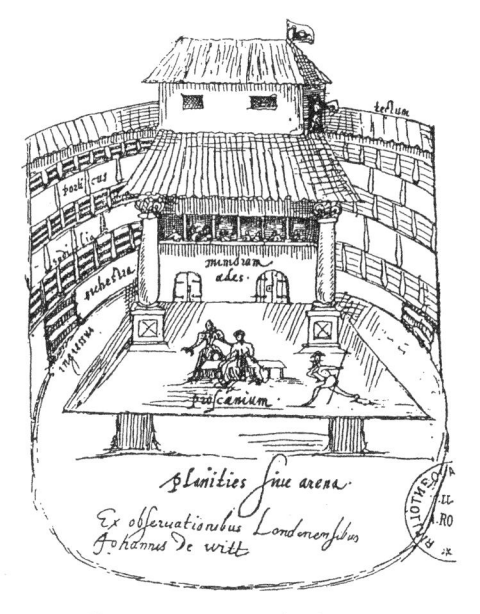

Figura 4 O teatro elisabetano
(o "Swan Theatre").

tecimentos desse vasto intervalo, pois está em meu poder transgredir a lei e numa hora de si mesma nascida plantar e extirpar o costume. Deixem-me passar tal como sou, mais antigo do que a ordem mais antiga e a que hoje é aceita. Sou testemunha dos tempos que as criaram; assim como sou das coisas mais recentes que ora reinam e tornarei passado o brilho deste presente, tal como meu conto a este parece agora. Se a paciência de vocês permitir, vou virar minha ampulheta e fazer minha cena dar um grande salto, como se vocês houvessem dormido nesse meio-tempo.]

Ele atesta uma desenvoltura igualmente grande em relação à unidade de lugar, limitação incompatível com a complexidade das suas intrigas. Shakespeare propicia ao coro de *Henrique V*, peça de 1597, o seguinte discurso: "Pode este teatro conter os vastos campos da França? Ou podemos amontoar nesse círculo de madeira os elmos que aterrorizaram o ar em Azincourt? Oh, perdão! já que um algarismo recurvo pode representar num pequeno espaço um milhão, permitam a nós, cifras dessa grande conta, *agir sobre as forças da imaginação de vocês*. Suponham que no recinto destas paredes estejam agora confinadas duas poderosas monarquias, cujas altas e contíguas fachadas um perigoso e estreito oceano separa. *Completem nossas imperfeições com seus pensamentos*: em mil partes dividam um homem e criem um exército imaginário; pensem, quando falarmos em cavalos, que os veem imprimindo seus cascos orgulhosos na terra que os recebe; pois o pensamento de vocês é que agora tem de adornar nossos reis, levá-los aqui e ali, transpor o tempo, transformando a passagem de muitos anos numa hora de ampulheta."

1.2. A mistura dos gêneros

A preocupação de Lope de Vega com a liberdade perante as regras se manifesta também no interesse que tem pela tragicomédia. Introduzido na Espanha e na França pelos italianos no fim do século XVI, esse gênero está na moda. Irregular por natureza, escapa de uma definição rigorosa. É considerado ora uma tragédia que acaba bem, ora uma tragédia em que o cômico se mistura com o trágico. Embora esses dois traços distintivos sejam bem diferentes, um caracterizando o desenlace, o outro as tonalidades, alguns teóricos os confundem em sua argumentação[3]. Quanto a Lope, ele retoma a definição que Guarini deu, alguns anos antes, em seu *Compêndio da poesia tragicômica* (*Compendio della poesia tragicomica*). Nessa obra, o teórico italiano se defende das críticas emitidas contra sua pastoral

---

3. Atesta-o esta declaração de Vauquelin de la Fresnaye em sua *Art poétique*, de 1605:
"Quand il y a du meurtre et qu'on vit toutefois,
Qu'à la fin sont contents les plus grands et les Rois,
Quand du grave et du bas le parler on mendie,
On abuse du nom de tragi-comédie."
(III, vv. 165-168)
[Quando há assassínio e no entanto se vê,
Que no fim estão contentes os maiores e os reis,
Quando do austero e do baixo o falar se mendiga,
Abusa-se do nome de tragicomédia.]

tragicômica, *Le Berger fidèle* (*Il pastor fido*) [*O pastor fiel*], escrita entre 1580 e 1585. Aos doutos que o acusam de ter violado a hierarquia dos gêneros ao misturar elementos de comédia com elementos de tragédia, Guarini retorque que só é possível dar a conhecer a variedade da natureza pela diversidade da arte. Lope, que considera a *comedia* uma tragicomédia, exorta, pelas mesmas razões, os autores dramáticos a misturar os gêneros. Apoiando-se no exemplo de Plauto, que, em *O anfitrião*, não hesita em introduzir os deuses numa comédia, preconiza misturar a maneira de Terêncio com a de Sêneca, a fim de imitar a natureza sempre diversificada. Ele mesmo procede assim com frequência, notadamente em *Le Chevalier d'Olmedo* [*O cavaleiro de Olmedo*] (1625-1630), onde intermédios cômicos irrompem em meio ao patético.

> Qu'on choisisse le sujet, sans se soucier
> (pardonnez-nous, préceptes) s'il traite de rois,
> encore que je comprenne que le sage
> Philippe, Roi d'Espagne, notre Sire,
> se fachât lorsqu'il voyait sur le théâtre un roi,
> soit qu'il vît là une atteinte à l'art,
> soit qu'il refusât que l'autorité royale
> figurât au milieu de la plèbe triviale.
>
> C'est là revenir à la comédie antique,
> où nous voyons Plaute introduire des dieux,
> comme le montre en son *Amphitryon* Jupiter.
> Dieu sait s'il m'en coûte de l'approuver en cela,
> car Plutarque, en parlant de Ménandre,
> désavoue la comédie antique;
> mais puisque nous voilà de l'art si éloignés
> et qu'en Espagne on fait mille offenses à sa cause,
> que cette fois les doctes gardent les lèvres closes.
>
> Le tragique au comique mêlé,
> Et Térence à Sénèque, même si c'est par engendrer
> de Pasiphaé un autre Minotaure,
> donneront une partie grave, une autre qui fasse rire,
> car c'est la variété qui enchante plus que tout:
> Quel meilleur exemple nous en donne la Nature
> qui tire sa beauté de telle bigarrure!
>
> [Escolha-se o tema sem se preocupar
> (perdoai-nos, preceitos) se ele trata de reis,
> muito embora eu compreenda que o sábio
> Filipe, rei de Espanha, nosso Senhor,
> se zangasse quando via no teatro um rei,
> seja por ver nisso um atentado à arte,
> seja por recusar que a autoridade real
> figurasse no meio da plebe trivial.

Isso é voltar à comédia antiga,
onde víamos Plauto introduzir deuses,
como mostra Júpiter em seu *Anfitrião*.
Deus sabe quanto me custa aprová-lo nisso,
porque Plutarco, falando de Menandro,
desautoriza a comédia antiga;
mas já que da arte estamos tão distantes
e que na Espanha fazem-se mil ofensas por sua causa,
que desta vez os doutos mantenham seus lábios fechados.

O trágico ao cômico misturado,
e Terêncio a Sêneca, mesmo que para gerar
de Pasífae outro Minotauro,
darão uma parte grave e outra que faça rir,
porque é essa variedade que encanta mais que tudo:
que melhor exemplo disso nos dá a Natureza
que extrai sua beleza de tal diversidade!]

1.3. A adaptação da peça ao gosto do público

Reivindicando, dois séculos antes de Hugo, a liberdade do escritor em relação aos modelos, Lope de Vega quer emancipar o teatro dos cânones antigos e adaptá-lo ao gosto do público de seu tempo. As regras não podem ser imutáveis. Em face dos neoplatônicos, que afirmam a eternidade do Belo, ele frisa a relatividade deste. Tirso de Molina, herdeiro direto de Lope, dá testemunho de uma grande admiração por esse autor que, rompendo com a tradição, possibilitou que a *comedia* fosse "mais bonita e divertida (*más hermosa y entretenida*)" do que era o teatro dos antigos. Lope, como mais tarde Molière, deseja agradar a todos os públicos, tanto ao povo ("*el vulgo*") como aos conhecedores. É essa, para ele, a especificidade do autor dramático, cujo talento deve reunir espectadores provenientes de meios diferentes, em contraste com o poeta lírico, cuja arte, elitista, toca principalmente os letrados. Por isso ele aconselha que os dramaturgos adotem a prosa[4], à maneira de Lope de Rueda (1520-1565), que ele sauda como o pai da *comedia* moderna.

Até o Classicismo se impor, é imensa a influência de Lope de Vega sobre o teatro francês, tanto sobre os autores dramáticos quanto sobre os teóricos barrocos. Seu teatro é um reservatório de situações no qual se abastecem abundantemente autores pré-clássicos como Alexandre Hardy, Boisrobert, Rotrou. Quando o Classicismo triunfa, Corneille e Molière ainda se inspiram em suas intrigas. Corneille, em *Dom Sancho de Aragão*, rememora *El Palacio confuso* [*O palácio confuso*], como ele próprio explica no *Exame* de 1660. "Essa peça é toda de invenção, mas não é toda da minha. O que o primeiro ato tem de faustuoso foi tirado de uma comédia espanhola intitulada *El Palacio confuso*." Quanto a Molière, que pilha à vontade todos os seus predecessores, toma parcialmente emprestada de Lope a

---

4. Apesar desse conselho que dá, ele não utiliza a prosa, mas recorre a versos sem forma fixa, a fim de imitar o mais possível a conversa.

intriga de *L'École des maris* [*A escola dos maridos*]⁵. Todavia, desde o advento do Classicismo, um imenso descrédito pesa na França sobre a obra de Lope de Vega. Chapelain, que no entanto traduziu com entusiasmo, na juventude, algumas das suas peças, cobre-o de desprezo em *Os sentimentos da Academia Francesa sobre a tragicomédia do Cid*, de 1638. Boileau, em *Art poétique*, de 1674, também o condena sem apelação:

> Um rimeur, sans péril, delà les Pyrénées
> Sur la scène en un jour renferme des années.
> Là souvent le héros d'un spectacle grossier,
> Enfant au premier acte, est barbon au dernier.
>
> (cap. 3, vv. 39-41)

[Um rimador, sem perigo, além dos Pirineus
Na cena encerra num dia vários anos.
Nela muitas vezes o herói de um espetáculo grosseiro,
Filho no primeiro ato, é um velhote no segundo.]

Alguns autores do século XVIII, embora admirados perante a fecundidade de sua obra, não podem aceitar a insolente liberdade que ele ostenta em face das regras. Voltaire, se bem que reconheça nele um gênio comparável ao de Shakespeare, o trata de bárbaro. Marmontel faz seu elogio no verbete "comédia" da *Enciclopédia* em 1753: "Um povo que afetava outrora em seus costumes uma gravidade magnífica e, em seus sentimentos, um empolamento romanesco veio servir de modelo a intrigas cheias de incidentes e de caracteres hiperbólicos. Assim é o teatro espanhol. (...)

"Mas esses exageros forçados, nem uma licença de imaginação que viole todas as regras, nem um refinamento de chacota muitas vezes pueril puderam fazer que se recusasse a Lope de Vega um dos primeiros lugares entre os poetas cômicos modernos. De fato, ele junta à mais feliz sagacidade na escolha dos caracteres uma força de imaginação que o grande Corneille mesmo admirava. Foi a Lope de Vega que ele tomou emprestado o personagem de *O mentiroso*, sobre o qual ele dizia, com tanta modéstia e tão pouca razão, *que daria duas das suas melhores peças para tê-lo imaginado*." Marmontel critica no entanto a irregularidade de Lope em seus *Elementos de literatura,* de 1787, o que não tem nada de surpreendente de parte de um homem que não gosta do drama. "... o defeito do gênio espanhol é não ter sabido pôr limites nem à imaginação nem ao sentimento. (...) É na complicação da intriga, no embaraço dos incidentes, na singularidade imprevista do acontecimento, que mais rompe do que desenlaça os laços embrulhados da ação; é num misto bizarro de bufonaria e de heroísmo, de galanteria e de devoção, nos caracteres exagerados, nos sentimentos romanescos, em expressões enfáticas, num maravilhoso absurdo e pueril, que fazem consistir o interesse e a pompa da tragédia. (...)

---

5. Trata-se de peça de Lope de Vega, *El mayor imposible* [*O cúmulo do impossível*], na qual Lope se inspira em *Adelfos* de Terêncio. Este mostra os resultados de dois tipos de educação em dois rapazolas, uma liberal, a outra tirânica. Lope transpõe o problema para as relações conjugais, o que Molière também faz, por sua vez.

"Lope de Vega e Calderón tinham nascido para ter um lugar ao lado de Molière e de Corneille; mas, dominados pela superstição, pela ignorância e pelo falso gosto dos orientais e dos bárbaros, que a Espanha havia contratado, foram forçados a se submeter a eles."

Vai ser preciso aguardar Louis-Sébastien Mercier e, principalmente, Hugo para Lope de Vega ser reabilitado.

1.4. Ogier, herdeiro de Lope de Vega

Uma geração depois da de Guarini e de Lope de Vega, o abade François Ogier torna-se, na França, o paladino da irregularidade em seu prefácio à segunda edição de *Tiro e Sídon*, tragicomédia de Jean de Schélandre, de 1628. Como Lope, ele condena as unidades de tempo e de lugar, cujo respeito acarreta às vezes incoerências aborrecidas, seja porque os personagens aparecem em cena sem que sua vinda seja motivada, seja porque uma quantidade grande demais de acontecimentos se sucede de forma precipitada num mesmo dia. Além disso, a necessidade de contar o que aconteceu nos dias precedentes e de justificar as ações que ocorrem em cena impõe longos relatos, tediosos para o espectador. A regra da unidade de tempo é tão coercitiva que mesmo na Antiguidade ela nem sempre foi respeitada sem algumas infrações. Assim, como observa Ogier, na *Antígona* de Sófocles, passa uma noite entre o primeiro e o segundo enterro de Polinices. A ação de *Heautontimônoumenos* de Menandro também necessita de dois dias. São esses, como vimos, os argumentos retomados pelos adversários de Chapelain em resposta à regra das 24 horas que ele edita dois anos depois. São as objeções de Godeau e as do autor anônimo do *Discours à Cliton* [*Discurso a Clito*] (1637).

Defendendo a tragicomédia, Ogier observa que os antigos foram obrigados a levar ao seu teatro o drama satírico, com a finalidade de fazer os espectadores entristecidos pelo espetáculo da tragédia relaxar, graças a um intermédio cômico. Como Lope, ele acha mais legítimo misturar numa mesma peça os elementos graves e os elementos agradáveis, em vez de representá-los, à maneira antiga, em duas peças sucessivas. "Por isso os próprios antigos, reconhecendo os defeitos do seu teatro e que a pouca variedade que nele se praticava tornava os espectadores melancólicos, foram obrigados a introduzir sátiras na forma de intermédio. (...)

"Essa economia e essa disposição de que se serviram fazem que não nos encontremos no embaraço de desculpar a invenção das tragicomédias, que foi introduzida pelos italianos, visto que é bem mais razoável misturar as coisas graves com as menos sérias, numa mesma sequência de discurso, e fazê-las se encontrar num mesmo tema de fábula ou de história, do que juntar fora da obra sátiras com tragédias que não têm nenhuma conexão e confundem e perturbam a visão e a memória dos ouvintes. Porque dizer que é indecoroso fazer aparecer numa mesma peça as mesmas pessoas tratando de assuntos ora sérios, importantes e trágicos, e logo depois de coisas comuns, vãs e cômicas, é ignorar a condição de vida dos homens, cujos dias e horas são muitas vezes entrecortados de risos e lágrimas, de contentamento e aflição, conforme estejam agitados pela boa ou a má fortuna.

"Um dos deuses quis outrora misturar a alegria com a tristeza para fazer com elas uma mesma composição; não teve sucesso, mas ele ligou os assuntos um atrás do outro: é por isso que eles se seguem normalmente tão de perto. E a própria natureza nos mostrou que eles não se diferenciavam um do outro, pois que os pintores observam que os movimentos de músculos e de nervos que formam o riso no rosto são os mesmos que servem para nos fazer chorar e para nos pôr nessa triste postura em que damos mostra de uma dor extrema. E depois, no fundo, os que querem que não se altere e não se mude nada das invenções dos antigos discutem aqui apenas a palavra, e não a coisa; porque o que é o *Ciclope* de Eurípides, senão uma tragicomédia cheia de chacotas e de vinho, de sátiras e de sereias, de um lado, de sangue e de raiva de Polifemo com o olho vazado, do outro?

"A coisa é antiga, portanto, se bem que o nome seja novo; resta somente tratá-la como convém: fazer falar cada personagem de acordo com o tema e o decoro e saber descer adequadamente do coturno da tragédia (porque aqui é permitido usar esses termos) ao escarpim da comédia."

Como Lope de Vega, Ogier também insiste na relatividade do gosto, diferente conforme os povos. O olhar sobre as obras antigas muda com as épocas. Não são sempre os mesmos aspectos que retêm a atenção. "(…) o ardor demasiado violento de querer imitar os antigos fez que nossos primeiros poetas não tenham alcançado a glória nem a excelência dos antigos. Eles não consideravam que o gosto das nações é diferente, tanto em relação aos objetos do espírito como aos objetos do corpo, e que assim como os mouros, para não ir mais longe, os espanhóis idealizam e apreciam uma espécie de beleza bem diferente da que estimamos na França, e desejam em suas amantes uma outra proporção de membros e de outros traços da fisionomia que os que buscamos, ao ponto de que deve haver homens que formam a ideia de sua beleza com os mesmos delineamentos com que comporíamos a feiura. Do mesmo modo, não se deve duvidar de que os espíritos dos povos não têm inclinações bem diferentes uns dos outros, e sentimentos totalmente diversos sobre a beleza das coisas espirituais, tal como o é a poesia."

Por sua rejeição das unidades de tempo e de lugar, por seu desejo de misturar os gêneros e por sua preocupação com adaptar a peça ao gosto do público, os primeiros irregulares, Guarini, Lope de Vega, Ogier, traçam, desde o início do século XVII, as três linhas de força em que se apoiará o drama. Postas de lado na época clássica, essas ideias ressurgem, como veremos, desde o início do século XVIII, para dar nascimento ao drama burguês.

2. O TEATRO DAS LUZES

Na segunda metade do século XVIII, na França, graças a pensadores geniais, como Diderot e Louis-Sébastien Mercier, uma teoria do teatro radicalmente nova se elabora, assinalando o fim do Antigo Regime e estabelecendo os fundamentos de uma estética moderna.

2.1. Condenação dos gêneros antigos

Entre 1680 a 1715 ocorre uma crise no pensamento francês, sinal precursor da Revolução[6]. Em trinta e cinco anos, passa-se de um ideal de ordem a uma rejeição da autoridade, de uma sociedade hierarquizada ao sonho igualitário. O culto da Antiguidade, a obediência às regras, professados pelo Classicismo, são substituídos por um desejo de liberdade e de invenção de que a Querela dos Antigos e dos Modernos é o sintoma mais manifesto. Incompatível com os ideais das Luzes, que começam a despontar, a tragédia e a comédia caíram em desagrado. Somente Marmontel (1723-1799), que não aprecia o drama, é um de seus raros defensores, concedendo-lhes um valor moral a despeito dos papéis de malvados que elas exploram, uma porque desvia das paixões mostrando seus efeitos infelizes, a outra por denunciar o vício, ridicularizando-o. "Atacar o vício pelo medo do ridículo e da vergonha; o crime, pelo pavor dos remorsos que o assediam e do castigo que a ele se segue; as paixões, pela pintura dos tormentos, dos perigos, das desgraças que as acompanham: eis os grandes efeitos do teatro", escreve ele em seus *Elementos de literatura* (1787), no verbete "drama".

A tragédia é condenada, desde o fim do século XVII, tanto pelos que a julgam imoral como pelos que se entediam com ela. Apesar de nossos clássicos terem tentado de um jeito ou de outro defender sua moralidade, sem dúvida para conquistar as boas graças dos doutos e dos Padres da Igreja, mesmo assim levaram à cena obras-primas de imoralidade que chocam a sensibilidade do espectador do século XVIII. Acaso Corneille, fiel nesse ponto a Aristóteles, não escreve na dedicatória de *Medeia*, em 1639: "Não se deve considerar se os costumes são virtuosos, mas se são iguais aos da pessoa que é introduzida. Assim, a poesia descreve indiferentemente as boas e as más ações, sem nos propor estas últimas como exemplo"? É a coerência dos personagens que lhe importa, não a sua moralidade. Partidário dos modernos, seu sobrinho, Fontenelle (1657-1757), que, em suas *Réflexions sur la poétique* [*Reflexões sobre a poética*] (1691), pretendia reformar a tragédia atribuindo-lhe uma finalidade moral, sem dúvida não se dá conta de que assim a esvazia do seu sentido. Considerando caduca a noção de fatalidade que a rege, queria que ao fim dos seus infortúnios o personagem virtuoso triunfasse. Fénelon (1651-1715), que se situa, por sua vez, no campo dos antigos, aconselha, em sua *Lettre à l'Académie* [*Carta à Academia*] (1714), em nome da moral, que as paixões sejam excluídas da tragédia. É um caminho que Voltaire (1694-1778) experimenta em sua primeira tragédia, *Édipo*, em 1718, onde ele se mostra orgulhoso por criar, pela primeira vez, uma tragédia na qual não aparece a paixão amorosa. Quanto ao abade Dubos (1670-1742), em suas *Réflexions critiques sur la poésie et la peinture* [*Reflexões críticas sobre a poesia e a pintura*] (1719), ele exprime o desejo de que sejam levadas à cena situações banais e cotidianas, mais tocantes, a seu ver, do que os acontecimentos grandiosos que advêm na tragédia. O caráter fora do comum dos heróis trágicos o entedia profundamente. Antoine Houdar de la

---

6. Ver a obra de Paul Hazard, *La Crise de la conscience européenne 1680-1715*, Fayard, 1961, Les Grandes Études littéraires.

Motte (1672-1731), que também gostaria que se desse mais espaço à emoção, deplora, no seu *Second Discours* [*Segundo discurso*] (1722), a ausência, na tragédia, dessas "ações admiráveis que requerem aparato e espetáculo". Por isso reclama a supressão das unidades, que, pelas limitações que impõem, impedem que o autor dramático crie situações emocionantes, e preconiza uma tragédia em prosa, com base no modelo do teatro shakespeariano.

> *Ah ma mère! ah mon fils! ah mon frère! ah ma soeur!* Ces exclamations seules sont presque sûres de nos larmes; et sans s'embarrasser si la reconnaissance ressemble à d'autres, ni même si elle est filée avec assez de justesse, on se laisse entraîner à l'émotion des personnages; car, plus ils sont émus, moins ils se laissent de liberté pour réfléchir s'ils ont raison de l'être.
>
> Que les philosophes ne nous chicanent point sur les pressentiments, sur les instincts que nous employons en ces rencontres; qu'ils ne trouvent pas à redire, par exemple, qu'un père, à la présence d'un fils inconnu, sente une émotion secrète qui devance l'éclaircissement: il nous démontreront sans doute que ces instincts ne sont pas de la nature, et que c'est le préjugé seul qui les a imaginés: mais laissons-les démontrer ce qu'il leur plaira; allons à notre but, et profitons des préjugés du public pour son propre plaisir. Ce qu'il croit naturel a sur lui les droits de la nature et fera les mêmes impressions... La plupart de nos pièces ne sont que des dialogues et des récits; et ce qu'il y a de surprenant, c'est que l'action même qui a frappé l'auteur et qui l'a déterminé à choisir son sujet, se passe presque toujours derrière le théâtre. Les Anglais ont un goût tout opposé. On dit qu'ils le portent à l'excès, cela pourrait bien être: car il y a sans doute des actions qui ne seraient pas bonnes à mettre sous les yeux, soit par la difficulté de l'exécution pour les rendre vraies, soit par l'horreur des sujets représentés... Mais en supposant une fois ces défauts évités, combien d'actions importantes que le spectateur voudrait voir, et qu'on lui dérobe sous prétexte de règles, pour ne les remplacer que par des récits insipides, en comparaison des actions mêmes...
>
> *Ah, minha mãe! ah, meu filho! ah, meu irmão! ah, minha irmã!* Essas exclamações sozinhas são mais seguras do que as nossas lágrimas; e sem nos preocupar se o reconhecimento se parece com outros, nem mesmo se é tramado com justeza bastante, deixamo-nos levar pela emoção dos personagens; porque quanto mais emocionados estão, mais nos dão a liberdade de refletir se têm razão de estar.
>
> Que os filósofos não nos aborreçam sobre os pressentimentos e os instintos que empregamos nesses encontros; que não critiquem, por exemplo, que um pai, em presença de um filho desconhecido, sinta uma emoção secreta que se antecipe ao esclarecimento: eles nos demonstrarão sem dúvida que esses instintos não são naturais e que somente a conjectura os imaginou; mas deixemo-los demonstrar o que bem entenderem; vamos à nossa meta e aproveitemos as conjecturas do público para seu próprio prazer. O que ele crê natural tem, sobre ele, os direitos da natureza e produzirá as mesmas impressões... A maioria das nossas peças são apenas diálogos e relatos; e o que é de surpreendente é que a ação propriamente dita, que impressionou o autor e que o determinou a escolher seu tema, transcorre quase sempre atrás do teatro. Os ingleses têm um gosto totalmente oposto. Dizem que eles o levam ao excesso, pode ser: porque há sem dúvida ações que não seriam apropriadas a pôr diante dos olhos, seja pela dificuldade da execução para torná-las verdadeiras, seja

pelo horror dos temas representados... Mas, supondo esses defeitos evitados, quantas ações importantes o espectador gostaria de ver e lhe furtamos a pretexto de regras, substituindo-as por relatos insípidos, comparados às próprias ações...

Quanto a Marivaux (1688-1763), em *L'île de la raison* [*A ilha da razão*] (1727), ele caçoa gostosamente da tragédia, cuja permanente inverossimilhança denuncia por meio das palavras de Blectrue, o conselheiro do governador, a quem cabe a tarefa de chamar à razão os que fracassam na ilha, notadamente o poeta.

> Le Poète – Tenez, je m'amusais dans mon pays à des ouvrages d'esprit, dont le but était, tantôt de faire rire, tantôt de faire pleurer les autres.
> Blectrue – Des ouvrages qui font pleurer! cela est bien bizarre.
> Le Poète – On appelle cela des tragédies, que l'on récite en dialogues, où il y a des héros si tendres, qui ont tour à tour des transports de vertu et de passion si merveilleux; de nobles coupables qui ont une fierté si étonnante, dont les crimes ont quelque chose de si grand, et les reproches qu'ils s'en font sont si magnanimes; des hommes enfin qui ont de si respectables faiblesses, qui se tuent quelquefois d'une manière si admirable et si auguste, qu'on ne saurait les voir sans avoir l'âme émue et pleurer de plaisir. Vous ne me répondez rien.
> Blectrue (*surpris, l'examine sérieusement*) – Voilà qui est fini, je n'espère plus rien; votre espèce me devient plus problématique que jamais. Quel pot-pourri de crimes admirables, de vertus coupables et de faiblesses augustes! il faut que leur raison ne soit qu'un coq-à-l'âne.
>
> (I, 10)

[O poeta – Olhe, eu me divertia em meu país com obras de espírito, cujo objetivo era ora fazer os outros rir, ora fazer chorar.
Blectrue – Obras que fazem chorar! Que esquisito!
O poeta – Chamam-nas tragédias, que são recitadas em diálogos, nas quais há heróis tão ternos, que têm sucessivos arroubos de virtude e de paixão tão maravilhosos; nobres culpados que têm um orgulho tão espantoso, cujos crimes têm algo de tão grande e as reprimendas que se fazem são tão magnânimas; enfim, homens que têm fraquezas tão respeitáveis que às vezes se matam de uma maneira tão admirável e tão augusta, que não poderíamos vê-los sem ficar com a alma emocionada e chorar de prazer. Você não me diz nada.
Blectrue (*surpreso, examina-o seriamente*) – Chega, não espero mais nada; sua espécie fica mais problemática que nunca para mim. Que *pot-pourri* de crimes admiráveis, de virtudes culpadas e de fraquezas augustas! A razão deles deve ser completamente destrambelhada.]

Espremida nas regras estritas, a tragédia está de fato morta!

Na segunda metade do século, o gênero se torna francamente insuportável. Os espectadores acham que seus personagens discorrem demais. Rousseau (1712--1778) investe notadamente contra Corneille e Racine em *La nouvelle Heloïse* [*A nova Heloísa*] (1761), e as reações que ele empresta a Saint-Preux são representativas do gosto da época. "Em geral, há muito discurso e pouca ação na cena francesa; talvez porque, de fato, o francês fale mais do que aja, ou pelo menos valorize mais o que se diz do que o que se faz" (II, 17). A tragédia é percebida como um gênero artificial, regido por convenções, em que o homem das Luzes não se reconheceria, como atesta este juízo de Grimm (1723-1807), numa das cartas da sua *Correspondance littéraire, philosophique et critique* [*Correspondência literária, filosófica e crítica*]: "Se o povo de Atenas ou de Roma pudesse ver representadas nossas tragédias mais patéticas, as que chamamos de obras-primas, certamente não as consideraria destinadas à diversão de uma assembleia de crianças... Nossa tragédia tem um código particular de leis; os acontecimentos transcorrem e se encadeiam de outro modo no mundo moral. Os personagens agem por outros motivos que os que determinam as ações dos homens, seus discursos não se parecem com os que o interesse, a paixão, a verdade da situação inspiram; todo o sistema da tragédia moderna é um sistema de convenção e de fantasia que não tem modelo na natureza."[7]

Os personagens trágicos – reis, príncipes, deuses e semideuses – não são mais capazes de comover o espectador. "Por isso, ao contrário de o brilho da posição aumentar em mim o interesse que tenho pelos personagens trágicos, ele o prejudica", declara Beaumarchais (1732-1799) em *L'Essai sur le genre dramatique sérieux* [*Ensaio sobre o gênero dramático sério*], que publica com *Eugénie* [*Eugênia*] em 1767. "Quanto mais o homem que padece é de uma condição próxima da minha, mais sua desgraça tem ascendência na minha alma." Emprestados da Antiguidade, os temas da tragédia também não poderiam satisfazer as aspirações pré-revolucionárias. Várias vezes, tanto em seu *Nouvel Examen de la tragédie française* [*Novo exame da tragédia francesa*] (1778) como em *Do teatro ou Novo ensaio sobre a arte dramática* (1773), Louis-Sébastien Mercier (1740-1814) declara que não poderia aplaudir uma tragédia que pusesse em cena personagens reais, a não ser que ela terminasse com a queda do monarca. Racine, para ele, não passa de um "homem de mau gosto, um pintor maneirista". Em seu *Tableau de Paris* [*Panorama de Paris*] (escrito de 1781 a 1788), no capítulo LXXXIII, consagrado às "tragédias modernas", cansado dos temas mitológicos sempre idênticos, faz a defesa de um teatro moderno, um teatro nacional que falaria ao espectador da sua situação presente. "Como! Estamos no meio da Europa, cena vasta e importante dos mais variados e espantosos acontecimentos, e ainda não temos uma arte dramática própria? Não podemos compor sem o socorro dos gregos, dos romanos, dos babilônios, dos trácios? Vamos buscar um Agamenon, um Édipo, um Teseu, um Orestes etc.? Descobrimos a América, e essa descoberta súbita fundiu dois mundos num só, criou mil novas relações? Temos a imprensa, a pólvora, os correios, a bússola, e com as novas e fecundas ideias que daí resultam ainda não temos uma arte dramática própria? Somos rodeados por todas as ciências, todas as artes, pelos milagres multiplicados da indústria humana; habitamos uma capital povoada por novecentas mil almas, em que a prodigiosa desigualdade das fortunas, a variedade dos estados, das opiniões, dos caracteres, formam os contrastes mais enérgicos e mais picantes; e enquanto mil personagens diversos nos rodeiam com seus traços característicos, pedem o calor dos nossos pincéis e nos encomen-

---

7. As cartas de Grimm, escritas de 1754 a 1773, só foram publicadas em 1812-1813.

dam a verdade, abandonaríamos uma natureza viva, em que todos os músculos são inflados, salientes, cheios de vida e de expressão, para ir desenhar um *cadáver grego* ou *romano*, colorir suas faces lívidas, vestir seus membros frios, pô-lo de pé cambaleante e imprimir naquele olhar baço, naquela lágrima gelada, naqueles braços rígidos, o olhar, o idioma e os gestos convenientes às pranchas dos nossos tablados? Que abuso do manequim!" Em seu *Novo ensaio sobre a arte dramática*, Mercier narra uma anedota que tem por fim demonstrar que a tragédia não diz mais respeito ao homem do seu tempo. "Um camponês da Alsácia, homem de muito bom-senso, se encontrava em Paris pela primeira vez na vida. Para agradá-lo, levaram-no a um teatro para assistir à representação de uma tragédia. Ele de início ouviu com muita atenção e, interrogado sobre o que achava, respondeu: 'Vejo pessoas que falam e gesticulam muito; acredito que conversam sobre seus assuntos e, como, não são os meus, creio que não preciso prestar maior atenção.' Dito isso, pôs-se a espiar os homens e as mulheres que compunham a audiência, e não ouviu mais" (cap. 2, "Da tragédia antiga e moderna").

Enquanto o gênero trágico, solapado do interior, deve necessariamente morrer, a comédia, embora severamente ameaçada também, em sua caricatura, parece inverossímil. Os teóricos frisam que se procuraria em vão, na sociedade, um homem tal como os autores cômicos pintam. Assim, Sébastien Mercier, em seu *Novo ensaio sobre a arte dramática*, escreve: "... não se constrói um caráter com base num traço forçado. É necessário proporcionar a causa aos efeitos e equilibrá-los de tal modo que nada saia da verossimilhança. Ora, só os pequenos traços renovados, os detalhes arranjados e conduzidos com arte é que desvelam um personagem.

"Insistirei sempre em sustentar que o caráter dos homens é misto, que um ridículo nunca está desacompanhado, que um vício comum é esteado por outros vícios, que querer separar um defeito dos que o rodeiam e lhe estão próximos é pintar sem observar a degradação das sombras e das cores. O personagem não tem mais contrapeso, parece mover-se sozinho, age sem razão determinante, se vê como que arrastado por um poder irresistível: é a mão do poeta que, como a da fatalidade, lhe imprime todos os seus movimentos.

"De fato, os traços que escaparam de mil indivíduos são acumulados ao mesmo tempo na cabeça de um só; são retalhos que formam seu caráter, e a unidade moral não se faz mais sentir. O caráter do personagem não se desenvolve com a ação; a ação é forçada rapidamente pelo caráter, e é o contrário que acontece no mundo. A verdade da experiência, enfim, não é observada, as proporções não são naturais. O povo ri como ri de toda charge, mas nunca encontra na sociedade o modelo que lhe ofereceram no teatro. As flechas do poeta disparadas por um arco tensionado demais e mal dirigido passam por cima da cabeça dos que pretendia atingir: um olho atento teria descrito melhor o voo da flecha; teria atingido o alvo; mas o alvo é um ponto único: é mais cômodo atirar no ar, sem ter um objeto fixo" (cap. 5, "Desenvolvimento do capítulo precedente", intitulado "Da comédia").

O lacaio de comédia, tal como aparece no teatro antigo, em Menandro ou em Plauto, depois na farsa italiana e francesa, e tal como Molière o imortalizou nos traços acentuados de Jodelet, Mascarille e Sganarello, não está mais na moda. Personagem de fantasia, que não reflete em nada os serviçais do século XVIII, é percebido como uma figura de convenção caduca. "Foram expulsos da cena os lacaios e as criadinhas; não se veem mais suas astúcias serem o móvel da ação. Sentiu-se que era ridículo pôr as tolices dos nossos antigos em nosso teatro. Não acreditamos que a mentira e a baixeza estejam necessariamente ligadas à condição doméstica", escreve Louis-Sébastien Mercier em seu *Novo ensaio sobre a arte dramática*, cap. 11 ("Desenvolvimento do precedente", intitulado "Novos temas dramáticos que poderiam ser tratados"). Diderot (1713-1784), que condena com virulência igual à de Mercier o lacaio de comédia, aconselha todavia que se conserve o personagem da criadinha, que é a única capaz de servir de confidente a uma moça na sociedade do século XVIII. Cômoda, a manutenção dessa personagem lhe permite evitar os monólogos, cujo espaço ele quer limitar porque, em seu irrealismo, realçam as convenções.

Todos consideram a comédia, que, pelo riso, atenua a perversidade do vício, como extremamente imoral. É em termos duros que Mercier condena Molière. Somente *O Tartufo*, onde o personagem do celerado é odioso, tem graça para ele. "Sobretudo, se ele pinta o vício, não deve brincar. O riso, nesse caso, se tornaria sacrilégio. O vício sempre deve inspirar aversão. Ri-se do jogador, do avarento, do malvado, do impertinente, azar. Eu gostaria que Molière houvesse tratado todos os temas como no *Tartufo*; é sua obra-prima, obra-prima única, na qual ele está acima de si mesmo.

"E como sentir ódio pelo que fez nascer o sorriso em nossos lábios? Se a avareza, a artimanha, a insolência, a duplicidade, a traição são vícios detestáveis, *Les Fourberies de Scapin* [*As artimanhas de Scapino*], *Georges Dandin*, *A escola de mulheres*, *Le Légataire universel* [*O herdeiro universal*], etc. são peças perigosas; porque, se não se pode formar os costumes, pode-se corrompê-los" (*Novo ensaio sobre a arte dramática* cap. 5, "Desenvolvimento do capítulo precedente", intitulado "Da comédia"). Mercier se indigna com o fato de que, numa peça como *Le Bourgeois Gentilhomme* [*O burguês fidalgo*], Molière, ao mesmo tempo que debocha de madame Jourdain, humilha a burguesia. Chega ao ponto de acusá-lo de ter causado a morte do abade Cotin, por tê-lo ridicularizado sob os traços de Trissotin. Quanto a Rousseau, que considera a comédia ainda mais perigosa que a tragédia, porque põe em cena personagens da nossa condição, não contém a cólera contra Molière, cujo teatro é, a seu ver, "uma escola do vício", conforme escreve em sua *Lettre à d'Alembert sur les spectacles* [*Carta a d'Alembert sobre os espetáculos*] (1758). Ele não pode suportar que Molière faça o espectador rir à custa de Alceste, que lhe parece ser o homem mais virtuoso do mundo, animado, em seus gestos e em suas palavras, por um violento ódio ao vício. Em compensação, considera Philinte, que Molière apresenta como homem sensato, um monstro de egoísmo e de hipocrisia, um ser pervertido pelo excesso de civilidade. "O que é o misantropo de Molière? Um homem de bem que detesta os costumes do seu século e a maldade dos seus contemporâneos; que, precisamente por amar seus semelhantes, odeia neles os males que eles se fazem reciprocamente e os vícios de que esses males são a obra. Se ele fosse menos tocado pelos erros da humanidade, menos indignado com as iniquidades que vê, acaso seria mais humano? Seria como sustentar que um terno pai ama mais os filhos dos outros que os seus, por se irritar com as faltas destes e nunca dizer nada aos outros." Passando em revista os sucessores de Molière, que não tiveram "nem seu gênio nem sua probidade", como Dancourt ou Régnard, ele os condena sem apelação.

Se a tragédia morre lentamente desde o início do século, a comédia, capaz de evolução, experimenta novas formas que prepararam o drama. Destouches (1680-1754), no prefácio de *Le Glorieux* [*O glorioso*] (1732), se gaba de ter criado "um cômico nobre e sublime", bem diferente do de Molière, pelo que Fontenelle o felicita no *Discurso* com que o homenageia, quando da sua posse na Academia Francesa. "A mais difícil espécie de cômico é aquela em que seu gênio o guiou", diz a ele, "aquela que só é cômica pela razão, que não procura provocar baixamente um riso imoderado numa multidão grosseira, mas que eleva essa multidão a, quase a contragosto, rir finamente e com espírito." Nivelle de la Chaussée (1691-1754) cria, em 1735, a "comédia lacrimejante" com *Le Préjugé à la mode* [*O preconceito na moda*], misturando o riso e a emoção. Marivaux, em *La Mère confidente* [*A mãe confidente*], também introduz, no mesmo ano, elementos patéticos na comédia. Todavia, essas peças continuam sendo comédias, destinadas a fazer rir, ainda que o cômico não seja da mesma natureza que o provocado pelas peças de Molière. Voltaire, no prefácio de *Nanine*, que ele qualifica de "comédia enternecedora" (1749), reivindica essa manutenção do riso na comédia. Uma comédia séria, como a que o drama preconizará, não lhe conviria. "A comédia, mais uma vez, pode se apaixonar, se arrebatar, enternecer, contanto que depois faça rir as pessoas de bem", escreve ele. "Se lhe faltasse o cômico, se fosse apenas lacrimejante, é que então ela seria um gênero muito vicioso e muito desagradável." No entanto, no *Prefácio* de *L'Enfant prodigue* [*O filho pródigo*] (1737)[8], ele define com antecipação os objetivos do drama, reivindicando, em nome do realismo, a mistura de tons, com base no modelo da vida, que não para de fazer coexistir momentos patéticos e momentos cômicos. O drama está pronto para ver o dia. "Se a comédia deve ser a representação dos costumes, esta peça parece muito ser desse tipo. Nela, vê-se um misto de seriedade e chacota, de cômico e de comovente. A vida dos homens é assim variada; muitas vezes até uma só aventura produz todos esses contrastes. Nada é mais comum do que uma casa na qual um pai ralha, uma filha tomada por sua paixão chora, o filho zomba dos dois e alguns parentes participam diferentemente da cena. Censura-se muitas vezes num aposento o que enternece no aposento ao lado, e a mesma pessoa às vezes riu e chorou da mesma coisa no mesmo quarto de hora.

"Uma senhora respeitabilíssima, estando um dia à cabeceira de uma de suas filhas que corria risco de vida, cercada de toda a família, exclamava debulhando-se em lágrimas: 'Meu Deus, devolva-a para mim e leve todos os meus outros filhos!' Um homem que tinha se casado com outra das suas filhas se aproxima dela e, puxando-a pela manga: 'Senhora, os genros também?' O sangue-frio e o cômico com que pronunciou essas palavras provocou tamanho efeito naquela senhora aflita, que ela saiu às gargalhadas; todo o mundo a seguiu rindo; e a doente, ao saber de que se tratava, pôs-se a rir mais alto que os outros."

---

8. A peça foi representada em 1736, o *Prefácio* é do ano seguinte.

2.2. O sonho de um teatro cívico e popular

Investido de uma alta função moral, o teatro tem um lugar de honra num século em que se preza muito a virtude. Operação de vasta envergadura, o drama desfruta, para Beaumarchais e para a maioria dos intelectuais da época, de um prestígio igual ao das grandes conquistas do século, a liberdade de pensamento, a Enciclopédia. Atesta-o indiretamente a raiva que suscita em Bartolo, o velhote detestável e bitolado do *Le Barbier de Séville* [*O barbeiro de Sevilha*]. Interrogando brutalmente Rosina sobre a *La Précaution inutile* [*A precaução inútil*][9], cujos fólios ela acaba negligentemente de deixar cair, o velho doutor exclama, indignado:

Bartholo – Qu'est-ce que *La Précaution inutile*?
Rosine – C'est une comédie nouvelle.
Bartholo – Quelque drame encore! quelque sottise d'un nouveau genre!
Rosine – Je n'en sais rien.
Bartholo – Euh, euh, les journaux et l'autorité nous en feront raison. Siècle barbare!...
Rosine – Vous injuriez toujours notre pauvre siècle.
Bartholo – Pardon de la liberté! Qu'a-t-il produit pour qu'on le loue? Sottises de toute espèce: la liberté de penser, l'attraction, l'électricité, le tolérantisme, l'inoculation, le quinquina, l'*Encyclopédie*, et les drames...

(I, 3)

[Bartolo – O que é *A precaução inútil*?
Rosina – É uma nova comédia.
Bartolo – Mais um drama! Mais uma tolice de um novo gênero!
Rosine – Sei lá.
Bartolo – Arre! Os jornais e a autoridade nos explicarão. Século bárbaro!
Rosina – O senhor está sempre injuriando nosso pobre século.
Bartolo – Desculpe a franqueza! O que ele produziu para que o elogiemos? Tolices de toda espécie: a liberdade de pensar, a atração, a eletricidade, o tolerantismo, a inoculação, o quinina, a *Enciclopédia* e os dramas...]

Os escritores das Luzes, para quem a civilização é um fator de progresso, tratam o drama como um meio de ação privilegiado, como uma ferramenta capaz de civilizar os costumes. Voltaire não cessa de insistir nessa missão educativa do teatro, seja nos versos que escreve por ocasião de *La mort d'Adrienne Lecouvreur* [*A morte de Adrienne Lecouvreur*] (1730), seja em *Les Lettres philosophiques* [*As cartas filosóficas*] (1734), em *Le Siècle de Louis XIV* [*O século de Luís XIV*] (1738), *Épître dédicatoire de Zaïre* [*Epístola dedicatória de Zaíra*] (1739), *La Police des spectacles* [*A regulamentação dos espetáculos*] (1745), *Le Monde comme il va* [*O mundo como vai*] (1746). "O teatro", escreve ele na *Épître dédicatoire de l'orphelin de la Chine* [*Epístola dedicatória de* O órfão da China (1758), "é um poderoso instrumento de civilização, a grande escola do povo e o que o espírito humano inventou de mais nobre e mais útil para formar os modos e para civilizá-los... De

---

9. *La Précaution inutile* é o título de uma novela de Scarron, publicada em 1654, que Beaumarchais toma como subtítulo da sua primeira comédia, *Le Barbier de Séville*, estreado em 1775.

fato, nada torna os homens mais sociáveis, atenua mais seus modos e aperfeiçoa mais sua razão do que reuni-los para fazê-los desfrutar juntos os prazeres puros do espírito".

Para todos os enciclopedistas, que confiam na natureza humana, é possível tornar o homem melhor porque ele não é fundamentalmente ruim. Por isso, eles concebem a cena como uma tribuna onde o espectador receberá lições que o trarão de volta ao caminho da virtude, recordando-lhe incansavelmente os seus deveres. "Os deveres dos homens", escreve Diderot em 1758, em *Discurso sobre a poesia dramática* [*Discurso sobre a poesia dramática*], "são um fundo tão rico para o poeta dramático quanto seus ridículos e seus vícios; e as peças honestas e sérias terão êxito em toda parte, porém mais certamente ainda num povo corrompido do que alhures. É indo ao teatro que eles se salvarão da companhia dos maus de que são rodeados; é lá que encontrarão aqueles com que gostariam de viver; é lá que verão a espécie humana tal como ela é e se reconciliarão com ela. As pessoas de bem são raras, mas existem".

E, mais adiante: "Repito portanto: o honesto, o honesto. Ele nos toca de uma maneira mais íntima e mais doce do que o que provoca nosso desprezo e nossos risos. Poeta, você é sensível e delicado? Toque essa corda sensível, e você vai ouvi-la ressoar ou fremir em todas as almas" (cap. 2, "Da comédia séria"). Será que Diderot sonhava com uma espécie de "drama filosófico", que ele nunca escreveu mas de que dá o argumento no capítulo 4 do seu *Discurso sobre a poesia dramática*? Ele teria tratado aí da morte de Sócrates para oferecer a todos a figura do sábio como modelo e "apresent(ar) a moral diretamente e com sucesso". Perspicaz em seus intentos, ele prevê as derivas que podem ser acarretadas por tal concepção do teatro, que ele é no entanto o primeiro a defender ardorosamente. Em seu *Discurso sobre a poesia dramática*, Diderot põe os escritores em guarda contra o perigo que os espreita. Para alcançar a finalidade didática, eles correm o risco de compor "cenas frias e sem cor (...), espécies de sermões dialogados".

É suscitando a emoção que o espetáculo do drama tornará o homem melhor. É "um gênero em que basta persuadir pelo sentimento", como escreve Beaumarchais no seu *Ensaio sobre o gênero dramático sério*. Por isso, o drama gosta dos temas lacrimejantes e joga em permanência com o patético. Louis-Sébastien Mercier, em seu *Novo ensaio sobre a arte dramática*, no capítulo 1, intitulado "Do fim que deve se propor a arte dramática", chega ao ponto de afirmar que podemos julgar o senso moral de um homem por suas reações durante um espetáculo. Salvo o mau, ninguém, segundo ele, é insensível ao espetáculo da desgraça. "Assim, o escritor dramático modera insensivelmente nossos costumes e só nos entristece para nosso interesse e nosso prazer; ele nos arranca lágrimas, mas dessas lágrimas deliciosas, que são o mais doce atributo e a expressão natural da nossa sensibilidade: *nostri pars optima sensus* (Juvenal, sátira XV).

"Quantas vezes não se admirou como os gritos, os gemidos, os soluços agem sobre os outros homens! São assim os decretos soberanos da natureza. Se o poeta soma a eles a sua voz, que força ela não terá? Sua voz ensinará então aos homens a importante verdade de que, fazendo o mal, eles semeiam para colher, de que se ferem ferindo outrem.

"Essa sensibilidade preciosa é como o fogo sagrado. Há que cuidar para que não apague jamais. Ele constitui a vida moral. Poder-se-ia julgar a alma de cada homem pelo grau de emoção que ele manifesta no teatro: se seu rosto permanecer indiferente, se seus olhos não estiverem úmidos, quando o pai de família diz ao filho: *onde vai você, infeliz?*, se os fogos da indignação não arderem em seu coração, quando Narciso acabar de corromper Nero, é com toda certeza um homem mau; ele só poderá se salvar dessa qualificação confessando sua imbecilidade."

Modelo oferecido aos espectadores, o homem virtuoso é o personagem predileto do drama. Diderot o leva à cena desde a sua primeira peça, *Le Fils naturel* [*O filho natural*], encenada em 1756. Nela, pinta os infortúnios de Dorval, esse "homem raro que teve num mesmo dia a felicidade de expor a vida por aquele amigo e a coragem de lhe sacrificar sua paixão, sua fortuna e sua liberdade". Dorval, cujo nascimento é desconhecido, está secretamente apaixonado por Rosalie, noiva de seu melhor amigo, Clairville. Quando a moça lhe dá a entender que não ama mais Clairville mas que é por ele que está apaixonada, Dorval renuncia a essa felicidade que se oferece a ele. Apela para o senso moral de Rosalie, dizendo-lhe que a união deles, minada por um sentimento de culpa, de traição aos deveres sagrados da amizade, seria necessariamente infeliz. Mostra a ela o caminho da virtude, incitando-a a trilhá-lo. Tal sacrifício é altamente recompensado no desenlace, quando volta o pai de Rosalie, que ninguém esperava mais, porque tinha sido feito prisioneiro ao retornar da Martinica. Reconhece em Dorval seu filho natural, de sorte que Dorval e Rosalie, ao se saberem com alegria irmão e irmã, caem um nos braços do outro, quando compreendem a natureza do afeto que os unia[10]. Eis "as provações da virtude" que Dorval enfrenta corajosamente, pois é esse o subtítulo que Diderot dá à peça. Ele explica claramente, por meio da ficção, os objetivos do seu drama. Conversando com Dorval que lhe conta a vida, no prólogo narrativo que escreve à guisa de introdução à peça, Diderot lhe diz que "uma obra dramática cujo tema fossem tais provações impressionaria todos os que têm sensibilidade, virtude e alguma ideia da fraqueza humana". Muito influenciado pela sensibilidade pré-romântica de Richardson, Beaumarchais também pretende fazer do elogio da virtude o tema do seu primeiro drama, *Eugênia*, escrito em 1767. É, diz ele, "o desespero a que a imprudência e a maldade alheia podem conduzir uma jovem pessoa inocente e virtuosa, no ato mais importante da vida humana".

Diderot e Louis-Sébastien Mercier gostariam de redescobrir a força e a energia vital do teatro grego, que, em sua simplicidade, seu gosto pelo verdadeiro, reunia multidões. Diderot contesta vivamente a posição do abade d'Aubignac, que criticava os antigos por misturarem, devido à complacência para com o povo, os interesses de seu tempo aos da ação representada. Ele considerava que a regra clássica do distanciamento no tempo, que ele próprio havia contribuído para impor, representava um progresso na formação do gosto. Diderot a interpreta, ao

---

10. Reconhecemos aí um tema caro a todo o teatro do século XVIII, o da lei do sangue. Beaumarchais o explora, de forma paródica, em *As bodas de Fígaro*, onde Marcelina descobre que é mãe de Fígaro, que ela assediava e queria desposar a qualquer preço.

contrário, como um desvio em relação à função original do teatro, que é questionar o espectador. A representação teatral reúne um público que, antes de o pano subir, não constitui um grupo social homogêneo, mas que, durante o espetáculo, vibra em uníssono num encontro efetivo. Louis-Sébastien Mercier sonha com um grande teatro popular, capaz de cimentar o corpo social em nome de um ideal comum, como faziam as *Paixões* medievais, que, em sua simplicidade, apresentavam ao povo objetos que já enchiam sua imaginação.

"Chorava-se nos *Mistérios da Paixão*: as arquibancadas se vergavam sob a quantidade de espectadores. A realização era grosseira mas o tema era muito bem escolhido. Os primeiros autores do teatro certamente tinham um objetivo mais acentuado do que os nossos. Esses mistérios da paixão, que eram espécies de ópera com máquinas, a crer em nossos historiadores, têm uma origem mais remota. Inclusive antes das Cruzadas, durante a semana santa, representava-se por ocasião do serviço divino uma paixão do Salvador, em vez de cantá-la. Um personagem coroado de espinhos, com uma vara na mão, o corpo ensanguentado, repetia as próprias palavras de Jesus, que era arrastado para diante do sumo sacerdote Caifás, para diante de Pilatos, para diante de Herodes. Copiavam-se fielmente todos os ultrajes que o homem-Deus havia sofrido, o beijo do traidor Judas, o atentado de Malco, o renegamento de são Pedro, o bofetão dado em sua face sagrada e o vaso de vinagre. Um coro de judeus berrava: *crucifiquem-no! crucifiquem-no!* Viam-se os carrascos armados com pregos avançar; eles deitavam Jesus na cruz, no meio das santas mulheres que se debulhavam em lágrimas. Barrabás, o bom e o mau ladrão lá estavam. Então em todos os lados eram soluços, gemidos, gritos doloridos. Ao sair de lá, procuravam os judeus para esquartejá-los. Os reis que assistiram a essas representações, como Filipe Augusto, Luís VIII, Filipe, o Destemido, Filipe, o Belo, e Filipe de Valois foram os que castigaram mais violentamente os filhos de Israel. Parece inclusive que os mesmos espíritos exaltados pelo patético desses espetáculos sentiram-se mais dispostos a adotar a loucura das Cruzadas; foi uma epidemia geral, ocasionada talvez por essas tragédias piedosas, tão eloquentes para a multidão, tão próprias para inflamar, por tratarem de temas de que a imaginação já estava repleta" (*Novo ensaio sobre a arte dramática*, cap. 20, "Se o poeta dramático deve trabalhar para o povo").

Esse teatro popular que os enciclopedistas almejam será cívico. Meio de elevar o povo, ele formulará, antecipadamente, uma espécie de declaração dos direitos do homem e do cidadão. Na segunda metade do século, vários autores criam dramas históricos a que dão aspecto resolutamente político. Collé, em *La Partie de chasse de Henri IV* [*A caçada de Henrique IV*] (1762), a pretexto de celebrar a lendária sabedoria do bom rei Henrique, denuncia, por esse viés, a realeza absoluta de Luís XV. Louis-Sébastien Mercier, que participará, uns vinte anos depois, da Convenção ao lado dos girondinos, ataca indiretamente a monarquia de direito divino em *La Mort de Louis XI* [*A morte de Luís XI*], onde critica a tirania desse rei irascível e esperto. Escrevendo em 1772, duzentos anos depois da noite de são Bartolomeu, *Jean Hennuyer, évêque de Lisieux* [*Jean Hennuyer, bispo de Lisieux*], peça sobre os massacres dos protestantes, condena o fanatismo do seu tempo, de que acaba de ser testemunha dez anos antes, com a execução de Jean

Calas ou, mais recentemente ainda, com o suplício do Chevalier de la Barre, que comoveu a opinião pública. São esses os ideais do drama.

As cenas de teatro na França, a maioria delas exígua, são vetustas e rudimentares, frequentemente pouco propícias para a realização de tão altas aspirações. Voltaire, tanto no seu *Discours sur la tragédie* [*Discurso sobre a tragédia*] como no *Prefácio* de *Semiramis* [*Semíramis*] (1748), se indigna com tamanha incúria. "Deveríamos ter vergonha de não haver em toda a França uma só sala de espetáculos, a não ser a das Tulherias, pouco cômoda", escreve em suas *Lettres d'Italie* [*Cartas da Itália*]. Enquanto a Itália, desde a segunda metade do século XVII, se equipou com cenas modernas, *La Fenice* em Veneza (1654), o teatro da *Tor di Nona* em Roma (1671), a França vai ter de esperar até 1753 para que seja edificado o primeiro teatro à italiana, o de Lyon, desenhado por Soufflot com base no modelo do teatro de Turim (realizado por Alfieri em 1740). É só em 1770 que Gabriel elabora a ópera de Versalhes. No decorrer da mesma década, são construídos na França o teatro de Bordeaux (1773) e na Itália o *Scala* de Milão (1774-1778). A ópera de Paris só verá o dia em 1875. Diderot sonha com uma imensa cena que, como entre os gregos, oferecendo ao olhar áreas de atuação múltiplas, permitiria realizar as ambições do drama[11]. "Para mudar a face do gênero dramático, eu só pediria um teatro bastante extenso, onde se mostrasse, quando o tema da peça exigisse, uma grande praça com os edifícios adjacentes, tais como o peristilo de um palácio, a entrada de um templo, diferentes lugares distribuídos de maneira que o espectador visse toda a ação e houvesse uma parte oculta para os atores.

"Assim foi, ou pode ter sido outrora, a cena das *Eumênides* de Ésquilo. Por um lado, era um espaço no qual as Fúrias sanhosas procuravam Orestes, que tinha escapado da perseguição delas, enquanto estavam adormecidas; por outro, via-se o culpado, com uma faixa cingindo a fronte, beijando os pés da estátua de Minerva e implorando a sua assistência. Aqui, Orestes dirige sua queixa à deusa; ali, as Fúrias se agitam; elas vão, elas vêm, elas correm. Enfim, uma delas exclama: 'Eis o rastro de sangue que o parricida deixou ao passar... Eu sinto seu cheiro, eu sinto seu cheiro...' Ela anda, suas irmãs implacáveis a seguem: elas passam, do lugar em que estavam, ao refúgio de Orestes. Elas o cercam, soltando gritos, tremendo de raiva, sacudindo seus archotes. Que momento de terror e de piedade aquele em que ouvimos a prece e os gemidos do infeliz varar os gritos e os movimentos pavorosos dos cruéis seres que o buscam! Conseguiremos executar algo semelhante em nossos teatros? Neles, nunca podemos mostrar mais que uma ação, enquanto na natureza há quase sempre ações simultâneas, cujas representações concomitantes, reforçando-se reciprocamente, produziriam sobre nós efeitos terríveis. Então ansiaríamos por ir ao espetáculo e não poderíamos nos impedir de ir; então, em vez dessas pequenas emoções passageiras, desses frios aplausos, dessas lágrimas raras com que o poeta se contenta, ele reviraria os espíritos, levaria às almas a

---

11. A visão que Diderot tem da cena grega é profundamente irrealista. Exígua, ela não permitia a representação de lugares diferentes, É por isso que na maior parte do tempo a ação se desenrolava no mesmo lugar. Ver a nossa *Histoire de la scène occidentale, de l'Antiquité à nos jours*, A. Colin, col. Cursus, 1992, cap. 1, "La Sphère antique".

perturbação e o terror; então veríamos esses fenômenos da tragédia antiga, tão possíveis e tão pouco acreditados, se renovarem entre nós. Eles esperam, para se mostrar, um homem genial que saiba combinar a pantomima com o discurso, entremear uma cena falada com uma cena muda e tirar partido da reunião das duas cenas, e principalmente da abordagem terrível ou cômica dessa reunião que sempre se faria. Depois de se agitarem na cena, as Eumênides chegam ao santuário em que o culpado se refugiou; e as duas cenas se fundem numa só" (*Second Entretien sur le Fils naturel* [*Segunda conversa sobre "O filho natural"*], 1757).

Diderot também queria que os arquitetos concebessem as novas salas de teatro como espaços de liberdade nos quais o espectador não tivesse a impressão de estar encerrado. As salas de espetáculo parisienses revestem, a seu ver, um aspecto de prisão, como atesta esta anedota que ele se compraz maliciosamente em narrar em *Entretiens sur le "Fils Naturel"* [*Conversas sobre "O filho natural"*]: "...Eu tinha um amigo um pouco libertino. Ele teve um caso sério na província. Precisou se esquivar das consequências que esse caso podia ter refugiando-se na capital; e veio se estabelecer na minha casa. Num dia de espetáculo, tentando desentediar meu prisioneiro, eu lhe propus fôssemos assistir. (Não sei a qual dos três. Isso é indiferente para a minha história.) Meu amigo aceita. Eu o levo. Chegamos; mas ao ver aqueles guardas espalhados, aqueles pequenos guichês escuros que servem de entrada e aquele buraco fechado com uma grade de ferro pelo qual são distribuídos os ingressos, o rapaz imagina que está na porta de uma casa de detenção e que obtiveram uma ordem para trancafiá-lo ali. Como é corajoso, para com determinação; leva a mão à guarda da espada; e, virando para mim uns olhos indignados, exclama com um tom misto de furor e desprezo: *Ah, meu amigo!* Compreendi-o. Tranquilizei-o; e você há de convir que seu erro não era absurdo."

O teatro, que suscita tanto entusiasmo na época das luzes, tem no entanto um adversário temível na pessoa de Jean-Jacques Rousseau. Condenando-o em nome da moral, em sua *Carta a d'Alembert sobre os espetáculos* (1758), ele está a léguas de compartilhar o otimismo dos enciclopedistas, contra o qual travou, durante toda a sua vida, uma batalha encarniçada. Longe de acreditar, como professam os que ele considera seus inimigos, que as letras, as artes e as ciências civilizaram os costumes, ele crê que elas exerceram um efeito desastroso. Sustentou brilhantemente esse ponto de vista desde 1750 em seu *Discours sur les Sciences et les arts*[12], *où il répond à la question suivante, proposée pour l'Académie de Dijon, "si le rétablissement des sciences et des arts a contribué à épurer les moeurs"* [*Discurso sobre as ciências e as artes, em que responde à seguinte questão, proposta pela Academia de Dijon: "se o restabelecimento das ciências e das artes contribuiu para depurar os costumes"*]. A *Carta* é provocada pelo verbete "Genebra", que d'Alembert acaba de publicar no tomo 7 da *Enciclopédia*, que saiu em 1757. Foi a pedido de Voltaire, que queria implantar um teatro em Genebra, que d'Alembert o

---

12. Rousseau ganha o prêmio. D'Alembert responde indiretamente ao *Discours sur les Sciences et les arts* em seu *Discours préliminaire de l'Encyclopédie*. Rousseau lhe responde por sua vez no prefácio de *Narcisse*, em 1753. (A peça, representada em 1752 pelos Comédiens Français, é publicada em 1753 com o prefácio).

redigiu, com o fim de convencer os puritanos genebrinos da necessidade de construir um teatro. Furioso porque a cidade representa, a seus olhos, um oásis de sabedoria e de felicidade, Rousseau replica, intitulando assim sua carta: "J. J. Rousseau, cidadão de Genebra[13] ao sr. d'Alembert, sobre seu verbete 'Genebra' no sétimo volume da *Enciclopédia* e em particular sobre o projeto de estabelecer um teatro de comédia nessa cidade".[14]

Escrita como um discurso, a carta não é uma verdadeira epístola. Rousseau, que nela, é verdade, às vezes apostrofa d'Alembert – mas também muitos leitores anônimos –, se compraz em afirmar que "escrevo para o povo", não só para o povo genebrino, mas para "o maior número" de pessoas. Não é uma reflexão sobre a arte dramática que ele propõe nesse texto polêmico em que debate unicamente diferentes questões éticas que o teatro levanta e que ele formula assim: "Quantas questões encontro a discutir naquela que o senhor parece resolver! Se os espetáculos são bons ou ruins em si? Se podem se aliar aos costumes? Se a austeridade republicana pode comportá-los? Se há que suportá-los numa cidadezinha? Se a profissão de comediante é honesta? Se as comediantes podem ser tão recatadas quanto as outras mulheres? Se boas leis bastam para reprimir os abusos? Se essas leis podem ser observadas? etc." Para Rousseau, como para Platão, o teatro é mais perigoso do que as outras formas de arte, em razão do poder de ilusão de que dispõe[15]. Retomando as teses dos moralistas antigos ou cristãos, ele o julga imoral em sua essência, porque adula as paixões humanas. A maioria das peças francesas oferece o espetáculo de monstros cujos crimes são tornados desculpáveis pelo autor, que coloca na boca destes máximas que justificam suas ações infames. Rousseau nega a possibilidade de existência desse teatro edificante que os enciclopedistas sonham fundar. Um personagem virtuoso, segundo ele, não é capaz de agradar ao público. "Ponha-se, para ver, na cena francesa um homem direito e virtuoso, mas simples e grosseiro, sem galanteria, e que não faça belas frases; ponha-se um sábio sem preconceitos, que, tendo recebido uma afronta de um espadachim, se recusa a ir se fazer degolar pelo ofensor; e esgote-se toda a arte do teatro para tornar esses personagens tão interessantes como o Cid ao povo francês: estarei errado se alguém conseguir." Rousseau sem dúvida se lembra aqui das declarações do abade Du Bos, que, em suas *Reflexões críticas sobre a poesia e a pintura*, em 1719, no capítulo consagrado a Platão, objetava que um personagem inteiramente virtuoso seria uma obra-prima do tédio[16]. Para ele, que estigmatiza em toda a sua obra os estragos da civilização e que só concebe a felicidade num retorno ao estado de natureza, a introdução do teatro em Genebra constituiria um temível flagelo.

Muito antes de Artaud, ele investe contra o lugar teatral institucional, que gostaria de demolir. Não pode suportar a clausura na qual são encerradas as repre-

---

13. Rousseau é genebrino desde 1754.
14. Sua *Carta* frutificará, pois em 1782 será implantado um teatro permanente em Genebra.
15. Essa condenação sem apelação do teatro, apesar de estar em perfeita coerência com as ideias filosóficas de Rousseau, é surpreendente num homem que é na época um espectador assíduo da Comédie-Française e que já escreveu várias peças de teatro que o fizeram ser reconhecidos por seus contemporâneos, quando ainda não havia publicado seus romances e seus ensaios.
16. Ver o capítulo 1.

sentações teatrais. Ele almeja a celebração de festas cívicas, representadas jubilosamente ao ar livre, com base no modelo dos jogos antigos, tais como os gregos os praticavam, ou com base no modelo dos desfiles, das paradas militares. Ele propõe instaurar jogos modernos, concursos esportivos. Em grandes reuniões desse tipo, onde todos seriam iguais, a oposição atores/espectadores tenderia a ser abolida. Ao emitir tal desejo, é o teatro, em sua essência mesma, que Rousseau condena. Ele só existe no encontro privilegiado de atores e espectadores que se reconhecem como tais. A partir do momento em que a barreira que os separa é abolida, o fenômeno teatral desaparece. "Como, não deve haver nenhum espetáculo numa república?", ele exclama. "Ao contrário, deve haver, e muitos. Foi nas repúblicas que eles nasceram, é no seio delas que os vemos brilhar com um verdadeiro ar de festa. A que povos mais convém se reunir com frequência e formar entre si os ternos laços do prazer e da alegria, senão àqueles que têm tanta razão de se amar e permanecer para sempre unidos? Já temos várias festas públicas; se tivéssemos mais, eu ficaria encantado. Mas não adotemos esses espetáculos exclusivos que encerram tristemente um pequeno número de pessoas num antro escuro; que as mantêm temerosas e imóveis no silêncio e na inação; que só oferecem aos olhos muros, pontas de ferro, soldados, imagens aflitivas da servidão e da desigualdade. Não, povos felizes, essas não são suas festas! É ao ar livre, é sob o sol que vocês têm de se reunir e se entregar ao doce sentimento da sua felicidade. Que seus prazeres não sejam afeminados nem mercenários, que nada do que sinta o constrangimento e o interesse os envenene, que eles sejam livres e generosos como vocês, que o sol ilumine seus inocentes espetáculos; vocês mesmos constituirão um, o mais digno que ele pode iluminar.

"Mas quais serão enfim os objetos desses espetáculos? O que se mostrará neles? Nada, se quiserem. Com a liberdade, onde quer que reine uma afluência, reina também o bem-estar. Ponha no meio de uma praça uma estaca coroada com flores, reúna o povo e terá uma festa. Faça melhor ainda: dê os espectadores em espetáculo; torne-os atores de si mesmos; faça que cada um se veja e se ame nos outros, para que todos estejam unidos melhor."

2.3. O realismo ilusionista do drama burguês

Quando a tragédia e a comédia perdem toda credibilidade por pecarem, ao ver do público, tanto por imoralidade como por inverossimilhança, nasce o drama. "Pode-se interessar um povo pelo teatro e fazer suas lágrimas correrem sobre um acontecimento que, supondo-o verdadeiro e passando diante dos seus olhos, entre cidadãos, jamais deixaria de produzir um efeito sobre ele?", indaga Beaumarchais em seu *Ensaio sobre o gênero dramático sério*. "Porque é esse o objeto do gênero honesto e sério." Altamente moral, gritante de realismo, o novo gênero pretende oferecer à sociedade um espelho fiel.

2.3.1. A mistura dos tons

Concebido como um gênero completo, o drama abrange os gêneros precedentes. Louis-Sébastien Mercier, que consagra todo um capítulo do seu *Novo ensaio sobre a arte dramática* à sua definição, explicita assim a etimologia do termo. "Essa palavra é tirada do grego Δραμα (*drama*), que significa literalmente ação; é o título mais honorável que se possa dar a uma peça de teatro, porque sem ação não há interesse nem vida" (cap. 8). Embora o termo só entre no *Dicionário da Academia Francesa* em 1762, o gênero é criado por Diderot em 1756, com *O filho natural*, e dotado de uma poética com *Conversas sobre "O filho natural"*, que aparecem em seguida, e, sobretudo, com o *Discurso sobre a poesia dramática*[17], publicado menos de dois anos depois. Misturando os tons com base no modelo da vida, Diderot atribui ao drama uma posição mediana entre os dois "gêneros extremos", tragédia e comédia. Ele apresenta, com *Le Père de famille* [*O pai de família*], em 1758, um segundo drama que se situa entre o gênero sério de *O filho natural* e a comédia.

> Moi – Et dans quel genre *le Père de famille?*
> Dorval – J'y ai pensé; et il me semble que la pente de ce sujet n'est pas la même que celle du *Fils naturel*. Le *Fils naturel* a les nuances de la tragédie; *le Père de famille* prendra une teinte comique. (*Entretiens sur le "Fils Naturel"*)
>
> [Eu – E em que gênero *O pai de família?*
> Dorval – Pensei nisso e me parece que a inclinação desse tema não é a mesma do *Filho natural*. *O filho natural* possui as nuances da tragédia; *O pai de família* adquirirá uma cor cômica.] (*Conversas sobre "O filho natural"*)

Escritas no mesmo impulso, a pouco mais de um ano de intervalo, as duas peças, que assinalam o nascimento do drama, constituem um todo, como explica seu autor em sua *Lettre à Madame Riccoboni* [*Carta à sra. Riccoboni*], datada de outubro de 1759. "Minha primeira e minha segunda peças formam um sistema de ação teatral que não pode ser contestado num ponto, mas que tem de ser adotado ou rejeitado por inteiro." Ele acalenta o projeto, que nunca realizará, de compor um terceiro drama que, em vez disso, se situaria entre o gênero sério e a tragédia. É pela mistura de tons que Beaumarchais, em seu *Ensaio sobre o gênero dramático sério*, também define o novo gênero, considerando-o uma forma "intermediária entre a tragédia heroica e a comédia divertida".

Desejosos de misturar os tons, tendo em vista o realismo, os teóricos das Luzes não preconizam com isso uma volta à tragicomédia, gênero artificial ao ver deles, construído, em seu irrealismo, sobre contrastes grosseiros. "Você vê que a tragicomédia só pode ser um gênero ruim, porque nela se confundem dois gêne-

---

17. Em *Conversas sobre "O filho natural"*, Diderot adota a forma do diálogo filosófico, confrontando, como fará mais tarde em *Le Paradoxe sur le comédien* [*O paradoxo sobre o comediante*], dois interlocutores dotados de personalidades bem diferentes, "Eu", personagem que encarna o racionalismo das luzes, e Dorval, herói melancólico e sombrio, de sensibilidade pré-romântica. *Le Discurso sobre a poesia dramática* é, em compensação, um tratado na devida forma. Publicado em 1758, em seguida a *Le Père de famille* [*O pai de família*], teve uma recepção morna. Grimm não atesta seu entusiasmo habitual por Diderot, embora, em sua *Correspondência*, saliente o interesse dos três caminhos que se oferecem entre tragédia e comédia: a comédia terenciana, a comédia patética e a tragédia doméstica. Lessing será o primeiro a frisar a modernidade desse texto-manifesto.

ros distantes e separados por uma barreira natural", escreve Diderot em *Conversas sobre "O filho natural"*. "Nela, não se passa por nuances imperceptíveis; cai-se a cada passo nos contrastes, e a unidade desaparece." Ele acrescenta logo adiante: "Seria perigoso tomar emprestadas, numa mesma composição, nuances do gênero cômico e do gênero trágico. Conheça bem a inclinação do seu tema e dos seus caracteres, e siga-a." É um "gênero ruim", como escreve Louis-Sébastien Mercier, a propósito da tragicomédia, em seu *Novo ensaio sobre a arte dramática*, "não em si mesmo, mas pela maneira como foi tratado". É os autores franceses que ele visa, pois, por outro lado, elogia Calderón, Shakespeare, Lope de Vega e Goldoni, que souberam "misturar e casar as cores".

Os teóricos das luzes, embora condenem a tragicomédia, reivindicam um remoto precursor, a que prestam homenagem. "Leiam Terêncio: *Andria* e *A sogra* são verdadeiros dramas e, se Terêncio não houvesse sido frio, não estaríamos reduzidos a discutir um gênero que teria necessariamente aniquilado os outros dois", escreve Louis-Sébastien Mercier em seu *Novo ensaio sobre a arte dramática*, no capítulo 8, intitulado "Do drama". Diderot, que em muitas ocasiões toma Terêncio como modelo, tanto em *Conversas sobre "O filho natural"* como no *Discurso sobre a poesia dramática*, lhe consagra uma obra inteira em 1762, o *Éloge de Térence* [*Elogio de Terêncio*]. Ele frequentou muito mais a obra de Terêncio, que considera o pai do gênero sério, do que a de seus contemporâneos, Lillo ou Goldoni, que cita apenas episodicamente. Diderot aprecia a pintura realista da humanidade que Terêncio propõe, a doce emoção que emana das suas peças onde evoluem homens de condição mediana, próximos de nós. Desprovidas de personagens divertidos, suas comédias nunca desencadeiam o riso, porque Terêncio não carrega nas tintas, ao contrário de Aristófanes ou de Sêneca. Sua grandeza aos olhos de Diderot, que acha incoerente o riso farsesco no âmbito de uma pintura realista, é de nos fazer sorrir. "Terêncio tem pouca verve, está bem", escreve ele em *Elogio de Terêncio*. "Ele raramente põe seus personagens nessas situações bizarras e violentas que vão procurar o ridículo nas dobras mais secretas do coração e que o fazem sair sem que o homem perceba, admito. Como é a face real do homem e nunca a charge dessa face que ele mostra, não faz rolar de rir. Não se ouvirá um desses pais exclamar num tom divertidamente doloroso: *Como é que ele foi cair nessa ratoeira?* Não introduzirá um outro no quarto do filho morto de cansaço, adormecido e roncando num catre: não interromperá a queixa desse pai com o discurso do filho que, de olhos sempre fechados e as mãos como se segurassem as rédeas de dois corcéis, os atiça com o chicote e a voz, e sonha que ainda os conduz. É a verve própria de Molière e de Aristófanes que lhes inspira essas situações. Terêncio não é possuído por esse demônio. Ele traz dentro de si uma musa mais tranquila e mais doce. É sem dúvida um dom precioso o que lhe falta; é o verdadeiro caráter que a natureza gravou na fronte dos que ela *assinalou* como poetas, escultores, pintores e músicos."

Só há uma peça do repertório francês, *O Cid*, que Mercier reconhece como ancestral do drama e de que faz um vibrante elogio, em razão da pintura da ternura filial. "*O Cid*", ele escreve em seu *Novo ensaio sobre a arte dramática*, "é admirável na medida em que oferece um filho que não ouve mais seu amor quando se trata do amor de um pai. Corneille não agita a questão do duelo que nada pode autorizar, mas pinta como grande mestre esse filho que corre para a vingança; e a ternura filial nos faz esquecer nesse momento que ele vai cair na falsa honra da sua nação" (cap. 8, "Do drama"). Dando a César o que é de César, também louva o prefácio de *Dom Sancho de Aragão*, no qual "o próprio Corneille pareceu anunciar o sucesso do novo gênero".

2.3.2. A pintura das condições sociais

Os objetivos do drama são diametralmente opostos aos do Classicismo. Para que o espectador possa se reconhecer no espetáculo que lhe é oferecido, é preciso lhe mostrar mais o verdadeiro que o verossímil, mais o cotidiano do que o excepcional, mais o particular do que o universal. "Todo drama que não pinta a natureza é indigno da atenção de um homem sensato: é um retrato que não se assemelha ao que retrata. Quanto mais o poeta for fiel à pintura dos acontecimentos tais como se encadeiam, mais poderá se gabar de merecer seus sucessos", escreve Mercier em seu *Novo ensaio sobre a arte dramática*, capítulo 10 ("Novos temas dramáticos que poderiam ser tratados").

O personagem deve ser apreendido em sua cotidianidade banal. Príncipes e grandes são expulsos da cena pelo homem da rua. Os teóricos do drama desejam fazer desfilar no teatro as condições sociais mais diversas. "Numa palavra", escreve Diderot em *Conversas sobre "O filho natural"*, "eu lhe perguntarei se os deveres das condições, suas vantagens, seus inconvenientes, seus perigos foram levados à cena. Se é a base da intriga e da moral das nossas peças. Depois, se esses deveres, essas vantagens, esses inconvenientes, esses perigos não nos mostram, todos os dias, os homens em situações muito embaraçosas.

> Eu – Com que então você queria que se representasse o homem de letras, o filósofo, o comerciante, o juiz, o advogado, o político, o cidadão, o magistrado, o financista, o grão-senhor, o intendente.
> Dorval – Acrescente a isso todas as relações: o pai de família, o esposo, a irmã, os irmãos. O pai de família! que tema, num século como o nosso, em que parece que não se tem a menor ideia do que seja um pai de família!
> Imagine que todos os dias se formam novas condições. Pense que nada, talvez, nos seja menos conhecido do que as condições, e não deve nos interessar mais. Cada um de nós tem sua posição na sociedade; mas nos relacionamos com homens de todas as posições.
> As condições sociais! Quantos detalhes importantes, ações públicas e domésticas, verdades desconhecidas, novas situações a tirar desse fundo! E acaso as condições não têm entre si os mesmos contrastes que os caracteres? e o poeta não poderia opô-las?"

Novos personagens invadem o palco, onde aparece todo um cortejo de profissões modestas. Mercier põe em cena, em *L'Indigent* [*O indigente*], um pobre tecelão, e em *Le Déserteur* [*O desertor*] (1770) um jovem soldado, injustamente condenado à morte por deserção. A peça é de uma atualidade candente, pois a deserção é um dos flagelos da vida militar do Antigo Regime. Mercier quer sensibilizar o público para a sorte dos infelizes que fogem do alistamento, não por covardia nem por falta de patriotismo, mas porque se viram às voltas com as injustiças de seus superiores. A pena de morte foi restabelecida em 1715, e a peça é uma defesa da sua ab-rogação. Com esse drama, Mercier deseja reabilitar a condição de soldado, personagem que a comédia até então tratara como indigno de interesse, representando-o como um fanfarrão, de acordo com tradição, iniciada por Plauto, do *miles gloriosus*. Ele a aborda também por meio de Saint-Franc, um velho militar que começou como soldado raso e foi promovido a oficial, o problema do "oficial improvisado". Esse homem, de grande retidão, animado por um nobre sentimento da honra, vive às voltas com a zombaria dos colegas que, por espírito de casta, o desprezam e com o ódio do seu superior. O negociante, que, pertencente à classe em ascensão, desempenha um papel crescente na sociedade do século XVIII, passa a ocupar a partir de então uma posição de destaque. Sedaine faz seu retrato em 1765, em *Le Philosophe sans le savoir* [*Filósofo sem saber*]. O personagem principal de *La Brouette du vinaigrier* [*O carrinho de mão do vinagreiro*], peça de 1775, é um rico comerciante de vinagre, pitoresco, que se enriqueceu dignamente pelo trabalho. Mercier o faz aparecer, numa cena que ficou célebre, com seu carrinho de mão repleto de ouro[18].

Autor engajado, Louis-Sébastien Mercier é ainda mais ambicioso em seu projeto do que Diderot. Ele quer pintar, sob todas as suas formas, a miséria social, nunca levada à cena até então. "Eu direi que o poeta é o intérprete dos infelizes, o orador público dos oprimidos; que sua função é levar os gemidos deles aos ouvidos soberbos que, ensurdecidos que estão, ouvirão o troar da verdade e ficarão estonteados ou comovidos com ela; porque o próprio malvado é obrigado a combater para vencer a natureza e a piedade. E quem sabe se nas artes não há um momento de terror e de verdade que amoleceria esse coração de pedra e lhe restituiria sua sensibilidade primitiva? Eis a grande obra do poeta, reconheço. A exemplo dos químicos, não desanimemos e busquemos uma transmutação mais importante e mais bela." Anunciando Zola, ele deseja introduzir no campo literário o personagem do operário e o representar sem maquiá-lo. "Não quero que esses operários sejam elegantes e enfeitados, tal como os representam em nossas insípidas óperas-cômicas. Se coloco camponeses em cena, o público não vai vê-los ornados de flores e fitas, adotando um tom pastoral e cantando (...). Parece-me ver nossas mulheres abastadas vestidas de aldeãs; elas suportam bem a saia vermelha, o lenço de cabeça, mas não têm nem ancas, nem seios, nem braços, nem a tez

---

18. Mercier, parece, se arrependia por ter criado um personagem de homem de bem que se enriqueceu, a crer nas *Memórias* de Fleury (1750-1822), ator da Comédie-Française que criou certos papéis de Mercier: "Nada igualava a bonomia de Mercier, salvo sua humanidade e sua benevolência. Sua probidade também era extrema; ele a levava às raias do escrúpulo. Julguem vocês mesmos! Eis como ele me expressava seu arrependimento ao falar do *Carrinho de mão do vinagreiro*.
– Se tenho um remorso é pelo herói, que amo, desse carrinho de mão. Esse homem não pôde amealhar quatro mil luíses exercendo seu ofício; e tinha bom coração! Imagine! Ele teve de emprestar a juros compostos para chegar a tanta riqueza. É terrível!" (cap. XXXIV). Esse capítulo está publicado na obra coletiva organizada por Jean-Claude Bonnet, *Louis-Sébastien Mercier, un hérétique en littérature*, Mercure de France, 1995, col. Ivoire, pp. 439-64.

fresca, nem as cores encarnadas: continuam sendo mulheres da cidade. Cada qual com seus trajes, tanto no teatro como no mundo."

Concebendo o teatro como uma tomada de posição em favor dos humildes, Mercier chega a pensar em situar a ação de seus dramas no hospital, na prisão e até no asilo. "Um hospital! dirão", escreve em seu *Novo ensaio sobre a arte dramática*. "Sim, e se me aborrecerem, transportarei a cena a Bicêtre. Revelarei o que se ignora, ou o que se esquece. Pintarei um homem que às vezes foi apenas imprudente, debatendo-se a vida toda nos braços da raiva e do desespero. Farei ver como se trata a espécie humana; e é abrindo as *cabanas* ou esse inferno que chamam de *sala de força**, que me orgulharei talvez das cores de um pincel que consagrei a honrar ou a vingar a humanidade. Ela me emprestará então essa energia que às vezes concede a seus adoradores. Vocês ficarão apavorados, juízes orgulhosos, ou não me lerão" (capítulo 11)[19].

A aparição de novos personagens acarreta uma transformação do estilo. Os teóricos do drama desejam que seus personagens adotem a linguagem da vida e se exprimam diferentemente, conforme o meio social a que pertencem. Por isso preconizam a supressão da tirada e do verso, enfáticos e compassados. Mercier consagra todo um capítulo do seu *Novo ensaio sobre a arte dramática* para saber "se o drama admite ou rejeita a prosa"[20]. Parece-lhe impossível que o espectador creia na veracidade de um personagem que se exprime em versos. "Belos versos, que produzem outro encanto, destroem o encanto real", escreve no capítulo 26. "Heróis que acoplam rimas! Essa linguagem singular seria a coisa mais inconcebível, se todos os outros autores não apresentassem um gosto bizarro, que o hábito e a imitação fortalecem e tornam respeitável." Em seu *Ensaio sobre o gênero dramático sério*, Beaumarchais aconselha adotar "um estilo simples, sem flores nem guirlandas (…) o único colorido que lhe é permitido (ao autor) é a linguagem viva, apressada, cortada, tumultuosa e verdadeira das paixões, tão distante do compassado, da cesura e da afetação da rima, que todos os cuidados do poeta não conseguem impedir de perceber em seu drama, se ele for em verso."

2.3.3. Uma ação que reproduz o real

Assim como os personagens parecem ter saído do universo cotidiano, a ação também deve parecer idêntica à que a vida oferece em espetáculo. O âmbito no qual ela se desenrola parece real. Por isso, quando cria *La Mère coupable* [*A mãe culpada*] (1792), drama que constitui a terceira parte da trilogia que ele consagra à história da família Almaviva, Beaumarchais transporta a cena a Paris, e não

---

* *Cabana, sala de força*: cárcere. A segunda costumava referir-se a calabouços em que vários presos ficavam acorrentados juntos. N. do T.
19. Bicêtre tem na época a função de asilo de velhos, de prisão onde são amontoados os vagabundos que constituem uma ameaça para a ordem social, os condenados à espera de serem transferidos para os presídios de Brest ou de Toulon. Vai ser preciso aguardar Genet, que situa sua primeira peça, *Haute Surveillance* [*Alta vigilância*], na cela de uma prisão, para que o desejo de Mercier se realize.
20. É esse o título do capítulo 26.

mais a uma Espanha de fantasia, Sevilha ou o castelo de Águas Frescas, onde situa a ação das suas duas comédias anteriores, *O barbeiro de Sevilha* e *As bodas de Fígaro*. Passando da comédia ao drama, realiza uma mudança significativa, modificando o âmbito da ação com o fim de representar aos espectadores parisienses a sua realidade. Os teóricos do drama conservam a unidade da ação – unidade que Mercier chama de "unidade de interesse" –, ainda que a unidade de ação nem sempre seja realista, porque estão persuadidos de que a atenção do espectador não poderia resistir às personagens sucessivas de uma ação a outra e de que seu prazer se desmancharia com isso. "A ação teatral não repousa; e misturar duas intrigas é detê-las alternadamente uma e outra", escreve Diderot na *Primeira conversa sobre "O filho natural"*. Ele acusa Marivaux, cujo teatro não aprecia nem um pouco, de utilizar intrigas paralelas[21]. Tomando o exemplo de Molière que, já pintando em *Os importunos* as condições sociais, cria uma peça em episódios desprovida de unidade, Diderot põe em guarda os autores dramáticos. Ao querer pintar múltiplas condições, é grande o risco de cair na falta de unidade. Esse conceito de unidade é entendido no sentido amplo, porque a ação do drama integra personagens episódicos que lhe dão, sem no entanto interrompê-la, uma densidade realista, criando, por sua simples presença, a atmosfera de intimidade da vida familiar. Enquanto a peça clássica só raramente reúne mais de dois ou três protagonistas, o drama, que pretende reconstituir a animação cotidiana, recorre a um número maior de personagens. Para Diderot, trata-se de uma necessidade gerada pelo desaparecimento do coro, que ocupava a cena antiga, bem como a cena renascentista. "O recurso a esses personagens é tanto mais necessário para nós, quanto, privada dos coros que representavam o povo nos dramas antigos, nossas peças, encerradas no interior das nossas residências, carecem, por assim dizer, de um fundo contra o qual as figuras são projetadas", escreve ele no *Discurso sobre a poesia dramática*, no capítulo XVI, intitulado "Das cenas".

Os teóricos do drama também contestam a divisão da peça em cinco atos de idêntica duração. Como Mercier salienta, foi Horácio que impôs essa divisão arbitrária. "Essas disposições artificiais, essa divisão geométrica, tem algo de monótono e de triste; é pura obra dos modernos. Horácio foi o primeiro a consagrar essa regra em sua Arte Poética, e esse verso é de fato toda a autoridade sobre a qual eles se apoiam; mas prefiro acreditar em Sófocles e em Eurípides, que nunca se sujeitaram a essas divisões pueris, a acreditar em Horácio, que, como o nosso Boileau, nunca soube traçar o plano de uma cena.

"Portanto não há ousadia ou temeridade em fazer uma peça em quatro atos, em dois ou em seis; há apenas bom-senso. Todo ato inútil e langoroso deve ser suprimido: somente a extensão da ação deve determinar a duração dos atos." No *Discurso sobre a poesia dramática*, capítulos XIV e XV, intitulados "Da divisão da ação e dos atos" e "Dos entreatos", Diderot preconiza dar um título a cada ato, conselho de que os românticos farão largo uso. Esse meio de assegurar a unidade do ato e repartir a ação por igual entre os diferentes atos lhe parece bem mais

---

21. Há uma parte de má-fé no juízo de Diderot e dos enciclopedistas em relação a Marivaux, que não perdoam por se portar como cavaleiro solitário e não montar seu cavalo de batalha, a *Enciclopédia*.

eficaz do que a igualdade de duração dos atos. "Se um poeta meditou bem seu tema e dividiu bem a ação, não haverá nenhum dos seus atos ao qual se poderá dar um título; e, do mesmo modo que no poema épico se narram a descida ao inferno, os jogos fúnebres, o detalhamento do exército, o aparecimento da sombra, narrar-se-iam, no dramático, o ato das suspeitas, o ato dos furores, o do reconhecimento ou do sacrifício. Fico espantado com que os antigos não tenham pensado em fazê-lo: coincide plenamente com seu gosto. Se tivessem dado título a seus atos, teriam prestado serviço aos modernos, que não teriam deixado de imitá-los; e, fixado o caráter do ato, o poeta teria sido forçado a observá-lo" (*Discurso sobre a poesia dramática*, capítulo XV, "Dos entreatos").

Embora conservem a unidade de ação, os teóricos do drama condenam, por outro lado, as unidades de lugar e de tempo como uma imposição inútil que só pode servir para entravar o desenvolvimento da ação ou maculá-la de inverossimilhança. Louis-Sébastien Mercier cita a liberdade temporal que Shakespeare se arroga. Escreve ele em *Novo exame da tragédia francesa*: "Shakespeare nos diz, de uma maneira bem persuasiva, que o poeta tem plena liberdade de modificar a seu bel-prazer a ação que deve transcorrer seja em vários dias, seja em vários lugares; que a verossimilhança ganhará então com isso e que o interesse, sem mais ser dividido, será mais extenso." Ele não parece perceber que sua concepção do lugar cênico é diferente da de Shakespeare. Enquanto no teatro elisabetano as mudanças de lugar, frequentes, podem se produzir quando há uma modificação do quadro de configuração dos personagens, isto é, quando há entrada ou saída, Mercier pede que as mudanças de lugar só "ocorra(m) nos entreatos, nunca fora deles". Ele opõe repetidas vezes Shakespeare e Voltaire, comparando notadamente suas duas tragédias sobre César[22] para mostrar a inferioridade do segundo, que, para ele, não fez mais que pilhar seu predecessor. "Para que serviram essas regras severas que certos autores crédulos seguiram literalmente?", pergunta em seu *Novo ensaio sobre a arte dramática*, no capítulo XII, intitulado "Dos defeitos a evitar no drama". "Para fazer do teatro, como disseram, uma espécie de locutório, para sufocar a ação, para concentrá-la num ponto único e forçado, em doze pés quadrados. Vejam as belas cenas de Shakespeare. César atravessa a praça pública, rodeado de senadores; Cássio, Bruto e Casca meditam à parte sua justa vingança. O povo se precipita em turba. Ouve-se a voz do astrólogo que sai da multidão compacta e grita: *César, cuidado com os Idos de Março!* Como a verdade histórica é apreendida, como reconheço no tom popular de César o ambicioso que, apesar do seu grande coração e da sua engenhosa clemência, mereceu o punhal que Bruto nele cravou!"

A partir do momento em que a unidade de lugar não aparece mais como um imperativo absoluto, as ligações de cena, que o Classicismo havia imposto, deixam de ser indispensáveis. Diderot, com a sua preocupação em criar a ilusão de vida, as suprime quando têm um caráter artificial, citando aqui também o exemplo de Terêncio. "Terêncio não se embaraça com ligar suas cenas", ele escreve no capítulo XVII do *Discurso sobre a poesia dramática*, intitulado "Do tom". "Ele deixa o

---

22. Shakespeare chama sua peça de *Júlio César*, Voltaire intitula a sua de *A morte de César*.

teatro vazio até três vezes seguidas; e isso não desagrada, sobretudo nos últimos atos. Essas personagens que se sucedem e que soltam apenas uma palavra ao passar me levam a imaginar uma grande confusão. Cenas curtas, rápidas, isoladas, algumas delas pantomimas, outras faladas, produziriam, me parece, efeito maior ainda na tragédia. No começo de uma peça, gostaria apenas que elas não imprimissem demasiada velocidade à ação e não causassem obscuridade."

2.3.4. A quarta parede

Essa preocupação realista que os teóricos do drama burguês atestam culmina com a estética da "quarta parede", conceito forjado por Diderot, como ferramenta dramatúrgica para uso dos autores e também como indicação de representação. Desde as *Conversas sobre "O filho natural"*, ele pede que o autor e o comediante esqueçam a presença do espectador, a fim de criar uma ilusão máxima. "Numa representação dramática, o espectador deve ser tratado como se não existisse. Se há alguma coisa que se dirige a ele, o autor saiu do seu tema, o ator foi arrastado para fora do seu papel. Todos os dois descem do teatro. Eu os vejo na plateia; e enquanto durar a tirada, a ação fica suspensa para mim, e a cena permanece vazia." Mais categórico ainda no *Discurso sobre a poesia dramática*, ele preconiza um fechamento total da cena. "Se, em vez de se trancar entre os personagens e deixar o espectador se transformar no que quiser, o poeta sair da ação e descer à plateia, atrapalhará seu projeto.

"(...) E o ator, em que se transformará, se você se preocupou com o espectador? Acredita que ele não sentirá que aquilo que você colocou nesse ponto, e somente nesse, não foi imaginado para ele? Você pensou no espectador, o ator se dirigirá a este. Você quis ser aplaudido, ele quererá que o aplaudam; e não sei mais o que a ilusão se tornará.

"Notei que o ator representava mal tudo o que o poeta havia composto para o espectador; e que, se a plateia tivesse feito seu papel, ele teria dito nessa passagem: 'De quem vocês estão com raiva? Não tenho nada a ver com isso. Por acaso meto o bedelho nos assuntos de vocês? Vão para casa'; e que, se o autor tivesse feito o dele, teria saído das coxias e respondido à plateia: 'Desculpem-me, senhores, é culpa minha; da próxima vez farei melhor, e ele também.'

"Portanto, quer você componha, quer represente, não pense tampouco no espectador como se ele não existisse. Imagine, à beira do teatro, uma grande parede que separe você da plateia; represente como se o pano não se levantasse."

Os teóricos clássicos, d'Aubignac notadamente[23], já manifestavam o desejo de criar na cena uma ação autônoma, separada do universo do espectador. Abstrato no século XVII, embora concretizado pela moldura cênica, esse fechamento que separa a sala da cena se materializa no século XVIII, quando a cena é equipada de uma cortina que permite fechá-la. E se radicaliza a partir de 1759, quando os bancos colocados nas laterais para os espectadores importantes são suprimidos[24]. Vol-

---

23. Ver capítulo 2.
24. Essa reforma é decretada em 23 de abril de 1759, graças ao conde de Lauragais, que oferece aos comediantes uma soma elevada (30 000 libras) para compensar o prejuízo que daí resulta.

taire, numa carta de 6 de abril de 1759, escrita de Ferney ao conde de Argental, se rejubila com essa reforma, que vai permitir representar a ação na cena sem recorrer ao relato e introduzir, assim, elementos de espetáculo que beneficiarão o ilusionismo. "Cedo primeiro aos movimentos do mais nobre zelo, ao saber que os empoados e os de tacão vermelho não se misturarão mais com os Augustos e as Cleópatras", escreve Voltaire. "Sendo assim, o teatro de Paris vai mudar de cara. As tragédias não serão mais conversas em cinco atos ao fim das quais se ficará sabendo, por obediência ao decoro trágico, que houve um pouco de sangue derramado. Vai-se querer pompa, espetáculo, barulho. Sempre insisti nesse ponto por demais negligenciado entre nós e, já que finalmente se introduz a reforma em nossas trupes, sinto que ainda poderei servir..." (*Correspondance choisie* [*Correspondência escolhida*]. A cena se fecha desde então com essa instalação da quarta parede, que se supõe transparente para os espectadores e opaca para os atores. A interpenetração dos dois mundos, simbolizada pelos bancos, é abolida. O ilusionismo é reforçado, com a fronteira sala/cena tornando-se intransponível.

2.4. Foco no ator

No século XVIII, ao mesmo tempo que os códigos sociais se modificam, que os comportamentos preciosos ou afetados saem de moda e que se delineia o sonho de novas relações humanas, simples e espontâneas, o jogo dramático se transforma, tendendo para o natural, e encontra, no gesto, uma dimensão emocional perdida sobre a qual teóricos como Diderot começam a se interrogar. É então que nasce na França a reflexão sobre a arte do comediante. O gosto pelo individualismo, que acompanha a lenta ascensão social da burguesia, focaliza na singularidade do homem a atenção até então centrada na sua universalidade. Com isso, o ator, percebido como um ser altamente singular, é subitamente objeto de uma viva curiosidade. Antes, nos tratados de eloquência que se apresentam como coletâneas em que é repertoriado certo número de técnicas oratórias com efeitos eficazes sobre o público, não se distinguia sua arte da do orador. Pois agora ele passa a exercer um verdadeiro fascínio.

2.4.1. Uma atuação natural

Com o drama burguês, a atuação do ator se modifica para satisfazer a exigência do realismo ilusionista. Até o início do século XVIII ainda, o ator de tragédia, na França, adota um modo de atuar estático, mantendo-se imóvel no proscênio, declamando com ênfase seu texto diante do público, sem nunca olhar para seu parceiro, a quem não parece se dirigir[25]. Lembremo-nos com que verve feroz Molière, em *L'Impromptu de Versailles* [*O improviso de Versalhes*], escarnece dos Grands Comédiens de l'Hôtel de Bourgogne e se diverte imitando a facúndia de Montfleury, de Mademoiselle Beauchâteau, de Hauteroche, etc., a empáfia da dic-

---
[25]. É o tipo de interpretação que Jean-Marie Villegier tentou reconstruir em algumas das suas encenações do teatro clássico, notadamente a de *Fedra*, subvertendo totalmente os hábitos do espectador de hoje.

ção, a grandiloquência das posturas. O modo de atuar dos atores é quase igualmente afetado no século XVIII. Estreitamente ligado a Mademoiselle Clairon[26], a mais célebre atriz da época, Marmontel relata, em suas *Memórias* (t. 2, livro V), que a exortou várias vezes a renunciar à declamação empolada e à representação estática que reinava então nas cenas francesas. Reticente, a atriz acabou ouvindo seus conselhos de simplicidade. Ao mesmo tempo, trocou o tradicional vestido com armação por um traje mais adequado à personagem que encarnava.

"Fazia muito tempo que eu travava uma discussão permanente com Mademoiselle Clairon sobre a maneira de declamar os versos trágicos. Eu via em seu modo de representar brilho e arrebatamento de mais, flexibilidade e variedade de menos, e sobretudo uma força que, não sendo moderada, se prendia mais ao ímpeto que à sensibilidade. Era o que com muito tato eu tentava que ela entendesse: 'A senhora tem todos os meios de se distinguir em sua arte', eu lhe dizia; 'e, grande atriz como é, seria fácil para a senhora elevar-se acima da si mesma moderando esses meios que prodigaliza. A senhora me contrapõe os sucessos retumbantes que obteve e os que me fez alcançar; a senhora me contrapõe a opinião pública e os sufrágios de seus amigos; a senhora me contrapõe a autoridade do sr. de Voltaire, que, ele próprio, recita seus versos com ênfase e que pretende que os versos trágicos requerem, na declamação, a mesma pompa que no estilo; e eu só tenho a lhe contrapor um sentimento irresistível, que me diz que a declamação, tal como o estilo, pode ser nobre, majestosa, trágica, com simplicidade; que a expressão, para ser viva e profundamente penetrante, requer gradações, nuances, arroubos imprevistos e repentinos, que não pode ter quando é tensa e forçada.' Ela me dizia às vezes, com impaciência, que eu não a deixaria tranquila enquanto ela não adotasse o tom familiar e cômico na tragédia. 'Não, senhorita!', eu lhe dizia. 'A senhorita nunca o terá, a natureza lhe proibiu; a senhora não o tem nem mesmo neste momento em que me fala; o som da sua voz, o ar do seu rosto, sua pronúncia, seu gesto, suas atitudes são naturalmente nobres. Ouse apenas confiar nessa bela naturalidade; ouso lhe garantir que a senhora será mais trágica.'"

Voltaire, para quem ela criou o papel-título de *Electra*, ficou deslumbrado com a sua audácia. Como relata um pouco adiante Marmontel, ele exclamou, banhado em lágrimas e arrebatado de admiração: "Não fui eu que escrevi isso, foi ela; ela criou seu papel." Um novo tipo de interpretação nascia graças a ela nas cenas francesas[27].

---

26. Tendo atuado em Paris na Comédie Italienne e feito turnês pela província, Mademoiselle Clairon entra para a Comédie-Française em 1743, onde se destaca no papel de Fedra. Ela é a atriz predileta de Voltaire, para o qual encarna a maioria dos papéis trágicos principais, por vezes apresentando-se inclusive em seu teatro de Ferney. Quando abandona a cena, em 1766, ela se consagra à formação de atores e reflete sobre sua arte, como atesta uma obra preciosa que publica no fim da vida, em 1799, *Mémoires d'Hippolyte Clairon et réflexions sur l'art dramatique* [*Memórias de Hippolyte Clairon e reflexões sobre a arte dramática*].
27. Notemos que Adrienne Lecouvreur (1692-1730), a grande atriz francesa pertencente à geração que precede a de Mademoiselle Clairon, já havia timidamente envolvido a arte dramática numa simplicidade que seduziu o público e contribuiu para a sua glória.

Além do fato de que o drama burguês não podia se satisfazer com uma interpretação declamatória, duas outras razões – as modificações da cena e a influência dos comediantes estrangeiros, ingleses e italianos – favoreceram a eclosão desse novo modo de atuar. A cena, como vimos, se transforma ao mesmo tempo que nasce o drama, quando, em 1759, data em que *O filho natural* e *O pai de família* acabam de ser encenados, a área de encenação se amplia com a supressão dos bancos colocados nas laterais do palco. A partir do momento em que os comediantes dispõem de um palco mais vasto, sua atuação pode se tornar móvel e o ritmo se acelerar, por serem as entradas e saídas facilitadas pela liberação das laterais. Voltaire, por sua vez, descobriu na Inglaterra um tipo de atuação diferente do dos atores franceses, natural e endiabrado, que elogia assim que regressa à França em 1730 e que Garrick[28] revelará, cerca de vinte anos depois, quando da sua triunfal estada na França. Quanto aos Comédiens Italiens, eles sensibilizaram o público parisiense para uma interpretação dinâmica, que Diderot aplaudiu. "Um paradoxo cuja verdade poucos sentirão e que revoltará outros (mas que importa a você e a mim? primeiro dizer a verdade, eis a nossa divisa) é que, nas peças italianas, nossos comediantes italianos representam com maior liberdade do que nossos comediantes franceses; eles fazem menos caso do espectador. Há inúmeros momentos em que este é totalmente esquecido. Encontramos, em sua ação, um não-sei-quê de original e de fácil, que me agrada e que agradaria todo o mundo, sem os insípidos discursos e a intriga absurda que o desfiguram. Através da sua folia, vejo pessoas alegres que procuram se divertir e que se entregam a todo o arroubo da sua própria imaginação; e prefiro essa embriaguez ao rígido, ao pesado e ao rebuscado. Habituados em razão da técnica do improviso à atuação do parceiro, os atores da *commedia dell'arte* não olham para o público mas atuam entrosados. Cada um se encadeia por sua vez à improvisação do precedente. Atento ao menor sinal, que pega como uma bola quicando, ele não para de olhar para seu parceiro. Evariste Gherardi, que representa o papel de Arlequim nos Comédiens Italiens de l'Hôtel de Bourgogne, atesta a originalidade do seu modo de atuar, muito diferente do modo francês, na advertência à antologia em que reúne pequenas comédias representadas em francês pelos Comédiens Italiens de 1681 a 1697[29]. 'Quem diz *bom comediante* diz um homem que tem substância, que atua mais por imaginação do que por memória; que compõe, ao atuar, tudo o que diz; que sabe secundar aquele com quem se encontra no teatro: ou seja, ele casa tão bem suas palavras e suas ações com as do seu colega que entra imediatamente em toda a representação e em todos os movimentos que o outro lhe pede, de maneira a fazer todo o mundo crer que já estavam combinados. O mesmo não ocorre com um ator que atua *simplesmente de memória:* ele entra em cena para despejar rapidamente o que decorou e que o preocupa tanto que, sem prestar atenção aos movimentos e

---

28. Garrick (1717-1779) domina a cena inglesa desde 1741. Ator, empresário teatral e autor, ilustra-se nos grandes papéis shakespearianos, contribuindo para redescobrir em parte o texto original de Shakespeare, graças às suas adaptações. Durante os dois anos que passou na França, foi alvo de grande admiração, notadamente a de Diderot, que o cita várias vezes.
29. Evariste Gherardi, *Le Théâtre italien*, Paris, Société des Textes Français modernes, 1994. Essa antologia de 55 comédias em um ou três atos foi publicada em seis volumes em 1700.

aos gestos do seu colega, segue sempre seu caminho, numa furiosa impaciência por se livrar do seu papel, como se fosse um fardo que o cansasse muito. Pode-se dizer que esses tipos de comediantes são como escolares, que repetem tremendo uma lição que decoraram com todo cuidado; ou antes, são iguais aos ecos, que nunca falariam se outros não houvessem falado antes deles. São comediantes de nome, mas inúteis e um estorvo para a sua companhia.'"

2.4.2. O poder emocional do gesto

Eminentemente precursor, Diderot é o primeiro teórico a sustentar que o gesto pode desencadear no espectador uma reação emocional mais forte que a palavra. "Há gestos sublimes, que toda eloquência oratória jamais traduzirá", declara na *Lettre sur les sourds et muets à l'usage de ceux qui entendent et qui parlent* [*Carta sobre os surdos-mudos para uso dos que ouvem e falam*], de 1751. Participando sua experiência de espectador, ele cita três exemplos de cenas mudas que o comoveram muito mais profundamente do que qualquer cena dialogada, a cena de sonambulismo em *Macbeth*, o silêncio dos dois príncipes em *Heráclio*, assim como o gesto final de Antíoco, ao levar, em *Rodoguna*, o cálice aos lábios.

> La somnambule Macbeth s'avance em silence (acte V, scène 1), et les yeux fermés, sur la scène, imitant l'action d'une personne qui se lave les mains, comme si les siennes eussent encore été teintes du sang de son roi qu'elle avait égorgé il y avait plus de vingt ans. Je ne sais rien de si pathétique en discours que le silence des mains de cette femme. Quelle image du remords!
> (...)
> On a fort admiré, et avec justice, un grand nombre de beaux vers dans la magnifique scène d'*Héraclius*, où Phocas ignore lequel des deux princes est son fils. Pour moi, l'endroit de cette scène que je préfère à tout le reste est celui où le tyran se tourne successivement vers les deux princes en les appelant du nom de son fils, et où les deux princes restent froids et immobiles.
> Martian! à ce mot aucun ne veut répondre.
>
> Corneille, *Héraclius*, acte IV, scène 4.
>
> Voilà ce que le papier ne peut jamais entendre; voilà où le geste triomphe du discours!
> (...)
> Dans la sublime scène qui termine la tragédie de *Rodogune*, le moment le plus théâtral est, sans contredit, celui où Antiochus porte la coupe à ses lèvres, et où Timagène entre sur la scène en criant: *Ah! seigneur!* (acte V, scène 4). Quelle foule d'idées et de sentiments ce geste et ce mot ne font-ils pas éprouver à la fois!

> [A sonâmbula Macbeth avança em silêncio (ato V, cena 1), de olhos fechados, no palco, imitando a ação de uma pessoa que lava as mãos, como se as suas ainda estivessem manchadas com o sangue do seu rei, que ela havia matado mais de vinte anos antes. Não conheço nada tão patético em discurso quanto o silêncio das mãos dessa mulher. Que imagem do remorso!
> (...)

Admirou-se, com justiça, um grande número de belos versos na magnífica cena de *Heráclio* em que Focas ignora qual dos dois príncipes é seu filho. Para mim, a parte dessa cena, que prefiro a todo o resto, é aquela em que o tirano se volta sucessivamente para os dois príncipes, chamando-os pelo nome de seu filho, e em que os dois príncipes permanecem frios e imóveis.
Marciano! A esse nome nenhum deles quer responder.
Corneille, *Héraclio* ato IV, cena 4.

Eis algo que o papel nunca poderá pretender; eis onde o gesto triunfa sobre o discurso!
(…)
Na cena sublime que termina a tragédia de *Rodoguna*, o momento mais teatral é, incontestavelmente, aquele em que Antíoco leva o cálice a seus lábios e em que Timagenes entra no palco gritando: *Ah, senhor!* (ato V, cena 4). Que multidão de ideias e de sentimentos esse gesto e essa palavra fazem experimentar simultaneamente!]

Para, numa representação, concentrar sua atenção nos gestos, Diderot, que sabia de cor bom número de peças do repertório, conta que se punha longe do palco e tapava as orelhas. Só escutava o ator quando seus gestos não pareciam corresponder ao texto. "Não obstante o que pense do meu expediente", diz ele ao destinatário da *Carta sobre os surdos-mudos*, "peço-lhe para considerar que, se para julgar corretamente uma entonação é preciso escutar o discurso sem ver o ator, é igualmente natural crer que, para julgar corretamente o gesto e os movimentos, é preciso considerar o ator sem ouvir o discurso." Cita o exemplo de Lesage (1668-1747), que, tendo ficado surdo ao envelhecer, assistia mesmo assim à encenação das suas peças, afirmando que não perdia quase nenhuma palavra e que nunca havia julgado tão bem a qualidade das suas obras e a interpretação dos atores quanto desde que não ouvia mais as palavras ditas por estes.

Diderot deseja que a música contribua para aumentar o poder emocional do gesto. Ao formular votos de que se criasse esse "teatro total", com o qual Wagner sonhará, deseja igualmente que ela não figure como simples acompanhamento da representação, mas seja parte integrante do espetáculo. Para ele, é importante que o texto musical seja composto em função da atmosfera da obra, a fim de intensificar a emoção desta. Também é esse o ponto de vista de Beaumarchais, que escreve na sua *Lettre modérée sur la chute et la critique du Barbier de Séville* [*Carta moderada sobre o baixar do pano e a crítica do Barbeiro de Sevilha*]: "nossa música dramática ainda se parece demais com a nossa música do cancioneiro para dela esperarmos um verdadeiro interesse ou uma alegria fresca. Será preciso começar a empregá-la seriamente no teatro quando se sentir de fato que, no teatro, só se deve cantar para falar; quando nossos músicos se aproximarem da natureza e, sobretudo, cessarem de se impor a lei absurda de sempre voltar à primeira parte de uma canção depois de cantar a segunda. Por acaso há repetições e refrões num drama?". Quanto ao canto, não deve ser concebido tampouco como um acréscimo, mas sim como um modo particular do diálogo. A posição de Diderot coincide, a milênios de intervalo, com a de Aristóteles, que deplorava que, depois da morte de Ésquilo, Sófocles e Eurípides, os coros houvessem perdido sua função. Compostos como simples intermédios ornamentais, eles podiam ser integrados em qualquer tragédia, perdendo assim sua força viva.

Consciente do impacto emocional do gesto, Diderot quer dar a ele uma posição de destaque na execução do drama. "Há cenas em que é infinitamente mais natural aos personagens se movimentar do que falar", escreve no *Discurso sobre a poesia dramática*. Ele presta homenagem à pantomima, em que os romanos se notabilizavam, e cujos segredos os tempos modernos perderam. "Falamos demais em nossos dramas", escreve em *Conversas sobre "O filho natural"*, "e, por conseguinte, nossos atores não representam muito neles. Perdemos uma arte, cujos recursos os antigos conheciam bem. A pantomima levava à cena outrora todas as condições sociais – os reis, os heróis, os tiranos, os ricos, os pobres, os moradores das cidades, os do campo –, escolhendo em cada condição o que lhe é próprio; em cada ação o que ela tem de notável. O filósofo Timócrates, que assistia um dia a esse espetáculo, do qual sempre o afastara a severidade do seu caráter, dizia: *Quali spectaculo me philosophiae verecundia privavit!*[30] Timócrates tinha uma reserva desproposidata, que privou o filósofo de um grande prazer. O cínico Demétrio atribuía todo o efeito dela aos instrumentos, às vozes e à cenografia, em presença de um pantomimo que lhe respondeu: '*Veja-me representar sozinho, depois diga da minha arte o que quiser.*' As flautas se calam. O pantomimo representa, e o filósofo, arrebatado, exclama: *Não só vejo você, como ouço. Você me fala com as mãos.*[31]

"Que efeito essa arte, somada ao discurso, não produziria? Por que separamos o que a natureza uniu? A todo instante, o gesto não responde ao discurso?" Por isso Diderot atribui um imenso poder ao desempenho do ator. "O que nos afeta no espetáculo do homem animado por uma grande paixão?", ele comenta um pouco adiante. "São seus discursos? Às vezes. Mas o que sempre nos emociona são gritos, palavras inarticuladas, vozes entrecortadas, alguns monossílabos que escapam por intervalos, não sei que murmúrio na garganta, entre dentes. A violência do sentimento cortando a respiração e levando perturbação ao espírito, as sílabas das palavras se separam, o homem passa de uma ideia a outra; inicia uma multidão de discursos; não termina nenhum; e, com exceção de alguns sentimentos que ele exprime na primeira entrada em cena e a que retorna sem cessar, o resto nada mais é que uma sequência de ruídos fracos e confusos, de sons expirantes, de ênfases sufocadas que o ator conhece bem melhor que o poeta. A voz, o tom, o gesto, a ação, eis o que pertence ao ator; e é o que nos atinge, sobretudo no espetáculo das grandes paixões. É o ator que dá ao discurso tudo o que ele tem de energia. É ele que leva aos ouvidos a força e a verdade da ênfase."

Por meio das palavras que presta a Dorval nas *Conversas sobre "O filho natural"*, Diderot exprime o desejo de que a dança, forma poética da pantomima,

---

30. "De que espetáculo o respeito à filosofia me havia privado!" A anedota é tirada do tratado *Da dança*, de Luciano, que Diderot cita numa tradução latina. Não se trata aqui do amigo de Epicuro, mas de um filósofo do século I a.C.
31. Trata-se de Demétrio, o cínico contemporâneo de Nero, cujo elogio foi feito por Sêneca. Essa segunda anedota também é tirada do tratado de Luciano.

longe de figurar como simples ornamento, tenha um lugar de destaque no drama. "A dança ainda espera um homem de gênio; ela é ruim em toda parte, porque mal se desconfia de que é um gênero de imitação. A dança está para a pantomima assim como a poesia está para a prosa, ou antes, como a declamação natural está para o canto. É uma pantomima comedida.

"Eu gostaria que me dissessem o que significam todas essas danças, como o minueto, o *passe-pied,* o *rigaudon,* a alemanda, a sarabanda, nas quais se segue um caminho traçado. Esse homem se exibe com uma graça infinita; não faz nenhum movimento em que eu não perceba a facilidade, a doçura e a nobreza. Mas o que ele imita? Isso não é saber cantar, é saber solfejar.

"Uma dança é um poema. Esse poema deveria portanto ter sua representação separada. É uma imitação pelos movimentos, que supõe o concurso do poeta, do pintor, do músico e do pantomimo. Ela tem seu tema; esse tema pode ser distribuído por atos e por cenas. A cena tem seu recitativo livre ou obrigado, e sua arieta."

Para Diderot, é tamanha a importância da pantomima, a qual ele define "como uma porção do drama", que exige que ela seja marcada. "É preciso descrever a pantomima todas as vezes que ela faz um quadro vivo; que ela dá energia ou clareza ao discurso; que ela liga o diálogo; que caracteriza; que consiste em jogos de cena delicados que nem se adivinham; que faz as vezes de resposta, quase sempre no início das cenas." Os autores de dramas, tornando-se agora diretores em potencial, põem-se a assinalar os jogos de cena no diálogo e até a marcar "jogos de entreato" mudos, como Beaumarchais em *Eugênia,* sobre os quais ele se explica na longa didascália que separa os dois primeiros atos. "Como a ação teatral nunca para, pensei que se poderia ligar um ato ao que o segue por meio de uma pantomima, que manteria, sem cansar, a atenção dos espectadores e indicaria o que acontece atrás da cena durante o entreato. Designei-a entre cada ato. Tudo o que tende a dar verdade é precioso num drama sério, e a ilusão se prende mais às pequenas coisas que às grandes." Diderot, que vê o teatro com um olhar de pintor, fixa a disposição dos personagens no palco. Concebendo a cena como um quadro, ele sonha dispô-los em certos momentos, à maneira de Greuze, em grupos inteligentemente arrumados, congelando-os alguns instantes na imobilidade. Quanto a Beaumarchais, ele faz, para cada ato de uma edição das *Bodas de Fígaro,* um esboço indicando a implantação do cenário e também o lugar de cada comediante no início do ato.

Corneille, recordemos, foi o primeiro a atrair a atenção dos escritores para a necessidade de anotar as indicações cênicas, a fim de evitar contrassensos aos atores. O procedimento de Diderot é muito mais inovador. Para ele a pantomima não tem simplesmente a finalidade de esclarecer as intenções do autor, mas de dar espessura ao diálogo, lhe dar corpo, no sentido próprio do termo, descrevendo as atitudes, os gestos, as expressões de voz. Grande teórico, ele introduz uma revolução maior na prática da escrita dramática, definindo o texto não mais como diálogo somente, mas como a associação estreita do diálogo com as didascálias. Daí em diante, o papel do discurso didascálico crescerá no seio da escrita, e o autor dramático reivindicará abertamente seu direito de controlar a encenação.

2.4.3. A sensibilidade do comediante

A questão da sensibilidade do comediante é objeto de um grande debate ao longo de todo esse século XVIII que privilegia a emoção. O ator deve ou não sentir o que representa? Sua arte, que aparece a alguns como o fruto de uma mágica alquimia, também suscita interrogações racionalistas, a de Diderot notadamente. As ciências que tentam explorar a psique – a psiquiatria, a fenomenologia, a psicanálise –, embora ainda estejam longe, já se delineiam por meio do brilhante questionamento de *Le paradoxe sur le comédien* [*O paradoxo do comediante*].

Luigi Riccoboni, vindo da Itália para recriar o Théâtre Italien de Paris, em 1716[32], meditou muito sobre a interpretação graças à sua tríplice experiência de ator, autor dramático e diretor de trupe, experiência que relata em sua *Histoire du théâtre italien* [*História do teatro italiano*] (1728) e em suas *Réflexions historiques et critiques sur les différents théâtres de France* [*Reflexões históricas e críticas sobre os diferentes teatros da França*]. Desejando reabilitar o teatro e rejeitar o ponto de vista neoplatônico segundo o qual o comediante não passa de um tremendo mentiroso, ele afirma a sinceridade do ator que, nos momentos em que comove o público, não representa seu personagem mas o encarna. Seu filho, François Riccoboni, que o sucederá na trupe, defende, em 1750, em *L'Art du théâtre* [*A arte do teatro*], uma tese radicalmente oposta, atribuindo à "tarimba" do comediante muito mais importância do que a seu gênio. O ator talentoso atua, segundo ele, com sangue-frio, obedecendo na sua atuação a regras rigorosas: é só então que ele atinge o público. São esses os termos da polêmica quando Diderot aborda o tema, por sua vez, na *Segunda conversa sobre "O filho natural"* (1757). Sustenta aí um ponto de vista idêntico ao de Luigi Riccoboni, afirmando que é o entusiasmo que move o grande comediante. "Os poetas", escreve, "os atores, os músicos, os pintores, os cantores de primeira ordem, os grandes dançarinos, os amantes, os verdadeiros devotos, toda essa trupe entusiasta e apaixonada sente vivamente e reflete pouco." Diderot incita o comediante a representar de acordo com o que sente, e não em função de estereótipos aprendidos. *O filho natural*, é bom lembrar, repousa na ficção de um teatro em que o real e a representação se confundem. Dorval, apresentado como o ator modelo, representa em seu próprio salão, sem público, a história da sua vida, acumulando as duas funções de protagonista e de ator do drama.

Em *O paradoxo do comediante*[33], em que Diderot abandona a tese do entusiasmo na representação para sustentar a da insensibilidade, exprimem-se novos princípios. Nessa obra, que reveste a forma do diálogo filosófico cara a Diderot,

---
32. A trupe dos Comédiens Italiens foi dissolvida por ordem de Luís XIV em 1697. Só em 1716 é que eles são autorizados a retornar a Paris, sob a direção de Luigi Riccoboni, que representa, na trupe, o papel de primeiro namorado, com o nome de *Lelio*.
33. *O paradoxo*, de que nos chegaram cinco versões sucessivas, é a obra em que Diderot mais fez alterações. A primeira redação do texto é composta em novembro de 1769, logo depois de *Le Rêve de d'Alembert* [*O sonho de d'Alembert*], de que *O paradoxo* aparece como uma ilustração, na medida em que o problema da sensibilidade do comediante não passara de um caso da teoria da sensibilidade desenvolvida em *O sonho d'Alembert*. O comediante deve tomar consciência da dualidade do homem, que é um ser duplo no plano biológico, regido ao mesmo tempo pelo cérebro e pelo diafragma (considerado na época a sede fisiológica da sensibilidade). A primeira versão do *Paradoxo*,

um dos dois protagonistas, chamado ora de "Primeiro", ora de "homem do paradoxo", declara provocadoramente: "É a extrema sensibilidade que faz os atores medíocres; é a falta absoluta de sensibilidade que prepara os atores sublimes." Ele opõe constantemente o comediante "natural", que se fia em sua sensibilidade, ao que trabalha incansavelmente seus papéis. "O que me fortalece em minha opinião é a desigualdade dos atores que representam com a alma", diz ele. "Não espere da parte deles nenhuma unidade; o modo como atuam é alternadamente forte e fraco, quente e frio, insípido e sublime. Eles falharão amanhã onde se superaram hoje; em compensação, se superarão no que houverem falhado na véspera. Enquanto o comediante que atue com reflexão, estudo da natureza humana, imitação constante de algum ideal, imaginação, memória, será um, o mesmo em todas as representações, sempre igualmente perfeito: tudo foi medido, combinado, aprendido, ordenado em sua cabeça; não há em sua declamação nem monotonia nem dissonância." Para ele, o talento do ator não é resultado do gênio, mas produto de um trabalho obstinado. O grande comediante, habituado a frequentar o teatro, observou demoradamente a técnica dos atores que lhe revelaram, por seu modo de representar, um certo número de procedimentos, que ele utiliza por sua vez. Acostumado ao trato com as pessoas, havendo penetrado bem os segredos do coração humano, ele domina os múltiplos esgares deste. A naturalidade, no teatro, é o auge do artifício. Tudo na arte do comediante é estudado, a expressão do rosto, os gestos e as atitudes, o timbre e as modulações de voz, os gritos, os silêncios.

"Mas como?, dirão, pergunta o homem do paradoxo, esses acentos tão queixosos, tão dolorosos, que essa mãe arranca do fundo das suas entranhas e que abalam tão violentamente as minhas, não é o sentimento atual que os produz, não é o desespero que os inspira? De modo algum, e a prova disso é que são medidos; que fazem parte de um sistema de declamação; que mais baixos ou mais agudos do que a vigésima parte de um quarto de tom, soariam falsos; que são submetidos a uma lei da unidade; que são, como na harmonia, preparados e resolvidos; que só satisfazem a todas as condições requeridas por um longo estudo; que concorrem para a solução de um problema proposto; que, para serem emitidos com justeza, foram ensaiados cem vezes e que, apesar desses frequentes ensaios, ainda falham; é que antes de dizer:

Zaíra, você está chorando!

"ou

Você lá estará, minha filha[34],

---

bem breve, foi escrita para *La Correspondance littéraire*, em menos de vinte exemplares manuscritos, e difundida por Grimm em 1770. Depois disso, Diderot trabalhou no *Paradoxo* até o fim de seus dias, não parando de modificar a obra, de desenvolver certos pontos, matizar outros. A versão definitiva só aparecerá em 1830.

34. A primeira citação é extraída de *Zaïre* [*Zaíra*] (IV, 2), de Voltaire, a segunda de *Ifigênia* (II, 2) de Racine.

"o ator ouviu por muito tempo a si mesmo; é que ele se ouve no momento em que perturba você e que todo o seu talento não consiste em sentir, como você supõe, mas em exprimir tão escrupulosamente os sinais exteriores do sentimento, que você se engana quanto a este. Seus gritos de dor estão anotados no ouvido dele. Seus gestos de desespero são de cor e foram preparados na frente de um espelho. Ele sabe o momento preciso em que tirará seu lenço e em que as lágrimas escorrerão; espere-as naquela palavra, naquela sílaba, nem antes nem depois. Aquele tremor da voz, aquelas palavras suspensas, aqueles sons sufocados ou arrastados, aquele frêmito dos membros, aquela vacilação dos joelhos, aqueles desmaios, aqueles furores, pura imitação, lição decorada previamente, esgar patético, macaquice sublime cuja lembrança o ator guarda, muitas vezes depois de tê-la estudado, cuja consciência presente ele tinha no momento em que a executava, que lhe deixa, felizmente para o poeta, para o espectador e para ele, toda a liberdade do seu espírito e que só lhe tira, assim como os outros exercícios, a força do seu corpo. Tirado o tamanco ou o coturno, sua voz se apaga, ele sente um cansaço extremo, vai mudar de roupa ou se deitar; mas não lhe resta nem perturbação nem dor, nem melancolia nem prostração da alma. É você que leva consigo todas essas impressões. O ator está cansado, e você, triste; é que ele se esfalfou sem nada sentir, e você sentiu sem se esfalfar. Se fosse de outro modo, o ofício do comediante seria o mais infeliz dos ofícios; mas ele não é o personagem, ele o representa, e o representa tão bem que você o considera como tal: a ilusão é só para você; mas ele sabe muito bem que não é."

A arte do comediante consiste em analisar constantemente seus efeitos, para dominá-los. Por isso, ele não sente a emoção que suscita no espectador, porque ele não é o personagem, mas o interpreta. Somente o espectador é presa da ilusão. A sensibilidade do ator, interpretada, não passa de um engodo. É o que permite que o grande comediante entre em todos os papéis, inclusive os que estão nos antípodas da sua sensibilidade. Segundo o homem do paradoxo, ele é "um espectador frio e tranquilo", (precisa ter) "penetração e nenhuma sensibilidade, a arte de tudo imitar ou, o que dá na mesma, uma igual aptidão em todas as espécies de caracteres e papéis".

Vendo a si mesmo atuar, o comediante é um ser duplo, que tem de se esforçar para esconder do espectador esse desdobramento[35]. Um abismo o separa de seu personagem. Diderot toma o exemplo de Mademoiselle Clairon, cuja atuação ele observou muito para sustentar sua argumentação.

> Quel jeu plus parfait que celui de la Clairon? Cependant suivez-la, étudiez-la, et vous serez convaicu qu'à la sixième représentation elle sait par coeur tous les détails de son jeu comme tous les mots de son rôle. Sans doute elle s'est fait un modèle auquel elle a d'abord cherché à se conformer; sans doute elle a conçu ce modèle le plus haut, le plus grand, le plus parfait qu'il lui a été possible; mais ce modèle qu'elle a emprunté de l'histoire ou que son imagination a créé comme un grand fantôme, ce n'est pas elle; si ce modèle n'était que de sa hauteur, que son action serait faible et

---

35. Brecht partirá desse desdobramento na atuação para elaborar sua teoria do "distanciamento", pedindo que o comediante torne tal distância nitidamente perceptível.

petite! Quand, à force de travail, elle a approché de cette idée le plus près qu'elle a pu, tout est fini; se tenir ferme là, c'est une pure affaire d'exercice et de mémoire. Si vous assistiez à ses études, combien de fois vous lui diriez: 'Vous y êtes!...' combien de fois elle vous répondrait: 'Vous vous trompez!...' (...) lorsqu'elle s'est une fois élevée à la hauteur de son fantôme, elle se possède, elle se répète sans émotion. Comme il nous arrive quelquefois dans le rêve, sa tête touche aux nues, ses mains vont chercher les deux confins de l'horizon; elle est l'âme d'un grand mannequin qui l'enveloppe; ses essais l'ont fixé sur elle. Nonchalamment étendue sur sa chaise longue, les bras croisés, les yeux fermés, immobile, elle peut, en suivant son rêve de mémoire, s'entendre, se voir, se juger et juger les impressions qu'elle excitera. Dans ce moment elle est double: la petite Clairon et la grande Agrippine.

[Que atuação mais perfeita que a da Clairon? No entanto, sigam-na, estudem-na, e se convencerão de que na sexta representação ela sabe de cor todos os detalhes da sua atuação, tal como todas as palavras do seu papel. Sem dúvida ela construiu um modelo ao qual ela, primeiro, tenta se adaptar; sem dúvida ela concebeu o modelo mais elevado, maior, mais perfeito que lhe foi possível; mas esse modelo que ela tomou emprestado da história ou que sua imaginação criou como um grande fantasma, não é ela; se esse modelo fosse apenas da sua altura, como sua ação seria fraca e pequena! Quando, à força de muito trabalho, ela se aproximou o mais que pôde dessa ideia, tudo acabou; manter-se firme nela é pura questão de exercício e de memória. Se você assistir aos estudos dela, quantas vezes você lhe diria: 'É isso!...' e quantas vezes ela lhe responderia: 'Está enganado!...' (...) quando ela se elevou uma vez à altura do seu fantasma, ela se possui, ela se repete sem emoção. Como acontece algumas vezes com a gente no sonho, sua cabeça alcança as nuvens, suas mãos vão buscar os dois confins do horizonte; ela é a alma de um grande manequim que a envolve; seus ensaios o fixaram nela. Indolentemente deitada na sua *chaise longue*, braços cruzados, olhos fechados, imóvel, ela pode, seguindo seu sonho de cor, se ouvir, se ver, se julgar e julgar as impressões que causará. Nesse momento ela é dupla: a pequena Clairon e a grande Agripina.]

O comediante não representa com "as entranhas", mas com sangue-frio, em referência a um "modelo ideal", uma espécie de "grande fantasma", que ele construiu para si a partir do que o autor dramático imaginou. Este último elaborou seu próprio modelo ideal referindo-se ao que a natureza lhe oferece. Diderot moderniza essa noção de "modelo ideal", que toma emprestada da Antiguidade e dos tratados de pintura da Renascença que o perpetuaram. O exemplo da pintura de Helena por Zêuxis[36], muitas vezes retomado, é uma das suas mais célebres ilustrações. Para pintar Helena de Troia, a Beleza ideal, Zêuxis teria criado sua obra-prima inspirando-se em cinco modelos reais, as cinco mais lindas moças de Crotona. Segundo a anedota, a pintura tende depois a se tornar o próprio modelo. Mas então "onde está o verdadeiro modelo, se não existe nem no todo nem em parte na natureza?", interroga Grimm em sua *Correspondência*, ou sob uma forma aparentemente mais ingênua, o segundo protagonista do *Paradoxo* dizendo: "Mas

---

36. Zêuxis, pintor grego da segunda metade do século V a.C., é célebre por seu realismo. Nenhuma das suas obras chegou até nós, infelizmente. Só o conhecemos pelos comentários que nos deixaram os antigos, em especial os de Aristóteles na *Poética*.

esse modelo ideal não seria uma quimera? (...) Mas se é ideal não existe: ora, não há nada no entendimento que não tenha sido na sensação." Para explicar esse modelo ideal, já que ele não existe em lugar nenhum, é impossível, para Grimm e para Diderot, fazer referência a um idealismo estético a que, em seu sensualismo, eles não poderiam aderir. Esse "modelo ideal", para eles, não é, como para os antigos, eterno e imutável, mas histórico e temporal. É "com o tempo, por uma marcha lenta e pusilânime, por um longo e penoso tatear" que ele se constitui, de acordo com Diderot.

"Meu amigo", exclama o homem do paradoxo, "há três modelos: o homem da natureza, o homem do poeta, o homem do ator. O homem da natureza é menor que o homem do poeta, e este menor ainda que o homem do grande comediante, o mais exagerado de todos. Este último sobe nos ombros do precedente e se encerra num grande manequim de vime, de que é a alma; ele movimenta esse manequim de uma maneira apavorante, inclusive para o poeta que não se reconhece mais, e nos assusta (...) assim como as crianças se assustam mutuamente mantendo seus casaquinhos curtos erguidos acima da cabeça, agitando-se e imitando da melhor maneira que podem a voz rouca e lúgubre de um fantasma que arremedam." Como Diderot mostra aqui, o processo de estilização se dá em dois tempos no teatro. Primeiro, ele é obra do autor dramático, que estiliza o real deformando-o através do prisma da sua imaginação; depois, obra do ator, que transforma, por sua visão, o personagem imaginário concebido pelo escritor, para criar, em sua alteridade, uma forma que o autor nem sempre reconhece. Muitas vezes, o poeta vive como uma traição o confronto entre a produção imaterial do seu imaginário e a realização concreta que o espetáculo lhe oferece.

O "verdadeiro da cena" não consiste portanto em mostrar as coisas, segundo Diderot, "como elas são na natureza". O ator nunca reproduz uma realidade bruta. Para assinalar nitidamente essa irredutibilidade entre o real e sua representação, Diderot opõe constantemente, no *Paradoxo*, o salão e a cena, voluntariamente confundidos em *O filho natural*. Se o salão é um espaço real em que alguém conta, uma só vez, uma história, dominado pela emoção, a cena é um espaço fictício em que um ator reproduz "n" vezes, com a frieza do analista, uma situação construída.

> ... vous faites un récit en société; vos entrailles s'émeuvent, votre voix s'entrecoupe, vous pleurez. Vous avez, dites-vous, senti et très vivement senti. J'en conviens; mais vous y êtes-vous préparé? Non. Parliez-vous en vers? Non. Cependant vous entraîniez, vous étonniez, vous touchiez, vous produisiez un grand effet. Il est vrai. Mais portez au théâtre votre ton familier, votre expression simple, votre mantien domestique, votre geste naturel, et vous verrez combien vous serez pauvre et faible. Vous aurez beau verser des pleurs, vous serez ridicule, on rira. Ce ne sera pas une tragédie, ce sera une parade tragique que vous jouerez. Croyez-vous que les scènes de Corneille, de Racine, de Voltaire, même de Shakespeare puissent se débiter avec votre voix de conversation et le ton du coin de l'âtre? Pas plus que l'histoire du coin de votre âtre avec l'emphase et l'ouverture de bouche du théâtre.
> (...)
> Mais une expérience que vous aurez cent fois répétée, c'est qu'à la fin de votre récit, au milieu du trouble et de l'émotion que vous avez jetés dans votre petit auditoire

de salon, il survient un nouveau personnage dont il faut satisfaire la curiosité. Vous ne le pouvez plus, votre âme est épuisée, il ne vous reste ni sensibilité, ni chaleur, ni larmes. Pourquoi l'acteur n'éprouve-t-il pas le même affaissement? C'est qu'il y a bien de la différence de l'intérêt qu'il prend à un conte fait à plaisir et de l'intérêt que vous inspire le malheur de votre voisin. Êtes-vous Cinna? Avez-vous jamais été Cléopatre, Mérope, Agripinne? Que vous importent ces gens-là?

[... você faz um relato em sociedade; suas entranhas se emocionam, sua voz se entrecorta, você chora. Você sentiu, assim diz, e sentiu vivamente. Admito. Mas você se preparou para fazê-lo? Não. Você falava em versos? Não. No entanto você empolgava, você surpreendia, você comovia, você produzia um grande efeito. É verdade. Mas leve ao teatro seu tom familiar, sua expressão simples, sua atitude doméstica, seu gesto natural, e verá o quanto será pobre e fraco. Por mais lágrimas que derrame, você será ridículo, acharão graça. Não será uma tragédia, será uma parada trágica que você representará. Você acredita que as cenas de Corneille, de Racine, de Voltaire, até de Shakespeare podem ser ditas com sua voz de conversa e o tom do canto de lareira? Tanto quanto a história do seu canto de lareira não o pode com a ênfase e a abertura de boca do teatro.
(...)
Mas uma experiência que você terá repetido cem vezes é a de que, no fim do seu relato, no meio da perturbação e da emoção que você lançou em seu pequeno auditório de salão, sobrevém um novo personagem cuja curiosidade há que satisfazer. Você não aguenta mais, sua alma está esgotada, não lhe resta nem sensibilidade, nem calor, nem lágrimas. Por que o ator não sente a mesma prostração? É que há uma diferença no interesse que ele tem por uma história contada por prazer e o interesse que lhe inspira a desgraça do seu vizinho. Você é Cina? Você já foi Cleópatra, Merope, Agripina? Que lhe importa essa gente?][37]

É por perseguir objetivos diferentes em suas duas obras que Diderot nelas apresenta posições opostas. Em *Conversas sobre "O filho natural"*, obra destinada a um vasto público, em que Diderot quer defender o ofício de ator, com tanta frequência desmerecido, e investir o comediante de uma alta função moral, semelhante à do pregador, ele faz obra de propaganda, como na *Enciclopédia*. Em compensação, ele empreende uma vasta reflexão fenomenológica no *Paradoxo*, que somente a morte interromperá, reservada a um círculo restrito de leitores amigos a que envia o texto em forma manuscrita.

Nem todos os contemporâneos do drama são unânimes para defendê-lo. Marmontel, que não o aprecia, o desanca na feroz rubrica que lhe consagra em seus *Elementos de literatura*, o verbete "drama". Ele critica sua concepção estreitamente realista da mímesis. O espetáculo, para ele, se torna inútil se não oferecer mais que o reflexo bruto, inerte, do real, que amputa de seu dinamismo. "Não reunimos os homens para lhes mostrar num teatro o que acontece todos os dias em torno deles, principalmente entre o populacho", escreve. "A natureza é ainda

---

37. Diderot se refere aqui a Corneille, de quem cita *Cina* e *Rodoguna*, em que figura Cleópatra; a Voltaire, de quem cita *Mérope* [*Merope*]; a Racine, de quem cita *Britânico*, em que Agripina é um dos personagens principais.

mais verdadeira e mais comovente do que a sua imitação; e, se só se tratasse da verdade, as encruzilhadas, os hospitais, a praça seriam salas de espetáculo." Ele denuncia a banalidade, aflitiva a seus olhos, das situações do drama, que não poderiam senão entediar o espectador. "A teoria deles", escreve a propósito dos autores dramáticos, "recai em dois erros: um, que tudo o que interessa é bom para o teatro; o outro, que tudo o que se parece com a natureza é belo e que a imitação mais fiel é sempre a melhor." Quanto ao diálogo, critica sua trivialidade. Não contesta o interesse de introduzir no teatro a linguagem do povo, mas exclui a possibilidade de transcrevê-lo no estado bruto, sem fazê-la passar por uma operação de transmutação. "O poeta que escreve como a gente fala, escreve mal. Sua dicção deve ser natural, mas desse natural que o gosto retifica, em que não deixa nada frio, negligenciado, difuso, banal, insípido. A própria linguagem do povo tem sua graça e sua elegância, como tem sua baixeza e sua grosseria: tem seus torneios engenhosos e vivos, suas expressões pitorescas; e, dentre as figuras de que é repleto, há as que são muito eloquentes. Ela também terá sua pureza, quando a escolha for feita com discernimento. A operação do gosto, na arte de imitar a linguagem, se parece com a do crivo que separa o grão puro da palha e do cascalho." Ele escarnece da pobreza da pantomima que, a seu ver, não pode substituir a palavra e que, muitas vezes, serve apenas para mascarar a incapacidade do escritor. "A ação deles", escreve a propósito dos autores dramáticos, "reduzida a pantomima, os dispensa do cuidado de escrever e do trabalho de pensar."

A despeito das críticas de Marmontel, com quem concorda ao reconhecer que o drama burguês não produziu obra-prima, cumpre salientar a modernidade das teorias que o embasam. Em ruptura total com a Antiguidade e o Classicismo, elas assinalam uma nova concepção da cena, cuja influência imediata veremos se exercer sobre a Alemanha, que, com Lessing, imita o modelo francês, sobre a Itália, que nela se inspira com a maior liberdade, e, mais tarde, sobre o drama romântico, que, exigência realista à parte, realizará brilhantemente suas ambições. Quanto aos teóricos do drama naturalista, eles se inspirarão diretamente nela.

3. LESSING, UM ÊMULO DE DIDEROT

Lessing (1729-1781) é o fundador do teatro alemão, tanto pelas peças que produziu como por sua *Dramaturgie de Hambourg* [*Dramaturgia de Hamburgo*], que constitui a primeira poética do gênero na Alemanha. Escrito ao correr dos dias, de 1767 a 1768, para registrar as representações dadas no Teatro Nacional de Hamburgo[38], de que é o crítico oficial, o texto nada tem de um tratado. Sai em folhetim semanal em números sucessivos[39]. Assim, não apresenta uma teoria do teatro sistemática, à maneira de Diderot, mas reflexões feitas desordenadamente, inspiradas pelo acaso das representações a que assiste.

---

38. O Teatro Nacional de Hamburgo foi inaugurado em abril de 1767.
39. Cada artigo não constitui necessariamente um todo. Lessing para quando o espaço que lhe é concedido é ocupado e continua, como se não tivesse havido interrupção, no número seguinte.

Lessing deplora a mediocridade do teatro alemão, que, muito recente, não repousa em nenhuma tradição e, além disso, suporta desde 1730 a ditadura de Gottsched, que tenta impor o modelo do Classicismo francês. Não há nenhum teatro permanente em língua alemã, salvo o de Gottsched em Leipzig. Emprestadas do repertório francês, as raras peças montadas são representadas em francês, nas cortes dos príncipes ou nos colégios. Quanto às trupes ambulantes, representam de forma parcialmente improvisada um repertório não literário cuja pobreza é aflitiva. Extremamente conservador, Gottsched preconiza, em seu *Essai d'un art poétique critique pour les Allemands* [*Ensaio sobre uma arte poética crítica para os alemães*], publicado em 1730, a imitação da natureza, à maneira antiga. Considerando que os franceses do século de Luís XIV são os melhores conhecedores da Antiguidade, conclui que os alemães devem se inspirar no modelo clássico.

Desejoso de criar um teatro nacional, Lessing se levanta com veemência contra o Classicismo importado por Gottsched, de que a cena alemã deve libertar-se, se quiser afirmar sua especificidade. Por isso ele denota tanto partidarismo na sua condenação sistemática do teatro clássico francês, cujo prestígio junto a seus compatriotas quer destruir. Fascinado pelas Luzes, Lessing é muito influenciado por Diderot, a quem descobre logo no início da sua carreira e cujas ideias difunde na Alemanha. Fala dele reiteradas vezes desde os anos 1750, em sua correspondência, citando a *Carta aos surdos-mudos*, que data de 1751, e evocando sua *Carta sobre os cegos*, de 1749. Lê *Les Bijoux indiscrets* [*As joias indiscretas*], que qualificará de "romance frívolo em que se agitam ideias graves", sem dúvida já quando da sua publicação, em 1748, manifestando um vivo interesse pelos dois capítulos consagrados ao teatro. A partir de 1760, dedica-se a uma empreitada colossal, que o ocupará até o fim dos seus dias: a tradução dos escritos estéticos e dos dramas de Diderot. Em 1781, ano da sua morte, acrescenta um segundo prefácio a suas traduções da obra teatral. As únicas obras de Diderot que ele não conheceu são, evidentemente, seus escritos póstumos, os *Salons* [*Salões*] e *O paradoxo do comediante*.

Se Lessing trabalhou muito na obra de Diderot, este por sua vez conhece Lessing muito mal. Parece ter se interessado principalmente por *Miss Sara Sampson*, peça de 1755, que qualifica de "tragédia burguesa" e da qual publica uma crítica elogiosa no *Journal étranger*, em 1761. Convém dizer, em seu favor, que o teatro alemão ainda é muito mal conhecido na França. Louis-Sébastien Mercier, que cita em 1773, em *Do teatro ou Novo ensaio sobre arte dramática*, numerosos autores estrangeiros, entre eles Calderón, Lope de Vega, Shakespeare, Goldoni, não menciona nenhum autor dramático alemão. Somente em 1873 aparecerá na França a primeira tradução integral da *Dramaturgia de Hamburgo*.

Essa longa associação com Diderot, por ocasião do imenso trabalho de tradução que ocupa os vinte últimos anos da sua vida, sem dúvida explica a pouca originalidade do pensamento de Lessing em relação a Diderot, de quem retoma fielmente as ideias mestras: o Anticlassicismo, a ânsia de realismo, a atenção dada à interpretação em razão do impacto que exerce sobre o público. Uma mesma preocupação moral de tornar o espectador melhor embasa suas opções dramatúrgicas.

3.1. O anticlassicismo

Existe um certo número de contradições, sobretudo em matéria de unidades, na teoria de Lessing, pelo fato de ele erigir em modelo três autores que se acham na origem de estéticas cênicas bem diferentes: Sófocles, Shakespeare e Diderot.

Partidário da simplicidade da ação, ele critica os franceses, Corneille notadamente, de que não gosta nada, por suas intrigas complicadas. O teatro espanhol, que introduziu na cena europeia numerosos procedimentos que propiciavam o ressurgimento da intriga, exerceu, segundo ele, uma influência desastrosa. Ele retoma sobre esse ponto certo número de argumentos de Diderot contra o Classicismo francês, chegando até a traduzir, na *Dramaturgia*, toda uma passagem das *Joias indiscretas*. Lessing opõe à excessiva complexidade das peças francesas, a simplicidade das tragédias gregas, notadamente as de Sófocles. Resvalando então importunamente do conceito de simplicidade da ação ao de unidade, observa que a regra essencial do teatro grego é a unidade de ação, de que as outras duas unidades são simples consequência[40]. Se os antigos foram levados a situar o drama num só lugar e num lapso de tempo bastante curto, foi unicamente em razão da presença permanente do coro na orquestra. Por causa dessa testemunha que assistia ao drama do princípio ao fim, sem nunca sair do espaço que lhe era reservado, era quase impossível, salvo pondo em risco a verossimilhança, estender a ação no tempo ou deslocá-la para lugares sucessivos: "A unidade de ação era a primeira lei dramática dos antigos; a unidade de tempo e a unidade de lugar não eram, por assim dizer, mais que consequências dessa: eles não as teriam observado mais estritamente do que a primeira exigiria, se o coro não tivesse vindo se pôr ali como um vínculo. Como a ação de seus poemas devia ter por testemunha uma multidão de pessoas, como essa multidão era sempre a mesma, como ela não podia se afastar das suas moradias, nem se ausentar mais do que podem fazer normalmente por simples curiosidade, os poetas não podiam fazer outra coisa senão limitar o lugar a um espaço único e determinado, e o tempo a um só e mesmo dia. Eles se submetiam portanto a essa limitação *bona fide*; mas com tanta flexibilidade e inteligência que sete vezes em nove ganhavam mais do que perdiam. Essa imposição os levava a simplificar sua ação, a retirar com cuidado toda superfluidade dela, de modo que, reduzida a seus elementos mais essenciais, ela não passava de um ideal dessa própria ação; e a forma mais feliz que esse ideal podia receber era a que podia mais facilmente prescindir de circunstâncias acessórias tiradas do tempo e do lugar" (38ª *soirée*).

Apoiando-se nessa observação, Lessing salienta o absurdo da regra da unidade de tempo e de lugar depois que o coro foi retirado da cena. Os franceses a conservaram, embora ela tenha perdido toda razão de ser em sua dramaturgia. Como suas intrigas são muito mais complexas que as dos gregos, eles foram levados a utilizar um certo número de artifícios para dar a impressão de que respeita-

---

40. Apesar do que diz, Lessing certamente não leu Aristóteles com atenção, pois não percebe que as regras de unidade de tempo e de lugar não foram formuladas por ele.

vam as unidades de tempo e de lugar, falando de "unidades de dia" e instaurando o que Corneille chama, em seu período pré-clássico, de "unidade de cidade". "Ao contrário, os franceses que não tinham nenhum gosto pela verdadeira unidade de ação e que haviam sido corrompidos pelas intrigas bárbaras das peças espanholas antes de conhecer a simplicidade grega, consideraram as unidades de tempo e de lugar não como consequências da unidade de ação, mas como condições indispensáveis em si da representação de uma ação. Eles acharam que tinham de acomodá-las a suas ações mais ricas e mais complexas, com o mesmo rigor que se houvessem sido tornadas necessárias pela presença do coro, a que haviam no entanto completamente renunciado. Mas encontraram grandes dificuldades para fazê-lo e muitas vezes até impossibilidades: imaginaram então uma escapatória para se furtar à tirania dessas regras, cujo jugo não tinham coragem de sacudir. Em vez de um lugar único, introduziram um lugar indeterminado, que podia ser considerado ora isso, ora aquilo. Basta que esses lugares não sejam muito distantes uns dos outros e que nenhum deles exija um cenário particular, de modo que o mesmo possa convir mais ou menos tão bem a uns quanto aos outros. Substituíram a unidade de dia pela unidade de duração; e admitiram que se contaria como um só dia certo tempo durante o qual não haveria nem nascer nem pôr do sol, em que ninguém iria para a cama, pelo menos mais de uma vez, quaisquer que fossem aliás a multidão e a variedade dos acontecimentos que pudessem se produzir" (38.ª *soirée*).

Por outro lado, melhor fariam os alemães, segundo ele, se imitassem Shakespeare em vez de Corneille e Racine, caso quisessem renovar seu teatro. "De fato", escreve Lessing, "um gênio só pode ser despertado por outro gênio e, muitas vezes, por um gênio que pareça dever tudo à natureza."[41] Shakespeare é, aos olhos de Lessing, o único grande poeta dramático dos tempos modernos. Capaz de transcrever a natureza humana sem disfarces, ele soube redescobrir naturalmente as regras que Aristóteles formulou à luz das peças dos trágicos gregos. Ele é bem superior a Voltaire, que pretende igualá-lo. Comparando *Hamlet* e *Semíramis*, duas peças em que aparecem assombrações, Lessing salienta a inverossimilhança de *Semíramis*, na qual Voltaire mostra a sombra de Nino em pleno dia, enquanto Shakespeare tem a habilidade de fazer surgir confusamente da noite o espectro do rei. Como se vê, Lessing comete mais uma contradição, ao propor como modelo de simplicidade o teatro de Shakespeare, cujas intrigas, construídas na ignorância das regras, são muito mais complicadas que as de Corneille. Consciente, sem querer confessá-lo explicitamente, da contradição em que se encerrou, no fim das contas aconselha os alemães, apesar da viva admiração que professa por Shakespeare, a imitar o teatro de Diderot. Está persuadido de que a estética cênica deste corresponde melhor aos gostos e às preocupações dos alemães de seu tempo do que a obra de Shakespeare, ainda demasiado presa ao universo feudal.

---

41. Muito marcado por Leibniz em sua crença no progresso, Lessing está convencido de que a genialidade serve para melhorar o mundo.

3.2. O realismo a serviço da moralidade

Para Lessing, como para todos os adeptos das Luzes, a cena é uma tribuna da qual convém ministrar um ensino moral, capaz de tornar o homem melhor. Segundo Lessing, é somente fazendo da cena um espelho em que o espectador possa ler a realidade do seu tempo, apresentando-lhe para tanto situações e personagens com os quais ele possa se identificar, que o autor dramático transmitirá sua mensagem com eficácia. Por isso ele deve arraigar suas peças na realidade contemporânea. Se *Minna von Barnhelm* obtém, em 1767, um sucesso retumbante, é que essa peça, cuja ação se desenrola logo depois da Guerra de Sete Anos, é de uma atualidade candente. Tendo Frederico II dispensado seus corpos francos com o restabelecimento da paz, os alemães viviam então os problemas cruciais da desmobilização. Entre esses militares que se encontram bruscamente sem emprego, há estourados, mas também oficiais dignos de mérito, arruinados como o comandante Tellheim. Goethe, que não poupa elogios a essa peça, frisa atentamente sua novidade.

"Essa peça", ele escreve, "é o produto mais verdadeiro da Guerra de Sete Anos, é de um conteúdo nacional perfeitamente representativo do Norte da Alemanha; é a primeira obra teatral tirada da vida, de um acontecimento importante, especificamente do seu tempo; seu efeito foi incalculável", *Vérité et littérature* [*Verdade e literatura*] (*Dichtung und Wahrheit*, parte 2, livro 7). Além disso, *Minna* é a primeira peça política do repertório alemão, pois tem como cenário uma guerra, europeia decerto mas sobretudo interalemã, que opôs a Prússia e a Áustria. Na peça, Lessing se ergue contra a hostilidade que reina entre prussianos e saxões, apresentando o amor entre Minna, de origem saxã, e Tellheim, de origem prussiana, e o duplo casamento que encerra a peça como o símbolo da reconciliação dos alemães. As críticas da época, aliás, não deixaram de salientar o caráter alemão da peça, na qual se pode ler retrospectivamente o anúncio da unidade alemã.

Lessing, que acha a tragédia tediosa, crê que o autor dramático, se quiser tocar o espectador, deve não apenas extrair seus temas da atualidade, mas também levar à cena homens pertencentes à humanidade média. O destino dos reis e dos heróis, muito diferente daquele do homem comum, não poderia interessar ao espectador. "Os nomes de príncipes e de heróis podem dar a uma peça de teatro certa pompa e certa majestade; mas não acrescentam nada à emoção. O que produz naturalmente a mais forte impressão em nossa alma é a infelicidade daqueles cuja condição mais se aproxima da nossa; e se os reis nos inspiram simpatia, é como homens e não como reis. Se sua posição aumenta a importância dos seus infortúnios, nem por isso aumenta nosso interesse. É possível que povos inteiros se vejam envolvidos no destino deles, mas nossa simpatia quer um objeto particular: a ideia do Estado é por demais abstrata para nos comover" (11ª *soirée*). Para dar peso à sua argumentação, Lessing se abriga detrás da autoridade de Marmontel, que sustenta um ponto de vista idêntico no verbete "tragédia" de seus *Elementos de literatura*. "É injuriar o coração humano e desconhecer a natureza acreditar que ela necessite de títulos para melhor nos comover", diz também Marmontel. "Os nomes sagrados de amigo, pai, amante, esposo, filho, mãe, irmão, irmã, homem, enfim, com costumes interessantes, eis as qualidades patéticas. Que importa qual a posição, o nome, o nascimento do infeliz cuja complacência para com amigos indignos e cuja sedução pelo exemplo o arrastaram para as armadilhas do jogo, e que geme nas prisões, devorado pelo remorso e pela vergonha? Se você perguntar quem ele é, eu lhe responderei: Foi homem de bem e, para seu suplício, é esposo e pai; sua mulher, que ele ama e que o ama, definha, reduzida à extrema indigência, e só pode dar lágrimas a seus filhos que pedem pão. Procure na história dos heróis uma situação mais comovente, mais moral, numa palavra, mais trágica; e no momento em que esse infeliz se envenena, no exato momento em que, depois de ter se envenenado, fica sabendo que o céu acudia em seu auxílio, nesse momento doloroso e terrível em que ao horror de morrer se soma o pesar, por ter podido viver feliz, diga-me o que falta a esse tema para ser digno da tragédia? O extraordinário, o maravilhoso, você me dirá? Não vê esse maravilhoso terrível na passagem rápida da honra ao opróbrio, da inocência ao crime, do doce repouso ao desespero, numa palavra, no excesso da infelicidade atraído por uma fraqueza?" (11ª *soirée*).[42]

Com isso, Lessing rejeita a representação de personagens estoicos numa cena de teatro, porque, heroicos demais, não comoveriam o espectador. O estoico é, por natureza, antiteatral. Citando *Filoctetes* e *Les Trachiniennes* [*As traquínias*] de Sófocles, em *Laocoon* [*Laocoonte*], ensaio sobre estética escrito em 1766, ele faz o elogio dos trágicos gregos, que não hesitaram em mostrar personagens que sofrem em seu corpo, que se lamentam, gemem e gritam, quando a dor se torna intolerável, enquanto os franceses, a pretexto de decoro, eliminaram da cena o espetáculo do sofrimento físico. "É notável que entre as poucas tragédias antigas que chegaram até nós, encontram-se duas peças em que a dor corporal é responsável em grande parte pela desgraça que acomete o herói sofredor. Além de *Filoctetes*, Hércules agonizante. Sófocles também faz esse último se queixar, gemer, chorar e gritar. Graças a nossos amáveis vizinhos[43], esses mestres em matéria de conveniências, um Filoctetes que geme, um Hércules que grita seriam hoje os personagens mais risíveis e mais insustentáveis na cena. Um de seus poetas mais recentes[44], é verdade, abordou Filoctetes, mas podia acaso se aventurar a mostrá-lo verdadeiramente aos franceses?

"Há até um *Laocoonte* entre as peças perdidas de Sófocles. Se a sorte nos houvesse deixado esse *Laocoonte*! Do pouco que dizem dele alguns gramáticos antigos, é impossível concluir o que quer que seja quanto à maneira como o poeta havia tratado o tema. Pelo menos, estou convencido de que ele não deve ter feito Laocoonte mais estoico do que Filoctetes ou Hércules. Tudo o que é estoico é antiteatral, e nossa piedade é sempre proporcional ao sofrimento que o personagem que nos interessa manifesta. Se nós o virmos suportar magnanimamente sua

---

42. Marmontel faz alusão aqui a *O jogador*, de Edward Moore, drama inglês, imitado em francês por Saurin e encenado em 1768 com o título de *Béverley*.
43. Lessing zomba aqui dos autores dramáticos franceses.
44. Trata-se de J.-B. Vivien de Chateaubrun, que encenou em 1756 *Filoctetes*, na forma de uma tragédia em cinco atos.

desgraça, é verdade que admiraremos sua grandeza de alma, mas a admiração é um sentimento frio, e o assombro passivo exclui toda paixão mais calorosa como toda imagem distinta de seu objeto" (capítulo 1).

A despeito dessa posição exposta sem ambiguidade, Lessing leva à cena dois personagens estoicos. Em *Emilia Galotti*, de 1772, ele transpõe para a Itália do século XVII a trágica história contada por Tito Lívio da heroína romana Virgínia. Raptada por um príncipe que quer desonrá-la, Emilia, moça virtuosa, é apunhalada por seu pai, que deseja fazê-la escapar do opróbrio, quando ela própria está a ponto de se suicidar. Essa peça, na qual o pai e a filha são demasiadamente estoicos em face da desgraça para comover o espectador, não obteve nem de longe o sucesso de *Minna von Barnhelm*.

Lessing condena os gêneros extremos, a farsa, a tragédia, demasiado distantes do realismo, um porque carrega no traço para reduzi-lo à caricatura, o outro que o estiliza para enobrecê-lo. O espectador não pode ler seu retrato nem num nem noutro. Nem por isso Lessing é partidário da tragicomédia, que ele critica, como Diderot, por reunir artificialmente dois gêneros demasiado diferentes. É para contestá-la que cita na *Dramaturgia de Hamburgo* os conselhos dados por Lope de Vega em sua *Nova arte de fazer comédias*. "Misturando o trágico e o cômico, e Terêncio a Sêneca, você terá uma parte da peça que será séria e a outra que será bufa. Mas essa variedade agrada muito. A própria natureza nos dá exemplo dela, e é de tais contrastes que extrai sua beleza." Lessing objeta que, se a natureza oferece efetivamente o espetáculo da diversidade, a arte é irredutível a ela. Não admite a mistura de tons, a não ser que os dois elementos se unam sem se chocar, quando o sério produz o riso e a alegria cria o enternecimento. É assim que ele sonha criar, com *Mina von Barnhelm*, o que chama de "comédia autêntica". "A farsa", escreve, "tende somente ao riso, a comédia lacrimejante, à emoção, a comédia autêntica propõe ambas as coisas."

Se ele defende a união do riso e da emoção é tanto por desejo de realismo quanto por preocupação moral. Ele toma a defesa de Molière contra Rousseau, escandalizado com que se possa rir de Alceste. O riso que se exerce em relação a um personagem virtuoso não é, para Lessing, um riso de exclusão, mas tem por função desenvolver no espectador uma aptidão a detectar o ridículo dos comportamentos sociais, a adotar um olhar crítico. "Toda extravagância, todo contraste que um defeito em relação à realidade produz é risível. Mas o riso e a derrisão são duas coisas bem diferentes. Podemos rir de um homem, rir a propósito dele, sem de modo algum ridicularizá-lo. Apesar de essa diferença ser inconteste e bem conhecida, todas as chicanas que Rousseau levantou recentemente contra a utilidade da comédia provieram no entanto unicamente do fato de que ele não a levou suficientemente em conta. 'Molière', diz ele por exemplo, 'nos faz rir do Misantropo, e no entanto o Misantropo é o homem de bem da peça. Molière se mostra portanto inimigo da virtude, ao tornar o homem virtuoso desprezível.'[45] Nada disso: o Misantropo não se torna desprezível; ele continua a ser o que é, e o riso que

---

45. Lessing cita a *Lettre à M. d'Alembert sur son article Genève* [*Carta a d'Alembert sobre seu verbete "Genebra"*].

brota das situações em que o autor o coloca não diminui em nada nossa estima por ele. O mesmo se dá com o Distraído: rimos dele, mas acaso o desprezamos por isso? Apreciamos suas outras boas qualidades, como devemos apreciar; e inclusive, sem elas, não riríamos das suas distrações. Ponha essa distração num homem mau e sem mérito e veja se ela ainda será risível! Será desagradável, repulsiva, odiosa, mas nem um pouco risível.

"A comédia pretende corrigir pelo riso, mas não pela derrisão, e não pretende corrigir precisamente os defeitos de que faz rir, nem tampouco as pessoas em que se encontram esses defeitos risíveis. Sua verdadeira utilidade, sua utilidade geral reside no próprio riso, no exercício que ela proporciona à nossa facilidade de captar o ridículo, de descobri-lo facilmente e depressa, sob os disfarces da paixão e da moda, em todas as combinações em que se mescla com outras qualidades piores ainda, ou até com boas qualidades, inclusive nas rugas da gravidade solene. Concedamos que *L'avare* [*O avarento*] de Molière nunca corrigiu um avarento, nem *Le joueur* [*O jogador*] de Regnard um jogador; admitamos que o riso não pode corrigir essas espécies de loucos: pior para eles, mas não para a comédia! Se ela não pode curar doenças desesperadas, basta-lhe fortalecer as pessoas sadias na saúde. *O avarento* é repleto de ensinamentos até mesmo para o homem liberal; *O jogador* é instrutivo inclusive para quem não joga. As loucuras de que não compartilhamos se encontram, ainda assim, em pessoas com quem temos de conviver; é proveitoso conhecer pessoas com quem podemos nos encontrar em colisão e nos pormos em guarda contra todas as impressões do exemplo. Um preservativo também é um remédio precioso, e a moral não tem um mais enérgico, mais eficaz do que o riso" (34ª *soirée*).

A despeito desse arrazoado a favor da união do riso e da emoção, ele é levado a privilegiar o sério e a suprimir, na medida do possível, as graças da comédia, por causa do seu temperamento e em razão da missão moralizadora que confere ao teatro. Ao fazer o elogio de *O pai de família* de Diderot, defende a "comédia séria", criticadíssima por Voltaire, que a considera tediosa para o público. "*Nanine* pertence ao gênero da comédia enternecedora. Mas ela também encerra muitas cenas divertidas; e é só na medida em que as cenas divertidas alternam com as cenas comoventes que Voltaire admite que estas sejam suportadas na comédia. Uma comédia inteiramente séria, em que não se riria nunca, em que nem sequer se sorriria, em que só se choraria, faz para ele o efeito de um monstro. Ao contrário, ele acha a passagem do comovente ao cômico e do cômico ao comovente muito natural. A vida humana nada mais é que uma corrente contínua de passagens semelhantes, e a comédia deve ser o espelho da vida" (27ª *soirée*).

Mais adiante Lessing acrescenta: "Muito bem; mas quando o sr. de Voltaire declara que a comédia totalmente séria é um gênero tão falso quanto aborrecido, não vai também de encontro à experiência? Mas talvez não se possa dizer isso da época em que ele escrevia esse juízo. Ainda não se tinha nem *Cénie*[46] nem *O pai de família*; e há muitas coisas que o gênio tem de consumar, para que as vejamos como possíveis" (28ª *soirée*). Ele próprio deu um exemplo de "comédia séria" com

---

46. Esse drama de madame de Graffigny, estreado em Paris em 1750, obteve um enorme sucesso.

uma das suas primeiras peças, *Les Juifs* (*Die Juden*) [*Os judeus*], em 1750. Consagrada ao problema do antissemitismo – problema sobre o qual Lessing retornará em 1750 com *Nathan le Sage* [*Natan, o sábio*] –, a peça é o primeiro drama social em língua alemã.

3.3. Um espetáculo edificante

A moralidade do espetáculo será ainda mais convincente para o espectador que dele sair comovido. Por isso Lessing presta muita atenção em todos os meios capazes de fortalecer o poder emocional do espetáculo. Ele se interessa particularmente pela atuação do comediante e pelo papel da música de cena, que, um como o outro, geram emoção. Lessing critica o teatro clássico francês por ter suprimido os elementos de espetáculo capazes de comover o espectador. Do mesmo modo que Diderot nas *Conversas sobre "O filho natural"*, cita *Filoctetes* como uma das obras-primas do teatro grego. O sofrimento físico do herói, ferido na perna, confere à peça uma intensidade de emoção raramente igualada. Ele próprio, em *Minna*, põe em cena um herói cuja enfermidade corporal comove, logo de saída, o espectador. Na encenação, a mutilação de Tellheim, que perdeu um braço na guerra, é um elemento de espetáculo essencial à criação do patético.

Lessing, quando relata suas impressões sobre os espetáculos do Teatro de Hamburgo, distingue, como Diderot, dois tipos de ator: o que se deixa levar pela emoção, experimentando os mesmos afetos do seu personagem, e o que imita lucidamente um modelo. Sua experiência de espectador lhe permitiu constatar, repetidas vezes, que o ator que se identifica com seu papel não é necessariamente mais convincente para o público. Muito mais vezes, aquele do qual "todos (os) gestos, todas (as) palavras são uma contrafação puramente mecânica" é que tocará o espectador. "... pode acontecer que o ator tenha realmente sentimento e não pareça, no entanto, ter. O sentimento é sempre o que há de mais discutível nos méritos de um ator. Ele pode estar onde você não o reconheça e não estar onde você crê enxergá-lo. Porque o sentimento é uma coisa interior, que só podemos julgar por suas manifestações exteriores. Ora, é possível que certas condições físicas sufoquem essa expressão, ou pelo menos a debilitem e a tornem duvidosa. Pode haver no ator certos traços, certa fisionomia, certo tom de voz aos quais estamos habituados a ligar, por meio do pensamento, qualidades, paixões, sentimentos bem diferentes do que os que o ator deve exprimir e manifestar momentaneamente. Nesse caso, por mais que ele sinta, não cremos nele, porque ele parece estar em contradição consigo mesmo. Ao contrário, pode haver um ator com um físico bastante favorecido, cujos traços são bastante expressivos, os músculos bastante ágeis e bastante obedientes; cuja voz é bastante bela e bastante variada em suas entonações; numa palavra, um ator ricamente dotado de todos os dons necessários à pantomima dramática para nos parecer animado pelo sentimento mais profundo nos papéis que não representa com originalidade, mas com base num bom modelo; um ator do qual todos os gestos, todas as palavras não passam de uma contrafação puramente mecânica.

"Com toda certeza, esse segundo ator, a despeito da sua indiferença e da sua frieza, é muito mais útil ao teatro que o outro. Depois de ter se limitado por bastante tempo a contrafazer, ele acumulou no entanto um certo número de pequenas regras com base nas quais aprende a atuar por si próprio" (1ª *soirée*).

Lessing insiste no cuidado que o ator deve aplicar na execução dos trechos dotados de reflexões morais. "Todo pensamento moral deve vir da plenitude do coração que transborda; não convém nem parecer pensar muito tempo nelas, nem aparentar se orgulhar delas.

"Assim – é fácil entender –, os trechos de moral devem ser aprendidos melhor do que todo o resto. Devem ser ditos sem hesitação, sem o menor embaraço, com uma respiração sustentada, com uma naturalidade tal que não pareçam ser um penoso exercício de memória, mas sim o efeito da inspiração imediata das circunstâncias" (1ª *soirée*). São momentos delicados para o intérprete. De fato, convém que esses trechos sentenciosos sejam proferidos "com recolhimento e com uma certa frieza". Mas a reflexão moral que o personagem formula lhe é ditada pelas circunstâncias que acabam de produzir, por isso deve ser proferida ao mesmo tempo "com fogo e com uma certa inspiração". É portanto com base nessas duas diferentes disposições de espírito, que fazem falar nele a paixão e a razão ao mesmo tempo, que o ator deve atuar, deixando predominar uma ou outra em função da situação. "Se a situação é calma, a alma tem de se proporcionar de certo modo um novo impulso com as reflexões morais; ela tem de dirigir a si mesma observações gerais sobre a sua felicidade ou sobre os seus deveres, para que essas ideias gerais a façam apreciar mais uma, ou se empenhar mais vivamente pelos outros.

"Se, ao contrário, a situação é violenta, a alma, por meio das moralidades (entendo com isso toda consideração geral), tem de por assim dizer voltar atrás; ela tem de parecer querer dar às suas paixões a aparência da razão, a arrebatamentos violentos a cor de resoluções refletidas.

"No primeiro caso, o tom deve ser elevado, inspirado; no segundo, deve ser moderado e solene. Porque, de um lado, é o raciocínio que se aquece e se torna paixão; de outro, é a paixão que se arrefece e se torna raciocínio.

"A maioria dos atores faz exatamente o contrário" (1ª *soirée*).

Lessing se mostra admirativo em face da arte da pantomima entre os antigos, que dispunham de toda uma linguagem gestual. A quironomia era particularmente complexa no teatro latino. Lessing não procura restaurar a pantomima, consciente de que os gestos codificados que nela são executados não são mais que uma linguagem de convenção. O comediante deve encontrar em si mesmo gestos específicos, naturais, adaptados à situação em que evolui. O que Lessing retém da leitura dos tratados antigos é que o gesto no teatro nunca deve ser privado de intencionalidade. Ele não se destina a ser gracioso, a valorizar o comediante, cuja arte não é mais que cabotinagem então. Ele deve conseguir revelar a alma do personagem. "Sabemos muito pouca coisa sobre a *quironomia* dos antigos, isto é, o conjunto de regras que os antigos haviam traçado para o movimento das mãos. Mas sabemos que eles haviam levado a linguagem das mãos a uma perfeição cuja ideia não seríamos capazes de conceber a partir do que nossos oradores sabem fazer nesse gênero. Parece que não conservamos de toda essa linguagem nada mais que um grito inarticulado, quero dizer, a faculdade de gesticular, sem saber dar a essa gesticulação uma significação fixa, nem ligar esses gestos entre si, de maneira que os faça exprimir, não apenas um pensamento isolado, mas um sentido continuado" (1ª *soirée*).

Como Beaumarchais e Diderot, Lessing dá uma grande importância à música de cena. "Como a orquestra, em nossos teatros, ocupa de certo modo o lugar do coro antigo, pessoas de bom gosto exprimiram desde há muito o desejo de que a música executada antes e depois da peça e nos entreatos tivesse maior relação com o tema" (2ª *soirée*). Lessing elogia Scheibe, músico alemão contemporâneo seu, que é o primeiro da Alemanha a compor peças específicas para o teatro. Escreve notadamente sinfonias para *Polieucto* e para *Mithridate* [*Mitrídates*] em 1738. Lessing, na *Dramaturgia*, cita longamente o compositor. "Toda sinfonia composta para uma peça de teatro", diz ele, "deve convir ao tema e ao caráter da peça. Assim, as tragédias requerem um gênero de sinfonia diferente do das comédias. Deve haver na música a mesma diferença que nos gêneros dramáticos. Mas se deve considerar também para as diferentes peças musicais as características do trecho a que cada peça se destina. Assim, a abertura deve se referir ao primeiro ato da peça; as sinfonias que se situam entre os atos devem corresponder em parte à conclusão do ato terminado, em parte ao começo do ato seguinte; e, do mesmo modo, a última sinfonia deve ser adequada à conclusão do último ato" (32ª *soirée*). Começa a surgir, tanto na Alemanha como na França, a importância da especificidade da música de cena. Ela não deve ser ornamental, mas se integrar plenamente na arquitetura de conjunto da peça.

4. GOLDONI, O REFORMADOR DA COMÉDIA NA ITÁLIA

Goldoni (1701-1793), cuja carreira abarca todo o século, é o grande reformador da comédia italiana. Subvertendo a tradição da *commedia dell'arte*, em que o espetáculo repousa inteiramente no virtuosismo do comediante, ele descentra o interesse da atuação para o texto e substitui o tipo pelo caráter. Adepto das Luzes, concebe o teatro não como uma diversão, mas como um lugar de reflexão sobre os costumes de seu tempo, que ele quer, pelo riso, reformar ao mesmo tempo que o teatro.

Autor cômico, trata sobretudo da comédia, mas sua reforma concerne a todos os gêneros. Apaixonado pelo teatro desde a infância, esse autor dramático que nos deixou, além dos libretos de ópera e algumas tragicomédias, mais de duzentas comédias, não é um teórico no sentido habitual do termo. Homem de palco, escreve suas peças rapidamente para trupes de comediantes a que está ligado por contrato. Sua prática incessante da escrita dramática, seu convívio com atores e sua frequentação assídua das salas de espetáculo lhe possibilitaram realizar uma reflexão totalmente pessoal, tanto sobre o vínculo entre o texto dramático e o modo de representar quanto sobre a finalidade do teatro. Ele a transmite em seu *Prefácio* de 1750 ao primeiro tomo das suas *Oeuvres complètes* [*Obras completas*], da edição

Bertinelli, ao mesmo tempo que em *Le Théâtre comique*[47], peça-manifesto que ele qualificará bem mais tarde em suas *Mémoires* [*Memórias*], como "poética posta em ação". No fim da sua carreira, ele volta ao assunto nessas suas *Memórias*, que escreve em francês de 1783 a 1786 e que publica em Paris em 1787. Recheadas de anedotas, as *Memórias*, escritas "para servir à história da sua vida e à história do seu teatro", constituem um documento precioso sobre o estado do teatro italiano do século XVIII, mas também sobre o do teatro francês[48].

4.1. A *commedia dell'arte*, um gênero congelado

Goldoni, em suas *Memórias*, pinta um quadro severo do teatro italiano no século XVIII, totalmente eclipsado, desde cerca de cem anos, pelo triunfo da ópera. Como o gosto do espetáculo é exacerbado, as peças com maquinismos e os intermédios musicais é que conquistam a simpatia do público. Comparando na biblioteca de Pávia, onde mora durante seus estudos de Direito, o estado do teatro italiano e o dos outros países da Europa, isto é, do teatro inglês, espanhol e francês, Goldoni deplora, aflito, a ausência de grandes textos dramáticos italianos. "Vasculhando sempre essa biblioteca", escreve na primeira parte das suas *Memórias*, "vi teatros ingleses, teatros espanhóis e teatros franceses; não encontrei teatros italianos. Havia aqui e ali peças italianas de antigamente, mas nenhuma antologia, nenhuma coletânea que pudessem fazer honra à Itália. Vi com pesar que faltava algo essencial a esta nação, que conheceu a arte dramática antes de qualquer outra nação moderna; eu não podia conceber como a Itália a tinha desprezado, aviltado e abastardado; eu desejava com paixão ver minha pátria se reerguer ao nível das outras, e eu me prometia contribuir para isso."

Quanto à *commedia dell'arte*, para ele está moribunda, apesar de sua tradição ainda estar solidamente arraigada. Carlo Gozzi (1720-1806), contemporâneo e rival de Goldoni, é seu grande representante. Conservador tanto em matéria política quanto artística, inimigo das Luzes[49], ele se satisfaz com esse modelo codificado em que se inscreve facilmente, como atestam suas *Mémoires inutiles* [*Memórias inúteis*] ou sua *Chronique indiscrète de Venise au XVIIIe siècle* [*Crônica indiscreta de Veneza no século XVIII*], escritas aos sessenta anos de idade e publicadas somente dezesseis anos depois, em 1796. Em *Le Théâtre comique* [*O teatro cômico*], peça encenada em 1750, Goldoni ataca com virulência o gênero da *commedia*,

---

47. *Il teatro comico*, traduzido como *Le Théâtre comique* [*O teatro cômico*], é considerado no sentido de "teatro dos comediantes".
48. As *Memórias* são divididas em três partes. Na primeira, Goldoni relata sua vida e sua paixão precoce pelo teatro. Na segunda, trata da história de cada uma das suas peças, numa ordem quase cronológica, da sua gênese, da acolhida do público, das suas relações com as diferentes trupes a que pertenceu, da inveja que seu sucesso causou nos autores dramáticos italianos. A terceira parte é consagrada ao relato da sua vida na França, de 1762 até sua morte, e das suas relações com os Comédiens Italiens de Paris.
49. Se os românticos alemães admiram Gozzi, a despeito do seu conservadorismo, é devido à magia que banha seu teatro. Lessing e Goethe, depois da viagem que fizeram à Itália, fazem seu elogio. Goethe lhe presta uma homenagem fazendo-o figurar em *Wilhelm Meister*. Schiller adapta *Turandot*, Hoffmann e Tieck, posteriormente, se inspiram na sua obra.

que se petrificou em estereótipos que cansam o público. Ele põe na boca de Placida, a primeira namorada, que, conquistada pelas novas ideias, ameaça abandonar a trupe se ainda tiver de representar comédias à antiga, estas palavras: "Se apresentarmos comédias *da arte*, onde iremos parar! As pessoas estão cheias de ver sempre as mesmas coisas, de ouvir sempre as mesmas frases, e os espectadores sabem o que Arlequim vai dizer antes mesmo de ele abrir a boca" (I, 2).

Querendo reformar a comédia, Goldoni reconstitui sua evolução, a fim de compreender as causas do seu declínio. Segundo ele, a *commedia dell'arte* se originou do teatro latino, o de Plauto e de Terêncio notadamente, em que retornam incansavelmente os mesmos tipos, "pais enganados, filhos depravados, filhas apaixonadas, criados marotos e eruditos corruptos"[50]. Depois da queda do império romano, os que quiseram fazer a comédia reviver, inspirando-se em Plauto e Terêncio, adaptaram esses tipos à moda italiana "e, percorrendo os diferentes cantões da Itália, pegaram os pais em Veneza e Bolonha, os criados em Bergamo, as namoradas e as criadinhas nos Estados de Roma e da Toscana", escreve em suas *Memórias*. Nestas, desenha um mapa das cidades da Itália de onde saíram os diferentes tipos, notadamente as quatro máscaras principais[51], os dois velhos – Pantaleão, negociante veneziano, e o Doutor, jurista bolonhês – e os dois *zanni*, criados bergamascos – Briguela e Arlequim –, um esperto, o outro tolo. "Pantaleão sempre foi veneziano", escreve Goldoni nas *Memórias*, "o Doutor sempre foi bolonhês, Briguela e Arlequim sempre foram bergamascos; foi portanto nesses lugares que os histriões pegaram os personagens cômicos, chamados as quatro máscaras da comédia italiana." Como nesse período de decadência não havia escritor com talento suficiente para compor peças, esses atores, que queriam ressuscitar a comédia, "tiveram a ousadia de compor planos, de dividi-los em atos e em cenas, e de dizer de improviso as falas, os pensamentos e as piadas que haviam combinado entre si". Eles resolveram espontaneamente compilar seus diferentes esboços ou *scenari*, seus *sketches*, suas gaiatices, seus *lazzi*[52], em coletâneas chamadas, conforme as regiões da Itália, de *centoni, zibaldoni* ou *cibaldoni*. Os textos da *commedia* nunca

---

50. Não cabe determinar aqui a origem, controversa, da *commedia dell'arte*. Assinalemos no entanto que Goldoni sugere, numa outra passagem das *Memórias*, que ela é sem dúvida herdeira de uma outra forma do teatro latino, a atelana, hipótese mais provável já que a atelana é um gênero improvisado. É esse também, desde o início do século, o ponto de vista do abade du Bos, que escreve: "As atelanas eram peças mais ou menos como as comédias italianas comuns, isto é, cujo diálogo não é escrito. O ator das atelanas representava portanto seu papel com base na imaginação, e o bordava a seu bel-prazer" (*Reflexões críticas sobre a poesia e sobre a pintura*, primeira parte, seção 21: "Das comédias romanas"). As duas hipóteses se conjugavam facilmente, na medida em que a *commedia* perpetua a arte do improviso farsesco, que é o da atelana, e os tipos cômicos do teatro de Plauto e de Terêncio.
51. Esses tipos são chamados "máscaras" porque são, todos os quatro, mascarados, em oposição aos outros personagens, os casais de apaixonados e a criada, que atuam com rosto descoberto.
52. Designa-se pelo nome de *lazzo* uma ação cômica mimada, acompanhada às vezes de um embrião de diálogo. Essas palhaçadas, aparentemente espontâneas, na verdade são codificadas e compiladas nos *centoni*. O *lazzo* da mosca, em que Arlequim degusta com deleite uma mosca que acaba de capturar, é tão célebre que Marivaux, em *Arlequin poli par l'amour* [*Arlequim educado pelo amor*], se contenta com anotar: "Enquanto isso, Arlequim pega moscas."

foram escritos de outro modo que não fosse o de esboços, dando toda liberdade ao improviso do comediante, que se exprime pelo menos tanto pela pantomima[53] quanto pelo diálogo. Essa improvisação, possível na medida em que o ator representa constantemente o mesmo papel, na verdade é tão só aparente, porque se baseia em certo número de técnicas aprendidas.

4.2. A reforma

Goldoni, que entra em guerra contra essa tradição, incompatível com o teatro moderno que ele quer criar, impõe simultaneamente aos comediantes o abandono da improvisação e das máscaras, duas técnicas de atuação tributárias uma da outra. Se os comediantes *dell'arte* podem improvisar, é porque encarnam um tipo imutável, inscrito invariavelmente, com a máscara, em seu rosto.

4.2.1. Da improvisação ao texto

Goldoni separa progressivamente a escrita da atuação, impondo aos atores um texto. Se consuma por etapas sua reforma, é que deve levar em conta a prática[54]. Ele se vê obrigado, no início da carreira, a redigir simples esboços, na tradição da *commedia*. Em 1738, em *Momolo courtisan* [*Momolo cortesão*], escreve pela primeira vez o papel principal para um ator, recém-chegado à trupe do teatro San Samuele, Francesco Golinetti, que lhe parece possuir as qualidades requeridas para interpretar a nova comédia que deseja criar. Ele conserva a técnica da improvisação para os outros papéis, em particular para o de Arlequim. Nas peças seguintes, reduz cada vez mais a parte da improvisação e se mostra muito satisfeito, em 1740, com o sucesso de *La Banqueroute* [*A bancarrota*], em que pôde introduzir numerosas passagens dialogadas. "*A bancarrota* foi representada ininterruptamente durante o resto do carnaval, e encerrou o ano cômico de 1740.

"Havia nessa peça muito mais cenas escritas do que nas duas precedentes. Eu me aproximava devagarinho da liberdade de escrever minhas peças por inteiro e, apesar das máscaras que me incomodavam, não demorei a consegui-lo", escreve ele na primeira parte das *Memórias*.

Enfim, com *La Donna di garbo* [*A mulher gentil*], de 1743, pela primeira vez redige inteiramente o diálogo.

A gênese de uma peça como *Arlequin serviteur de deux maîtres* [*Arlequim, servidor de dois amos*] nos mostra como se realizou em Goldoni a passagem da comédia *all'improviso* à nova comédia. Em sua advertência ao leitor, Goldoni salienta o caráter tradicional dessa peça, que qualifica de "*giocosa*" (isto é, baseada na improvisação), porque, explica ele, "a atuação de Truffaldino constitui o que lhe é essencial. Ela se aparenta muito às comédias tradicionais dos histriões, salvo

---

53. Se a palavra não passa de um ornamento na *commedia dell'arte*, é sem dúvida em razão da dificuldade de encontrar uma linguagem comum na multiplicidade dos dialetos da Itália, que ainda está longe de ter realizado sua unidade.
54. Goldoni escreveu sucessivamente para três trupes venezianas, de que foi autor oficial: o teatro San Samuele, de 1734 a 1743, o teatro Sant'Angelo, de 1747 a 1753, e o teatro San Luca, de 1753 a 1762.

que me parece desprovida de todas as impertinências grosseiras que condenei em meu *O teatro cômico* e que o mundo ora repudia de comum acordo." Quando a compõe, em Pisa, na forma de esboço, confia na improvisação da trupe, na qual se apresenta o célebre Truffaldino, Antonio Sacchi, cujo talento Goldoni admira. "Quando compus a presente comédia, no ano de 1745, em Pisa, em meio às minhas ocupações de jurista, por divertimento e para obedecer ao meu gênio, não a escrevi tal como se lê aqui. Com exceção de três ou quatro cenas por ato, as mais interessantes para os papéis sérios, todo o resto da comédia estava apenas indicado, à maneira do que os comediantes costumam chamar de esboço, isto é, um roteiro redigido, em que, ao mesmo tempo em que indicava o tema, a trama, o desenvolvimento e a resolução das tiradas e dos diálogos, eu deixava aos atores a liberdade de completar a obra improvisando, com palavras bem escolhidas, *lazzi* apropriados e cacos brilhantes." Só bem mais tarde, decepcionado com a interpretação dos comediantes menos talentosos, é que ele a escreveu por inteiro, determinando inclusive os *lazzi*. "Depois, eu a vi ser representada em outros lugares por outros comediantes mas, como lhes faltava, não mérito, mas conhecimentos que o roteiro não podia dar por si só, pareceu-me ter perdido muitíssimo desde a primeira encenação. Foi por isso que decidi escrevê-la por completo, não para obrigar os que desempenharão o papel de Truffaldino a pronunciar exatamente as minhas palavras, se forem capazes de dizer melhores, mas sim para manifestar claramente meu propósito e levá-los a um bom fim por um caminho tão reto quanto possível."

4.2.2. O abandono da máscara

Outro ponto reveste uma importância capital na reforma goldoniana: o abandono da máscara. Goldoni toma bem depressa consciência dos limites que a máscara impõe, tanto à atuação como ao texto, ao fixar o personagem num tipo não capaz de evolução. "A máscara", escreve ele na primeira parte das *Memórias*, "sempre prejudica muito o ator, quer na alegria, quer na tristeza; seja ele amoroso, feroz ou divertido, é sempre o mesmo *couro* que mostra; e por mais que gesticule e mude de tom, nunca dará a conhecer, pelos traços do rosto, que são os intérpretes do coração, as diferentes paixões que agitam sua alma." Desejando criar a comédia de caráter numa Itália que julga atrasada em relação aos outros países da Europa, Goldoni faz as máscaras caírem, dando assim uma espessura a seus personagens, que não são mais os estereótipos grotescos da *commedia* mas seres de carne e osso com reações viscerais, às vezes desconcertantes. Logo em seguida acrescenta: "Hoje, querem que o ator tenha alma, e a alma debaixo da máscara é como o fogo debaixo das cinzas."

Suprimindo a máscara, Goldoni liberta seus personagens da tipologia estreita que os reduzia ao nível de fantoches. Pantaleão, tradicionalmente um velho avarento e libidinoso, se torna em seu teatro um comerciante honrado, às vezes até um bom pai de família. Se, em algumas raras peças, Goldoni lhe conserva algumas das características do tipo da *commedia*, há uma enorme distância entre o personagem a quem ele dá vida e a fria caricatura da *commedia*. Todavia, ligeiramente deformados pelo olhar humorístico que lança sobre eles, seus personagens não são francamente realistas. Arlequim e Briguela ainda têm o aspecto de criados de comédia. Pantaleão se situa a meio caminho entre o rico mercador de Molière, como Monsieur Jourdain ou Monsieur Dimanche, e o próspero negociante do drama burguês, tal como aparece em Le Marchand de Londres [O mercador de Londres] de Lillo, em 1731, ou em O carrinho de mão do vinagreiro de Louis-Sébastien Mercier, em 1775. Goldoni capta seus personagens por meio de uma mistura permanente de realismo e estilização, ao contrário do drama burguês, decididamente realista[55].

Esse abandono da máscara às vezes lhe permite até subverter o modelo existente. A distribuição dos papéis nas trupes de comediantes *dell'arte* constitui, para os atores, um dispositivo de atuação. Sempre há, numa trupe, os dois velhos, os dois *zanni*, os casais de namorados e a criadinha. Quando Goldoni é o autor oficial do Theatro Sant'Angelo, a trupe é distribuída assim: os dois velhos, Pantaleão e o Doutor; os dois *zanni*, Briguela e Arlequim; os três pares de namorados, Otávio-Rosaura, Florindo-Beatriz, Lélio-Eleonora; e enfim a criada Coralina. Numa peça como La Serva amorosa [A criada enamorada], particularmente inovadora, Goldoni, conforme mostraram os trabalhos de Ginette Herry, que traduziu incansavelmente a sua obra, subverte o organograma tradicional dos papéis da *commedia dell'arte* e atenta contra a sua hierarquia. Goldoni suprime o terceiro casal de namorados e faz de Otávio, não mais o primeiro namorado, como rezava a tradição, mas um dos dois velhos, face a face com Pantaleão, de modo que o segundo papel tradicional de velho, o doutor, que se torna tabelião, passa a ser subalterno. A segunda namorada, Beatriz, vira esposa do velho Otávio. Quanto à criadinha, Coralina, apaixonada pelo jovem Florindo, é promovida a primeira namorada, ao mesmo tempo que Rosaura, que também ama Florindo.

Goldoni esbarra nas reticências dos comediantes, cujos hábitos altera, ao estabelecer sua interpretação durante ensaios a que não estão acostumados. Eles não se sentem à vontade representando com o rosto descoberto e recalcitram em decorar um texto. Atestam-no estas palavras que Goldoni empresta a Tonino, um dos atores da trupe, que representou Pantaleão em O *teatro cômico*. Sentindo-se dominado pelo nervosismo, ele conta ao chefe da trupe, Orazio, com um tremendo mau humor, seu desconcerto com a mudança.

> Tonino – Vous savez ce que j'ai? Une frousse à ne même plus savoir où je suis.
> Orazio – Vous avez peur? De quoi?
> Tonino – Cher Monsieur Orazio, laissons les plaisanteries de côté, et parlons pour de bon. Ces comédies de caractère, elles ont mis sens dessus dessous notre métier. Un pauvre comédien qui a appris dans la tradition et qui a l'habitude d'improviser, de dire, bien ou mal, tout ce qui lui vient, quand il se retrouve obligé d'apprendre et de devoir dire un texte déjà tout fait, alors, s'il a de la dignité, il faut bien qu'il se tracasse, il faut bien qu'il se tue à apprendre, et qu'il tremble tout le temps, chaque fois

---
55. É o que explica as duas interpretações cênicas atuais do teatro de Goldoni, uma realista, a outra estilizada. Ver Bernard Dort, "Pourquoi Goldoni aujourd'hui", in *Théâtre réel, Essais de critique 1967-1970*, Le Seuil, 1971, pp. 78-91.

qu'on joue une comédie nouvelle, parce qu'il a peur de ne pas la savoir aussi bien qu'il faudrait, ou de ne pas rendre le caractère comme il faudrait. (I, 4)

[Tonino – Sabe o que eu tenho? Um medo tão grande, que nem sei mais onde estou.
Orazio – Medo? De quê?
Tonino – Caro senhor Orazio, deixemos as brincadeiras de lado e falemos seriamente. Estas comédias de caráter puseram de pernas para o ar nosso ofício. Um pobre comediante que aprendeu conforme a tradição e que tem o costume de improvisar, de dizer, bem ou mal, tudo que lhe vem à cabeça, quando se vê obrigado a aprender e dizer um texto já pronto, então, se ele tem dignidade, tem de se atormentar, tem de se matar para aprender e estremece o tempo todo, cada vez que se encena uma nova comédia, porque tem medo de não a saber tão bem quanto precisaria ou de não interpretar o caráter como deveria.] (I, 4)

Se em 1753, em *La Brillante soubrette* [*A criada brilhante*], Goldoni reintroduz em Pantaleão, Arlequim e Briguela as máscaras que havia suprimido nas peças precedentes, é para sublinhar as dificuldades que encontra com os atores na aplicação da sua reforma. O tema da peça é o espetáculo que a "criada brilhante" põe em cena na casa de seu patrão, Pantaleão. Quando ela distribui os papéis, os atores, preferindo improvisar, se recusam a aprender o texto, pretextando que é difícil demais, e a representar papéis a que não estão acostumados. Cada um reivindica um papel conforme ao seu caráter, à maneira dos comediantes *dell'arte*, que encarnam o mesmo personagem a vida inteira. Nessa peça, que tem o aspecto de uma comédia de comediantes, Goldoni mostra que é obrigado a voltar atrás e conceder aos atores a máscara de que alguns têm grande dificuldade de se livrar.

Por isso, Goldoni não poupa elogios às atrizes que, graças à sua inteligência e ao seu talento, lhe possibilitaram realizar sua reforma. É o caso, notadamente, de duas atrizes do teatro Sant'Angelo, pelo qual foi contratado de 1748 a 1753, Theodora Medebach, mulher do chefe da trupe que atua com o nome de Rosaura, e Maddalena Marliani, que atua com o nome de Coralina: "... a senhora Medebach me dava ideias interessantes, comoventes, ou de uma comicidade simples e inocente; e a senhora Marliani, viva, espiritual e naturalmente graciosa, dava um novo fôlego à minha imaginação e me estimulava a trabalhar nesse gênero de comédias que requer fineza e artifício", escreve Goldoni em suas *Memórias*.

Goldoni encontrará mais tarde o mesmo conservadorismo entre os Comédiens Italiens de Paris, que não fazem mais sucesso porque não souberam evoluir e se petrificaram num modo de atuação que perdeu toda originalidade. Enfrenta de parte deles resistências maiores ainda e não conseguirá lhes impor sua reforma. "Eu via nos dias de ópera cômica uma afluência de público surpreendente", escreve Goldoni na terceira parte das suas *Memórias*, "e nos dias dos italianos a sala vazia; aquilo não me assustava; meus caros compatriotas só apresentavam peças gastas, peças com roteiros do gênero ruim, daquele gênero que eu havia reformado na Itália. 'Eu darei', dizia comigo mesmo, 'darei caracteres, sentimento, ritmo, conduta, estilo.' Expunha minhas ideias a meus comediantes. Uns me incentivavam a dar seguimento a meu projeto, outros só me pediam farsas; os primeiros eram os namorados que desejariam peças escritas; os últimos eram os atores cômicos que, habituados a não aprender nada de cor, tinham a ambição de brilhar sem se dar ao trabalho de estudar."

Goldoni encontra igualmente muitas reticências de parte do público italiano, acostumado com a atuação mascarada. A máscara se arraiga na tradição do carnaval, em toda a Itália, particularmente em Veneza, onde os nobres são obrigados a usar a máscara (a *bautta*), para não serem denunciados pelos "informantes" da República. A cidade dos doges se torna, na época do carnaval, um vasto teatro em que a sociedade veneziana se põe em cena. Todas as categorias sociais são muito apegadas a esse período festivo e à máscara, que é seu símbolo. Por isso Goldoni intitula a última peça que escreve, em 1761, à guisa de adeus a Veneza, antes de partir para Paris, *Un des Derniers Soirs de Carnaval* [*Uma das últimas noites de carnaval*].

4.3. O objetivo da reforma

Goldoni tem em vista recriar o natural em cena. "... percebi acima de tudo que, mais do que pelo maravilhoso[56], o coração do homem era seduzido pelo simples e pelo natural", escreve em suas *Memórias*. Prestando a seus personagens um comportamento familiar, pondo-lhes na boca frases tiradas da vida real, Goldoni preconiza o natural, tanto na escrita como na atuação. "O estilo, eu quis um que conviesse à comédia, isto é, simples e natural, e não acadêmico ou elevado", escreve na primeira parte das *Memórias*. "É a grande arte do poeta cômico se apegar em tudo à natureza e nunca se desprender dela. Os sentimentos devem ser verdadeiros, naturais, não rebuscados, e as expressões ao alcance de todos; e a esse respeito, o padre Rapin, tantas vezes citado por mim, observa: 'É preciso meter na cabeça que os traços mais grosseiros da natureza sempre agradam mais que os mais delicados traços fora da natureza.'[57] Esse gosto pelo natural explica seu fascínio pelo teatro francês e pela atuação de atores como Mademoiselle Clairon e Lekain, que, abandonando a declamação empolada, os gestos grandiloquentes e os figurinos afetados, transformaram radicalmente o modo de atuar."

Para apreender o natural, Goldoni, que não dá a mínima para as regras clássicas, cuja rigidez critica, reivindica a liberdade da arte. A unidade de lugar lhe parece particularmente incompatível com a "comédia de intriga" – na qual ocorrem, como na vida, numerosas peripécias –, que ele opõe à "comédia simples" dos antigos. O respeito a uma regra assim pode acarretar numerosas inverossimilhanças e deformar o natural. Ele faz Orazio, que desempenha o papel de autor dramático em *O teatro cômico*, dizer: "a comédia *simples* pode ser encenada num cenário único. Mas a comédia *de intriga* não pode, sem se violentar. Os antigos não conheceram as possibilidades que temos para mudar o cenário, por isso haviam erigido em regra o cenário único. Quanto a nós, observaremos a unidade de lugar cada vez que a ação se desenrolar numa só cidade, melhor ainda, se ela se desen-

---

56. Isto é um ataque a Gozzi, que multiplica em seu teatro os elementos maravilhosos.
57. Goldoni faz alusão às *Réflexions sur la poétique* [*Reflexões sobre a poética*] do abade Rapin, a quem de fato cita várias vezes nas suas *Memórias*.

rolar numa só casa; basta que não se passe de Nápoles a Castela como os espanhóis costumavam fazer sem se questionar; aliás, eles próprios começam a corrigir esse abuso, a ser mais escrupulosos quanto às distâncias e à duração. Donde concluo que, se a comédia pode se desenrolar, sem conflitos e sem incoerências, num lugar único, que assim faça; mas se, para obter a unidade de lugar, for preciso introduzir absurdos, mais vale então mudar de cenário e ater-se às regras do verossímil" (II, 3). A regra lhe parece, além do mais, privada de qualquer fundamento. Ele adota, na maioria das suas peças, "a unidade de cidade" pré-clássica, situando a ação em diferentes lugares de uma mesma cidade, Veneza no mais das vezes, às vezes Verona, Chioggia, Florença, Livorno, Milão etc. "A ação das minhas comédias transcorria sempre na mesma cidade", ele escreve na segunda parte das suas *Memórias*, "os personagens não saíam dela; percorriam, é verdade, diferentes lugares, mas sempre dentro dos mesmos muros. Eu acreditava e acredito ainda que, dessa maneira, a unidade do lugar era suficientemente observada." Goldoni se refugia detrás da autoridade de Aristóteles e de Horácio, que não editaram essa regra, para se defender em relação a seus detratores, que lhe censuravam tal irregularidade. "Quanto a mim", ele acrescenta pouco adiante, "não encontrando na poética de Aristóteles nem na de Horácio o preceito claro, absoluto e ponderado da vigorosa unidade de lugar, tenho prazer de me conformar a ela todas as vezes que acreditei ser meu tema suscetível disso; mas nunca sacrifiquei uma comédia que podia ser boa a um preconceito que teria podido torná-la ruim."

4.3.1. A crônica de costumes

Goldoni, cujo objetivo é pintar a sociedade do seu tempo, preconiza uma imitação realista, que não pretende embelezar a natureza, mas representá-la sem complacência, com suas menores imperfeições. É por isso que ele encontra o material para a sua inspiração no "livro do mundo", cujas páginas não cessou de compulsar. "Ele me mostra tantos caracteres variados de pessoas, ele os pinta para mim com tanta naturalidade, que parecem ter sido feitos especialmente para me inspirar tantos temas de graciosas e instrutivas comédias: ele me representa os sinais, a força, os efeitos de todas as paixões humanas; ele me fornece acontecimentos curiosos; ele me informa sobre os costumes correntes; ele me instrui sobre os vícios e os defeitos mais comuns do nosso século e da nossa nação que merecem a desaprovação e a derrisão dos sábios; e ao mesmo tempo ele me mostra numa pessoa virtuosa os meios pelos quais a virtude resiste a essas corrupções, o que faz que eu recolha desse livro, me remetendo a ele sem cessar ou sobre ele meditando, em qualquer circunstância ou ação em que eu me encontre, tudo o que é necessário que se aprenda com quem deseja, com algum louvor, exercer minha profissão."

Para esboçar esse retrato de costumes, Goldoni é levado a multiplicar o número de personagens. Assim, ele critica a concepção do teatro francês, em que a ação dramática repousa quase inteiramente num herói central. "Um só caráter basta para sustentar uma comédia, na França", diz Orazio em *O teatro cômico*. "(…) Nossos italianos querem muito mais." É a vida, em toda a sua truculência que Goldoni leva à cena. Come-se, bebe-se, dorme-se, compra-se, vende-se, exibe-se o dinheiro que às vezes é roubado, as mulheres remendam roupas de baixo ou bordam no bastidor, dedicam-se à sua toalete... uma peça como *Barouf à Chioggia* [*Alvoroço em Chioggia*] já é "um pedaço de vida", como Zola conceberá. Nela, Goldoni nos mostra o desenrolar de um dia dos moradores de Chioggia, a volta dos pescadores, depois de longos meses passados no mar. Mesmo quando se consagra à tragicomédia, Goldoni integra elementos realistas e humaniza seus personagens. Assim, sua *Bélisaire* [*Belisária*] conheceu um vivo sucesso em 1734. "Minha peça, que eu chamara de tragicomédia, não era privada de atrativos; ela interessava o espectador de uma maneira sensível e natural", escreve na primeira parte das suas *Memórias*. "Meus heróis eram homens, e não semideuses, suas paixões tinham o grau de nobreza conveniente a seu nível, mas eles faziam a humanidade parecer tal como a conhecemos e não levavam suas virtudes e seus vícios a um excesso imaginário."

Aficionado da atualidade, Goldoni é um observador ímpar, fino clínico, como seu pai, que exercia a medicina, exercitado no conhecimento da alma humana graças a seus estudos de Direito e ao cargo de coadjutor adjunto da Chancelaria criminal, que exerceu aos vinte e um anos de idade e que lhe ensinou "mais que nenhum outro a conhecer o coração humano e a descobrir a natureza e a astúcia dos homens". É esse mesmo talento que ele admira nos pintores venezianos contemporâneos seus, notadamente Canaletto, Guardi, Longhi, que têm uma "maneira original de exprimir na tela os caracteres e as paixões dos homens". É esse olhar de sociólogo, que Goldoni dirige à sociedade italiana do seu tempo, que lhe dita sua nova leitura de Molière, de quem aprecia muito particularmente *O misantropo*. Como fará bem mais tarde Planchon, Goldoni lê no teatro de Molière um quadro dos costumes franceses. "Os autores cômicos, antigos e modernos", escreve ele na terceira parte das *Memórias*, "haviam levado até então à cena os vícios e os defeitos da humanidade em geral. Molière foi o primeiro a ousar encenar os costumes e os ridículos do seu século e do seu país."

Goldoni preconiza um teatro nacional, precedendo assim na cena europeia as experiências de Lessing e de Diderot. Convencido de que o gosto é diferente em cada povo, considera que os autores italianos deveriam buscar sua inspiração em sua época e em seu próprio país, em vez de imitar o modelo francês. Ele empresta a Orazio as seguintes palavras: "Durante um século, os franceses triunfaram na arte da comédia; já seria tempo agora de a Itália mostrar que não se apagou lá a semente desses bons autores que, na sequência dos gregos e dos latinos, foram os primeiros a enriquecer o teatro e lhe dar seu lustro" (II, 3).

Seu teatro constitui um testemunho precioso sobre a sociedade veneziana no século XVIII, em plena mutação. Goldoni introduz nele todas as classes sociais, a aristocracia decadente, muitas vezes sem dinheiro, a burguesia que está se tornando a classe dominante, o povo. Precede Diderot na arte de "pintar as condições". O negociante, que é um pilar da sociedade veneziana, aparece na maioria das suas peças. Todos os ofícios menores são representados; sapateiros, tapeceiros, vendedores de refrescos são captados em plena atividade, em seu trabalho cotidiano. Bem antes de Zola, Goldoni dá a palavra aos humildes, aos artesãos, aos pescadores de Chioggia, aos gondoleiros de Veneza. Estes foram os primeiros a se surpreenderem com ver-se representados num palco de teatro, em *L'Honnête Fille* [*A moça decente*] de 1748. Escreve ele na segunda parte das suas *Memórias*: "Há nessa comédia cenas de gondoleiros venezianos, esboçadas do natural e muito divertidas para os que conhecem a linguagem e as maneiras do meu país.

"Eu queria me reconciliar com essa classe de domésticos que merece alguma atenção e que estava insatisfeita comigo.

"Os gondoleiros de Veneza só têm lugar nos espetáculos quando a plateia não está lotada. Eles não podiam entrar nas minhas comédias, eram obrigados a esperar seus patrões na rua ou em suas gôndolas; eu mesmo os tinha ouvido me cobrir de títulos muito engraçados e cômicos; mandei arranjar para eles alguns lugares nos cantos da sala; ficaram encantados com se verem representados e eu virei amigo deles.

"Essa peça fez todo o sucesso que eu podia desejar. O encerramento não podia ser mais brilhante, mais bem-sucedido. Minha reforma já havia avançado bastante! Que felicidade! Que prazer para mim!" Os pescadores de Chioggia ficaram sem dúvida ainda mais surpresos que os gondoleiros de Veneza ao serem promovidos a personagens de teatro. A gente de Chioggia, cidade destinada por Veneza aos prisioneiros, que ali encontravam uma aparência de liberdade, era então objeto de grande desprezo.

Giorgio Strehler, que não parou de encenar Goldoni, notadamente *Arlequim, servidor de dois amos*, a *Trilogia della villeggiatura* [*Trilogia da vilegiatura*], *Alvoroço em Chioggia, Il Campiello* [*A praça*], se diz fascinado pelo conteúdo político-social das suas grandes comédias. Tem a sensação de compartilhar com ele o sentido de uma missão profunda do teatro, como explica em *Un Théâtre pour la vie* (Fayard, 1980). "Há em Goldoni a franca aceitação de uma missão teatral, do teatro como 'coisa ligada ao mundo', 'teatro e mundo' ao mesmo tempo, com seu lado bom e seu lado ruim, a dor que ocasiona, as lutas que acarreta, a convergência de tudo no todo, uma vida que se engaja totalmente nele, até a loucura das dezesseis comédias num só ano, com a ilusão extrema de 'mudar' algo imediatamente."

4.3.2. A moralidade do riso

A única coisa que Goldoni corrige nesse quadro do seu tempo que apresenta ao espectador são os detalhes capazes de entristecê-lo ou chocar seu senso moral. Assim ele se explica a esse respeito na advertência "Do autor ao leitor", texto prefácio de *Alvoroço em Chioggia*. "Alguns talvez digam que os autores de comédia devem efetivamente imitar a natureza, mas a natureza bela, não a vulgar e imperfeita. Quanto a mim, digo ao contrário que tudo pode ser material para a comédia, salvo as imperfeições que entristecem e os vícios que chocam. Um homem que fala depressa e come as palavras ao falar tem uma imperfeição engraçada, que se torna cômica quando empregada com comedimento, como o *balbuziente* (balbuciante) e o *tartaglia* (gago). O mesmo não se daria com um coxo, um cego ou um paralítico: são enfermidades que provocam a piedade e não devem ser mostradas em cena, a não ser que o caráter próprio da pessoa afligida por essa enfermidade torne cômica essa enfermidade mesma." Goldoni não aceita que se introduzam na comédia personagens de costumes escandalosos. Só convém episodicamente fazer aparecer um personagem malvado, e isso com o único fim de melhor valorizar o virtuoso. É assim que, em *Les Jumeaux vénitiens* [*Os gêmeos venezianos*], o traidor, Pancrácio, só aparece de vez em quando, com o único fim de suscitar a repulsa do espectador. Em *O teatro cômico*, Goldoni presta a Orazio as seguintes palavras: "Os malvados podem ser mostrados no palco, mas não os caracteres escandalosos, como o de um pai que se fizesse de alcoviteiro das próprias filhas. E, quando se quiser introduzir um caráter de homem mau numa comédia, deve-se apresentá-lo de través e não de frente, o que significa que ele só aparecerá de vez em quando e em oposição ao personagem virtuoso, para que a virtude seja exaltada e o vício rebaixado o mais possível" (II, 4). Em compensação, os personagens que tentam trazer seus parceiros para o bom caminho abundam em seu teatro. Em *La serva amorosa* (*La Servante aimante*) [*A criada enamorada*], Coralina, que é um modelo de virtude, tenta causar em seu patrão, Pantaleão, um sentimento de culpa. Como, impelido pela esposa, ele pôs o filho no olho da rua, ela o repreende, mostrando a ele que sua responsabilidade será um fardo pesado, se seu filho se desencaminhar. Coralina espera com isso reconciliá-lo com o filho.

Goldoni atribui uma função moral à comédia, que deve corrigir os costumes. "Eu propunha a meus espectadores um modelo a imitar", escreve na segunda parte das suas *Memórias*. "Contanto que se inspire a probidade, não é melhor ganhar os corações pelos atrativos da virtude do que pelo horror ao vício?

"Quando falo em virtude, não entendo essa virtude heroica, comovente por seus desastres e lacrimejante por sua dicção. Essas obras, a que na França se dá o título de dramas, certamente têm seu mérito, são um gênero de representação teatral entre a comédia e a tragédia. É, além disso, uma diversão feita para os corações sensíveis; os infortúnios dos heróis trágicos nos interessam de longe, mas os de nossos iguais devem nos tocar mais.

"A comédia, que não é mais que uma imitação da natureza, não rejeita os sentimentos virtuosos e patéticos, contanto que não seja despojada daqueles traços cômicos e salientes que constituem a base fundamental da sua existência."

Pelo riso, ele quer levar o espectador a lançar um olhar lúcido sobre a sociedade de seu tempo. A propósito da *Trilogia da vilegiatura*, ele escreve como prefácio da primeira das três peças, *Les Manies* [*As manias*]: "... Os personagens principais dessas três representações, que são sempre os mesmos, são precisamente desse tipo de gente que eu quis visar, isto é, de um nível civil não nobre e não rico, pois os nobres e os ricos são autorizados pelo nível e pela fortuna a fazer algo mais que os outros. A ambição dos pequenos é querer ser como os grandes, e é esse o ridículo que eu quis expor, para corrigi-lo, se possível." Goldoni sempre evita dois excessos: as lágrimas e o riso farsesco. Ele não quer apelar de modo demasiado profundo para a sensibilidade do espectador, que deve preservar sua lucidez de juízo. Quanto ao riso, que nele é desprovido de severidade, atesta ao mesmo tempo a bonomia e a confiança na natureza humana. Esse riso não contém sanção. Goldoni distingue muito nitidamente o "ridículo honesto", que ele se empenha em captar, do "ridículo bufo", pelo qual só sente desprezo. "Eu não gostava das arlequinadas", declara em suas *Memórias*, alistando-se contra o cômico grosseiro dos comediantes *dell'arte*. Homem de bom gosto, seduzido pelo refinamento das Luzes, não poderia aprovar as piadas e palhaçadas destes, frequentemente obscenas. "A coisa mais essencial na comédia, escreve um francês talentoso[58], é o ridículo. Há um ridículo das palavras e um ridículo das coisas, um ridículo honesto e um ridículo bufo. É um puro dom da natureza saber encontrar o ridículo de cada coisa. Isso nasce puramente do gênio. A arte e a regra têm pouca coisa a ver, e esse Aristóteles que sabe tão bem ensinar a fazer os homens chorarem, não dá nenhum preceito formal para fazê-los rir."

O projeto da reforma do teatro, no espírito das Luzes, está intimamente relacionado, em Goldoni, ao desejo de transformar a sociedade veneziana, em plena decadência.

5. O DRAMA ROMÂNTICO

Herdeiros das Luzes, os românticos franceses são fascinados pela poesia do norte da Europa. Os teóricos do drama, Stendhal (1783-1842), em *Racine et Shakespeare*[59] [*Racine e Shakespeare*], cuja primeira parte data de 1823, a segunda de 1825, Hugo (1802-1885), no prefácio de *Cromwell* em 1827, Vigny (1797-1863), em sua *Lettre à Lord *** sur la soirée du 24 octobre 1829 et sur un système dramatique* [*Carta a lorde *** sobre a noite de 24 de outubro de 1829 e sobre um sistema dramático*], em 1829, retomam, com entusiasmo, bom número de ideias de Diderot e de Sébastien Mercier, à parte o realismo. Eles almejam um teatro moderno que o drama burguês não foi capaz de produzir e que, apesar dos seus esforços, tarda a se impor, sem dúvida em razão do sucesso do melodrama entre o grande público. Os primeiros dramas românticos, interpretados simplesmente em leitura pública em círculos restritos, não são encenados. Em 1823, Mérimée (1803-1870) lê para um grupo de amigos, de que faz parte Stendhal, suas peças, que serão publicadas dois anos depois com o enigmático título de *Théâtre de Clara Gazul, comédienne espagnole*[60] [*Teatro de Clara Gazul, comediante espanhola*]. Hugo também tem de se contentar, em 1827, com ler *Cromwell*, obra que nunca verá representada. Somente em 1829 é que triunfa no palco o primeiro drama romântico, *Henri III et sa cour* [*Henrique III e sua corte*], de Alexandre Dumas pai (1802-1870)[61].

---

58. Nova alusão à obra do padre Rapin.
59. Convém notar que Stendhal escreve *Racine e Shakespeare*, e não "Racine ou Shakespeare". Não é em termos de exclusão que confronta os dois escritores. Fervoroso admirador de Racine na juventude, ele escreve à sua irmã Pauline em 22 de janeiro de 1803: "Leio toda noite, antes de me deitar, por mais cansado que esteja, um ato de Racine para aprender a falar francês" (*Correspondance*, Pléiade, t. 1). Mais tarde, após sua estada em Milão, se apaixona por Shakespeare, sem nunca com isso renegar Racine.
60. Mérimée se esconde sob um pseudônimo, inventando a tal comediante espanhola Clara Gazul e até o tradutor que teria adaptado sua obra em francês e que dota ironicamente do nome de Joseph l'Estrange [José, o Estranho – N. do T.]. Pouca gente se deixou levar por essa tapeação.
61. As peças românticas posteriores têm, na década de 1830, uma recepção muito variada. As de Musset não emplacam. A estreia de *La Nuit vénitienne* [*A noite veneziana*] em 1830 é um fracasso estrondoso. Tanto que o poeta se afasta da cena, criando *Un Spectacle dans un fauteuil* [*Um espetáculo*

Se as teorias do drama romântico na França precederam as realizações, é que, no exterior, obras maiores, em particular as de Goethe e Schiller, viram a luz, realizando plenamente o sonho desse teatro moderno concebido por Diderot e Louis-Sébastien Mercier[62]. A difusão do teatro deles possibilitou, além disso, reconhecer Shakespeare como um grande precursor. É sob a influência conjugada da Alemanha contemporânea e da Inglaterra elisabetana que se elaboram, na França, as teorias do drama romântico, que no entanto conservam – é essa a especificidade do Romantismo francês –, o espírito das Luzes. Atesta-o o grito orgulhoso do jovem Musset (1810-1857), que ainda não tinha experimentado a cena: "Não gostaria de escrever ou gostaria de ser Shakespeare ou Schiller!". Inicia-se assim uma longa fascinação pelas literaturas do Norte, enquanto até então os países latinos, com seus grandes períodos de apogeu – o Renascimento italiano, o Século de Ouro espanhol e o Classicismo francês –, foram os únicos a desempenhar na Europa o papel de faróis. Depois da Inglaterra e da Alemanha, será, mais tarde, a vez da Rússia.

5.1. A influência estrangeira

É a Madame de Staël (1766-1817) que pertence o mérito de ter introduzido na França a literatura alemã. Quando de uma viagem a Weimar em 1803, onde encontra Schiller e Goethe, descobre a beleza dos dramas históricos de Schiller (1759-1805)[63], a extrema ousadia de Goethe (1749-1839). Este trabalha então no seu *Fausto*, drama mítico, que será encenado em 1829 no teatro de Weimar, de que é diretor[64]. Nessa cidade, ela se nutre das reflexões de Schiller sobre a tragédia, que este considera a forma superior da arte, e sobre a função social do teatro. Schiller acabava de completar sua obra teórica, quando ela chega a Weimar. De fato, ele havia publicado sucessivamente *Sur l'art tragique* [*Sobre a arte trágica*] (1792), *Sur le pathétique* [*Sobre o patético*] (1793), *Du sublime* [*Do sublime*] (1794), *Le théâtre considéré comme institution morale* [*O teatro considerado como instituição moral*] (1802) e *Sur l'emploi du choeur dans la tragédie* [*Sobre o emprego do coro na tragédia*] (1803). Ela também estabelece relação com August Wilhelm von

---

  numa poltrona], que destina ao prazer do leitor, sem se preocupar por enquanto com a representação. Só em 1847, com o sucesso de *Un Caprice* [*Um capricho*] na Comédie-Française, é que algumas das suas obras dramáticas obtêm enfim a consagração merecida. Embora triunfe com *Hernani*, cuja estreia provoca a célebre "batalha", e tenha certo sucesso com os dramas seguintes, Hugo renuncia à cena depois do fracasso de *Les Burgraves* [*Os burgravos*] em 1843. Quanto a Vigny, se triunfa com *Chatterton* em 1835, suas duas peças precedentes, escritas em 1831, *La Maréchale d'Ancre* e *Quitte pour la peur* [*A marechala de Ancre* e *Um susto apenas*], tiveram uma acolhida morna.

62. Foi por intermédio de Lessing que a Alemanha sofreu a influência de Diderot e Mercier.
63. Todas as peças de Schiller, salvo *Les Brigands* [*Os assaltantes*], são dramas históricos.
64. Goethe termina o primeiro *Fausto* em 1773 e o segundo em 1831. O primeiro é que é representado em Weimar em 1829. O teatro de Goethe exerce, em grau menor que o de Schiller, uma grande influência sobre o drama romântico francês, ainda que Goethe tenha veementemente se declarado clássico. Em *Art et esthétique* [*Arte e estética*] ele clama: "O clássico é a saúde; o romântico é a doença" (in *Maximes et réflexions*, Gallimard, NRF, Les Classiques allemands, 1943, II, *Art et esthétique*).

Schlegel (1767-1845), um dos grandes teóricos do Romantismo alemão que, bastante aberto às literaturas estrangeiras, traduziu Shakespeare, Calderón, Cervantes. Ela faz sua prima, Madame Necker de Saussure, traduzir o *Cours de littérature dramatique* [*Curso de literatura dramática*], que ele deu em Viena em 1808 e que foi publicado na Alemanha em 1811. Nesse curso, Schlegel, com uma virulência manchada às vezes de má-fé, condena o Classicismo francês e, em contrapartida, rasgando elogios aos dramaturgos elisabetanos e aos espanhóis do Século de Ouro, preconiza um teatro em que a ação prima sobre o relato.

Desejando compartilhar com os franceses sua empolgação pela literatura alemã, Madame de Staël difunde as ideias de Schlegel em *De l'Allemagne* [*Da Alemanha*]. A obra, publicada em Londres em 1813, só é lançada em 1814 em Paris, porque, quando está a ponto de ser editada na França, em 1810, Napoleão, julgando-a perigosa, manda destruir suas provas. Sua repercussão – embora possamos criticar as aproximações, as afirmações rápidas, quando não as inexatidões – é imensa. Vigny dirá desse texto, que é o primeiro manifesto romântico francês, que ele "fez pela literatura o que *Le Génie du Christianisme* [*O gênio do cristianismo*] havia feito pelo catolicismo". Ela retoma aí uma ideia, já defendida em 1800 em seu ensaio *De la littérature considérée dans ses rapports avec les institutions sociales* [*Da literatura considerada em suas relações com as instituições sociais*], em que opõe a poesia dos povos do Norte à dos povos do Sul. Não ocultando sua preferência pela primeira, sombria e melancólica, que "convém muito mais que a do Sul ao espírito de um povo livre", ela se mostra persuadida de que a introdução das literaturas dos povos do Norte regenerará o espírito latino. Muito próxima de Benjamin Constant (1767-1830), que a acompanhou em sua viagem à Alemanha, foi ela que o estimulou a escrever, como prefácio à sua tradução da trilogia de Schiller, *Wallenstein*, suas *Réflexions sur le théâtre allemand* [*Reflexões sobre o teatro alemão*], de 1809, texto também influenciado diretamente por Schlegel. Nesse texto, ele opõe a estilização do herói trágico francês, reduzido a um esquema, à opacidade mais realista do personagem alemão, pintado em diversos momentos da sua existência, e não apreendido numa ação única. "Os franceses, mesmo nas suas tragédias que são fundadas na tradição ou na história, pintam apenas um fato ou uma paixão. Os alemães, nas suas, pintam uma vida inteira e um caráter inteiro.

"Quando digo que pintam uma vida inteira, não quero dizer que abraçam em todas as peças a vida toda de seus heróis. Mas eles não omitem nenhum acontecimento importante dela; e a reunião do que ocorre em cena e do que o espectador fica sabendo por relatos e alusões forma um quadro completo, de uma escrupulosa exatidão.

"O mesmo se dá com o caráter. Os alemães não afastam do de seus personagens nada do que constituía sua individualidade. Eles os apresentam com suas fraquezas, suas inconsequências e essa mobilidade ondulante que pertence à natureza humana e que forma os seres reais.

"Os franceses têm uma necessidade de unidade que os faz seguir outro caminho. Eles repelem dos caracteres tudo o que não serve para dar relevo à paixão que querem pintar: suprimem da vida anterior de seus heróis tudo o que não se encadeia necessariamente ao fato que escolheram.

"O que Racine nos faz saber sobre Fedra? Seu amor por Hipólito, mas não seu caráter pessoal, independentemente desse amor. O que o mesmo poeta nos dá a conhecer de Orestes? Seu amor por Hermíone. Os furores desse príncipe provêm tão só das crueldades da sua amante. Vemo-lo a cada instante prestes a se abrandar, por pouco que Hermíone lhe dê alguma esperança. Esse assassino da mãe parece até ter esquecido a perversidade que cometeu. Só lhe preocupa sua paixão: ele fala, depois do seu parricídio, em sua inocência que lhe pesa, e se, quando mata Pirro, é perseguido pelas fúrias, é que Racine encontrou na tradição mitológica a ocasião de uma cena magnífica, mas que não tem nada a ver com seu tema, tal como o tratou."

Embora Louis-Sébastien Mercier e Diderot proclamem sua afinidade com Shakespeare, cuja liberdade na arte admiram, a obra deste ainda é mal conhecida na França no século XVIII. A maioria dos espectadores franceses só o viu representado nas adaptações de Ducis (1733-1816), que corta no texto todas as passagens a seu ver escabrosas, que edulcora e censura sem pudor para satisfazer ao gosto francês, enchendo de melosas graças em alexandrinos uma peça cuja áspera beleza é feita de violência. Acaso não escreve ele, em 1792, na advertência da sua adaptação de *Otelo*: "Quanto à cor de Otelo, acreditei poder me dispensar de lhe dar um rosto negro, afastando-me nesse ponto do uso do teatro de Londres. Pensei que a tez amarela e acobreada, que pode aliás convir a um africano, teria a vantagem de não revoltar o olhar do público, principalmente o das mulheres."

O público francês só vai descobrir o texto original na sua íntegra em 1822, quando uma trupe inglesa dirigida por Penley é convidada a apresentar-se em Paris, no teatro da Porte Saint-Martin[65]. Na estreia de *Otelo*, em inglês, o escândalo dos tradicionalistas é tamanho que provoca manifestações intempestivas e altercações entre partidários do Classicismo e partidários do Romantismo, severamente reprimidas por uma vigorosa intervenção da polícia[66]. Os atores ingleses, obrigados a cancelar os espetáculos programados, realizam então algumas apresentações numa pequena sala da rua Chantereine, quase privadas, para um público esclarecido, constituído por alguns assinantes para os quais representam *Romeu e Julieta, Hamlet, Ricardo III* e *Macbeth*. Escandalizado pelo conservadorismo francês, Stendhal logo escreve um artigo para *The Paris Monthly Review of British and continental Literature*[67], datado de outubro de 1822, que será o primeiro capítulo do seu *Racine e Shakespeare*. Cinco anos depois, quando outra trupe inglesa, a que pertencem dois atores célebres – Kemble e mrs. Smithson –, se apresenta em Paris, encenando no Odéon *Ricardo III* e *Otelo*, os espetáculos, embora muito controvertidos, dessa vez atraem o público. É uma revelação, como atesta esta reação de Alexandre Dumas, no texto que escreve à guisa de prefácio do seu teatro, "Comme je devins auteur dramatique" ["Como me tornei autor dramático"]:

---

65. Era o teatro da moda, onde se representavam os melodramas.
66. Os comediantes só poderão realizar duas apresentações, no dia 31 de julho e no dia 1º de agosto de 1822.
67. É a primeira vez que essa revista inglesa publica um artigo em francês.

Vers ce temps-là, les acteurs anglais arrivèrent à Paris. Je n'avais lu une seule pièce du théâtre étranger. Ils annoncèrent *Hamlet*. Je ne connaissais que celui de Ducis. J'allai voir celui de Shakespeare.
Supposez un aveugle-né auquel on rend la vue, qui découvre un monde tout entier dont il n'avait aucune idée...
Oh! c'était donc cela que je cherchais, qui me manquait, qui me devait venir; c'étaient des hommes de théâtre, oubliant qu'ils sont sur un théâtre; c'était cette vie factice, rentrant dans la vie positive à force d'art; c'était cette réalité des paroles et des gestes qui faisaient des acteurs, des créatures de Dieu, avec leurs vertus, leurs passions, leurs faiblesses, et non pas des héros guindés, impassibles, déclamateurs et sentencieux. Ô Shakespeare, merci! Ô Kemble et Smithson, merci! Merci à mon Dieu! merci à mes anges de poésie!
Je vis ainsi *Roméo, Virginius, Shylock, Guillaume Tell, Othello*; je vis Macready, Kean, Young. Je lus, je dévorai le répertoire étranger, et je reconnus enfin que, dans le monde théâtral, tout émanait de Shakespeare, comme dans le monde réel, tout émane du soleil; que nul ne pouvait lui être compararé, car il était aussi dramatique que Corneille, aussi comique que Molière, aussi original que Calderón, aussi penseur que Goethe, aussi passionné que Schiller. Je reconnus que ses ouvrages, à lui seul, renfermaient autant de types que les ouvrages de tous les autres réunis. Je reconnus que c'était l'homme qui avait le plus créé après Dieu.

[Por volta daqueles dias, os atores ingleses chegaram a Paris. Eu nunca havia lido uma só peça do teatro estrangeiro. Eles anunciaram *Hamlet*. Eu só conhecia o de Ducis. Fui ver o de Shakespeare.
Imaginem um cego de nascença a que se dá a visão e que descobre um mundo inteiro de que não tinha a menor ideia...
Oh! Então era isso que eu procurava, que me faltava, que devia me vir ao espírito; eram homens de teatro, se esquecendo de que estão num teatro; era aquela vida factícia entrando na vida positiva à força de arte; era aquela realidade das palavras e dos gestos que faziam dos atores criaturas de Deus, com suas virtudes, suas paixões, suas fraquezas, e não heróis afetados, impassíveis, declamadores e sentenciosos. Ó, Shakespeare, obrigado! Ó Kemble e Smithson, obrigado! Obrigado, meu Deus! Obrigado, meus anjos de poesia!
Vi assim *Romeu, Virgínio, Shylock, Guilherme Tell, Otelo*; vi Macready, Kean, Young. Li, devorei o repertório estrangeiro e reconheci enfim que, no mundo teatral, tudo emanava de Shakespeare, assim como no mundo real tudo emana do sol; que ninguém podia ser comparado a ele, porque ele era tão dramático quanto Corneille, tão cômico quanto Molière, tão original quanto Calderón, tão pensador quanto Goethe, tão apaixonado quanto Schiller. Reconheci que só as suas obras encerravam tantos tipos quanto as obras de todos os outros autores reunidos. Reconheci que era o homem que mais havia criado depois de Deus.]

Bom número de intelectuais franceses se apaixona então por Shakespeare. Várias traduções aparecem, em particular as que Vigny dá de *Romeu e Julieta*, de *Le More de Venise* [*O mouro de Veneza*] e de *Le Marchand de Venise* [*O mercador de Veneza*]. Ele consegue que *O mouro de Veneza* seja montado, em outubro de 1829, no Théâtre-Français, bastião do conservadorismo. Certos trechos foram muito mal recebidos, às vezes vaiados, pelos partidários do Classicismo, aterrorizados com a cena da embriaguez de Cássio, julgada grosseira, pelo aparecimento, várias vezes, do termo "lenço", considerado de uma vulgaridade inconveniente. O assassinato de Desdêmona, estrangulada aos olhos do espectador, chocou toda uma parte do público. Eis o que escreveu Vigny a esse respeito: "Vocês acreditariam, vocês, ingleses, por exemplo, que sabem que palavras se dizem nas tragédias de Shakespeare, que a musa trágica francesa, Melpômene, levou noventa e oito anos para se decidir a dizer em voz alta *um lenço*, ela que dizia *cão* e *esponja*, com toda naturalidade? Eis os degraus pelos quais ela passou com um pudor e um embaraço bem divertidos. (…)

"Enfim, em 1829, graças a Shakespeare, ela disse o palavrão, para pavor e desmaio dos fracos, que soltaram naquele dia gritos longos e doloridos, mas para a satisfação do público, que, em sua grande maioria, costuma chamar um lenço de *lenço*. A palavra fez seu ingresso; ridículo triunfo! Será que precisaremos sempre de um século para cada palavra verdadeira introduzida em cena?

"Enfim, ri-se dessa pudicícia – Deus seja louvado! O poeta poderá obedecer à sua inspiração tão livremente quanto na prosa, e percorrer sem obstáculo a inteira escada das suas ideias sem temer sentir os degraus faltarem sob seus pés." Apesar disso, a tradução de Vigny, que corta certos trechos de cenas, que minimiza um bom número de excessos de linguagem, que atenua a brutalidade selvagem de Iago, é tímida. Não obstante o escândalo que acarreta, a peça obtém, para grande satisfação de Vigny e dos românticos, um vivo sucesso, o que aparece como uma resposta positiva à questão formulada por Vigny na carta, que faz as vezes de prefácio da sua tradução, intitulada *Carta a lorde *** sobre a noite de 24 de outubro de 1829 e sobre um sistema dramático*. "A cena francesa se abrirá ou não à tragédia moderna produzindo: – em sua concepção, um quadro amplo da vida, em vez do quadro estreito da catástrofe de uma intriga; – em sua composição, caracteres, e não papéis, cenas aprazíveis sem drama, misturadas a cenas cômicas e trágicas; – em sua execução, um estilo familiar, cômico, trágico e às vezes épico?" Mais tarde, em 1864, Hugo escreverá seu *William Shakespeare*, a primeira análise aprofundada da obra do grande dramaturgo elisabetano, à guisa de prefácio da tradução das peças, publicadas por seu filho François-Victor.

5.2. Modernidade e liberdade da arte

Os românticos são homens decididamente modernos. Varrendo, como Diderot e Louis-Sébastien Mercier, todo passadismo, desejam criar uma arte que fale do presente aos homens do seu tempo. Conscientes de que o gosto varia com as épocas, rejeitam com grande irreverência os velhos modelos, antigos ou clássicos. Stendhal começa, com estes termos, o prefácio do seu primeiro *Racine e Shakespeare*. "Nada se parece menos do que nós aos marqueses que, cobertos de roupas bordadas e grandes perucas negras que custam mil escudos, julgaram em 1679 as peças de Racine e de Molière.

"Esses grandes homens procuraram agradar ao gosto desses marqueses e trabalharam para eles.

"Pretendo que agora é necessário fazer tragédias para nós, jovens argumentadores, sérios e um pouco invejosos, do ano de graça de 1823." Considerando que a literatura clássica, perfeitamente adaptada aos ideais do século XVII, tornou-se totalmente obsoleta, ele define, no terceiro capítulo de *Racine e Shakespeare*, intitulado "O que é o Romanticismo", o Romantismo como uma literatura que responde ao gosto do dia. "O *Romanticismo* é a arte de representar para os povos as obras literárias que, no estado atual dos seus hábitos e das suas crenças, são capazes de lhes dar o máximo possível de prazer.

"O *Classicismo*, ao contrário, lhes apresenta a literatura que dava o maior prazer a seus bisavós.

"Sófocles e Eurípides foram eminentemente românticos; eles apresentaram aos gregos reunidos no teatro de Atenas as tragédias que, de acordo com os costumes morais desse povo, sua religião, seus preconceitos sobre o que faz a dignidade do homem, deviam lhe proporcionar o maior prazer possível.

"Hoje em dia, imitar Sófocles e Eurípides e pretender que essas imitações não fariam os franceses do século XIX bocejar, é Classicismo." Baudelaire (1821--1867), uma geração mais tarde, redescobrirá os mesmos acentos, entendendo por "Romantismo a expressão mais recente e mais moderna da beleza", quando afirma, peremptório, em *Le Salon de 1846* [*O salão de 1846*][68]: "quem diz Romantismo, diz arte moderna".

Movido por esse desejo de responder aos ideais da época, Stendhal propõe, em *Racine e Shakespeare*, um tema de tragédia moderna tratando de acontecimentos recentes, capazes de interessar a seus contemporâneos, *Le Retour de l'île d'Elbe* [*O regresso da ilha de Elba*], peça que não escreverá mas de que esboça a sinopse em cinco atos. Desde que o Antigo Regime naufragou, as comoções sociais que abalaram a França em menos de duas gerações – a Revolução, o Diretório, o Império, a Restauração – modificaram profundamente o gosto. "Que mudança de 1785 a 1824!", exclama Stendhal em *Racine e Shakespeare*. "Nos dois mil anos de que sabemos a história do mundo, uma revolução tão brusca nos costumes, ideias, crenças talvez nunca tenha acontecido." Quanto a Hugo, em 1830, no prefácio de *Hernani* ele clama: "A povo novo, arte nova." É precisamente esse novo gosto que os escritores devem levar em conta. Ser romântico é ser do seu tempo.

Moderno, o teatro romântico é uma arte que se quer popular. Como Louis--Sébastien Mercier, Hugo leva à cena gente do povo, o lacaio Ruy Blas, o operário cinzelador Gilbert, em *Marion de Lorme*, e até os excluídos: as prostitutas, Tisbé, em *Angelo tyran de Padoue* [*Ângelo, tirano de Pádua*] e *Marion de Lorme*: os bufões, Triboulet em *Le Roi s'amuse* [*O rei se diverte*] e Angely em *Marion de Lorme*; o banido, em *Hernani*. "O povo, que tem futuro mas não tem presente", diz Hugo no prefácio de *Ruy Blas*, "o povo, órfão, pobre, inteligente e forte; situado muito baixo e aspirando a muito alto; tendo nas costas as marcas da servidão e no coração as premeditações do gênio; o povo, criado dos grãos senhores e apaixonados,

---

68. Trata-se da segunda parte do *Salão de 1846*, intitulada "Qu'est-ce que le romantisme?" (O que é o romantismo).

em sua miséria e em sua abjeção, pela única figura que, no meio dessa sociedade desmoronada, representa para ele, numa irradiação divina, a autoridade, a caridade e a fecundidade. O povo seria Ruy Blas."

Investido de uma elevada função moral, o teatro romântico permitirá educar o povo. É uma arte política, que nem por isso deve se tornar panfletária, perigo contra o qual Hugo, repetidas vezes em seus prefácios, põe em guarda os autores dramáticos. "O teatro, nunca é demais repetir", declara ele no prefácio de *Lucrèce Borgia* [*Lucrécia Borgia*], "tem em nossos dias uma importância imensa, que tende a crescer sem parar com a própria civilização. O teatro é uma tribuna. O teatro é um púlpito. O teatro fala forte e fala alto. Quando Corneille diz: 'Para ser mais que um rei tu te imaginas alguma coisa', Corneille é Mirabeau. Quando Shakespeare diz: '*To die, to sleep*', Shakespeare é Bossuet.

"O autor deste drama sabe quão grande e séria coisa é o teatro. Ele sabe que o drama, sem sair dos limites imparciais da arte, tem uma missão nacional, uma missão social, uma missão humana. Quando ele vê todo fim de dia esse povo tão inteligente e avançado que fez de Paris a cidade central do progresso se apinhar diante de uma cortina, que seu pensamento, dele, reles poeta, vai empolgar no momento seguinte, ele sente quão pouca coisa é, ele, diante de tamanha expectativa e curiosidade; ele sente que, se seu talento não é nada, sua probidade tem de ser tudo; ele se interroga com severidade e recolhimento sobre o alcance filosófico da sua obra, porque se sabe responsável e não quer que essa multidão possa um dia lhe cobrar explicações sobre o que ele lhe ensinou. O poeta também tem almas a seu encargo. A multidão não pode sair do teatro sem levar com ela alguma moralidade austera e profunda. Por isso, ele espera, com a ajuda de Deus, nunca desenvolver em cena (pelo menos enquanto durarem os tempos sérios em que vivemos) senão coisas repletas de lições e de conselhos."

Muitos românticos, em particular quando da Restauração e da monarquia de julho, se engajaram na ação política[69]. Vivendo desconcertados um período caótico, eles se interrogam sobre a história, dando ao drama histórico uma posição de destaque, porque ele lhes permite refletir, no balanço que fazem dos acontecimentos passados, sobre a situação contemporânea. Eles realizam assim o desejo de Stendhal[70], que sob a influência de Madame de Staël preconiza a tragédia histórica e que escreve, em 1814, em *De l'Allemagne* [*Da Alemanha*], que "a tendência natural do nosso século é a tragédia histórica". "Os reinados de Carlos VI, de Carlos VII, do nobre Francisco I devem ser fecundos para nós em tragédias nacionais de um interesse profundo e duradouro", declara ele em *Racine e Shakespeare*. Musset em *Lorenzaccio*, Hugo em *Ruy Blas* meditam sobre a decadência da monarquia, através do exemplo de Florença na época de Alexandre de Medici, da Espanha no século XVIII. Impressionados com o vazio político que a França conhece depois

---

69. Lamartine e Hugo foram deputados duas vezes. Aberto às ideias de Saint-Simon (1760-1825), Lamartine, que trabalhou muito para o advento da república, ocupa por algum tempo a função de chefe do governo provisório. Quanto a Victor Hugo, toma violentamente posição contra Napoleão III em *Les Châtiments* [*Os castigos*], obra escrita no exílio.
70. Vigny realiza esse desejo em 1831, com *A marechala de Ancre*, Musset com *Lorenzaccio* em 1834. Quanto a Hugo, consagra quase toda a sua obra dramática ao teatro histórico.

de 1830, eles se perguntam, nesses dois dramas, como uma verdadeira república poderá ser instaurada.

Como declara Hugo no prefácio de *Hernani*, o Romantismo é "o liberalismo em literatura. (...) A liberdade na arte, a liberdade na sociedade, eis a dupla finalidade a que devem tender num mesmo passo todos os espíritos consequentes e lógicos, eis a dupla bandeira que agrupa, salvo muito poucas inteligências (as quais se esclarecerão), toda a juventude tão forte e tão paciente de hoje; e, com a juventude tendo à sua frente a elite da geração que nos precedeu, todos esses sábios anciãos que, após o primeiro momento de desconfiança e de exame, reconheceram que o que seus filhos fazem é uma consequência do que eles próprios fizeram e a liberdade literária é filha da liberdade política".

É em nome dessa liberdade da arte que os românticos rejeitam, como Diderot e Louis-Sébastien Mercier, as regras clássicas, ressaltando a incoerência que elas geram. Decididamente provocador em face dos partidários do Classicismo, Stendhal define a "tragédia romântica"[71] assim: "É a tragédia em prosa que dura vários meses e transcorre em lugares diferentes." Ele observa que as regras de unidade de lugar e de unidade de tempo, estritamente francesas, não contribuem em nada para o prazer do espectador. "Digo que a observação das duas unidades – de *lugar* e de *tempo* – é um hábito francês, *hábito profundamente arraigado*, hábito de que dificilmente nos desaferramos, porque Paris é o salão da Europa e lhe dá o tom; mas digo que essas unidades não são em nada necessárias para produzir a emoção profunda e o verdadeiro efeito dramático." No prefácio de *Cromwell*, Hugo também constata que, erigidas a pretexto de verossimilhança, essas duas unidades geram muitas vezes situações inverossímeis. "De fato, o que há de mais inverossímil e de mais absurdo do que esse vestíbulo, esse peristilo, essa antecâmara, lugar banal em que nossas tragédias têm a complacência de virem se desenrolar, onde chegam, não se sabe como, os conspiradores para declamar contra o tirano, o tirano para declamar contra os conspiradores, cada um por sua vez. (...)

"A unidade de tempo não é mais sólida do que a unidade de lugar. A ação, delimitada à força nas 24 horas, é tão ridícula quanto a delimitada no vestíbulo. Toda ação tem sua duração própria, assim como seu lugar particular. Servir a mesma dose de tempo a todos os acontecimentos! Aplicar a mesma medida a tudo! Rir-se-ia de um sapateiro que quisesse pôr o mesmo sapato em todos os pés. Cruzar a unidade de tempo com a unidade de lugar como as grades de uma jaula e fazer entrar nela, pedantemente, em nome de Aristóteles, todos esses fatos, todos esses povos, todas essas figuras que a providência desenrola em tão grandes massas, na realidade é mutilar homens e coisas, é fazer a história se contorcer. Digamos melhor: tudo isso morrerá na operação; e é assim que os mutiladores dogmáticos alcançam seu resultado ordinário: o que estava vivo na crônica está morto na tragédia. Eis por que, muitas vezes, a jaula das unidades encerra apenas um esqueleto."

---

71. Stendhal, em *Racine e Shakespeare*, utiliza o termo "tragédia romântica", à maneira de Schiller, onde Hugo fala de "drama romântico".

Retomando os argumentos de Godeau contra Chapelain, em *Racine e Shakespeare*, Stendhal, que opõe no decorrer de um diálogo fictício o "acadêmico" ao "romântico", salienta o absurdo da regra das vinte e quatro horas. Não é mais verossímil, para o espectador que assiste a uma representação de duas a três horas, que a ação dure vinte e quatro, ou mesmo trinta e seis horas, conforme a exigência clássica, ou meses, pois, num caso como no outro, o tempo ficcional e o tempo da representação não coincidem.

> L'Académicien – À Dieu ne plaise que nous ayons l'absurdité de prétendre que la durée fictive de l'action doive correspondre exactement avec le temps *matériel* employé pour la représentation. C'est alors que les règles seraient de véritables entraves pour le génie. Dans les arts de l'imitation, il faut être sévère, mais non pas rigoureux. Le spectateur peut fort bien se figurer que, dans l'intervalle des entractes, il se passe quelques heures, d'autant mieux qu'il est distrait par les symphonies que joue l'orchestre.
> Le Romantique – Prenez garde à ce que vous dites, monsieur, vous me donnez un avantage immense; vous convenez donc que le spectateur peut *se figurer* qu'il se passe un temps plus considérable que celui pendant lequel il est assis au théâtre. Mais, dites-moi, pourra-t-il se figurer qu'il se passe un temps double du temps réel, triple, quadruple; cent fois plus considérable? Où nous arrêterons-nous?
> (...)
> Le Romantique – Entendons-nous sur ce mot *illusion*. Quand on dit que l'imagination du spectateur se figure qu'il se passe le temps nécessaire pour les événements que l'on représente sur la scène, on n'entend pas que l'illusion du spectateur aille au point de croire tout ce temps réellement écoulé. Le fait est que le spectateur, entraîné par l'action, n'est choqué de rien; il ne songe nullement au temps écoulé. Votre spectateur parisien voit à sept heures précises Agamemnon réveiller Arcas; il est témoin de l'arrivée d'Iphigénie; il la voit conduire à l'autel, où l'attend le jésuistique Chalcas; il saurait bien répondre, si on le lui demandait, qu'il a fallu plusieurs heures pour tous ces événements. Cependant, si, durant la dispute d'Achille avec Agamemnon, il tire sa montre, elle lui dit: Huit heures et un quart. Quel est le spectateur qui s'en étonne? Et cependant la pièce qu'il appaudit a déjà duré plusieurs heures.
> C'est que même votre spectateur parisien est accoutumé à voir le temps marcher d'un pas différent sur la scène et dans la salle. Voilà un fait que vous ne pouvez pas nier.

[O acadêmico – Queira Deus que não caiamos no absurdo de pretender que a duração fictícia da ação deva corresponder exatamente ao tempo *materialmente* empregado para a representação. Aí é que as regras seriam verdadeiros entraves para o gênio. Nas artes de imitação, há que ser severo, mas não rigoroso. O espectador pode perfeitamente imaginar que, no intervalo dos entreatos, passam-se algumas horas, tanto melhor se ele for distraído pelas sinfonias executadas pela orquestra.
O romântico – Atenção com o que o senhor diz, pois me dá uma vantagem imensa. O senhor concorda portanto com que o espectador pode *imaginar* que se passa um tempo mais considerável que aquele durante o qual ele está sentado no teatro. Mas, diga-me, ele poderá imaginar que passa um tempo que seja o dobro do tempo real, o triplo, o quádruplo; cem vezes mais considerável? Onde pararemos?
(...)

O romântico – Entendamo-nos sobre a palavra *ilusão*. Quando se diz que a imaginação do espectador fantasia que passa o tempo necessário para os acontecimentos que são representados em cena, não se entende que a ilusão do espectador vá ao ponto de crer que todo esse tempo realmente transcorreu. O fato é que o espectador, arrebatado pela ação, não se choca nem um pouco; ele não pensa de modo algum no tempo transcorrido. Seu espectador parisiense vê às sete horas em ponto Agamenon acordar Arcas; ele é testemunha da chegada de Ifigênia; ele a vê ser conduzida ao altar, onde a aguarda o jesuítico Calcas; se lhe perguntassem, ele poderia muito bem responder que foram necessárias várias horas para todos esses acontecimentos. No entanto, se, durante a discussão de Aquiles com Agamenon, ele puxar o relógio, este lhe diz: oito e quinze. Que espectador se espantaria com isso? E no entanto a peça que ele aplaude já durou várias horas.

É que mesmo o seu espectador parisiense está acostumado a ver o tempo andar num passo diferente em cena e na sala. Está aí um fato que o senhor não pode me negar.]

Através das palavras irônicas do romântico, Stendhal dá a entender que a imaginação do público supre o irrealismo temporal, porque, salvo nos momentos de ilusão perfeita[72] que somente a criança às vezes tem, o espectador, sabendo que está no teatro, não espera uma representação fiel do real. "A reflexão que toca o coração não é que os males que são expostos aos nossos olhos são males reais, mas sim que são males a que nós mesmos podemos ser expostos. (...) O prazer da tragédia provém de que sabemos perfeitamente que é uma ficção; ou, melhor dizendo, a ilusão incessantemente destruída renasce incessantemente. Se viéssemos a crer um só momento que os assassinatos e as traições são reais, eles cessariam instantaneamente de nos causar prazer."

Stendhal e Hugo citam várias vezes Shakespeare, que não pretendem imitar, o que não teria sentido no século XIX, mas tomar como modelo na liberdade de que dá provas em relação ao tempo e ao espaço. O tempo é um parâmetro importante para os românticos, que desejam apreender um personagem muito mais na complexidade da sua evolução do que no auge de uma crise, à maneira dos dramaturgos clássicos. A duração é necessária à maturação de seus personagens. "É bonito ver Otelo, tão apaixonado no primeiro ato, matar a mulher no quinto; se essa mudança ocorreu em trinta e seis horas, é absurda, e desprezo Otelo." Notemos de passagem a má-fé dessa asserção de Stendhal, que em *Racine e Shakespeare* finge crer que o drama de *Otelo* se desenrola num grande lapso de tempo, quando Shakespeare condensa o tempo a fim de sublinhar o inesperado do surto delirante. Três noites lhe bastam para que a ação trágica se consume: a do rapto Desdêmona, a da noite de núpcias na nau que leva os jovens esposos de Veneza a Chipre e, enfim, a noite do assassinato.

A multiplicidade de lugares também é útil aos românticos quando eles querem mostrar várias facetas da sua personagem colocando-a em situações diferen-

---

72. Stendhal dá como exemplo de "ilusão perfeita" o do soldado do teatro de Baltimore que, vendo Otelo a ponto de estrangular Desdêmona, quebrou, com um tiro de fuzil, o braço do ator, gritando: "Nunca ninguém poderá dizer que, em minha presença, um maldito negro matou uma mulher branca."

tes. O não respeito à unidade de tempo necessita, na representação, mudanças de cenário, o que não ocorre sem criar problemas em relação aos palcos da época e, sobretudo, à expectativa do público, desejoso de ilusão. Quando essas mudanças se dão durante o entreato, como no teatro de Hugo, elas podem ser escondidas dos olhares graças à cortina. Se sobrevêm durante o ato, em compensação, é difícil evitar as mudanças em cena aberta, o que choca necessariamente o costume dos espectadores. O próprio Vigny lamenta ter sido obrigado a recorrer a essa prática na representação do *Mouro de Veneza*. A propósito da sétima cena do ato I, ele indica em nota: "Era a primeira vez na cena francesa que se faziam mudanças em cena aberta no meio de um ato de tragédia. Qualquer que tenha sido a perfeição com que foram executadas, lamentei ser forçado a introduzi-las. Embora seja mais uma liberdade trazida ao teatro, é verdade dizer que elas esfriam o interesse ao desacelerar o movimento da cena. Creio que é necessário empregar esse meio com parcimônia e reservá-lo para as raras ocasiões em que resulte daí uma beleza como a da morte de Julieta em Verona, e da calma de Romeu que, em Mântua, se entrega a sonhos de felicidade." Musset, em *Lorenzaccio* (1834), dá prova da ousadia mais espantosa para a época, imaginando 35 lugares diferentes situados não apenas em Florença, mas também em Veneza, e rompendo assim a unidade dentro do ato mesmo. Por isso, até 1896 nenhum diretor teve a coragem de montar esse drama, por demais avançado em relação ao gosto da época[73].

A unidade de ação é a única unidade que os românticos conservam, seguindo também nisso o exemplo de Diderot e de Mercier. "É (...) a única admitida por todos, porque resulta de um fato: nem o olhar nem o espírito humano seriam capazes de captar mais de um conjunto ao mesmo tempo. Esta é tão necessária quanto as outras duas são inúteis", declara Hugo no prefácio de *Cromwell*. A unidade de ação, tal como os românticos a entendem, não exclui as ações secundárias. Hugo acrescenta: "Evitemos confundir a unidade com a simplicidade de ação. A unidade de conjunto não repudia de forma alguma as ações secundárias em que deve se apoiar a ação principal. É necessário apenas que essas partes, inteligentemente subordinadas ao todo, gravitem sem cessar em direção à ação central e se agrupem em torno dela nas diferentes etapas, ou antes, nos diferentes planos do drama. A unidade de conjunto é a lei de perspectiva do teatro."

No imenso elogio que consagra a Shakespeare, Hugo observa que, em todas as suas peças, salvo *Macbeth* e *Romeu e Julieta*, seu gênio consiste em amarrar duas intrigas secundárias que refletem a intriga principal. Sem dúvida por prudência para com seus detratores, não chega a preconizar esse uso, contentando-se com ressaltar sua originalidade. "É uma dupla ação que atravessa o drama e que o reflete em escala reduzida. Ao lado da tempestade no Atlântico, a tempestade no copo d'água. Assim, Hamlet faz abaixo dele um Hamlet; mata Polônio, pai de Laertes, e eis Laertes, em relação a ele, exatamente na mesma situação que em relação a Cláudio. Há dois pais a vingar. Poderia haver dois espectros? Assim, no *Rei Lear*, lado a lado e de frente, Lear, desesperado por suas filhas Goneril e Regane, e con-

---

73. Foi no ano precedente que estreou *Ubu-Roi* (*Ubu Rei*), peça que fundou a modernidade, como mostramos no capítulo seguinte.

solado por sua filha Cordélia, é replicado por Glocester, traído pelo filho Edmundo e amado por seu filho Edgar. A ideia bifurcada, a ideia fazendo eco a si mesma, um drama menor copiando e se desenvolvendo paralelamente ao drama principal, a ação arrastando sua lua, uma ação menor sua igual, a unidade cindida em dois – eis certamente um fato estranho."

Somente Musset, mais uma vez muito à frente do seu tempo, rompe a unidade de ação em *Lorenzaccio*, onde mistura alternadamente três intrigas: a de Lorenzo, que deseja se vingar matando Alexandre de Medicis, a da marquesa Cibo, que deseja regenerar Alexandre por seu amor, a dos Strozzi, que querem abater o tirano para instaurar a república. Às vezes ele até introduz cenas que não têm relação direta com uma dessas três intrigas e que são simplesmente destinadas a mostrar ao mesmo tempo que a tirania de Alexandre é insuportável para todos, mas que ninguém em Florença está verdadeiramente decidido a agir. Ele nos faz assistir, por exemplo, à conversa de um ourives e um comerciante de sedas, à dos burgueses que deploram a decadência da cidade.

É também em nome da liberdade da arte que Stendhal, em *Racine e Shakespeare*, anseia por uma "tragédia em prosa", a única capaz de exprimir a verdade da alma humana. Se o verso confere beleza à sátira, ao epigrama ou ao poema épico, no teatro ele não passa de um "tapa-tolice", de um vil artifício. Em nota, ele escreve: "O pensamento ou o sentimento devem *antes de tudo* ser enunciados com clareza no gênero dramático, oposto nisso ao poema épico. *The table is full*, exclama Macbeth se arrepiando de terror quando vê a sombra daquele Banco que ele acaba de mandar matar uma hora antes tomar na mesa real o lugar que é reservado a ele, o rei Macbeth. Que verso, que ritmo, podem acrescentar beleza a essa exclamação?

"É o grito do coração, e o grito do coração não admite inversão. É por fazer parte de um alexandrino que admiramos o: 'Sejamos amigos, Cina', ou a pergunta de Hermíone a Orestes: 'Quem te disse?'

"Notem que são necessárias exatamente essas palavras, e não outras

"(...) no gênero dramático, as *cenas precedentes* é que dão todo efeito à fala que ouvimos ser pronunciada na cena atual. Por exemplo: 'Conheces a mão de Rutile?' Lorde Byron aprovava essa distinção.

"O personagem se reduz a não ser mais que um orador, *do qual desconfio*, por pouco que eu tenha experiência de vida, se pela poesia de expressão ele procura acrescentar força ao que diz." Musset e Vigny tirarão proveito desse conselho, e ambos escreverão seu teatro em prosa.

Lamartine responde imediatamente, numa carta de 19 de março de 1823, a essa argumentação de Stendhal, que ele critica, para tomar a defesa do verso no teatro. "Ele esqueceu que a imitação da natureza não era o único objetivo das artes e que o *belo* era, antes de mais nada, o princípio e o fim de todas as criações do espírito. Se ele se houvesse lembrado dessa verdade fundamental (...) não teria dito que era necessário renunciar aos versos na poesia moderna; porque, sendo o verso ou o ritmo o belo ideal na expressão ou na forma da expressão, abandoná-lo seria rebaixar-se; é preciso aperfeiçoá-lo, atenuá-lo, mas não destruí-lo. O ouvido é uma parte do homem, e a harmonia uma das leis secretas do espírito. Não se pode desprezá-los sem erro."

Como Lamartine, Hugo preconiza o alexandrino, que maneja com tanto virtuosismo, muito embora note, no prefácio de *Cromwell*, que "os mais belos versos é que mais matam as belas peças". É em verso que ele escreve a maior parte da sua obra dramática, só escrevendo em prosa três dramas: *Lucrécia Borgia* e *Marie Tudor* [*Maria Tudor*], em 1833, e *Ângelo, tirano de Pádua*, em 1835[74]. O verso é para ele "um dos diques mais poderosos contra a irrupção do comum", contanto que utilizado com liberdade. Ele deseja, como diz no prefácio de *Cromwell*, "um verso livre, franco, leal, que ouse tudo dizer sem pudicícia, tudo exprimir sem rebuscamento; que passe com uma atitude natural da comédia à tragédia, do sublime ao grotesco; sucessivamente positivo e poético, ao mesmo tempo artístico e inspirado, profundo e súbito, largo e verdadeiro; que saiba quebrar convenientemente e deslocar a cesura para disfarçar sua monotonia de alexandrino; mais amigo do *enjambement* que o alonga do que da inversão que o torna embrulhado; fiel à rima, essa escrava rainha, essa suprema graça da nossa poesia, esse gerador do nosso metro; inesgotável na variedade de seus torneios, inapreensível em seus segredos de elegância e de feitura; assumindo, como Proteu, mil formas sem mudar de tipo e de caráter, fugindo da *tirada*: brincando no diálogo; sempre se escondendo detrás do personagem; cuidando antes de tudo de estar em seu lugar e, quando lhe sucedesse ser *belo,* sendo belo, de certo modo, como que por acaso, involuntariamente e sem saber; lírico, épico, dramático, conforme as necessidades; podendo percorrer toda a gama poética, ir de alto a baixo, das ideias mais elevadas às mais vulgares, das mais bufas às mais graves, das mais exteriores às mais abstratas, sem nunca sair dos limites de uma cena falada; numa palavra, tal como faria o homem que uma fada houvesse dotado da alma de Corneille e da cabeça de Molière." Com o teatro de Hugo se encerra, na França, numa apoteose que é seu canto do cisne, o triunfo do alexandrino[75].

5.3. A aliança do grotesco com o sublime

Seguindo o exemplo de Diderot e de Louis-Sébastien Mercier, os românticos definem o drama como um gênero completo que apresenta as características de todos os gêneros dramáticos anteriores. "(...) o drama segundo o século XIX", como escreve Hugo no prefácio de *Maria Tudor*, "não é a tragicomédia altiva, desmedida, espanhola e sublime de Corneille; não é a tragédia abstrata, amorosa, ideal e divinamente elegíaca de Racine; não é a comédia profunda, sagaz, penetrante, mas por demais implacavelmente irônica de Molière; não é a tragédia com intenção filosófica de Voltaire; não é a comédia de ação revolucionária de Beaumarchais; não é mais que tudo isso, mas é tudo isso ao mesmo tempo; ou, melhor dizendo, não é nada disso. Não é, como nesses grandes homens, um só lado das

---
74. Hugo, depois de quatro dramas em versos, *Cromwell* (1827), *Hernani* (1830), *Marion de Lorme* (1831) e *Le roi s'amuse* [*O rei se diverte*] (1832), escreve três dramas em prosa: *Lucrécia Borgia*, *Maria Tudor* (1833) e *Ângelo, tirano de Pádua* (1835), que não agradam ao público. Por isso, ele retorna ao verso com *Ruy Blas* (1838) e *Os burgravos* (1843).
75. Somente Edmond Rostand, o último herdeiro dos românticos, reatará no fim do século com o alexandrino, em *Cyrano de Bergerac* (1897) e *L'Aiglon* [*O filho da águia*] (1900).

coisas sistemática e perpetuamente trazidas à luz, é tudo considerar ao mesmo tempo, sob todos os aspectos."

O drama é a literatura dos tempos modernos. À maneira de Vico, que distingue três etapas na história da humanidade – a era divina, a era heroica e a era humana –, Hugo, no prefácio de *Cromwell*, diferencia três grandes períodos sucessivos a que correspondem três modos da literatura: lírica, épica, dramática. Quando dos "tempos primitivos", o homem, que leva uma vida pastoral, canta, em seu maravilhamento, as belezas da criação. É a época da poesia lírica, que atinge um ponto de perfeição com a *Bíblia*. Vêm em seguida os "tempos antigos", quando nascem, ao mesmo tempo que o sedentarismo e o aparecimento das cidades, as guerras. "Épica", a poesia dá então à luz Homero. Enfim, com o cristianismo, quando o homem se descobre duplo, corpo e alma intimamente mesclados, começam os tempos modernos. Aparecem então tanto o espírito de exame quanto o sentimento de melancolia, desconhecidos dos antigos. Dramática, a poesia moderna, que alcança um ápice com Shakespeare, "esse deus do teatro", mistura, traduzindo a natureza do homem, o grotesco e o sublime. "Nela, o corpo representa seu papel, assim como a alma", escreve Hugo no prefácio de *Cromwell*; "e os homens e os acontecimentos, postos em ação por esse duplo agente, passam, alternadamente bufos e terríveis, às vezes terríveis e bufos ao mesmo tempo." O drama, ao ver de Hugo, reúne, em sua completude, as três grandes fontes da poesia: a *Bíblia*, Homero e Shakespeare. "A poesia nascida do cristianismo, a poesia do nosso tempo é portanto o drama; o caráter do drama é o real; o real resulta da combinação natural de dois tipos, o sublime e o grotesco, que se cruzam no drama, como se cruzam na vida e na criação. Porque a poesia verdadeira, a poesia completa está na harmonia dos contrários. Depois, é hora de dizê-lo alto e bom som, e é aqui sobretudo que as exceções confirmariam a regra: tudo o que está na natureza está na arte."

Notemos que Hegel (1770-1831), na mesma época, define o drama e o situa na história da arte do mesmo modo que Hugo. Eis o que ele declara, no *Cours d'Esthétique* [*Curso de estética*] que deu na Universidade de Berlim e que foi publicado em 1832, após a sua morte: "Uma primeira observação, a esse respeito, é relativa ao tempo em que a poesia dramática aparece e domina os outros gêneros. O drama é o produto de uma civilização já avançada. Ele supõe necessariamente passados os dias da epopeia primitiva. O pensamento lírico e sua inspiração pessoal devem igualmente precedê-lo, se é verdade que, não podendo se satisfazer com nenhum dos dois gêneros separados, ele, o drama, os reúna. Ora, para que essa combinação poética se dê, é necessário que a consciência dos fins e dos móveis da vontade humana, que a experiência das complicações da vida e o conhecimento do destino humano tenham sido perfeitamente despertados e desenvolvidos; o que só é possível nas épocas médias e tardias do desenvolvimento da vida de um povo. Aliás, as primeiras grandes façanhas ou acontecimentos nacionais são de uma natureza mais épica do que dramática. São, na maioria, expedições coletivas e distantes, como a guerra de Troia, ou as Cruzadas, migrações de povos, ou a defesa do solo nacional contra as invasões estrangeiras, como as guerras contra os persas. Somente mais tarde é que aparecem esses heróis isolados e independentes, que concebem por si sós um objetivo de ação e realizam empreendimentos pessoais."

O que Hugo entende por grotesco? Nunca sujeito nem aos códigos sociais nem aos cânones estéticos, o grotesco nasce da espontaneidade popular. Grande historiador das mentalidades, Hugo reconstitui brilhantemente sua história, tanto de um ponto de vista sociológico quanto literário. Enxerga suas primeiras manifestações nas grandes festas carnavalescas que tanto a Antiguidade como a Idade Média conheceram, nas quais valores e regras eram momentaneamente subvertidos, como em alguns escritores antigos: Petrônio, Juvenal, Apuleio, etc. O grotesco gera então um riso salutar, libertando o corpo das proibições que pesam sobre ele. Desabrocha na Renascença, com os "três Homeros bufos: Ariosto na Itália, Cervantes na Espanha, Rabelais na França". Na época romântica, o grotesco, tornando-se sombrio, suscita um riso acerbo, que não é mais compartilhado pelo grupo social, mas ecoa, lúgubre, na solidão da alma[76].

Abarcando a vida em todas as suas dimensões, por mais contraditórias que sejam, do sublime ao grotesco, o drama atinge uma verdade profunda, jamais avizinhada até então, a crer em Vigny, que declara, em 1836, no *Journal d'un poète* [*Diário de um poeta*]: "O gênero *bastardo* era a tragédia *falsamente antiga* de Racine. O *drama* é verdadeiro, pois, numa ação ora cômica, ora trágica, conforme os caracteres, ele termina com tristeza, como a vida dos homens poderosos de caráter, enérgicos de paixão.

"'O drama só foi chamado de *bastardo* porque não é nem *comédia* nem *tragédia*, nem Demócrito rindo, nem Heráclito chorando. Mas os vivos são assim. Quem sempre ri ou sempre chora? De minha parte, não conheço ninguém.'

"Não se deve confundir verdade da arte com realismo. O drama romântico é verdadeiro porque não é realista. Introduzindo o sublime e o grotesco, deforma a realidade que ele estiliza, ora à maneira da tragédia, ora à maneira da comédia. É por aí que ele se demarca do drama burguês, é por aí que, deixando de lado a reprodução mimética da realidade, ele alcança a universalidade e adquire a grandeza que o imortalizou. 'O drama', como escreve Hugo no prefácio de *Cromwell*, 'é um espelho em que se reflete a natureza. Mas se esse espelho for um espelho comum, uma superfície plana e homogênea, só refletirá dos objetos uma imagem apagada e sem relevo, fiel, mas descorada; sabemos o que a cor e a luz perdem com o reflexo simples. É preciso portanto que o drama seja um espelho de concentração que, longe de enfraquecê-las, junte e condense os raios colorantes, que faça de uma claridade uma luz, de uma luz uma chama. Somente então o drama é representante da arte.'

"'O teatro é um ponto de ótica. Tudo o que existe no mundo, na história, na vida, no homem, tudo deve e pode se refletir nele, mas sob a vareta mágica da arte.'"

Por ser verdadeiro, o drama é capaz de satisfazer a todos os públicos, como declara Hugo no prefácio de *Ruy Blas*, de 1838. Três tipos de espectadores se

---

76. Bakhtin pinta exatamente o mesmo quadro do grotesco que Hugo em *L'Oeuvre de François Rabelais et la culture populaire au Moyen âge et sous la Renaissance* (Gallimard, col. Tel, 1970, p. 47). Escreve em especial: "A sensação carnavalesca do mundo é, de certo modo, transposta na linguagem do pensamento filosófico idealista e subjetivo, e deixa de ser a sensação vivida (poder-se-ia dizer *corporalmente* vivida) da unidade, do caráter inesgotável da existência, que era no grotesco da Idade Média e da Renascença."

encontram lado a lado no teatro, presas de expectativas diferentes: as mulheres, facilmente abaladas pela paixão, buscam um prazer que toca o coração; os pensadores, interessados pelo estudo dos caracteres, querem que a peça satisfaça a seu espírito; a multidão, ávida de ação, espera que o espetáculo sacie seus olhos. Os três gêneros que existiam até então tinham por fim corresponder a uma dessas três expectativas: o melodrama, que fazia largo uso dos elementos de espetáculo, era destinado à multidão; a tragédia, que privilegiava a pintura da paixão, se dirigia sobretudo às mulheres; a comédia, decididamente satírica, aos pensadores. "Três espécies de espectadores compõem o que se convencionou chamar de público: primeiro, as mulheres; segundo, os pensadores; terceiro, a multidão propriamente dita. O que a multidão pede quase exclusivamente à obra dramática é ação; o que as mulheres dela querem antes de mais nada é paixão; o que os pensadores nela buscam especialmente são os caracteres. Se estudarmos atentamente essas três classes de espectadores, eis o que observaremos: a multidão é tão apaixonada pela ação, que se necessário abre mão dos caracteres e da paixão. As mulheres, a que a ação aliás interessa, ficam tão absorvidas pelo desenvolvimento da paixão, que não se preocupam muito com o desenho dos grandes caracteres; quanto aos pensadores, eles têm tamanho gosto em ver caracteres, isto é, homens, viver na cena que, ao mesmo tempo que acolhem de bom grado a paixão como incidente natural na obra dramática, chegam quase a se sentir importunados pela ação. Isso se deve a que a multidão pede ao teatro principalmente sensações; a mulher, emoções; o pensador, meditações. Todos querem um prazer; mas estes, o prazer dos olhos; aquelas, o prazer do coração; os últimos, o prazer do espírito. Daí, em nossa cena, três espécies de obras bem distintas: uma, vulgar e inferior, as outras duas ilustres e superiores; mas todas as três satisfazem a uma necessidade: o melodrama, para a multidão; para as mulheres, a tragédia, que analisa a paixão; para os pensadores, a comédia, que pinta a humanidade."

Abandonando a pintura das condições, cara aos enciclopedistas, os autores do drama burguês voltam a colocar o estudo dos caracteres no primeiro lugar. Desejando mostrar a complexidade da alma humana, eles criam, ao contrário dos clássicos, personagens que evoluem com o tempo, como dom Carlos, que, príncipe despreocupado e despótico no início de *Hernani*, se torna em seguida um imperador sábio e clemente, e que eles apreendem em sua dualidade, como Cromwell, herói feito de contradições, que Hugo, em seu prefácio de 1827, descreve nos seguintes termos: "Era um ser complexo, heterogêneo, múltiplo, composto de todos os contrários, mescla de muito mal e muito bem, cheio de genialidade e de pequenez; uma espécie de Tibério-Dandin, tirano da Europa e joguete da família; velho regicida que humilhava os embaixadores de todos os reis, torturado por sua jovem filha realista; austero e sombrio nos costumes e mantendo quatro bobos da corte ao seu redor; compondo maus versos; sóbrio, simples, frugal e afetado na etiqueta; soldado grosseiro e político fino..." Dando novamente vida ao bufão shakespeariano, Hugo cria, com Triboulet, um personagem complexo, que diverte os grandes da corte com suas incessantes palhaçadas e que morre de dor, que incentiva Francisco I em sua depravação, ao mesmo tempo que, em segredo, cria sua filha na pureza. E forja, com Marion de Lorme ou Tisbé, a cortesã apaixonada resgatada pelo amor, a correspondente feminina do bufão. Musset, com Lorenzaccio, gera um personagem que reúne em si o vício mais atroz e a pureza mais exigente.

No entanto, o teatro romântico, desviando de seus objetivos teóricos, privilegia, em suas realizações, o sublime em detrimento do grotesco. Foi o sublime que garantiu o triunfo de *Hernani*, tanto em 1830 quanto na reprise em 1838. Théopile Gautier (1811-1872), que assistiu à estreia da peça, relata, deslumbrado, mais de trinta anos depois, a emoção que sentiu e que a maioria dos jovens experimentou então. "Para aquela geração", escreve no *Le Moniteur universel* de 21 de junho de 1867, "*Hernani* foi o que foi *O Cid* para os contemporâneos de Corneille. Tudo o que era jovem, valoroso, amoroso, poético recebeu sua inspiração. Aqueles belos exageros heroicos e castelhanos, aquela magnífica ênfase espanhola, aquela linguagem tão orgulhosa e tão altaneira em sua familiaridade, aquelas imagens de uma estranheza deslumbrante, nos punham como que em êxtase e nos embriagavam com sua poesia capitosa. O encanto ainda dura para os que foram cativados então." O gosto dos românticos, não obstante o que eles digam, pende principalmente para o sublime. Se eles privilegiam o drama histórico, é porque esse gênero é propício à sua expressão. Por seus temas, por seus personagens, ele permite satisfazer a dupla exigência de grandeza e de verdade, como explica Hugo no prefácio de *Ângelo, tirano de Pádua*, em 1835. "Depois, de tudo isso assim posto, fazer um drama; não totalmente realengo, por temer que a possibilidade da aplicação desaparecesse na grandeza das proporções; não totalmente burguês, por temer que a pequenez dos personagens prejudicasse a amplitude da ideia; mas principesco e doméstico; principesco, porque o drama tem de ser grande; doméstico, porque o drama tem de ser verdadeiro." Se escreveu *Maria Tudor*, como diz no prefácio dessa peça, em 1833, foi para pôr em cena "uma rainha que seja uma mulher. Grande como uma rainha. Verdadeira como uma mulher (...) Essas duas palavras, grandes e verdadeiros, encerram tudo. A verdade contém a moralidade, o grande contém o belo."

Apreciadíssimo pelo público, o patético, aliado ao sublime, no drama romântico põe em ação os mesmos elementos trágicos da tragédia clássica. Hugo tem plena consciência disso, tanto que declara no prefácio de *Os burgraves*: "Tenham terror, mas tenham piedade." Isso explica, nos anos de 1838-1840, quando o drama romântico conquistou o público, a renovação da tragédia clássica de que o público estava cansado e que o talento da jovem Rachel (1820-1858)[77], que estreia então nos palcos, faz voltar a ser apreciada. "Acontece neste momento no Théâtre-Français uma coisa inesperada, surpreendente, curiosa para o público, interessante no mais alto grau para os que lidam com a arte", anota Musset em 1º de novembro de 1838, na *Revue des Deux Mondes*. "Depois de terem sido completamente abandonadas por mais de dez anos, as tragédias de Corneille e de Racine reaparecem de repente e voltam a cair no agrado. Nunca, nem mesmo nos melhores tempos de Talma, a multidão foi mais considerável. Da torrinha dos teatros ao

---

77. Rachel, atriz muito precoce, representou os grandes papéis de Corneille e de Racine. Foi graças a ela, segundo Musset, que a tragédia clássica voltou à moda. Ver "De la tragédie, à propos des débuts de Mlle Rachel" [Da tragédia, a propósito da estreia da srta. Rachel], in *Oeuvres en prose*, Pléiade.

lugar reservado aos músicos, tudo é invadido. Fazem-se cinco mil francos de bilheteria com peças que faziam quinhentos; ouve-se religiosamente, aplaude-se com entusiasmo *Horácio, Mitrídates, Cina*; chora-se em *Andrômaca* e *Tancredo*."

6. O TEATRO NATURALISTA

Com o Naturalismo volta com toda força o realismo cênico que o drama burguês preconizava. Zola (1840-1902), que é seu grande teórico, se apresenta ele próprio como herdeiro direto de Diderot e de Louis-Sébastien Mercier. Desejando tratar a cena como um reflexo fiel do mundo real, ele bane, como seus dois predecessores, todas as inverossimilhanças, insurgindo-se em particular contra as que o Romantismo cultivou. Expõe sua concepção do teatro em dois volumes que publica em 1881, *Le Naturalisme au théâtre* [*O Naturalismo no teatro*] e *Nos Auteurs dramatiques* [*Nossos autores dramáticos*]. Neles, reúne artigos que escreveu na forma de folhetins semanais para revistas[78] de cuja seção dramática era encarregado. Em *Nossos autores dramáticos*, ele seleciona os que consagrou aos autores célebres contemporâneos seus: Hugo, Augier, Dumas filho, Victorien Sardou, Labiche, etc. Além de conterem uma análise, preciosa para o historiador, do estado do teatro parisiense entre 1876 e 1880, essas duas coletâneas constituem uma espécie de manifesto do teatro naturalista.

Essa busca do verdadeiro, esse gosto da descrição exata se inscreve na grande corrente positivista que banha a segunda metade do século XIX, a que pertence notadamente Claude Bernard, que dá a lume em 1865 a *Introduction à l'étude de la médecine expérimentale* [*Introdução ao estudo da medicina experimental*], que Zola apoia abertamente em *Le Roman experimental* [*O romance experimental*] (1880). Se, na década de 1880, as ciências exatas são o foco de todas as esperanças, começa também a se desenvolver uma paixão pelas ciências humanas, como a história, a arqueologia, a etnografia, que são capazes de proporcionar uma visão global do mundo social. Os naturalistas sonham em dar à literatura um caráter científico, em fazer dela um campo de observação quase clínico. Zola, em *O romance experimental*, onde expõe seu método e seus objetivos, compara seu procedimento ao do médico que estuda os fenômenos a fim de tratá-los. Define o escritor como um escrivão que registra escrupulosamente os mecanismos humanos tal como os observou, sonhando compreendê-los, a fim de chegar um dia a dominá-los. "Ser senhor do bem e do mal", escreve Zola em *O romance experimental*, "regrar a vida, regrar a sociedade, resolver a longo prazo todos os problemas do socialismo, dar sobretudo bases sólidas à justiça resolvendo pela experiência as questões de criminalidade, não é ser os operários mais úteis e mais morais do gênero humano?" Por isso, ele fica frequentemente indignado com a injustiça da acusação daqueles contemporâneos seus que taxavam sua obra de imoral, a pretexto de que pinta o vício. Se Zola se empenha em descrever a miséria e a loucura

---

[78]. Zola escreveu para *Le Bien public* de abril de 1876 a junho de 1878, depois para *Le Voltaire*, de julho de 1878 a agosto de 1880.

humana sob todas as suas formas, é com o fito moral de descobrir as causas do mal social, é na esperança de erradicá-los. No prefácio de *L'Assommoir* [*A taberna*], em 1877, exclama: "*A taberna* é com certeza o mais casto dos meus livros. (…) É uma obra de verdade, o primeiro romance sobre o povo que não mente e que tem o cheiro do povo. E não se deve concluir que o povo inteiro é ruim; porque meus personagens não são ruins, eles são apenas ignorantes e corrompidos pelo meio de trabalho duro e de miséria em que vivem."

6.1. A rejeição do inverossímil

A condenação que Zola faz do drama romântico não tem apelação. "Os mais belos modelos do gênero não passam, conforme disseram, de óperas de grande espetáculo." É esse o seu veredicto. No entanto, ele reconhece, com plena boa-fé, o gênio criador de Hugo, a fulgurante beleza do seu lirismo, a força do seu teatro. "Neste século, somente Victor Hugo criou no teatro. Não gosto da sua fórmula; acho-a falsa. Mas ela existe e permanecerá" (*O Naturalismo no teatro*). Zola se compraz em recordar que ele próprio foi, como muitos jovens da sua geração, um fervoroso leitor dos dramas de Hugo. "Eu me lembro da minha juventude", escreve em *Nossos autores dramáticos*. "Éramos alguns moleques largados em plena Provença, loucos pela natureza e pela poesia. Os dramas de Hugo nos assombravam, como visões esplêndidas. Ao sair das nossas aulas, a memória gelada pelas tiradas clássicas que tínhamos de aprender de cor, era para nós uma orgia cheia de arrepios e de êxtase nos aquecer, hospedando em nosso cérebro cenas de *Hernani* e de *Ruy Blas*. Quantas vezes, à beira do riacho, após um banho prolongado, representamos, a dois ou a três, atos inteiros! Depois tínhamos um sonho: ver aquilo no teatro; e nos parecia que o lustre devia despencar com o entusiasmo da sala." Zola admite de bom grado que o Romantismo marcou uma etapa decisiva na libertação da arte. "Ele nos fez o que somos, isto é, artistas livres", escreve em *O Naturalismo no teatro*. Se, ao instaurar "uma verdadeira revolução", o drama romântico possibilitou "varrer o reinado da tragédia regredida à infância", no entanto foi apenas "o elo necessário que devia ligar a literatura clássica à literatura naturalista". Embora se apresentando como a antítese da tragédia, pois opõe a paixão ao dever, a ação ao relato, a Idade Média à Antiguidade, ele é o derradeiro sobressalto desse gênero moribundo. "Filho revoltado da tragédia", perpetua sua inverossimilhança. "A fórmula clássica é de uma falsidade ridícula, isso não precisa mais ser demonstrado. Mas a fórmula romântica é igualmente falsa; ela simplesmente substituiu uma retórica por outra, criou um jargão e procedimentos ainda mais intoleráveis. Acrescente-se que as duas fórmulas são tanto uma como a outra quase tão velhas e tão fora de moda."

Para Zola, tudo é falso no drama romântico, em que a ação é muitas vezes complicada, os protagonistas pouco críveis, tanto pelo heroísmo do seu comportamento, que beira a extravagância, quanto pela grandiloquência do seu discurso. "A pretensa verdade dos românticos é um contínuo e monstruoso exagero do real, uma fantasia solta no excesso", escreve Zola em *O Naturalismo no teatro*. "Com toda certeza, se a tragédia é de outra falsidade, nem por isso é mais falsa. Entre os personagens de túnica que passeiam com confidentes e declaram interminavelmente suas paixões, e os personagens de gibão que se dão ares importantes e se agitam como besouros ébrios de sol, não há escolha a fazer, tanto uns quanto outros são perfeitamente inaceitáveis. Essa gente nunca existiu. Os heróis românticos não passam de heróis trágicos, picados numa terça-feira gorda pela tarântula do carnaval, enfarpelados com narizes falsos e dançando o cancã dramático depois de beber. O movimento de 1830 substituiu uma retórica linfática por uma retórica nervosa e sanguínea, só isso." Zola, que vê *Ruy Blas* como o mais humano e mais vivo dos dramas de Hugo, nem por isso deixa de ressaltar a inverossimilhança da situação e do personagem. Ruy Blas, que não tem nada de um lacaio, não passa de uma "abstração da domesticidade que termina se perdendo nas estrelas"[79]. "A libré, na vida, foi o acidente de uma hora", escreve em *Nossos autores dramáticos*. "Poeta na véspera, grande ministro no dia seguinte, ele não deve contar sua curta passagem pela casa de dom Salusto. Muitos homens superiores tiveram momentos mais difíceis e começaram também de baixo. Então por que fazer tanta história com a palavra lacaio? Por que soluçar? Estranha inconsequência: ele não tem nada de um lacaio e morre por ser lacaio. Chegamos aqui ao abuso da palavra, à miséria das fábulas inventadas; costuma-se dizer que uma primeira mentira exige toda uma série de mentiras, e nada é mais verdadeiro na literatura; se você deixa o sólido terreno do real, você se encontra projetado no absurdo, você tem a todo instante de escorar com novas inverossimilhanças suas inverossimilhanças que desmoronam." Em sua *Lettre à la jeunesse* [*Carta à juventude*], escrita ao sair de uma representação de *Ruy Blas* na Comédie-Française que suscitou o entusiasmo da imprensa, Zola se dirige aos jovens para lhes mostrar que a ideologia daquela peça é uma vasta tapeação, que uma moral tão idealista como aquela não poderia não ser mentirosa.

Zola salienta igualmente as incoerências e as aproximações apressadas do prefácio de *Cromwell*. O quadro que Hugo esboça das três eras da humanidade e das três etapas literárias que correspondem a elas – lírica, épica, dramática – lhe parece pouco convincente. A definição do grotesco não satisfaz. Sem ser espiritualista, não se pode admitir, para ele, a oposição estabelecida por Hugo entre o grotesco e o sublime, que ele toma ao pé da letra, fingindo confundir estritamente o grotesco com o corpo, o sublime com a alma. Esse dualismo não poderia lhe convir. A propósito do termo grotesco, ele diz: "Acho essa palavra absolutamente infeliz. É pequena, incompleta e falsa. Dizer que o grotesco é o corpo e que o sublime é a alma; pretender que o cristianismo agiu a bem da verdade ao desdobrar assim os elementos da arte: tudo isso são imaginações de poeta lírico e não de crítico sério. Claro, estou com Victor Hugo, quando ele reclama a pintura do homem por inteiro; acrescentaria, de minha parte, do homem como ele é, situado em seu meio. Mas dividir o sujeito; ter um monstro de um lado e um anjo do outro; bater as asas no céu e ainda sonhar afundando-se na terra, nada é mais anticientífico, nada leva mais a todos os erros, a pretexto de buscar a verdade" (*Nossos autores dramáticos*).

---

[79]. Zola parodia aqui a célebre passagem de *Ruy Blas*: "Minhoca apaixonada por uma estrela."

Zola critica também a falsidade do drama histórico, que carece totalmente de realismo. Ele deplora o fato de que a história, com a qual os autores dramáticos tomam muita liberdade, não se desenrola nessas peças senão como pano de fundo. "O drama histórico atual, por estar baseado nos erros mais grosseiros, está reduzido a mostrar ao povo a história que o povo não conhece, unicamente porque pode, então, disfarçá-la à vontade", escreve ele em *O Naturalismo no teatro*. Zola só concebe o interesse do gênero no caso em que o autor, por amor à verdade, conseguiria recriar realmente a atmosfera da época e dar vida aos homens do passado. "Creio ter eu próprio indicado que o drama histórico só ganharia interesse no dia em que os autores, renunciando aos títeres fantasistas, se atrevessem a ressuscitar os personagens reais, com seus temperamentos e suas ideias, com toda a época que os rodeia." O autor deveria então, segundo Zola, se aplicar a um trabalho enorme de documentação, tão minucioso quanto as pesquisas preliminares a que se dedica o romancista naturalista. "O drama histórico é impossível atualmente, se não se introduzir nele a análise exata, a ressurreição dos personagens e dos meios. É o gênero que requer mais estudo e talento. É preciso ser não apenas um historiador erudito, mas ser também um evocador como Michelet. A questão de mecânica teatral é secundária aqui. O teatro será como nós o fizermos." Zola cita o exemplo de Flaubert, que, com *Salammbô*, acertou maravilhosamente a mão em matéria de romance histórico. Ele sonha com um drama histórico naturalista que tratasse da história contemporânea. "Para que o drama histórico encarasse nossa história contemporânea, precisaria renovar sua fórmula, buscar seus efeitos na verdade, encontrar o meio de pôr no palco os personagens reais nos ambientes exatos. Simplesmente, um homem de gênio é necessário. Se esse homem de gênio não nascer logo, nosso drama histórico morrerá, porque está cada vez mais doente, agoniza no meio da indiferença e dos gracejos do público."

Ele condena sem apelação as peças de tese, destinadas, por sua finalidade demonstrativa, à falsidade. São "peças inconvenientes. Elas argumentam em vez de viver", escreve em *O Naturalismo no teatro*. E acrescenta: elas "têm sobretudo este inconveniente: os autores podem e têm de arranjá-las para fazer que elas signifiquem o que eles querem. Todos os paradoxos são permitidos no teatro, contanto que sejam inseridos com espírito. Tem-se uma alegação, não se tem a verdade. Se mexermos numa só viga do arcabouço, tudo desaba. É um castelo de cartas que deve ser visto de longe, evitando derrubá-lo com um sopro."

É com relação ao melodrama, que levou ao extremo a inverossimilhança das situações e dos personagens, que Zola se mostra particularmente feroz. Ele se regozija por vê-lo agonizante. O melodrama não passa de uma "máquina", de uma "história para dormir de pé", em que não há "uma palavra da vida, não há a menor preocupação com as verdades humanas. Um realejo em que bonecos giram", escreve Zola em *Les Causeries dramatiques* [*Conversas dramáticas*]. Quanto à ópera, é um espetáculo que ele execra e cujo irrealismo fustiga repetidas vezes. Bem antes de Brecht, ele a acusa de mergulhar o público num estado de total passividade. "É tão cômodo ter a cabeça vazia, deixar-se levar a uma digestão leve num banho de melodia", escreve em *O Naturalismo no teatro*. Assim sendo, ele recusa a intrusão da música, do canto ou da dança no teatro, artes essas que, para ele, não passam de motivos ornamentais destinados a satisfazer, falseando a realidade, a frivolidade de um público burguês necessitado de divertimento.

6.2. Verdade psicológica e realismo cênico

A vida inteira, Zola procurou alcançar uma verdade psicológica máxima. "A finalidade suprema, no teatro, é nos revelar o ser interior do herói pelo conjunto das suas ações", escreve nas *Conversas dramáticas*, "é por esse ser interior, por esse irmão na dor e na alegria, que nos interessamos, e não pelo títere que se movimenta no palco. A obra de gênio seria certamente aquela em que somente os atos de um personagem o apresentassem por inteiro, em carne e espírito." Zola faz o elogio de Corneille, de Racine e de Molière, em razão da profundidade de análise que suas peças nos revelam. "A humanidade fala em seus personagens", ele escreve em *Nossos autores dramáticos*. Todavia, critica-os por terem levado à cena, preocupados com a universalidade, seres desencarnados. Desejando apreender indivíduos e não pintar tipos, representá-los em suas mais diminutas particularidades, em seus gestos cotidianos, critica a maneira que eles teriam de "generaliza(r) em vez de individualizar; os personagens deles não são mais seres vivos, mas sentimentos, argumentos, paixões deduzidas e discutidas" (*O Naturalismo no teatro*). Se Harpagon é "o avarento", o velho Grandet, em *Eugénie Grandet*, romance que Zola não cansa de elogiar, é muito mais humano, porque é "um avarento". "Peguem portanto o meio contemporâneo", escreve Zola em *O Naturalismo no teatro*, "e tentem fazer homens viverem nele: vocês escreverão belas obras. Sem dúvida, é necessário um esforço, é necessário extrair da mixórdia da vida a fórmula simples do Naturalismo. É aí que reside a dificuldade, fazer grande com temas e personagens que nossos olhos, acostumados ao espetáculo de cada dia, acabaram vendo pequenos. É mais cômodo, eu sei, apresentar uma marionete ao público, chamar a marionete de Carlos Magno e enchê-la a tal ponto de tiradas, que o público imagina ter visto um colosso; isso é mais cômodo do que pegar um burguês da nossa época, um homem grotesco e malposto e tirar dele uma poesia sublime, fazer dele, por exemplo, o velho Goriot, o pai que dá as entranhas às filhas, uma figura tão enorme de verdade e de amor, que nenhuma literatura pode oferecer outra igual." Zola salienta as múltiplas dificuldades com que se choca o escritor quando quer pintar um personagem real, de carne e osso, em vez de um herói estilizado. "Nada é mais fácil do que trabalhar modelos, com fórmulas conhecidas; e os heróis, no gosto clássico ou romântico, custam tão pouco trabalho, que são fabricados às dúzias. É um artigo corrente com que nossa literatura está entulhada. Ao contrário, o esforço se torna duríssimo quando se quer um herói real, sabiamente analisado, de pé e agindo. É sem dúvida por isso que o Naturalismo aterroriza os autores acostumados a pescar grandes homens na água turva da história. Eles teriam de esquadrinhar a humanidade com demasiada profundidade, aprender a vida, ir direto à grandeza real e pô-la em ação com uma mão poderosa. E não venham negar essa poesia verdadeira da humanidade; ela foi resgatada no romance e pode sê-lo no teatro; só resta encontrar uma adaptação."

Segundo Zola, somente o realismo cênico possibilita traduzir essa verdade psicológica ardentemente buscada. Sabendo bem que o teatro é uma arte que repousa em convenções, Zola não tem a ingenuidade de pensar que é possível mostrar no palco a realidade bruta. "Seria absurdo acreditar possível transportar a natureza tal qual para o palco, plantar árvores de verdade, ter casas de verdade, iluminadas por sóis de verdade. Por conseguinte, as convenções se impõem, é preciso aceitar ilusões mais ou menos perfeitas, em lugar das realidades. Mas isso está tão fora de discussão, que é inútil falar a esse respeito. É o próprio fundo da arte humana, sem a qual não há produção possível. Não se contesta ao pintor suas tintas, ao romancista sua pena e seu papel, ao autor dramático sua ribalta e seus relógios que não funcionam." Ele nunca aspira à ilusão perfeita. Se deseja mascarar as convenções, é para aproximar a cena o mais possível do mundo real, é para conferir a este uma maior intensidade de vida. "Não podemos criar peça a peça seres vivos, mundos que extraem tudo de si mesmos", escreve ainda em *O Naturalismo no teatro*. "A matéria que empregamos é morta, e só poderíamos insuflar-lhe uma vida factícia. Mas quantos graus nessa vida factícia, desde a grosseira imitação que não engana ninguém à reprodução quase perfeita, que até parece um milagre!"

Como frisa Zola, é impossível voltar aos letreiros que o teatro elisabetano usava para situar o lugar da ação, ou utilizar o cenário abstrato perfeitamente adequado às peças clássicas, em que perambulam personagens desencarnados. Para os autores dos dramas naturalistas, que não querem dar vida a um puro espírito, mas a um ser de carne e osso, um cenário preciso é indispensável. "Vejam como o cenário absurdo do século XVII corresponde à literatura dramática da época", escreve Zola em *O Naturalismo no teatro*. "O ambiente ainda não conta. Parece que o personagem anda no ar, livre dos objetos exteriores. Não influi sobre eles, e não é determinado por eles. Contudo, o que é mais característico é que o personagem é então um simples mecanismo cerebral; o corpo não intervém, somente a alma funciona, com as ideias, os sentimentos, as paixões. Numa palavra, o teatro da época emprega o homem psicológico e ignora o homem fisiológico. Por conseguinte, o meio não tem mais papel a desempenhar, o cenário se torna inútil. Pouco importa o lugar em que a ação transcorre, a partir do momento em que se recusa aos diferentes lugares qualquer influência sobre os personagens. Será um quarto, um vestíbulo, uma floresta, uma encruzilhada; mesmo um letreiro bastará. O drama está unicamente no homem, nesse homem convencional que foi despojado de seu corpo, que não é mais um produto do solo, que não se impregna mais do ar natal. Assistimos somente ao trabalho de uma máquina intelectual, posta à parte, funcionando na abstração.

"Não discutirei aqui se é mais nobre em literatura permanecer nessa abstração do espírito ou restituir ao corpo seu grande lugar, por amor à verdade. Trata-se, por ora, de constatar simples fatos. Pouco a pouco, a evolução científica se produziu, e vimos o personagem abstrato desaparecer para ceder lugar ao homem real, com seu sangue e seus músculos. A partir desse momento, o papel dos ambientes se tornou cada vez mais importante. O movimento que se deu nos cenários parte daí, porque os cenários não são nada mais, em suma, do que os ambientes onde nascem, vivem e morrem os personagens."

Por isso Zola concede grande importância às condições da representação, cenário, figurinos, encenação e atuação[80]. Os cenários, que representam os lugares do drama, devem situar a ação no espaço e no tempo, com uma precisão máxima. "Hoje em dia", escreve Zola em O Naturalismo no teatro, "o cenário exato é uma consequência da necessidade de realidade que nos atormenta. É fatal que o teatro ceda a esse impulso, quando o romance não é mais que uma pesquisa universal, que um boletim de ocorrência registrado para cada fato. Nossos personagens modernos, individualizados, agindo sob o império das influências que o rodeiam, vivendo nossa vida na cena, seriam perfeitamente ridículos no cenário do século XVII. Eles sentam, e precisam de poltronas; eles escrevem, e precisam de mesas; eles se deitam, se vestem, comem, se aquecem, e precisam de um mobiliário completo. Por outro lado, estudamos todos os mundos, nossas peças nos levam a passear por todos os lugares imagináveis, os quadros mais variados devem forçosamente desfilar na ribalta. É uma necessidade da nossa fórmula dramática atual." Tendo por função, como os figurinos, dar informações sobre os personagens, situá-los em seu meio, em seus hábitos de vida, os cenários servem de "descrição contínua". "Eles tomaram a importância que a descrição tomou em nossos romances", afirma Zola em O Naturalismo no teatro. Representam essas "fatias de vida" que os romancistas naturalistas pintam com minúcia. "Como não sentir todo o interesse que um cenário exato acrescenta à ação? Um cenário exato, por exemplo, uma sala com seus móveis, seus vasos de flores, seus bibelôs, estabelece de imediato uma situação, diz às pessoas onde se está, conta os costumes dos personagens."

Zola previne tanto os autores dramáticos quanto os diretores contra a armadilha em que correm o risco de cair. O cenário, por excesso de precisão, não deve esmagar o ator. Se for carregado demais, ele se torna incômodo e falta à sua finalidade primeira, que é valorizar o personagem, e não proporcionar uma atmosfera pitoresca[81]. "O ambiente não deve apagar os personagens com sua importância e sua riqueza. Muitas vezes os lugares são uma explicação, um complemento do homem que neles se agita, contanto que o homem continue sendo o centro, o tema que o autor se propôs pintar. É ele a soma total do efeito, é nele que o resultado geral deve ser obtido; o cenário ideal só se desenvolve para lhe dar mais realidade, para colocá-lo no ar que lhe é próprio, diante do espectador. Fora dessas condições, não dou o menor valor a todas as curiosidades do cenário, que só estão em seu devido lugar nas fantasias feéricas." Não convém tampouco criar um cenário com uma finalidade ornamental. O cenário perde então sua razão de ser, que é pôr em evidência a influência do meio sobre os indivíduos. "Todo cenário acrescentado a uma obra literária, como um balé, unicamente para tapar um buraco", escreve Zola em O Naturalismo no teatro, "é um recurso inconveniente. Ao contrário, deve-se aplaudir quando o cenário exato se impõe como o ambiente necessário da obra, sem o qual ela ficaria incompleta e já não seria compreensível."

---

80. Em O Naturalismo no teatro, Zola consagra todo um capítulo aos cenários e aos acessórios, outro aos figurinos, outro aos atores, outro à pantomima.
81. É o que os simbolistas criticarão na estética naturalista.

Zola encontra, na pessoa de Antoine (1858-1943), um auxiliar precioso[82]. Criando o Théâtre Libre em 1887, ele se afirma como o diretor dos naturalistas[83]. Algumas peças naturalistas foram encenadas: *Henri Maréchal* dos irmãos Goncourt, em 1865; *Thérèse Raquin*, de Zola, em 1873; *L'Assommoir* [*A taberna*], na adaptação de Busnach e Gastineau. Mas foi Antoine o primeiro a introduzir o realismo no palco, em correspondência aos anseios de Zola. Rejeitando a arte da imitação, ele coloca no palco acessórios que são verdadeiros objetos e produzem um efeito de real desconhecido até então do público. Quando encena *La Terre* [*A terra*], adaptação do romance de Zola, reconstitui cenários camponeses de uma verdade impressionante para o público, e faz aparecer em cena animais vivos – galinhas, carneiros, etc. –, para estupefação geral. Para encenar *La Puissance des ténèbres* [*O poder das trevas*] de Tolstói, ele se informa sobre a vida cotidiana na Rússia, antes de criar os cenários, e pega emprestado com refugiados russos roupas que servirão de figurino. Sua encenação de *Les Bouchers* [*Os açougueiros*] de Icres, na qual ele não hesita em espalhar pelo palco pedaços inteiros de carne crua, é manchete de jornal.

A iluminação de que são dotados os palcos do seu tempo lhe parece por demais convencional para satisfazer suas ideias ilusionistas[84]. Ele não quer mais nem a ribalta, que deforma o rosto do ator iluminando-o por baixo, nem o "plein feu" [luz plena], que banha a cena com uma iluminação crua, profundamente irrealista. Ele tenta mergulhar a cena numa luz tão natural quanto a do dia. Na mesma época, no prefácio de *Mademoiselle Julie* [*Senhorita Júlia*][85], de 1888, Strindberg deplora a fixidez das fontes luminosas e, em particular, os tipos de olhar que a ribalta impõe. Como os atores são iluminados de baixo para cima, seus olhares são pouco expressivos. Strindberg preconiza o uso de uma luz lateral que facilitaria a troca de olhares entre os atores e tornaria a atuação mais natural.

Se Antoine tenta dar ao espaço cênico o máximo de verdade, não é apenas para visualizar o peso do ambiente sobre os indivíduos, mas também para ajudar os atores a encontrar um modo espontâneo de representar. Ele recria a vida em cena a fim de facilitar para eles a identificação com o personagem que encarnam, para que eles vivam seu papel. Com o mesmo fim ilusionista, ele rejeita as convenções do modo tradicional de atuar. O ator não deve se dirigir ao público, podendo até virar as costas para este quando a situação cênica exigir. Por isso, Antoine suprime o proscênio, que liga a sala ao palco, completando o processo de fechamento

---

82. Antoine é crítico dramático, empresário teatral, ator, primeiro do Théâtre Libre, depois do Théâtre Antoine. Mais tarde será também cineasta.
83. Seu repertório, contudo, não era exclusivamente naturalista.
84. A eletricidade, que substitui o gás, é introduzida no teatro francês ao mesmo tempo que aparece o Naturalismo. Mas, no início, só é utilizada como um substituto para a luz a gás. Vai ser preciso aguardar Appia para que se descubram suas infinitas potencialidades cênicas.
85. O prefácio de *Senhorita Júlia* foi tido, por muito tempo, como um dos manifestos mais marcantes do Naturalismo no teatro. Zola não se deixou enganar, pondo em dúvida o caráter naturalista da peça e criticando Strindberg por sua abstração. Numa carta de 14 de dezembro de 1887, escreve: "Para ser franco, as análises sumárias me incomodam um pouco. O senhor talvez saiba que não sou favorável à abstração. Gosto que os personagens tenham um *registro civil completo*, que convivamos com eles, que eles respiram nosso ar."

da cena instaurado por Diderot. Completamente separado do público, o cubo de cena em que o ator evolui, "um interior com suas quatro faces", como ele diz em suas *Causeries sur la mise en scène* [*Conversas sobre a encenação*] (1903), deveria reproduzir com exatidão um fragmento do mundo real.

Zola deplora a mediocridade dos atores do seu tempo, incapazes de autenticidade. Critica o conformismo do conservatório, que forma comediantes sem personalidade, todos eles com o mesmo tipo de atuação convencional, herdado da ênfase dos Grands Comédiens. Como o ensino que é ministrado aí repousa no postulado de que o teatro não tem nada em comum com a vida real, ele produziu gerações de atores maneiristas. Seus gestos estereotipados, sua declamação empolada, sua busca constante do efeito impedem de crer na verdade dos personagens que encarnam. "Daí essa pose contínua, esse enfatuamento do comediante, que sente a necessidade irresistível de dar na vista. Se ele fala, se ele escuta, lança olhadelas ao público; se quer ressaltar um trecho, se aproxima da ribalta e o diz como um cumprimento. As entradas e saídas também são definidas de maneira a serem estrepitosas. Numa palavra, os intérpretes não vivem a peça; eles a declamam, tratam de arrancar cada qual um sucesso pessoal, sem se preocupar a mínima com o conjunto." Esse tipo de atuação, adaptado à tragédia e ao drama romântico, não pode convir ao teatro naturalista. Zola está convencido de que cada forma dramática nova deve ser servida no teatro por intérpretes diferentes, e sonha com uma geração de atores capazes de representar com naturalidade. Conforme escreve em *O Naturalismo no teatro*: "Há uma lei: a de que todo período literário, no teatro, deve trazer consigo seus intérpretes, sob pena de não existir. A tragédia teve seus ilustres comediantes durante dois séculos; o Romantismo fez nascer toda uma geração de artistas de grande talento. Hoje, o Naturalismo não pode contar com nenhum ator de gênio. Sem dúvida porque as obras também ainda estão em promessa. São necessários sucessos para determinar correntes de entusiasmo e de fé; e somente essas correntes destacam originalidades, trazem e agrupam em torno de uma causa os combatentes que devem defendê-la."

O teatro naturalista nunca conquistou verdadeiramente o público. Zola não obtém, com suas peças, o sucesso esperado. Se a adaptação de *A taberna*, realizada por Busnach em 1879, dois anos depois da publicação do romance, foi bem acolhida, as adaptações posteriores não conquistaram os espectadores. *Nana*, em 1881, *Pot Bouille* [*As mulheres dos outros*], em 1883, *Renée* (baseado em *La Curée* [*O rega-bofe*]) e *Le Ventre de Paris* [*O ventre de Paris*], em 1887, têm uma acolhida morna. Quanto a *Germinal*, proibido pela censura em 1885, demolido pela crítica em 1888, é um fracasso tão amargo que, depois disso, Zola abandona o teatro. Edmond de Goncourt, que adapta *Germinie Lacerteux* no mesmo ano, também fracassa lamentavelmente junto ao público. Quanto às peças dos contemporâneos de Zola, não são conformes à estética naturalista[86]. Herdeiro de Scribe, Victorien Sardou (1831-1908), que para ele não passa de um "divertidor", criou um mundo artificial em que títeres se movimentam. "O talento do senhor Sardou (…) é essen-

---

86. Antoine, também decepcionado com as peças francesas, passa a montar peças estrangeiras, em particular as de Ibsen e de Strindberg, que revela ao público francês.

cialmente feito de habilidade e de espírito", escreve Zola em *Conversas dramáticas*. "Ele não seria capaz de criar personagens reais e ir ao fundo das misérias humanas." Zola não vê, no teatro de Émile Augier (1820-1889), que tem o mérito de satirizar a rica burguesia, nada mais que um tecido de lugares-comuns. A pintura do ambiente burguês, que a obra de Henri Becque (1837-1899) proporciona, não o satisfaz verdadeiramente. Becque, que é um franco-atirador, nunca foi reconhecido pelos naturalistas como um dos seus, sem dúvida porque teve a audácia de não apreciar o teatro deles e de não ocultá-lo, ainda que, momentaneamente, depois do sucesso de *Les Corbeaux* [*Os corvos*] (1882), eles tenham considerado *La Parisienne* [*A parisiense*] (1883) uma série de "estudos de Naturalismo". Zola depositou muita esperança no teatro de Alexandre Dumas filho (1824-1895), que teve um imenso sucesso com *La Dame aux Camélias* [*A dama das camélias*] em 1852[87]. Por desmontar as engrenagens da sociedade burguesa, cujas hipocrisias e cuja corrupção desnuda, Dumas parece querer reatar com as aspirações sociais e moralizadoras do drama burguês. Mas Zola logo se decepciona com "seu estilo factício", com o conformismo desse escritor que na verdade se mostrou "muito incapaz de observar a vida". A dimensão neorromântica da obra de Dumas tinha necessariamente de lhe desagradar. "Dumas", escreve Zola em *Conversas dramáticas*, "não tem o olho amplo do analista que aceita o admirável mecanismo humano em seus ímpetos maravilhosos e suas perturbações profundas. Sempre sua compreensão estreita se revolta; sempre seu senso burguês quer modificar as engrenagens da máquina, tornar a criatura perfeita."

Ante tal balanço, Zola constata com amargor que o teatro, que sempre foi o bastião da convenção, está atrasado em relação às outras artes, notadamente em relação ao romance, que se transformou profundamente. Atribui esse impasse em que se encontra então o teatro ao fato de que ele sempre evolui com maior dificuldade do que os outros gêneros literários, porque se choca com os hábitos do público e com a educação artística dos comediantes. Está persuadido de que o teatro morrerá, se não mudar. "O teatro será naturalista ou não será", proclama. Zola, cuja clarividência às vezes é imensa, se enganou magistralmente aqui. O teatro, com a geração que o seguiu, se afastou do Naturalismo e adquiriu um novo fôlego.

---

87. Dumas adapta para o palco, em 1849, seu romance *A dama das camélias*. A peça só foi montada em 1852, em razão da censura.

Capítulo 4
RUMO À MODERNIDADE

O teatro europeu transformou-se mais no século XX do que desde a Renascença. As mudanças se deram ora graças a autores dramáticos, ora graças aos diretores. São sempre recíprocas, no teatro, as influências entre a escrita dramática e as condições da representação, quer se trate de uma inovação arquitetônica, de uma nova concepção das relações atores/espectadores ou do aparecimento de novos modos de representar. Com o Naturalismo se acabou, definitivamente sem dúvida, toda uma concepção do teatro que sairá de circulação. O teatro não visará mais uma reprodução exata e verossímil do real. Todas as artes do século XX repensaram o conceito de mímesis. "Todos nós sabemos que a arte não é a verdade", declara Picasso em *Propos sur l'art* (Gallimard, col. Arts et artistes, 1998). "A arte é uma mentira que nos faz compreender a verdade, pelo menos a verdade que podemos compreender." O aparecimento da imagem fotográfica e, depois, cinematográfica, que proporciona uma cópia fiel do real, arruinou o sonho do realismo nas artes espaciais, em particular na pintura e no teatro. Como não se supõe mais que a cena deva reproduzir um fragmento do mundo real, a natureza da ilusão teatral se modificou profundamente.

Duas influências bem diferentes contribuíram para a transformação da cena ocidental: o sonho wagneriano de um drama total, em que se misturam todas as artes, e a descoberta da estilização dos teatros orientais. Desde meados do século XIX, Wagner (1813-1883) almeja um espetáculo em que a fusão das artes seria perfeita. Bastante crítico em relação à ópera de seu tempo, que julga decadente em sua inaptidão para casar as três artes em que se funda – música, poesia e dança –, ele aspira à *Gesamtkunstwerk*, isto é, à "obra de arte comum"[1], conceito que ele próprio explicita assim, em *L'Oeuvre d'art de l'avenir* [*A obra de arte do futuro*] (1850)[2]: "A obra de arte comum é o *drama*: dada sua *perfeição possível*, ela só pode existir se todas *as artes estiverem contidas nela em sua maior perfeição.*

"'Só se pode imaginar o verdadeiro drama se ele provier do *desejo comum* de todas as artes de se dirigirem da maneira mais direta *ao público comum* (...)'." Ele também deposita muita esperança, para a realização de seus dramas, na arquitetura e na pintura de paisagens, porém mais tarde se confessa decepcionado com a colaboração com os pintores. Dois arquitetos, Brueckwald e Semper, edificam, entre 1872 e 1876, o teatro Wagner de Bayreuth, onde o drama wagneriano poderá se desenvolver. A orquestra desaparece num fosso profundo, invisível para o

---
1. Retomamos aqui a tradução de Denis Bablet, que prefere traduzir por "arte comum" em vez de por "arte total". Essa tradução, em uso anteriormente, corre o risco de se prestar à confusão, porque Artaud em *Le théâtre et son double* [*O teatro e seu duplo*] fala de "espetáculo total", termo que encobre uma realidade bem diferente, em particular a noção de linguagem do corpo, e Barrault, depois dele, de "teatro total", em seu ensaio intitulado *Théâtre total* [*Teatro total*].
2. Wagner também se explica a esse respeito em *Opéra et drame* [*Ópera e drama*], em 1851.

público, instaurando na sala, conforme o anseio de Wagner, um "abismo místico"[3]. Só é visível a imagem cênica do drama, porque a música parece vir de "lugar nenhum". Fruto de uma criação coletiva, em que diferentes artistas somarão seus talentos, o espetáculo, tal como Wagner concebe, terá o poder de tornar visível "a obra da música", isto é, a ação dramática veiculada pela música. Ele explicitará a música, como atestam estas palavras de Wagner citadas por Adolphe Appia em *La Musique et la mise en scène* [*A música e a encenação*]: "Onde as outras artes dizem 'isso significa', a música diz 'isso é'."

Baudelaire, que busca "uma correspondência entre as artes", não poupa elogios a Wagner, que, em seu drama, realiza pela primeira vez a união da poesia com a música. É somente por esse meio, segundo Baudelaire, em seu artigo "Richard Wagner et Tannhäuser à Paris"[4] [Richard Wagner e Tannhäuser em Paris], que o artista pode alcançar o inefável, com "uma das duas artes começando sua função onde param os limites da outra". Um bom número de artistas, na sequência de Wagner, desejará fazer da encenação uma fusão das artes, sejam os autores dramáticos simbolistas, que na França apelarão a grandes pintores para realizar os panos de fundo e colaborarão com músicos para transpor suas peças de teatro para a ópera, sejam diretores como Appia, que revelará o lugar que a música pode ter no teatro.

Foi apenas no limiar do século XX que a Europa descobriu os teatros orientais, quase totalmente ignorados antes. Somente a tradição chinesa do teatro de sombras penetrou no Ocidente. Em 1781, um italiano, Séraphin, introduziu em Paris um teatro de sombras chinesas, a que deu seu nome, *Le Théâtre de Séraphin*. Seus descendentes perpetuaram sua obra até 1870. As outras formas de teatro oriental, todavia, são quase desconhecidas no século XIX. Em 1895, quando Lugné-Poe monta *Le Charriot de terre cuite*[5] [*O carrinho de barro*], uma das peças mais célebres do repertório sânscrito, é uma verdadeira revelação para o público ocidental. Em 1931, a vinda a Paris de uma trupe balinesa, que suscita de imediato um artigo inflamado de Artaud, intitulado "Sur le théâtre balinais" [Sobre o teatro balinês], provoca por sua vez grande entusiasmo.

A influência dos teatros orientais sobre a dramaturgia europeia no século XX é imensa. Eles oferecem um espetáculo completo, em que o canto, a música e a dança ocupam um lugar tão importante quanto a declamação. O Ocidente descobre, graças a eles, a estilização. Assim, Michaux, maravilhado com o teatro chinês, escreve em *Un Barbare en Asie* [*Um bárbaro na Ásia*]: "Só os chineses sabem o que é uma representação teatral. Os europeus, desde há muito, não representam mais nada. Os europeus apresentam tudo. Tudo está ali, no palco. Todas as coisas, não falta nada, nem mesmo a vista que se tem da janela. O chinês, ao contrário, coloca o que vai significar a planície, as árvores, a escada, à medida do que vai necessitando. Ele pode representar muito mais objetos e mais exteriores do que nós. (…)

---
3. A arquitetura desse teatro exercerá uma grande influência sobre Adolphe Appia e sobre Gordon Craig.
4. Artigo incluído em *L'Art romantique* [*A arte romântica*] (1861).
5. Peça escrita na Índia por volta do século VII, por um autor cujo nome não chegou até nós.

Se necessita de um grande espaço, olha ao longe, simplesmente, e quem olharia ao longe se não houvesse horizonte?"

As dramaturgias orientais não procuram criar uma ilusão realista. A presença do recitante, que comenta o drama, lembra constantemente o caráter fictício dos acontecimentos representados. O modo estilizado de representar dos atores realça as convenções. A simbólica dos gestos, da maquiagem, dos figurinos é codificada numa linguagem muda que a tradição conservou. Graças a isso, desde que o herói entra em cena, o espectador possui sobre ele muitas informações que não precisarão ser expressas pela palavra. Cada uma das formas dramatúrgicas orientais, em particular o drama sânscrito, o nô japonês e o teatro de sombras javanês, transmitiu ao Ocidente segredos de fabricação. As relações do teatro e da ilusão são repensadas na Europa, no século XX, após a descoberta da estilização dos teatros orientais a que todos os teóricos europeus se referem em maior ou menor grau. Assim, Jean Genet declara, em "Comment jouer *Les Bonnes*" ["Como representar *As criadas*"]: "O que me relataram do esplendor japonês, chinês ou balinês, e a ideia, magnificada talvez, que se obstina em meu cérebro, me torna demasiado grosseira a fórmula do teatro ocidental. Não temos como não sonhar com uma arte que fosse um entrelaçamento profundo de símbolos ativos, capazes de falar ao público uma linguagem em que nada seria dito, mas tudo pressentido."

Três concepções do teatro, profundamente antinaturalistas, coexistem no século XX. Para teóricos como Appia, os simbolistas, Jarry, Craig ou Schlemmer, a cena é um lugar de símbolos em que se projeta de forma abstrata e estilizada uma visão do mundo. Arte sagrada para teóricos como Artaud, Stanislávski ou Grotowski, o teatro põe em ação forças primitivas que, para suscitar no espectador uma verdadeira revelação, exigem do ator uma entrega total. Arte política para teóricos como Meyerhold, Piscator e Brecht, ela requer igualmente um engajamento de todo o ser.

1. UM TEATRO ABSTRATO

A tentativa de reproduzir o real em cena foi decepcionante, se não tediosa. Desejando reconstruir os locais com a maior exatidão possível, os naturalistas só conseguiram atravancar o palco. Quando o emprego da eletricidade se generalizou, não foi mais possível crer na autenticidade do cenário, que podia criar uma ilusão enquanto reinava a penumbra. Quanto ao *trompe-l'oeil*, desaparece totalmente, porque os recursos luminosos lhe tiram todo prestígio. Abandonando o cenário construído, autores dramáticos e diretores dão à cena uma cor poética. O diretor suíço Adolphe Appia, que descobre os múltiplos efeitos que se podem tirar da música e da luz, os autores dramáticos simbolistas, que cultivam o onirismo, fazem da cena um lugar de símbolos. Jarry, mais revolucionário, a trata como um espaço francamente abstrato em que não só o realismo não vigora mais, como as convenções são ostensivamente exibidas. Fundador do teatro moderno, ele orienta a escrita dramática e a encenação pelos caminhos que ainda são os nossos hoje em dia.

A platitude das encenações naturalistas provocou não somente um cansaço com a atuação imitativa, como até uma desconfiança pelo ator, julgado inapto a traduzir o universo mental do escritor. Os simbolistas chegam a negar a possibilidade de qualquer representação e a preferir a leitura ao espetáculo. A marionete é objeto de muitas esperanças, tanto de parte dos simbolistas quanto de Jarry, porque, desencarnada, ela alcança uma estilização a que o ator, em seu trabalho, não poderia aspirar. Para Gordon Craig, diretor inglês que deseja, como Pigmalião, moldar a "supermarionete", e Oscar Schlemmer, diretor alemão que cria o "balé de objetos", o segredo de uma atuação perfeita consiste em tratar o corpo do ator como uma marionete, a fim de lhe conferir o hieratismo sagrado que caracteriza o antigo boneco de madeira.

1.1. Appia: música e luz no palco

Foi descobrindo os recursos conjugados da música e da luz que Adolphe Appia (1862-1928) subverteu a arte da cena.

Apaixonado por música[6], elabora sua teoria a partir da sua reflexão sobre o drama wagneriano, que ele próprio encenará várias vezes, e registra suas análises em 1895 em *La Mise en scène du drame wagnérien* [*A encenação do drama wagneriano*], em 1898 em *La Musique et la mise en scène* [*A música e a encenação*] e em 1920 em *L'Oeuvre d'art vivant* [*A obra de arte viva*][7]. Concebendo a encenação na união do teatro com a música, escreve, numa carta de 1910 a Jacques Rouché[8], crítico e empresário teatral: "A música, do ponto de vista cênico e dramático, dá a duração – ela é de certo modo o *Tempo* no drama em música. A duração contém implicitamente o *Espaço*. A música seria assim o princípio regulador de que a encenação necessita." A música, a seu ver, é um maravilhoso instrumento que permite estruturar, ritmando-o, o espaço cênico. Profundamente tocado, bem jovem ainda, pela ópera de Wagner a que vai assistir em Bayreuth, Rouché aspira a reformar a cena. Os cenários realistas em que a ópera wagneriana é interpretada então lhe parecem inaptos, ainda que tenham sido concebidos de comum acordo com Wagner, para expressar a imensa interioridade do drama wagneriano. Os telões pintados lhe parecem totalmente obsoletos, em sua platitude.

Rejeitando o realismo ilusionista, ele apela para a imaginação. "A rejeição da ilusão cênica nos revela de repente o que constitui, no fim das contas, nosso realismo teatral: esse realismo está *em nós mesmos*; nós imaginamos que o quadro cênico deve ser sempre o mesmo, tanto para o ator como para o espectador! É essa a definição do realismo para mim. E nós oprimimos o poeta dramático e os músicos com essa ideia que corta as asas de toda imaginação." A ilusão, que não depende

---

6. Appia, que não tinha originalmente formação de ator, acabava de terminar sólidos estudos musicais quando se voltou para o teatro.
7. Esses três textos fundamentais são publicados em suas *Oeuvres complètes*, l'Âge d'Homme, 1993, t. 1.
8. Jacques Rouché (1862-1957) dirige o Théâtre des Arts (atualmente Théâtre Hébertot) de 1910 a 1914, depois a Opéra de Paris até 1945. Ele faz a síntese das novas teorias cênicas, notadamente as de Appia, Craig, Meyerhold e Stanislávski, em *L'Art théâtral moderne* [*A arte teatral moderna*] (1910), que foi conhecer sucessivamente em seus respectivos países.

mais de uma pseudorreconstituição da realidade pelo cenário, nasce então unicamente da atuação do ator, que permite dar livre curso à imaginação do espectador.

Explorando as potencialidades infinitas da luz na encenação, Appia suprime os elementos decorativos que, em sua inércia, necessariamente atravancam a cena, enquanto a mobilidade das fontes luminosas possibilita efeitos sempre renovados. Enquanto os elementos cenográficos informam ou descrevem, a luz é dotada de um maravilhoso poder de sugestão e permite que a imaginação se inflame. Ela é a "música do espaço". "Enquanto o cenário (pintura e implantação dos cenários) é uma coisa limitada, submetida a convenções rigorosas, a iluminação é independente, livremente manejável; pode-se inclusive afirmar que por meio da iluminação tudo é possível no teatro, porque ela sugere sempre, e a *sugestão* é a única base em que a arte da encenação pode se estender sem encontrar obstáculos, tornando-se então secundária a *realização* material."

A influência de Appia sobre os autores dramáticos que, daí em diante, adquirirão o hábito de anotar, em suas indicações cênicas, as variações de luz, é decisiva. Todos no século XX explorarão, em sua escrita, as potencialidades oferecidas pelos jogos de luz para criar uma atmosfera. A anotação dos "escuros" também lhes possibilita criar efeitos brutais de ruptura.

Graças aos jogos de luz que valorizam os gestos do ator, sua movimentação, suas expressões de rosto, Appia modifica totalmente a relação entre o ator e o espaço cênico. O corpo, que não fica mais imobilizado no espaço plano dos telões pintados, mas que se movimenta livremente num espaço de três dimensões, dispõe de todos os recursos do volume. Sua encenação é quase coreográfica, porque as movimentações, calculadas, marcadas pela música, realçadas pela luz, adquirem uma elevada significação simbólica. "Nossos encenadores desde há muito tempo sacrificaram a aparência corporal e viva do ator às ficções mortas da pintura. Sob semelhante tirania, é evidente que o corpo humano não pôde desenvolver normalmente seus meios de expressão."[9]

Appia estabeleceu uma hierarquia entre os três materiais de que os cenógrafos dispõem: os telões pintados, os praticáveis, que possibilitam a implantação do cenário, e a luz, elemento a que os dois outros são necessariamente subordinados. A seu ver, a utilização da luz, inclusive, torna a pintura inútil. "O quadro inanimado é composto da pintura, a implantação (isto é, a maneira de dispor o material cenográfico) e a iluminação", escreve Appia em *A encenação do drama wagneriano*. "A implantação serve de intermediário entre a pintura e a iluminação; a iluminação, do mesmo modo, entre os dois outros meios e o ator.

"O mais novato em matéria de cenografia compreenderá que a pintura e a iluminação são dois elementos que se excluem; porque iluminar um telão vertical é simplesmente torná-lo visível, o que não tem nada em comum com o papel ativo da luz e, até, é contrário a ele. Já a implantação prejudica a pintura, mas por servir eficazmente à iluminação. Em relação ao ator, a pintura é totalmente subordinada à iluminação e à implantação.

---

9. Artigo de Appia, publicado em *Théâtre populaire*, n? 5, janeiro de 1954, intitulado "Acteur, espace, lumière, peinture".

"Dos elementos representativos, o menos necessário é portanto a pintura; e é inútil provar que, fazendo abstração do ator, é a iluminação que vem em primeira linha. Qual desses meios é submetido às convenções mais estreitas: a pintura, sem dúvida, porque a implantação a limita consideravelmente, e o papel ativo da iluminação tende a excluí-la inteiramente. A iluminação, ao contrário, poderia ser considerada onipotente, não fosse sua antagonista, a pintura, falsear seu emprego. A implantação participa da sorte de ambos: ela é restringida ou desenvolvida na razão direta da importância da pintura ou da iluminação.

"O elemento menos necessário, a pintura, obstaculiza sensivelmente, portanto, o desenvolvimento dos dois outros elementos, que lhe são superiores. Essas relações paradoxais têm evidentemente sua fonte na própria concepção da forma representativa."

Appia só conserva em cena elementos móveis, que podem ser combinados diferentemente conforme as encenações: escadas, planos inclinados, volumes horizontais ou verticais. Essas implantações, que a luz permite modular indefinidamente, são "espaços rítmicos" em torno dos quais se articula a representação. "*A luz* será portanto a base de todos os efeitos", escreve Appia em *A encenação do drama wagneriano*. "Será necessário reduzir o luxo cenográfico em seu benefício, mantendo no entanto o máximo de praticabilidade possível, já que é o ponto de contato com a coreografia."

Seu encontro em 1906 com Jacques-Dalcroze[10], que é ao mesmo tempo músico e encenador, é decisivo. Jacques-Dalcroze lhe revela os segredos da sua ginástica rítmica, essencial na formação do comediante, se este quiser dominar o espaço cênico, com a música ritmando o lugar do corpo no espaço. Juntos, concebem um novo palco, o Instituto Jacques-Dalcroze, realizado em Hellerau em 1911. Essa "catedral do futuro" é um lugar único, em que sala e palco não são separados e que oferece uma arquibancada reservada aos espectadores e um vasto espaço em que se podem dispor os praticáveis à vontade. Ligando a sala e o palco com uma grande escada de proscênio, Appia aparece como precursor. A originalidade dessa cena aberta é tamanha que Claudel, depois de visitá-la, decide encenar nela, em 1913, *L'Annonce faite à Marie* [*O anúncio feito a Maria*].

Música e luz, na concepção de Appia, ritmam e estruturam, cada uma a seu modo, o espaço cênico em torno do corpo do ator, sobre o qual repousa a representação.

1.2. Os simbolistas ou o sonho de um teatro mental

Cansados, como Appia, do peso da estética naturalista, os autores dramáticos simbolistas não concebem mais o cenário como um ambiente ilustrativo. Émile Dujardin, que sonha com um "teatro invisível", opõe os péssimos espetáculos que lhe oferece o teatro de seu tempo, em que tudo é factício, às imagens interiores que a música suscita. Assim escreve em *La Revue wagnérienne* de 8 de abril de 1886: "Hoje, temos a seguinte opção:

---

10. Appia se torna conselheiro de Émile Jacques-Dalcroze (1865-1950), compositor suíço, quando este dirigiu o Instituto Jacques-Dalcroze em Hellerau, perto de Dresden.

- ou um teatro, cenários, atores, uns *trompe-l'oeil* toscos, a aparência de uma floresta e o tablado, nem convenção pura, nem representação artística completa da natureza; e os atores, homens necessariamente disformes, incapazes de fazer o público admitir que são os deuses que macaqueiam (...); com os cenários da nossa ópera e os atores de Meiningen, um compromisso entre uma convenção e uma realidade, o falso por definição;
- ou o concerto, isto é, nenhuma pretensão de representação, mas o campo livre para a concepção, o espaço aberto para a realidade superior das florestas e dos anfitriões divinos que provocará nossa imaginação: porque esta música é um cenário, (...) e esta música é também os personagens (...), e os olhos fechados ou os olhos abertos enquanto a música canta e as palavras ecoam levadas por vozes tão absolutamente abstratas quanto os instrumentos da orquestra, de bom grado localizamos letras e músicas e, muito facilmente, espontaneamente, recriamos a ação cênica, a música, os cenários de vocês e todo o drama."

Herdeiros de Wagner em sua concepção da fusão das artes, os simbolistas pensam que a música, por seu poder de sugestão, é o melhor acompanhamento do drama. Por isso suas peças encontram seu pleno desabrochar na ópera. Debussy escreverá em 1904, para Maeterlinck (1862-1949), a música de *Pelléas et Mélisande* (1893). Claudel (1868-1955), profundamente marcado em sua juventude pela estética simbolista, embora tenha se afastado dela, colaborará constantemente com seus amigos músicos Darius Milhaud e Arthur Honegger.

Para os simbolistas, a carga poética do texto deve bastar para criar a atmosfera do drama. A cena não procura mais descrever, e sim sugerir. O poeta e ensaísta Pierre Quillard (1864-1912), em 1891, em "De l'inutilité absolue de la mise en scène exacte" [Da inutilidade absoluta da encenação exata], artigo que saiu na *Revue d'art dramatique* de 1º. de maio de 1891, declara: "A palavra cria o cenário, assim como o resto (...). O cenário deve ser uma simples ficção ornamental que completa a ilusão por analogias de cores e de linhas com o drama. No mais das vezes bastarão um fundo e alguns cortinados móveis (...) O espectador (...) se entregará por inteiro à vontade do poeta e verá, segundo sua alma, figuras terríveis e encantadoras e lugares de mentira onde ninguém mais além dele penetrará: o teatro será o que deve ser, um pretexto para o sonho."

Os simbolistas suprimem todo cenário construído, conservando apenas alguns cortinados ou telas pintadas. Aurélien Lugné-Poe (1869-1940), fundador com Camille Mauclair (1872-1945)[11], do Théâtre de l'Oeuvre, onde são criados os dramas simbolistas, convoca seus amigos pintores – Bonnard, Sérusier, Lautrec, Gauguin, Vuillard – para a realização dos cenários. Para a encenação de *Pelléas et Mélisande*, em 1893, peça cuja ação se desenrola em quinze lugares sucessivos (floresta, gruta, fonte, palácio, etc.), Maeterlinck pede que Lugné-Poe utilize sim-

---

11. Camille Mauclair é poeta, romancista, ensaísta e historiador da arte. Apaixonado pelas obras dos simbolistas e pelas dos impressionistas, que passou a vida defendendo, escreveu notadamente *Stéphane Mallarmé* (1894).

plesmente dois telões de fundo "de acompanhamento", um representando uma floresta e outro um castelo de arquitetura pouco nítida, porque, diz ele, "seriamente, para os dramas de alma, o papel da amarração do cenário pode se reduzir a quase nada".

Quanto a Mallarmé (1842-1898), que execra todo tipo de cenário e gostaria de suprimi-lo, chega ao ponto de almejar um teatro sem personagem e sem ação. Fascinado por Wagner, que realizou "um harmonioso compromisso" entre dois elementos de beleza que se excluem, o drama e a música, ao mesmo tempo que lhe consagra um longo elogio, num artigo de 1885 intitulado *Richard Wagner – Rêverie d'un poète français* [*Richard Wagner – Devaneio de um poeta francês*], critica-o no entanto por ter conservado, por tradicionalismo, personagem e intriga. É lógico que, ostentando tal posição, Mallarmé não criou verdadeiramente para o palco. *Hérodiade* [*Herodíades*], drama lírico concebido a partir de 1866 restou inacabado. Só escreveu a abertura, em que monologa a babá, um diálogo entre Herodíades e sua babá, e um intermédio lírico. Por isso, é impossível avaliar o caráter cênico desse belo esboço.

Além de reduzir o cenário ao mínimo, os simbolistas, num sonho louco, gostariam também de dispensar a presença física do ator. Categórico, Maeterlinck declara que ela incomoda, desmanchando-lhe todo o prazer, porque o comediante dá forma a um personagem mítico que, para não perder sua "aura", deveria permanecer estritamente imaginário. "A maior parte dos grandes poemas da humanidade não é cênica. *Lear, Hamlet, Otelo, Macbeth, Antônio e Cleópatra* não podem ser representados, é perigoso vê-los no palco. Algo de Hamlet morreu para nós no dia em que o vimos morrer em cena. O espectro de um ator o deteriorou e não podemos mais afastar o usurpador de nossos sonhos. (…)

"A representação de uma obra-prima com ajuda de elementos acidentais e humanos é antinômica. Toda obra-prima é um símbolo, e o símbolo nunca suporta a presença do homem (…). A ausência do homem me parece indispensável."[12]

O teatro, no dizer de Mallarmé em *Crayonné au théâtre* [*Rabiscado no teatro*] (1897), é "de essência superior". Arrancando-nos do tempo, ele nos introduz num mundo transcendente, onde não há encarnação possível. Ele tem o objetivo de dizer o inefável, missão que Maeterlinck explicita assim, em *Confession de poète* [*Confissão de poeta*]: "Gostaria de estudar tudo o que é não formulado numa existência, tudo o que não tem expressão na morte ou na vida, tudo o que busca uma voz num coração." Assim, para Mallarmé como para Maeterlinck, a leitura é preferível ao espetáculo, porque a representação entrava o poder da imaginação que, por si só, é capaz de recriar o universo concebido pelo autor dramático. É a própria noção de relação que os poetas simbolistas questionam. Ela lhes parece totalmente inútil, senão impossível. "A rigor", declara Mallarmé em suas *Notes sur le théâtre* [*Notas sobre o teatro*], "um livro basta para evocar qualquer peça: ajudado por sua personalidade múltipla, cada um podendo representá-la dentro de si"; e um ano depois acrescenta: "Que representação! O mundo nela cabe; um livro em

---

12. Maeterlinck, in *La Jeune Belgique*, 1890. Citado por Jacques Robichez, *Le Symbolisme au théâtre. Lugné-Poe et les débuts de l'Oeuvre*, L'Arche, 1957.

nossa mão, se enunciar alguma ideia augusta, supre todos os teatros, não pelo esquecimento que causa, mas, ao contrário, lembrando-os imperiosamente."[13]

Por isso, os simbolistas tentaram substituir o ator por formas que não constrangem a imaginação. A dança fascina Mallarmé, porque, menos diretamente imitativa que o teatro, joga constantemente com o símbolo. A dançarina, diáfana e aérea, parece quase desencarnada. "A dançarina", escreve ele em *Divagations* [*Divagações*], "não é uma mulher que dança, pelos justapostos motivos de que não é uma mulher, mas uma metáfora que resume um dos aspectos elementares da nossa forma, gládio, taça, flores, etc., e de que ela não dança, sugerindo pelo prodígio de escorços ou de impulsos, com uma escrita corporal, o que necessitaria vários parágrafos de prosa dialogada, bem como descritiva, para exprimir, na redação."

Maeterlinck, em *Menus propos* [*Trivialidades*], preconiza um teatro em que um símbolo, investido da força dos velhos ídolos antigos cuja simples vista aterrorizava os fiéis, substituiria o ator, demasiado humano. "Seria necessário talvez afastar inteiramente o ser vivo da cena. Não se pode dar por certo que não retornaríamos assim a uma arte de séculos muito antigos, de que as máscaras dos trágicos gregos talvez tragam os derradeiros traços. Será, um dia, o emprego da escultura, acerca da qual começam a se formular estranhíssimas questões? Será o ser humano substituído por uma sombra, um reflexo, uma projeção de formas simbólicas ou por um ser que teria as aparências da vida sem ter vida? Não sei; mas a ausência do homem me parece indispensável. Quando o homem entra num poema, o imenso poema da sua presença apaga tudo à sua volta. O homem só pode falar em nome de si mesmo; e não tem direito de falar em nome de uma multidão de mortos." Lugné-Poe, numa carta de 1893, declarara querer dar novamente vida às "sombras ampliadas, maiores até que o natural", às marionetes, a fim de dispensar a presença do ator. O que fascina os simbolistas no teatro de sombras é que a representação da ação é nele duplamente irreal, pois as figuras são de madeira e suas sombras são imateriais.

É imensa a dívida de Claudel, que terá verdadeiro fascínio pelo teatro de sombras, para com o Simbolismo. Ele também tenta se aproximar do invisível, dando forma, em fugidias aparições, a sombras fantasmáticas. A Sombra dupla de *Le Soulier de satin* [*O sapato de cetim*], que encerra a Segunda Jornada, é uma imagem forte em que Prouhèze e Rodrigue se encontram numa ordem transcendente, enquanto sua união na terra lhes é proibida. Os personagens de Claudel se situam com frequência na "fronteira de dois mundos", tendo cada forma humana um duplo no universo celeste, de que ela não é mais que uma sombra. Claudel joga sem parar com a realidade e a irrealidade da sombra. Em *L'Homme et son désir* [*O homem e seu desejo*], roteiro de balé escrito em 1917 em colaboração com Darius Milhaud, um homem adormecido fala em sonho com o fantasma de uma mulher morta que parece viva[14]. Em *La Femme et son ombre* [*A mulher e sua sombra*], o fantasma da mulher parece mais real que a mulher viva. Quando o guerreiro tres-

---

13. In *La Revue indépendante*, n.º 2, dezembro de 1886, e n.º 8, junho de 1887.
14. À influência do Simbolismo se soma a de uma lenda chinesa que Claudel descobriu quando da sua estada na China e que o marcou muito, porque ele a conta várias vezes, *La Lanterne aux deux*

passa a Sombra com sua espada, que ele retira toda ensanguentada, a mulher verdadeira morre.

Numerosos serão os autores dramáticos ou os teóricos que, após os simbolistas, desejarão substituir o ator, incômodo em sua corporeidade, por uma figura, notadamente Jarry e Craig.

1.3. Jarry: da inutilidade do teatro no teatro

Se os simbolistas livraram a cena da preocupação com o realismo, cabe a Jarry (1873-1907) fundar a estética cênica moderna. Quando dá como título do seu artigo, que é um verdadeiro manifesto, "De l'inutilité du théâtre au théâtre" [Da inutilidade do teatro no teatro], publicado em *Le Mercure de France* em setembro de 1896, Jarry retoma, transformando-o, o título do artigo do simbolista Pierre Quillard, "De l'inutilité absolue de la mise en scène exacte" [Da inutilidade absoluta da encenação exata], ao mesmo tempo para frisar sua dívida para com os simbolistas, de que é herdeiro, e para se demarcar totalmente deles. *Ubu Rei* é criado em 1896 por Lugné-Poe no Théâtre de l'Oeuvre, o palco dos simbolistas, mas a peça não tem nada do drama simbolista.

Jarry se mostra muito mais radical em sua concepção do teatro do que os simbolistas, de que ele louva, claro, o aspecto inovador, saudando, em Maeterlinck, em seus *Douze arguments sur le théâtre* [Doze argumentos sobre o teatro], o criador de um "teatro abstrato". "Acreditamos estar certos de assistir a um nascimento do teatro, porque pela primeira vez existe na França (ou *na Bélgica*, em Gand, não vemos a França num território inanimado mas numa língua, e Maeterlinck é tão justamente nosso quanto nós repudiamos Mistral) um teatro ABSTRATO, e podemos ler enfim sem o esforço de uma tradução algo que seja tão eternamente trágico quanto Ben Jonson, Marlowe, Shakespeare, Cyril Tourneur, Goethe." Por sua vez, Mallarmé, que assiste a uma das primeiras representações de *Ubu Rei*, logo fala em milagre, reconhecendo em Jarry uma forma de teatro que satisfaz à sua expectativa. Acaso ele não escreve a Jarry: "Você pôs de pé, com uma argila rara e duradoura no dedo, um personagem prodigioso e os seus, isso como sóbrio escultor dramático. Ele entra no repertório de alto gosto e me atormenta."

Um vínculo de filiação une Jarry aos simbolistas. Como eles, na *Conférence sur les pantins* [Conferência sobre os títeres], pronunciada na Libre Esthétique de Bruxelas em 21 de março de 1902, Jarry confessa ter se entediado com muita frequência no teatro. Também atribui essa sensação de tédio à decepção causada pela presença de um ator de carne e osso que vem destruir a imagem interior que o espectador traz em si e que ele forjou no decorrer das suas leituras. "Não sabemos por que sempre nos entediamos no que chamamos de teatro. Será que tínhamos consciência de que o ator, por mais genial que seja, mais trai – e tanto mais quanto mais é genial – ou pessoal – o pensamento do poeta." Assim, Jarry também se sente atraído pelas marionetes que, de saída, dão à cena uma dimensão irrealista,

---

pivoines [*A lanterna com duas peônias*]. É a história do fantasma de uma mulher morta que vem, de noite, seduzir um rapaz.

ou preconiza o uso da máscara, que estiliza a figura humana. "Certos atores se deram ao prazer de se fazer impessoais por duas noites e atuar encerrados numa máscara, a fim de ser bem exatamente o homem interior e a alma das grandes marionetes que vocês vão ver", ele declara no discurso que pronuncia na primeira apresentação de *Ubu Rei* no Théâtre de l'Oeuvre, no dia 10 de dezembro de 1896. Mais que a utilização da marionete, ele deseja na verdade uma atuação de ator que se aproxime do hieratismo misterioso de que ela é dotada. "Porque", escreve Jarry, "por mais marionetes que queiramos ser, não penduramos cada personagem num fio, o que teria sido, se não absurdo, pelo menos, para nós, bem complicado e, em consequência, não teríamos certeza do conjunto das nossas multidões, enquanto no teatro de fantoches um feixe de cordas e de fios comanda todo um exército."[15]

Como os simbolistas, Jarry rejeita sistematicamente o Realismo, seja no tema do drama (ação e personagem), seja na realização (cenário e jogo cênico). Se parodia *Macbeth* em *Ubu Rei*, é porque o teatro não pode pretender, na sua opinião, reconstituir o fato histórico. "Não achamos honroso construir peças históricas", escreve no discurso que pronuncia no dia 10 de dezembro de 1896 no Théâtre de l'Oeuvre na primeira apresentação de *Ubu Rei*. Como os simbolistas, ele considera que a missão do teatro não é refletir o real. Em "Da inutilidade do teatro no teatro", denuncia, violentamente também, a ineficácia do *trompe-l'oeil*. "Não tornaremos sobre a questão entendida de uma vez por todas da estupidez do *trompe-l'oeil*. Mencionemos que o dito *trompe-l'oeil* ilude quem vê grosseiramente, isto é, não vê, e escandaliza quem vê a natureza de uma maneira inteligente e eligente, apresentando-lhe a caricatura dela feita por aquele que não compreende. Zêuxis enganou umas bestas brutas, dizem, e Ticiano, um estalajadeiro."

No entanto Jarry se afasta radicalmente dos simbolistas, tratando o palco como um lugar abstrato, e não como um espaço onírico, em que as convenções são ostensivamente expostas. "A ação transcorre na Polônia, isto é, Em Lugar Nenhum"[16], clama, com a irreverência que o caracteriza, no discurso de 10 de dezembro de 1896 sobre *Ubu Rei*. Para a encenação da peça, em que as mudanças de lugar são frequentes, preconiza o uso de letreiros, a que às vezes se recorria na cena dos mistérios ou na época elisabetana. "Adoção de um só cenário, ou melhor, de um fundo homogêneo, suprimindo as subidas e descidas de pano durante o ato único. Um personagem corretamente vestido viria, como nos fantoches, pendurar um letreiro que designasse o lugar da cena. (Notem que estou certo da superioridade 'sugestiva' do letreiro escrito sobre o cenário. Nem um cenário nem uma figuração seriam capazes de expressar o 'exército polonês em marcha na Ucrânia')." Ele pede que os acessórios sejam decididamente falsos. Ele imagina, para o cavalo de Ubu, "uma cabeça de cavalo de papelão que ele penduraria no pescoço, como no antigo teatro inglês, para as duas cenas equestres, detalhes esses que estavam todos no espírito da peça, pois eu quis fazer um 'teatro de fantoches'", escreve a Lugné-Poe, em 8 de janeiro de 1896. Nas cartas que reconstituem as etapas da

---

15. Ver as análises de Henri Béhar, *Jarry, le monstre et la marionette*, Larousse, 1973, col. Thèmes et textes, e *Jarry dramaturge*, Nizet, 1980.
16. A Polônia em 1896 está totalmente desmantelada.

preparação do espetáculo de *Ubu Rei*, a criação de cenários que qualifica de "heráldicos". "Experimentamos cenários *heráldicos*, isto é, que designam com uma cor única e uniforme toda uma cena ou um ato, com os personagens passando harmônicos nesse campo de brasão." Jarry substitui a representação ilusionista pela representação a descoberto. Os atores é que trazem à cena os elementos de cenário de que necessitam momentaneamente ou que, por meio dos seus gestos, suprem um cenário inexistente. "... toda parte do cenário de que se tiver uma necessidade especial, janela que se abre, porta que se arromba, é um acessório e pode ser trazido como uma mesa ou um archote."

Claudel dá mostra da mesma desenvoltura de Jarry em relação ao realismo, quer se trate do cenário, quer do jogo cênico. Ele também deseja que os artifícios sejam ostensivamente realçados: "No fundo, a tela mais negligentemente pintada ou nenhuma tela basta", escreve no prefácio de *O sapato de cetim*. "Os maquinistas farão os poucos arranjos necessários aos olhos do público mesmo, enquanto a ação segue seu curso. Se necessário, nada impedirá que os artistas lhes deem uma ajuda. Os atores de cada cena aparecerão antes que os da cena precedente terminem de falar e logo se empenharão, entre si, num pequeno trabalho preparatório. As indicações de cena, quando se pensar nelas e quando isso não atrapalhar o movimento, serão ou expostas, ou lidas pelo contrarregra ou pelos próprios atores, que tirarão do bolso ou passarão um ao outro os papéis necessários. Se eles se enganarem, não tem importância. Um pedaço de corda pendurado, um telão de fundo mal esticado, que deixa aparecer uma parede branca diante da qual o pessoal passa e torna a passar, será do melhor efeito. É necessário que tudo tenha um ar provisório, em andamento, matado, incoerente, improvisado no entusiasmo! (...) A ordem é o prazer da razão; mas a desordem é a delícia da imaginação."

Os surrealistas, que alardeiam as convenções com uma soberba insolência e tratam a cena como um espaço de fantasia, são os continuadores de Jarry. Eles próprios reivindicam essa herança, criando as peças de Vitrac (1889-1952) no Théâtre Alfred Jarry, nome dado por Artaud a esse teatro que ele fundou em homenagem ao que considera seu precursor no registro da crueldade. O que os surrealistas trazem de novo à cena é sua maneira de cultivar, mais sistematicamente ainda que Jarry, o ilogismo. Nutridos de Freud, privilegiando a "surrealidade" na qual se abole a oposição entre o sonho e o real, eles dão livre curso à sua imaginação. O *Manifeste du Surréalisme* [*Manifesto do Surrealismo*] de André Breton, cuja primeira versão data de 1924 e a segunda de 1930, se inicia com o elogio da imaginação, da loucura e do freudismo. O Surrealismo é definido aí como um "automatismo psíquico pelo qual nos propomos exprimir, seja verbalmente, seja por escrito, seja de qualquer outro modo, o funcionamento real do pensamento. Ditado pelo pensamento, na ausência de todo controle exercido pela razão, fora de toda preocupação estética ou moral. (...) O Surrealismo toma como base a crença na realidade superior de certas formas de associação desprezadas até ele, na onipotência do sonho, na ação desinteressada do pensamento." Atentos aos seus sonhos, os surrealistas anotam os vestígios mnésicos destes em seus poemas, bem como em suas fantasias dramáticas. Por isso seu teatro concede a posição mais importante ao insólito.

O prólogo de *Les Mamelles de Tirésias* [*As mamelas de Tirésias*] de Apollinaire é um verdadeiro manifesto. A peça, que data de 1917, foi primeiramente chamada de "sobrenaturalista" por Apollinaire, depois qualificada de "surrealista", porque anunciava o novo espírito, embora ela tenha sido escrita antes do nascimento do Surrealismo propriamente dito. Aliás, é em seu prefácio que o termo surrealismo aparece pela primeira vez. Apollinaire representa aí, de um modo lúdico, um fenômeno de transexualismo, a metamorfose de Thérèse em homem. Apollinaire define, no prólogo, uma nova dramaturgia, caracterizada pelo abandono da unidade de ação, a única unidade conservada até então no teatro, tanto pelos românticos como pelos naturalistas ou pelos simbolistas. Partidário de um drama heterogêneo, à imagem da vida que não se desenrola nunca de acordo com uma ordem lógica, ele recusa que o encadeamento das diferentes partes de ação seja regido pelo princípio de causalidade herdada de Aristóteles. O "verossímil" agora saiu de circulação. Em *Mathusalem* [*Matusalém*], peça de 1920, Yvan Goll (1891-1950), que se identifica com o Surrealismo, suprime o ato, fator de unidade, e justapõe as cenas que se encadeiam de uma maneira lógica. "Não mais atos. Simplesmente uma sequência de cenas, com um ponto culminante. A vantagem que daí resulta é uma liberdade bem maior e uma aproximação sensível da arte cinematográfica, pela justaposição dos meios mais diferentes. O drama do homem moderno é mais facilmente materializado assim", declara numa entrevista publicada na revista *Comoedia* (13 de janeiro de 1924). Apollinaire opta por lugares múltiplos e por essa mistura de tons que os românticos estabeleciam como objetivo mas não conseguiram realizar:

> Mariant souvent sans lien apparent comme dans la vie
> La musique la danse l'acrobatie la poésie la peinture
> Les choeurs les actions et les décors multiples
> Vous trouverez ici des actions
> Qui s'ajoutent au drame principal et l'ornent
> Les changements de ton du pathétique au burlesque
> Et l'usage raisonnable des invraisemblances.
>
> [Unindo muitas vezes sem vínculo aparente como na vida
> A música a dança a acrobacia a poesia a pintura
> Os coros as ações e os cenários múltiplos
> Vocês encontrarão aqui ações
> Que se somam ao drama principal e o ornam
> As mudanças de tom do patético ao burlesco
> E o uso sensato das inverossimilhanças.]

Yvan Goll também, em seu prefácio de *Matusalém*, se mostra desejoso de escorraçar toda a lógica da dramaturgia. "A dramaturgia alógica tem por fim ridicularizar nossas leis de todos os dias e desmascarar a mentira profunda da lógica matemática ou mesmo da dialética. Ao mesmo tempo, a alógica servirá para mostrar os mil comichões de um cérebro humano que pensa uma coisa e diz outra, e que pula de uma ideia a outra sem a menor aparência de um vínculo lógico." Yvan

Goll reivindica, como Apollinaire, essa "dramaturgia alógica" por exigência de verdade, por preocupação em explicar o coração humano profundamente dividido.

Atentos a seus próprios sonhos, os surrealistas consideram o sonho, essa "outra cena" de que Freud fala, como um mundo muito próximo do universo teatral, porque é representação espacial, figuração visual dos fantasmas. Por isso encontram nele com frequência uma fonte de inspiração fecunda. Cerca de trinta anos mais tarde, Eugène Ionesco (1909-1994), Arthur Adamov (1908-1970), Romain Weingarten (nascido em 1926), Fernando Arrabal (nascido em 1932), que, no seio da Vanguarda dos anos 50, perpetuam o Surrealismo, procederão do mesmo modo, levando com frequência seus sonhos à cena. "Para alguém que faz teatro", declara Ionesco em *Entre la vie et le rêve* [*Entre a vida e o sonho*] (1966), "o sonho pode ser considerado um acontecimento essencialmente dramático. O sonho é o próprio drama. Em sonho, a gente está sempre em situação. Em suma, creio que o sonho é ao mesmo tempo um pensamento lúcido, mais lúcido do que a vigília, um pensamento em imagens, e que ele já é teatro, que é sempre um drama, pois nele estamos sempre em situação." No entanto, se levam sonhos à cena, os dramaturgos surrealistas – como seus herdeiros, Ionesco, Adamov, Weingarten, Arrabal – não querem dar a suas peças uma atmosfera onírica, semelhante àquela em que o teatro simbolista se banha. Como nota Romain Weingarten nas didascálias inaugurais de *Alice dans les jardins du Luxembourg* [*Alice nos jardins do Luxemburgo*], de 1970:

> Qu'on n'encombre pas le plateau d'un bric-à-brac de rêve sous le prétexte fallacieux qu'il s'agit d'un rêve, qu'il faut "faire du rêve". Le rêve ne s'annonce pas avec une pancarte: Rêve. Ce qui caractérise le rêve est justement le fort sentiment de réalité qui s'en dégage, avec, seulement, au loin, la gêne assourdie que procure le "pas possible" devenu normal. Prendre les choses du dedans, c'est donner justement cette sensation de réalité du rêve et, pour le comédien, s'y introduire d'abord lui-même.
>
> [Não venham atravancar o palco com um bricabraque de sonho sob o pretexto falacioso de que se trata de um sonho, de que é preciso "fazer sonhos". O sonho não se anuncia com um letreiro: Sonho. O que caracteriza o sonho é justamente o forte sentimento de realidade que dele emana, só que tendo, ao longe, a mais, o mal-estar abafado que o "não é possível" tornado normal proporciona. Pegar as coisas de dentro é justamente proporcionar essa sensação de realidade do sonho e, para o comediante, ele próprio se introduzir nele primeiro.]

1.4. Craig e a supermarionete

Para Gordon Craig (1872-1966), que em *L'Art du théâtre* [*A arte do teatro*] (1905)[17], reconstitui a história da arte das origens ao século XX, o realismo é uma queda. A arte, investida na Antiguidade da grave majestade do hieratismo, soçobrou, segundo ele, a partir da Renascença, na medíocre trivialidade do realismo. Se admira profundamente Shakespeare, é porque a presença de espectros, em

---

17. Craig, em *A arte do teatro*, relata sua experiência de encenador na forma de um diálogo filosófico entre um diretor e um fã de teatro.

várias das suas peças, veda logo de saída toda e qualquer figuração realista. A propósito do espectro em *Hamlet* ele escreve: "É a materialização momentânea das forças invisíveis que dominam toda a ação, e é também a injunção do autor *à gente de teatro* a dar rédeas à sua imaginação e deixar a sábia lógica adormecida."[18]

Filho de uma atriz, ele próprio comediante ainda muito jovem, Craig conhece bem a arte do ator, sobre a qual reflete a vida toda, tanto em sua prática pessoal como em seu ensino, e a ela consagra uma revista, *The Mask*, que funda em 1908. Sua teoria exerce uma influência imediata em toda a Europa, pois a partir de 1909 Craig viaja sem parar, partindo regularmente de Londres para trabalhar em Florença, onde abre uma escola de atores, a Arena Goldoni, e em Moscou, onde, convidado por Stanislávski, dirige espetáculos, montando notadamente *Hamlet*. Seu proceder é parecido com o de Appia, de quem ignora tudo até se conhecerem em Zurique, em 1914.

O gênio de Craig está em ter meditado tanto sobre o hieratismo como sobre o movimento. Ele tem o sentimento de que o corpo humano, impossível de ser verdadeiramente domesticado, é um instrumento pouco confiável. Fraco, sempre trai o artista sem que este saiba. "O corpo humano se recusa a servir de instrumento, inclusive à alma, ao sentimento ou à inteligência que o habitam. Ele dá sempre a última palavra e, no fim das contas, o que ele revela não passa de uma confissão de fraqueza ... ou mentira. (...) Parece-me que é melhor para o homem criar, fabricar um instrumento com o qual ele encontre o que quer dizer do que usar sua própria pessoa." Assim, ele se apaixonará bem cedo pela marionete, porque, privada de vida, ela não passa de um símbolo. Sua utilização permite expulsar a emoção bruta, desencadeada pela presença carnal do ator, de que ele desconfia. Toda emoção, não mediatizada, escapa da arte. Craig dá como por exemplo a arte egípcia, que ele admira muito particularmente e na qual nunca transparecem os sentimentos do artista. "A arte egípcia nos mostra abundantemente quanto o artista se vedava exprimir qualquer sentimento pessoal em sua obra. Vejam as esculturas egípcias: seus olhos impassíveis guardarão seu segredo até o fim do mundo. Seu gesto é cheio de um silêncio que se parece com a morte. No entanto, encontramos nelas ternura, encanto, uma graça próxima da força e amor espalhado por toda a obra; de efusão, de *páthos*, de sentimento pessoal do artista, nenhum sinal. De luta interior? Tampouco. De seu esforço obstinado, o artista não deixa ver nada; sua obra não contém confissões." Por isso a marionete não deve aspirar a imitar a vida. "Esta não rivalizará com a vida, mas irá além; ela não representará o corpo de carne e osso, mas sim o corpo em estado de êxtase, e enquanto dela emanar um espírito vivo, ela se revestirá de uma beleza de morte. Essa palavra, *morte*, vem naturalmente à pena por uma aproximação com a palavra vida, a que os realistas se referem sem parar." Em sua impassibilidade absoluta, a "supermarionete" é ausência de emoção. Ela possui o poder sagrado das estátuas divinas que habitavam os templos e de que ela descende. "A marionete é descendente dos antigos ídolos de pedra dos templos, é a imagem degenerada de um Deus. Amiga da infância, ela

---

[18]. Ele consagra a Shakespeare todo um capítulo de *A arte do teatro*, intitulado "Dos espectros nas tragédias de Shakespeare".

também sabe escolher e atrair seus discípulos." A máscara, que suprime a mobilidade do rosto, fascina Craig pelas mesmas razões. "Quem quer que compreenda o valor da máscara e dos véus, e os aprecie, se aparenta ao escultor, ao arquiteto, ao ourives, ao impressor."

Além de analisar por muito tempo o hieratismo da marionete e a imobilidade que o uso da máscara impõe ao rosto, Craig também refletiu sobre o poder do movimento, que é a própria origem do teatro. "Gosto de me lembrar de que todas as coisas nascem do Movimento, inclusive a Música; e me felicito por termos a honra suprema de ser os servidores dessa força suprema: o movimento. Porque agora vocês percebem em que o Teatro (inclusive o teatro atual, por mais lamentável e perdido que esteja) se liga a esse ofício. Os teatros de todos os países, do Oriente e do Ocidente, nasceram do movimento e provêm do movimento da força humana (ainda que seu movimento tenha se falseado). Nós sabemos, porque dispomos do próprio testemunho da história." Ele estuda esse movimento tanto no corpo humano como na cena. O gesto, Craig está convencido, é um campo ainda amplamente inexplorado, rico de infinitas potencialidades. No ensino que ministra, o curso de Movimento é determinante. Ele faz os atores trabalharem pedindo a eles que analisem e comparem os movimentos mais diversos, os do corpo humano, das árvores, do vento, da água, dos peixes, dos pássaros, etc. A partir desses exercícios, os alunos devem deduzir princípios e improvisar. Craig é o primeiro na Europa a colocar no cerne da formação do comediante a mímica e a técnica da improvisação, que Copeau, na escola do Vieux-Colombier, depois Dullin, dele tomarão emprestadas.

Craig também dá muita importância na encenação aos movimentos de multidão. Eles constituem esboços que figuram, em cena, os sentimentos, tanto no nível individual do ator quanto no nível de um grupo. "É pelo movimento que você conseguirá traduzir as paixões e os pensamentos das multidões e que você ajudará o ator a exprimir os sentimentos e as ideias próprias do personagem que ele interpreta. A realidade, a exatidão do detalhe são inúteis à cena."

Craig sonha tornar móvel a cena, que restringe os movimentos. Tendo encenado muito Shakespeare, é atormentado pelos limites da cena, sempre exígua demais, a seu gosto. O problema das mudanças de lugar, tão frequentes em Shakespeare, lhe parece tão insolúvel que ele pensa, certo tempo, como os simbolistas, que sua obra é impossível de ser encenada, que é destinada mais à leitura do que à representação. Não querendo ficar numa constatação de fracasso, lê numerosos tratados de arquitetura da cena[19], se debruça sobre a história da cenografia. Em *A arte do teatro*, ele afirma que a história da arquitetura cênica é a de uma decadência. Na origem, o local teatral era arquiteturado e aberto. Entre os gregos, o teatro era de mármore; a igreja é que servia de cenário na Idade Média; a *commedia dell'arte* armava seus tablados na praça pública ou os encostava num palácio; o teatro elisabetano era a céu aberto. Porém, mais tarde, o teatro se fechou e a cena se tornou essa "caixa de ilusões" do teatro à italiana, cheia de cenários factícios. Para Craig, se se quiser restituir ao teatro sua grandeza passada, é indispensável

---

19. Craig é iniciado bem moço na arquitetura por seu pai, que era arquiteto.

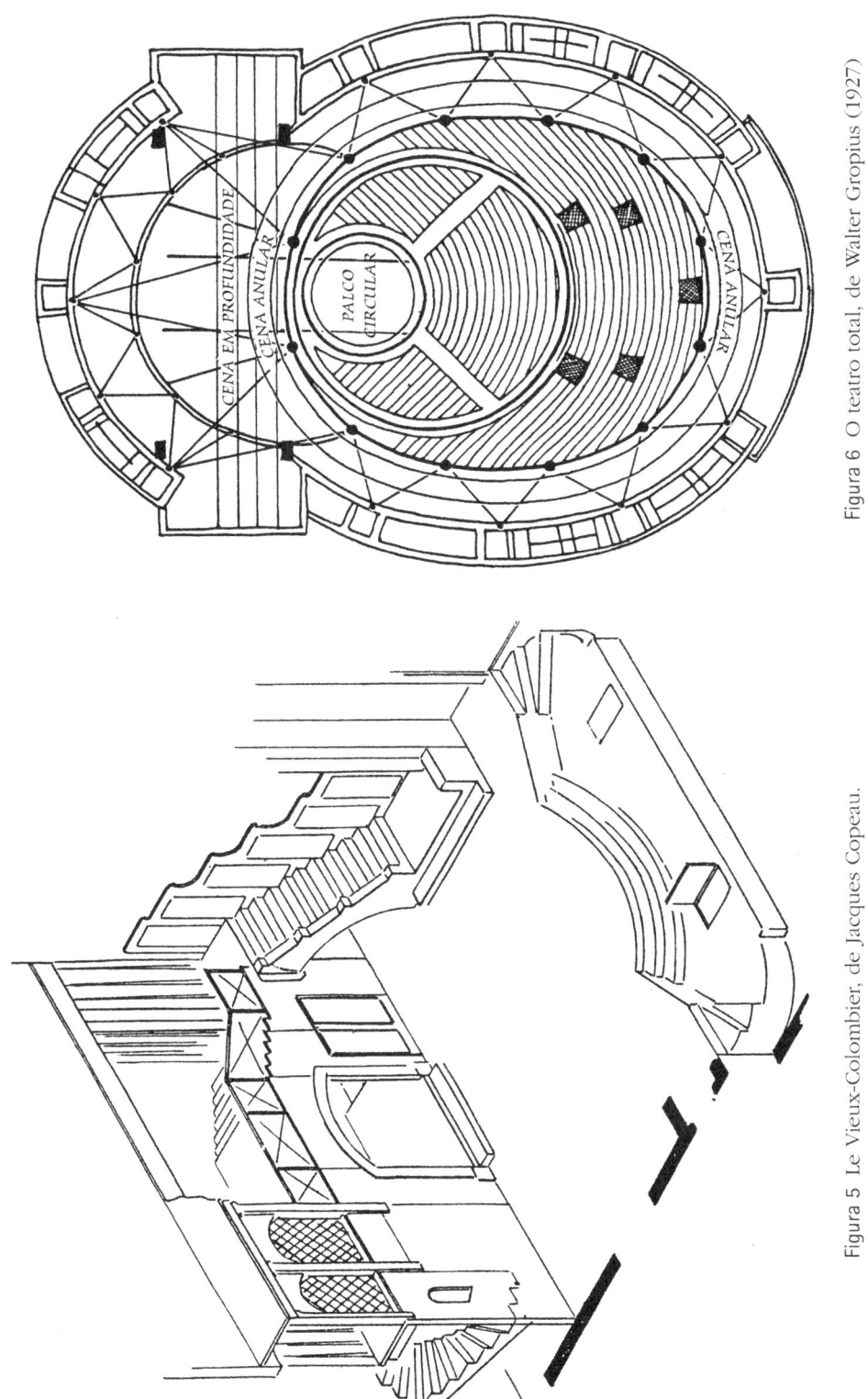

Figura 5 Le Vieux-Colombier, de Jacques Copeau.

Figura 6 O teatro total, de Walter Gropius (1927)

transformar o local teatral e lhe dar novamente uma cena arquiteturada. Ele queria que a arquitetura cênica fosse feita de materiais leves, versáteis, facilmente manipuláveis. "Os arquitetos poderiam ser chamados a intervir", escreve em *Le Théâtre en marche* [*O teatro em marcha*]; "mas a imaginação é ágil como um equilibrista; ela se desviaria com horror do mármore frio, e a ideia de empregar bronze nem lhe ocorreria; seria antes como uma obra de vime, ou inverossímeis lances de escadas em caracol, que cederiam ao menor passo pesado demais. E belas sedas diáfanas, empregadas tão avarentamente quanto o são aos domingos no Hyde Park; belos bordados, joias mais belas ainda, e numerosas, a fim de serem trocadas cada dia.

"Não podemos, por exemplo, imaginar uma cena sustentada por pilares finos como patas de cegonha, ornados de penas de pássaros e, aqui e ali, um longo colar de pérolas suspenso? Pó de arroz, um lindo pó de arroz cobrindo todo o assoalho; e perfumes... Mas saio da cena mesma e invado o cenário, o figurino, todo o resto."

O estudo dos croquis de Serlio, em seu *Traité sur l'architecture*[20] [*Tratado de arquitetura*], lhe dá a ideia de criar um solo cênico indefinidamente modelável. Cada uma das casas do tabuleiro desenhado no assoalho do palco por Serlio será um elemento independente, capaz de se elevar ou afundar graças a uma maquinaria, delimitando instantaneamente assim novos espaços em depressão ou em elevação[21]. A partir daí, desejando criar "the thousand scenes in one scene" (mil cenas em uma cena), ele tenta experimentar todos os tipos possíveis de superfície móvel. Foi assim que inventou os "screens", paraventos verticais que permitem arquiteturar a cena com múltiplas variações, quase instantâneas. De fato, basta mudar a orientação de um painel articulado para modificar imediatamente a configuração da cena. Craig compara essa cena transformável ao rosto humano composto de múltiplas partes: olhos, lábios, nariz, etc. Basta que uma delas mexa para que a expressão do rosto se transforme.

Tal evolução da cena vai inflectir a escrita de certos autores dramáticos. Arrabal, em *Dieu tenté par les mathématiques* [*Deus tentado pela matemática*], peça escrita em 1957 e realizada em 1965, utiliza painéis móveis que, numa face, são espelhos, como único cenário. Os personagens evoluem duros como autômatos, procuram neles, como num labirinto, sua imagem, sempre diferente, tanto mais porque é deformada com frequência pelos jogos de feixes luminosos dirigidos sobre os espelhos. Jean Genet, em *Les Paravents* [*Os paraventos*] (1961), também arquitetura uma cena à maneira de Craig, utilizando paraventos para delimitar espaços pertencentes a grupos de personagens opostos pela raça e pela ideologia, ou aos vivos e aos mortos.

---

20. Serlio, arquiteto e escultor italiano, passou os últimos anos de sua vida na França, convidado por Francisco I. Seu *Tratado de arquitetura* (1540) é seguido por seu *Second Livre de perspective* [*Segundo livro de perspectiva*] (1545). Ele consagra toda uma parte das suas reflexões ao estudo da arquitetura teatral.
21. Patrice Chéreau, em sua notável encenação de *Hamlet*, de 1988, na Grande Halle de la Villette, recorreu a esse tipo de dispositivo, que possibilitava, conforme os momentos do drama, fazer surgir as muralhas de Elsinore, levantando uma parte do chão do palco, ou cavar o cemitério onde o coveiro desenterra o crânio do bufão Yorrick, rebaixando outra parte do chão.

Jacques Copeau (1874-1949) é que introduz na França as ideias de Craig. Depois de trabalhar com ele em Florença, Copeau funda o Vieux-Colombier em 1913. Sua companhia, em razão da guerra que estoura no ano seguinte, tem uma existência efêmera, mas sua influência é maior em toda a concepção francesa da encenação no século XX. No entreguerras, em 1927, dois de seus alunos, Jouvet e Dullin, fundam o Cartel. Eles convidam Pitoëff e Baty para se juntar a eles. Georges Pitoëff e sua mulher, Ludmilla, vindos da Rússia, onde foram formados por Stanislávski, apesar de terem rejeitado seus princípios, revelam ao público francês numerosos autores estrangeiros, notadamente Tchekov, Strindberg, Schnitzler, Bernard Shaw e Pirandello. Baty, que gosta das encenações complexas, ao contrário dos outros três, apaixonados pela sobriedade, introduz as técnicas expressionistas na cena francesa. Do mesmo modo que Copeau, o Cartel não realiza seus anseios, por falta de meios financeiros. Georges Pitoëff morre em 1939, os outros três logo depois da guerra: Dullin em 1949, Jouvet em 1951, Baty em 1952. Mas o trabalho artístico deles sobrevive, pois Dullin formou aqueles que serão os encenadores do pós-guerra: Jean-Louis Barrault, Roger Blin, Jean Vilar, Alain Cuny, etc.

1.5. O balé de objetos de Oskar Schlemmer

Como Craig, Oskar Schlemmer (1888-1943) trabalha a estilização do movimento[22]. Ele também deseja fazer tábua rasa do Naturalismo, no qual o teatro se afundou. A dança, tanto por estar na origem do teatro quanto por poder prescindir de uma fábula narrativa, lhe parece, como a Mallarmé, o meio privilegiado de restituir ao teatro suas forças vivas. "Porque a dança teatral muda (essa musa sem restrições para o criador), que não diz nada mas significa tudo, encerra um potencial de expressões e de criações de formas que a ópera e o teatro não permitem levar a tal grau de pureza. Porque a dança teatral, forma original da ópera e do teatro – por ser livre de toda restrição – está predestinada a ser sem cessar e sempre o germe e o ponto zero de todo renascimento do teatro." Os espetáculos que Schlemmer cria, com intérpretes que têm ao mesmo tempo formação de atores e de dançarinos, estão a meio caminho do teatro e da dança.

Pintor abstrato, Oskar Schlemmer, que ensina escultura na Bauhaus[23] de 1920 a 1933, sonha, como Wagner, com uma fusão das artes. Um de seus primeiros balés, apresentado em Sttutgart em 1916, se intitula *Balé triádico*, não só por ser executado por três atores dançarinos, mas também porque Schlemmer realiza nele a união da dança, dos figurinos e da música.

Fascinado como Craig pela marionete, mostra admiração por Kleist, que, em *Sur le théâtre de marionnettes* [*Sobre o teatro de marionetes*] (1810), foi o primeiro a ter a intuição de aproximar o gesto do dançarino da marionete, ambos extremamente estilizados. Para Kleist, o dançarino tem muito o que aprender com a obser-

---

22. Ver os escritos de Schlemmer, reunidos em *Théâtre et abstraction*, L'Âge d'Homme, 1978.
23. A Bauhaus, "casa do construir", é ao mesmo tempo um lugar de pesquisa e criação e uma escola fundada em 1919, em Weimar, por Walter Gropius, arquiteto berlinense. A escola, onde são ensinadas arquitetura, pintura, escultura, teatro e dança, com o objetivo de criar uma síntese das artes, é fechada em 1933, quando Hitler expulsa de lá quase todos os artistas.

vação das marionetes. Em seu ensaio, um personagem narrador relata suas conversas com um dançarino que faz saber de seu gosto pelos espetáculos de marionetes e das lições que deles tira para a sua prática pessoal. "Ele me garantiu que tinha grande prazer com a pantomima desses bonecos e me deu claramente a entender que um dançarino, se quiser progredir, pode extrair deles um grande ensinamento." Ao narrador que o interroga sobre o mecanismo dos bonecos cujos membros se mexem, o dançarino explica que todo movimento tem seu centro de gravidade e que o marionetista tem de dominar esse ponto dentro do boneco, para que os membros "que não passam de pêndulos, prossigam sem outra intervenção, de um modo mecânico, por si mesmos". A linha que o centro de gravidade deve descrever, bem simples a seu dizer, do ponto de vista físico, é ao mesmo tempo misteriosíssima. "Porque, afinal, ela não era nada mais que *o caminho descrito pela alma do dançarino* e porque ele duvidava que o maquinista pudesse descobri-la por um outro meio, se não se colocasse no centro de gravidade da marionete, o que equivale a dizer: dançando." Assim, segundo Kleist, o marionetista conhece à perfeição todos os segredos da dança; o dançarino, por sua vez, não pode alcançar a perfeição da marionete. "Há mais graça num manequim mecânico do que no edifício do corpo humano", afirma paradoxalmente o dançarino.

Em seu desejo de fazer do ator uma espécie de marionete, Oskar Schlemmer recorre a máscaras impessoais e geometriza todas as formas: o cubo de cena, que ele atapeta de negro e cobre com telas transparentes ou com espelhos; o corpo dos intérpretes, vestindo *collants* negros, aos quais pede que executem movimentos mecânicos, parecidos com os dos autômatos. Foi assim que ele inventou, em 1922, o "balé de objetos". Ele chegará ao ponto de dar a seus balés os títulos de *A dança das caixas* em 1926 e, no ano seguinte, *A dança das varetas*. Ele concebe o espaço cênico como uma estrutura de números e de medidas no qual o ser humano, que é "tanto um organismo de carne e de sangue quanto um mecanismo feito de números e medidas", pode pôr em evidência sua matemática. Ele traça no chão do palco figuras geométricas puras, como o quadrado com suas diagonais, ou o círculo, que determina o percurso dos atores-dançarinos. Do mesmo modo que o metrônomo permite quantificar a relação entre o músico e o tempo, a geometria se apresenta a Schlemmer como o meio de regular a relação entre o homem e o espaço.

2. UM TEATRO SAGRADO

Como os simbolistas ou Craig, muitos autores dramáticos e diretores europeus, seguindo-os, queriam dar novamente ao teatro a força que possuía originalmente, quando mal se distinguia do culto, na Grécia antiga ou na Europa medieval. Assim, Jean Genet – que, como Mallarmé, sempre se mostrou fascinado pelos faustos da liturgia e pela teatralidade dos ritos religiosos – declara em sua *Lettre à Jean-Jacques Pauvert* [*Carta a Jean-Jacques Pauvert*] (1954): "O mais alto drama moderno se exprimiu durante dois mil anos e todos os dias, no sacrifício da missa. (...) Teatralmente, não conheço nada mais eficaz do que a elevação." O teatro é para eles um lugar privilegiado onde, em momentos excepcionais, pode se manifestar algo que é da ordem da transcendência. O encontro atores/espectadores reveste então um caráter cerimonial até se tornar comunhão. É o caso de Artaud na França, Grotowski na Polônia ou, em menor grau, de Stanislávski na Rússia, que, por caminhos diferentes, visam objetivos bastante próximos. O teatro, ao mesmo título que a pintura ou a escultura, é para eles um dos raros lugares no mundo em que o invisível pode se dar a ver. Opondo-o ao cinema, Artaud, em "Le théâtre de la cruauté" [O teatro da crueldade], declara: "À visualização grosseira do que é, o teatro opõe, pela poesia, as imagens do que não é." Dando ao teatro a gravidade de uma cerimônia, eles exigem do ator uma ascese tão dura quanto à que se submetem certos neófitos antes da iniciação. Todos os três meditaram sobre os meios de içá-lo à altura da santidade, desprezando mais que tudo o vil cabotinismo de grande número de atores ocidentais. É pela mesma razão que eles esperam do espectador, a quem pedem um questionamento total de si mesmo, uma plena participação e desejam transformar de cabo a rabo o lugar teatral.

2.1. Artaud e o "teatro da crueldade"

Duas influências conjugadas – os teatros orientais e o Surrealismo – estão na origem das concepções cênicas de Antonin Artaud (1896-1948). Ele é um dos primeiros, depois de Claudel, a sentir fascínio pelos teatros orientais, ao mesmo tempo que descobre com entusiasmo, dentro do grupo surrealista[24], a violenta crueldade do mundo do sonho e do inconsciente, que desejará levar à cena. Em *O teatro e seu duplo*, que aparece em 1938, são reunidos seus escritos sobre teatro desde 1932. Antes de partir para o México, reuniu ele próprio textos esparsos, artigos publicados em *La Nouvelle Revue française*, conferências, cartas, etc., que atestam sua longa experiência de ator e diretor, adquirida no teatro Alfred Jarry, que fundou em 1920 com Vitrac[25]. Se, tragicamente atacado pela loucura, não teve tempo de ordenar totalmente a arquitetura de conjunto da antologia, *O teatro e seu duplo* é mesmo assim uma das obras essenciais sobre o teatro do século XX.

Artaud está em busca de uma nova linguagem teatral. "Dessa nova linguagem", escreve, "ainda falta encontrar a gramática. O gesto é sua matéria e sua cabeça, se quiserem, seu alfa e ômega." Desejando dar novamente ao corpo sua importância original perdida, ele quer "pôr fim ao teatro de texto" e condena o teatro ocidental, que "não enxerga o teatro sob outro aspecto que não o do teatro dialogado", como escreve em seu artigo "La mise en scène et la métaphysique" [A encenação e a metafísica]. Querendo levar ao teatro "uma poesia no espaço inde-

---

24. A participação de Artaud no movimento surrealista, apesar de ter sido de curta duração, deixou vestígios indeléveis em sua escrita, notadamente em seus primeiros poemas, francamente surrealistas. Ele exerceu um papel de primeiro plano no movimento. Vários textos, assinados pelos surrealistas por volta de 1925, em que se reconhece o apelo ao Oriente contra o racionalismo ocidental, trazem a sua marca. Se logo rompeu com o grupo, foi por razões políticas, porque ele se recusava a submeter a arte a fins não estéticos.
25. Artaud também pôde corrigir as provas de *O teatro e seu duplo* ao voltar do México, mas em 1938, quando a obra aparece, ele já soçobrou na loucura e está internado em Paris, no hospital Sainte--Anne.

pendente da linguagem articulada", afirma que "a linguagem teatral pura" não é a palavra mas a encenação. Essa linguagem especificamente teatral, que precisa ser inventada, será destinada aos sentidos. Será criada pela música, a dança, a pantomima, a mímica, as entonações de voz. Terá um valor ideográfico. Artaud sonha redescobrir os modos de expressão de certas pantomimas diretas em que os gestos, em vez de representar palavras, frases, como na pantomima europeia, que, para ele, não passa de uma deformação das partes mudas da *commedia dell'arte*, representem ideias, atitudes do espírito. Ele dá como por exemplo o símbolo oriental que representa a noite como uma árvore na qual um passarinho, com um olho já fechado, começa a fechar o outro. Eis como ele define, em "O teatro da crueldade", esse espetáculo completo: "Todo espetáculo conterá um elemento físico e objetivo, sensível a todos. Gritos, lamentos, aparições, surpresas, golpes de teatro de todo tipo, beleza mágica dos figurinos inspirados em certos modelos rituais, fulgor da luz, beleza encantatória das vozes, charme da harmonia, notas raras da música, cor dos objetos, ritmo físico dos movimentos, cujos crescendo e decrescendo desposarão a pulsação de movimentos familiares a todos, aparecimento concreto de objetos novos e surpreendentes, máscaras, manequins de vários metros, mudanças bruscas de luz, ação física da luz que desperta o calor e o frio." Foi com o objetivo de incitar o ator a inventar uma linguagem corporal que Artaud escreveu duas pantomimas, *La Pierre philosophale* [*A pedra filosofal*] e *Il n'y a plus de firmament* [*Não há mais firmamento*], nas quais se contenta com oferecer um argumento e propor algumas indicações cênicas.

Os balineses, que Artaud descobre em Paris, onde vêm se apresentar em 1931, e que logo elogia em seu artigo "Sur le théâtre balinais" [Sobre o teatro balinês], realizam a seu ver esse "teatro puro". Nele, o autor é eliminado em benefício do encenador, que, promovido a organizador mágico, cria "uma nova linguagem física à base de signos e não mais de palavras". Ele admira "esses atores com suas roupas geométricas (que) parecem hieróglifos animados". A "metafísica de seus gestos", de uma precisão toda matemática, o fascina: "Tudo neles é tão determinado, impessoal, não há um movimento de músculos, um movimento de olhos, que não pareça pertencer a uma espécie de matemática pensada que conduz tudo e pela qual tudo passa."

Grotowski[26], com sua clarividência, ressaltará o contrassenso realizado por Artaud em sua análise do teatro balinês, ao não levar em conta o fato de que os signos, no teatro oriental, são rigorosamente codificados, de modo que o espectador pode decodificá-los imediatamente. Tal prática não é transportável para o Ocidente, onde não existe um conjunto de signos culturalmente reconhecidos por um mesmo grupo social, onde cada artista utiliza seu sistema próprio de signos, cuja interpretação pode ser aleatória. "Sua descrição do teatro balinês, por mais sugestiva que seja para a imaginação", escreve Grotowski, "na realidade é um grande contrassenso. Artaud decifrava como 'signos cósmicos' e 'gestos que evocam forças superiores' elementos do espetáculo que eram expressões concretas,

---

26. Trata-se de um artigo de Grotowski publicado em abril de 1967 em *Les Temps modernes* e republicado em *Vers un théâtre pauvre*, Lausanne, La Cité, 1971.

letras teatrais específicas de um alfabeto de signos universalmente compreendidos pelos balineses." Essa crítica não altera em nada a imensa admiração que Grotowski tem por Artaud, com o qual compartilha a mesma concepção sagrada da arte do ator. "Mas na sua descrição", escreve, "ele toca em algo essencial, de que não está totalmente ciente. É a verdadeira lição do teatro sagrado, quer falássemos do drama medieval europeu, do teatro balinês ou do kathakali: esse conhecimento do fato de que a espontaneidade e a disciplina, longe de se enfraquecerem uma à outra, se fortalecem mutuamente; de que o que é elementar alimenta, e inversamente, para se tornar a fonte real de uma espécie de ação que se irradia."

Descobrindo a utilização que os balineses fazem das marionetes, das máscaras, dos bonecos gigantes, Artaud pede que desapareça todo cenário, para que este seja constituído pelos próprios personagens, ampliados ao tamanho de manequins gigantescos, por marionetes e até por objetos de formas desconhecidas. "Manequins", ele escreve em "O teatro da crueldade", "máscaras enormes, objetos de proporções singulares aparecerão ao mesmo título que imagens verbais, insistirão sobre o aspecto concreto de toda imagem e de toda expressão – tendo como contrapartida que as coisas que costumam exigir sua figuração objetiva serão escamoteadas ou dissimuladas." Como Craig, Artaud está convencido de que um boneco poderia ter sobre o espectador uma força mágica maior ainda que o ator de carne e osso. Como uma aparição divina, ela o lançaria no terror. "Outro exemplo", escreve em "A encenação e a metafísica", "seria o aparecimento de um Ser inventado, feito de madeira e de pano, inteiramente criado, que não responde a nada, mas inquietante por natureza, capaz de reintroduzir na cena um pequeno sopro desse grande medo metafísico que é a base de todo teatro antigo." Tadeusz Kantor[27] (1915-1990), na Polônia, que misturou em cena atores e manequins, em *La Classe morte* [*A classe morta*] (1975), por exemplo, experimentou, com uma fecundidade sem igual, um dos caminhos abertos por Artaud, associando o hieratismo do títere à mobilidade do ator. Foi Artaud que permitiu que o Ocidente redescobrisse esse poder expressivo do gesto que, depois dele, um grande número de diretores e escritores irá explorar, por exemplo Ionesco, que sonha realizar esse teatro de gestos. "Com coros falados e um mímico central, solista, quem sabe assistido por dois ou três no máximo, chegaríamos, por gestos exemplares, algumas palavras e movimentos puros, a exprimir o conflito puro, o drama puro, em sua verdade essencial, o próprio estado existencial, seu autodilaceramento e os dilaceramentos perpétuos", escreve em *Notes et contre-notes* [*Notas e contranotas*].

Ansioso por romper com o teatro psicológico, Artaud é seduzido pelo aspecto metafísico do teatro oriental. A seu ver, os orientais não perderam o senso desse terror misterioso que é um dos elementos mais eficazes no teatro, e suas representações jogam sem parar com a alucinação e o medo. Uma das peças a que ele assistiu, começa com uma entrada de fantasmas. Os personagens "hieroglíficos" aparecem primeiro, como ele próprio explica, sob seu aspecto espectral, como se estivessem alucinados pelo espectador.

---

27. O polonês Tadeusz Kantor, pintor de formação, foi um dos maiores encenadores do século. Aparentado ao dadaísmo, limpou, como Craig, como Artaud, etc., a cena de todo realismo.

Em "Le Théâtre et la Peste" [O teatro e a peste], Artaud compara o teatro a essa pavorosa pandemia que assombrou a imaginação ocidental durante toda a Idade Média. Faz uma longa descrição clínica da peste e de seus efeitos sobre o comportamento das massas. Se o teatro se parece com a peste, é que leva à cena momentos de tensão extrema, revelando o que o homem sempre procurou reprimir: a crueldade. "Se o teatro essencial é como a peste", escreve Artaud nesse texto, "não é por ser contagioso, mas porque, como a peste, é a revelação, a exposição, o impulso para fora, de um fundo de crueldade latente pelo qual se localizam num indivíduo ou num povo todas as possibilidades perversas do espírito. (...) Ele resolve os conflitos, liberta forças, desencadeia possibilidades, e se essas possibilidades e essas forças forem negras, a culpa não é da peste ou do teatro, mas da vida." Para reencontrar sua violência constitutiva, o teatro deve se banhar novamente nas fontes dos mitos, das velhas cosmogonias. Já era esse o anseio de Mallarmé. Ele deve se parecer com os Mistérios Órficos ou com os Mistérios de Elêusis, que punham em ação conflitos arcaicos. O ator deve poder entrar em transe como os dervixes no decorrer das danças sagradas.

Artaud se explica em duas ocasiões, em seus dois manifestos, em 1932 e em 1933, sobre a sua teoria do "teatro da crueldade". Levar a crueldade ao teatro é o único meio, para ele, de lhe dar novamente força e vida, de fazer que redescubra sua dimensão metafísica por um novo caminho: a investigação do mundo desconhecido do inconsciente. "O teatro só poderá voltar a ser ele mesmo", escreve em "O teatro da crueldade", "isto é, constituir um novo meio de ilusão verdadeira, se fornecer ao espectador precipitados verídicos de sonho, em que seu gosto do crime, suas obsessões eróticas, sua selvageria, suas quimeras, seu senso utópico da vida e das coisas, seu canibalismo mesmo, se dão vazão, num plano que não é suposto e ilusório, mas interior." Artaud negou veementemente que quisesse dar um sentido vulgar, guinholesco à crueldade. Mas continuou fascinado com os temas da tragédia do sangue e viu na representação de seus excessos um meio de alcançar a intensidade de expressão buscada. "É por isso que proponho um teatro da crueldade", diz ele em "En finir avec les Chefs-d'oeuvre" [Acabar com as obras--primas]. "Com essa mania de rebaixar tudo o que hoje pertence a todos, 'crueldade', quando pronunciei a palavra, quis no mesmo instante dizer 'sangue' para todo o mundo. Mas o 'teatro da crueldade' quer dizer teatro difícil e cruel, primeiro para mim mesmo. E no plano da representação, não se trata dessa crueldade que podemos exercer uns contra os outros esquartejando mutuamente nossos corpos, serrando nossas anatomias pessoais, ou tal como os imperadores assírios, mandando--nos pelo correio sacos de orelhas humanas, narizes ou narinas bem cortados, mas daquela, muito mais terrível e necessária, que as coisas podem exercer contra nós. Não somos livres. E o céu ainda pode cair em nossa cabeça. E o teatro é feito para nos ensinar, antes de tudo, isso." Artaud sempre oscilará entre esses dois polos da crueldade: a concepção guinholesca, selvagem, que faz correr sangue, que castra, que tortura o corpo, e a crueldade metafísica, que fere a alma. Suas duas pantomimas, *A pedra filosofal* e *Não há mais firmamento*, ilustram essas duas tendências da crueldade que coexistem em sua teoria.

Tal concepção do teatro acarreta necessariamente o questionamento do modo tradicional de atuação do ator, que não deve recitar um texto decorado, mas improvisar. Foi Dullin, mestre de Artaud, que instaurou na França o método de improvisação que "força o ator a pensar seus movimentos de alma em vez de figurá--los". "Graças à improvisação", acrescenta Artaud, "a entonação é encontrada de dentro, projetada para fora pelo impulso ardente do sentimento, e não obtida pela imitação. Dullin improvisa, como seus atores. Os artistas do Atelier já se exercitaram em verdadeiras sessões de improvisação diante de círculos de espectadores extremamente exclusivos. Eles se revelaram surpreendentemente hábeis em representar, com algumas palavras, algumas atitudes, alguns movimentos de fisionomia, caracteres, tiques, personagens da nossa humanidade, ou até sentimentos abstratos, elementos como o vento, o fogo, vegetais ou puras criações do espírito, sonhos, deformações, e isso ao vivo, sem texto, sem indicação, sem preparação." Artaud não poupa elogios a Jean-Louis Barrault (1910-1994), que, no Théâtre de l'Atelier, em junho de 1935, no espetáculo intitulado *Autour d'une mère* [Em torno de uma mãe], baseado em *Tandis que j'agonise* [Enquanto agonizo] de William Faulkner, mergulhou o espectador num verdadeiro encantamento. "É aí, nessa atmosfera sagrada, que Jean-Louis Barrault improvisa os movimentos de um cavalo selvagem e que se tem de repente a surpresa de vê-lo se tornar cavalo", exclama Artaud em "Une note" [Uma nota] de *O teatro e seu duplo*.

"Seu espetáculo prova a ação irresistível do gesto, demonstra vitoriosamente a importância do gesto e do movimento no espaço. Ele volta a dar à perspectiva teatral a importância que ela não deveria ter perdido. Enfim, ele faz da cena um lugar patético e vivo.

"É em relação à cena e *na* cena que esse espetáculo é organizado: ele só pode viver na cena. Mas não há um ponto da perspectiva cênica que não adquira um sentido comovente." O ator deve buscar no mais fundo de si a emoção viva, que ele vai comunicar ao espectador. "Toda emoção", escreve Artaud em "Um atletismo afetivo", "tem bases orgânicas. É cultivando sua emoção em seu corpo que o ator recarrega a densidade voltaica deste.

"Saber de antemão os pontos do corpo que se deve tocar é jogar o espectador em transes mágicos. E é dessa espécie preciosa de ciência que a poesia no teatro se desacostumou faz muito tempo.

"Conhecer as localizações do corpo é, portanto, refazer a corrente mágica.

"E eu posso, com o hieróglifo de um sopro, reencontrar uma ideia do teatro sagrado." O ator, segundo Artaud, é um santo, um esfolado vivo que se oferece de corpo e alma ao público, como ele próprio fez em sua patética conferência no Vieux-Colombier, em 13 de janeiro de 1947. Esse questionamento do modo de atuação do ator é acompanhado pelo das relações atores/espectadores e da arquitetura teatral. Para que o espectador seja implicado no drama, é preciso suprimir a oposição, tradicional na cena à italiana, entre a cena e a sala. Precursor, Artaud imagina uma espécie de lugar único, sem compartimentação nem barreira de nenhum tipo, para que uma comunicação direta possa se estabelecer entre atores e espectadores. Ele preconiza o abandono das salas de espetáculo. "Assim, abandonando as salas de espetáculo existentes atualmente", escreve em "O teatro da crueldade", "pegaremos um galpão ou um celeiro qualquer, que reconstruiremos conforme os processos que resultaram na arquitetura de certas igrejas ou de certos locais sagrados, e de certos templos do Alto Tibete." Ele imagina que o público ficará sentado no meio, em cadeiras móveis que lhe possibilitarão acompanhar o espetáculo que transcorrerá à sua volta. A ausência de palco convidará a ação a se desenrolar nos quatro cantos da sala. No alto, poderá haver galerias em todo o contorno da sala, e a ação se desenrolará assim em todos os andares. Essas soluções foram experimentadas mais tarde por diretores como Ariane Mnouchkine, notadamente.

Para Artaud, o teatro, que é "o único lugar do mundo em que um gesto feito não é recomeçado pela segunda vez", não deve cair na armadilha da repetição. O acontecimento perde seu caráter de exceção se se atolar na monotonia das representações cotidianas, se o ator não puser constantemente a si mesmo em risco. Será esse também o ponto de vista de Jean Genet: "Uma só representação, bem afinada, deve bastar", afirma em suas *Lettres à Roger Blin* [*Cartas a Roger Blin*], escritas para a encenação de *Paraventos*. Derrida[28] observa que o teatro, tal como Artaud o concebeu, não pode ser encenado, porque Artaud não quer que ele seja uma representação, mas que capte a vida no que ela tem de não representável. A contradição reside no próprio fato de que Artaud quer pôr fim à mímesis. Querendo confundir teatro e vida, ele nega o valor de tudo o que é mediação em relação à vida, de tudo o que representa, imita, em vez de ser. "A arte", ele afirma, "não é a imitação da vida, mas a vida é a imitação de um princípio transcendente com o qual a arte nos põe em comunicação."

Na linha de Artaud, certo número de autores dramáticos contemporâneos, como Valère Novarina (nascido em 1942) e Philippe Minyana (nascido em 1946), se recusa a fixar o texto, que pretendem manter vivo. Por isso, eles próprios às vezes fazem a encenação, a fim de trabalhar o texto no palco durante os ensaios. Muitas vezes, é pensando em determinado ator que eles escrevem. Novarina espera muito do desempenho do ator, como atesta este trecho da *Lettre aux acteurs de l'atelier volant* [*Carta aos atores do ateliê itinerante*] (1989). "É preciso atores de intensidade, não atores de intenção. Pôr seu corpo para trabalhar. E, primeiro, materialisticamente, fungar, mastigar, respirar o texto. É partindo das letras, tropeçando nas consoantes, soprando as vogais, mastigando, repisando bem ele, que a gente descobre como ele respira e como é ritmado. Parece até que é se consumindo violentamente no teatro, perdendo o fôlego nele, que a gente encontra seu ritmo e sua respiração. Matar, extenuar seu corpo primeiro para encontrar o outro (outro corpo, outra respiração, outra economia) que deve atuar. Leitura profunda cada vez mais baixa, mais próxima do fundo. O texto se torna, para o ator, um alimento, um corpo."

Se as realizações teatrais de Artaud não deixaram mais que um vestígio fugidio, suas teorias desempenharam um papel capital na evolução por que passou o teatro. Alguns, após ele, recusaram o teatro de texto, outros tomaram emprestada

---

28. Jacques Derrida, "Le Théâtre de la cruauté et la clôture de la représentation", *Critique*, n.º 230, julho de 1966.

sua concepção do espetáculo completo, outros sua teoria da crueldade. Os próprios teatros de improvisação[29], como o Living Theatre de Julian Beck[30], o Odin Theatre de Eugenio Barba[31] e o Open Theatre de Joseph Chaikin[32], reconhecem a sua dívida para com Artaud. Todos os que utilizam marionetes gigantes, como o Bread and Puppets nos Estados Unidos nos anos 60, os que fazem o corpo falar pela mímica, a dança, a nudez, como Jérôme Savary, são seus herdeiros e preconizam, como ele, um espetáculo completo. O movimento Panique procede em linha reta de Artaud e do Surrealismo. Entre 1960 e 1962, Arrabal (nascido em 1932), Roland Topor, Alexandre Jodorowsky, pintores, dramaturgos, diretores franceses, mexicanos, espanhóis escolheram a palavra "pânico" quando das suas reuniões em Paris, no Café de la Paix, para designar entre eles, não um grupo ou uma escola artística, mas uma maneira de ser. No decorrer de uma conferência, em 1963 na Universidade de Sidney, Arrabal se explicou sobre esse termo que começava a se difundir fora do grupo inicial[33]. Nela, Arrabal define os temas e os polos de interesse do "homem pânico": "o eu, a alegoria e o símbolo, o mistério, o sexo, o humor, a criação de quimeras, a realidade indo até o pesadelo, a sujeira, o sórdido e também a memória, o acaso, a confusão". Desde 1962, as publicações, as exposições e os curtas-metragens do grupo se sucedem.

2.2. Stanislávski ou a arte do "reviver"

Para Constantin Stanislávski (1863-1938), que acumula a tríplice experiência de ator, diretor e professor de arte dramática, o problema maior no teatro é conciliar criação e ensaio. É para resolvê-lo que elabora o "sistema", isto é, um novo método de formação do comediante. Ele quer ensinar ao ator a "psicotécnica", técnica ao mesmo tempo interior e exterior, que lhe permite explorar fenômenos físicos e psíquicos "naturais".

Fundador do Teatro de Arte de Moscou, em 1898, explicou longamente sua concepção do teatro, em particular em suas memórias, que inicia a escrever em 1925 e que intitula *Ma Vie dans l'art* [*Minha vida na arte*] e em *La Construction du personnage* [*A construção do personagem*], obra que redige durante uma estada na França, em 1929-1930. Suas teorias, que influenciaram profundamente na França os artistas de origem russa, como os Pitoëff – Georges (1884-1939) e sua mulher Ludmila (1895-1951) –, antes da Segunda Guerra Mundial, depois Tatiana Balachova (1903-1973) no imediato pós-guerra, e mais recentemente Antoine Vitez (1930-1990), foram amplamente difundidas entre os teóricos franceses, por intermédio deles.

---

29. Ver o tomo 1 de *Voies de la création théâtrale*, inteiramente consagrado aos teatros de improvisação.
30. O Living Theatre foi fundado nos Estados Unidos no início dos anos 50, por Julian Beck e Judith Malina. É uma das experiências mais exemplares em que, pela criação coletiva, intérpretes querem tentar mudar o mundo.
31. O italiano Eugenio Barba, nascido em 1927, foi aluno de Grotowski.
32. Joseph Chaikin, americano nascido em 1935, que inicialmente fez parte do Living Theatre, dirigiu de 1963 a 1973 o Open Theatre, que ele mesmo fundou.
33. Essa conferência foi publicada na revista *Indice*, n.º 205, 1966.

Para Stanislávski, não pode haver interpretação original se o comediante não utilizar a riqueza da sua vida interior. Em cena, o ator deve sentir o que representa. Sua arte é tanto maior quanto mais ele experimenta as emoções do personagem que encarna, ao mesmo tempo que as domina. Para tanto, ele deve procurar o "subtexto", isto é, descobrir, num longo trabalho de mergulho em si mesmo, todas as emoções que o texto ressuscita nele e que ele vai reviver na interpretação. "Que entendemos por SUBTEXTO?", escreve Stanislávski em *A construção do personagem*. "O que é que num texto se dissimula detrás e nas palavras propriamente ditas? (...) É a expressão manifesta do conteúdo humano do papel, expressão sentida integralmente pelo ator e que circula sem interrupção sob as palavras, dando a elas uma existência real. O subtexto é uma rede de esquemas diversos e incontáveis, que existem em cada peça e em cada papel, rede tecida por toda sorte de criações imaginárias, de impulsos internos, de atenção concentrada, de verdades mais ou menos exatas e mais ou menos carregadas de realidade, de adaptações, de acertos e de uma porção de outros elementos análogos. O subtexto é que nos ajuda a dizer as palavras como devemos dizê-las, em função da peça."

Stanislávski compara esse fenômeno de reminiscência à construção de um filme composto de imagens mentais, de visões interiores, que o ator poderá suscitar em sua interpretação para lhe conferir uma veracidade emocional intensa. "Resumindo, você deve inventar um verdadeiro filme de imagens mentais, de imagens interiores: um subtexto contínuo", escreve. "(...) Essas imagens interiores criarão em nós sentimentos imprevisíveis. Você sabe muito bem que a vida real se encarrega de tudo isso quando você não está em cena. Mas, quando está, é a você, ator, que cabe substituir a vida, criando circunstâncias particulares.

"Isto não é feito com uma intenção realista ou naturalista, mas porque é necessário para a movimentação das nossas forças criadoras.

"As forças criadoras que residem em nossos subconsciente só podem ser postas em movimento por uma realidade imaginária, contanto que possamos crer nessa realidade."

Eis os conselhos que Stanislávski dá ao ator: "Esse filme interior tem de se desenrolar com frequência diante dos olhos do seu espírito. Descreva, como um pintor ou um poeta, tudo o que você vê cada vez que atua, e como você vê. É passando em revista esse filme interior que você conseguirá estar constantemente consciente do que deve dizer e do que deve fazer quando estiver no palco. É certo que cada vez que você passar o filme em revista e o descrever, surgirão variantes. Tanto melhor. Essas variações inesperadas e improvisadas é que dão o melhor impulso à força criativa.

"É necessário trabalhar demorada e sistematicamente para adquirir o hábito dessa visão interior. Se acontecer que seu poder de atenção seja insuficientemente estável, se a continuidade do subtexto do seu papel ameaçar se romper, agarre-se imediatamente aos objetos concretos da sua visão interna, tal como você se agarraria a uma boia de salvamento.

"Eis outra vantagem desse método. Todos nós sabemos que o texto de um papel perde sua qualidade percuciente de tanto ser repetido; ao contrário, quanto mais você repetir suas imagens visuais, mais elas se tornarão poderosas e precisas.

"A imaginação faz o resto. Ela acrescenta continuamente novos toques, detalhes que enchem e animam o filme interior. Resulta daí que a projeção frequente das imagens não pode fazer mal algum; ao contrário, ela só pode melhorar a qualidade da interpretação."

O ator põe continuamente em atividade sua imaginação, o que lhe permite estabelecer uma relação de similitude entre a situação representada e uma situação vivida outrora. Ele constrói seu personagem por meio do "reviver", conceito stanislavskiano que podemos definir como a descoberta, na interpretação, de uma forte analogia entre a situação dramática contida no texto e o passado emocional pessoal. Para ajudá-lo nesse procedimento, Stanislávski recorre às vezes ao que chama de o "se mágico", perguntando ao comediante qual seria a sua reação se ele se encontrasse na situação do personagem que encarna. É em sua memória afetiva que o comediante deve buscar, se quiser criar um personagem convincente e manifestar a emoção que comunica ao mesmo tempo a seu parceiro e ao público. Sua arte reside em sua faculdade de reviver atos passados ou em rememorar os que observou em outros, em reencontrar os vestígios mnésicos que estes depositaram nele. Essa emoção é controlada por estar ligada a afetos antigos, cujo caráter doloroso se atenuou com o tempo. "Uma pessoa que, na vida real, está em pleno meio de um drama afetivo pungente é incapaz de falar sobre ele de uma maneira coerente", escreve Stanislávski. "Nesses instantes, as lágrimas a sufocam, sua voz se quebra, a intensidade dos sentimentos enche seu pensamento de confusão, seu aspecto lamentável assusta os que a veem e os impede de compreender a causa da sua dor. Mas o tempo, que tudo cura, aplaca a agitação interior dos homens, torna-os capazes de rever com calma, em pensamento, os acontecimentos superados. Nesse momento você pode enfim falar desses acontecimentos de uma maneira coerente, lentamente, inteligivelmente, e pode ficar relativamente senhor de si ao contar a história, e então os que a ouvem é que choram.

"É precisamente esse o resultado que nossa arte procura alcançar. É por isso que nossa arte requer que um ator experimente as angústias do seu papel, que chore todas as lágrimas de seu corpo em casa ou durante os ensaios, de maneira a obter calma, de maneira a se libertar de todos os elementos alheios ao seu papel ou que possam prejudicá-lo. Ele pode então entrar em cena para comunicar ao público as angústias que atravessou, mas em termos claros, comoventes, profundamente sentidos, inteligíveis e eloquentes. Nesse momento, o público será mais afetado que o ator, e este conservará todas as suas forças para dirigi-las ao que mais necessita delas para reproduzir a vida interior do personagem que representa."

Como Diderot no *Paradoxo sobre o comediante*, Stanislávski espera do ator um desdobramento constante. Enquanto Diderot exige que ele represente a emoção mas não a sinta, Stanislávski pede que a sinta sem parar de dominá-la. Quando a tradução do *Paradoxo* foi publicada na Rússia, em fins do século XX, Stchepkin[34], ator genial a quem Stanislávski não para de se referir, rejeitou essa teoria, que

---

34. Mikhail Stchepkin, o maior ator russo do século XIX, foi o intérprete predileto de Gogol, cujos papéis principais criou. Foi ele que fundou, no teatro russo, a interpretação realista, tradição a que Stanislávski se filia.

ele qualificava, usando os termos de Diderot, de "macaquice sublime". Do mesmo modo, Stanislávski opõe ao ator francês, que representa "com a cabeça", o ator russo, que representa "com a alma". Para Stchepkin como para Stanislávski, a concepção diderotiana do papel deságua necessariamente numa prática interpretativa convencional, que Stanislávski chama de "teatralidade", termo pejorativo em sua boca. Ele opõe à escola da "representação", em que o papel logo se congela em máscara, a escola do "reviver", na qual a arte do ator se renova permanentemente, pois ele sente em seu foro interior as emoções, mantendo porém sobre elas um controle constante.

Esse domínio só pode ser atingido com um treino rigoroso dos dois instrumentos do ator, o corpo e a voz. Para conseguir apreender a forma física do personagem correspondente à imagem exterior que o comediante dele forma e que vai transmitir ao público em sua corporeidade, é necessário encontrar uma maneira particular de falar, de andar, de se mexer. Portanto, ele tem de dominar perfeitamente seu corpo e sua voz. "Sem forma tangível", escreve Stanislávski, "você não vai poder transmitir ao público nem o personagem interior que você construiu, nem o espírito da imagem mental que está em você. A construção exterior do personagem explica e ilustra a sua concepção do papel e, por conseguinte, a transmite aos espectadores." Se o ator quiser compartilhar com o público o que Stanislávski chama de "a sensação das palavras", só o faz à custa de um imenso trabalho da voz. "A palavra", escreve Stanislávski, "é música. Numa peça, o texto de cada papel é uma melodia, uma ópera ou uma sinfonia. Na cena, a pronúncia é uma arte tão difícil quanto a arte de cantar. É uma arte que requer um treino e uma técnica bastante próximos do virtuosismo. Quando um ator, de posse de uma voz bem treinada e de uma técnica vocal magistral, diz seu texto, fico completamente arrebatado por sua arte soberana. Se ele tem ritmo, sou involuntariamente levado por esse ritmo e pelo som das suas palavras, fico profundamente comovido. Se ele penetra até a alma das palavras, ele me conduz consigo aos recantos secretos da obra do dramaturgo, ao mesmo tempo que aos escaninhos mais ocultos da sua alma. Se o ator acrescenta o ornamento vivo do som a esse conteúdo vivo das palavras, ele permite que meu olhar interior entreveja as imagens que ele construiu com ajuda da sua própria força criadora." De fato, Stanislávski dá muita importância à cadência que o silêncio, deixando adivinhar segundos planos misteriosos na alma do personagem, confere à interpretação. Ele utilizou esse procedimento com uma fecundidade sem igual na criação das peças de Tchekhov, carregadas de não ditos em sua escrita. Insiste igualmente muito na noção de "contato", isto é, em tudo o que é capaz, no gesto, de dar densidade ao personagem, revelando as relações que ele mantém com o que o rodeia. Assim, pois, o olhar, a escuta, o andar, a maneira de se colar ou de se manter a distância de outro personagem, de manipular um objeto, etc., são para o ator meios de dar vida a seu personagem.

Esse trabalho físico não deve constituir um fim em si. Espiritualizado pelo fluxo interior, é tão somente o meio técnico de exteriorizar o "reviver" com a máxima precisão possível. Nos capítulos de *Le Travail de l'acteur* [*O trabalho do ator*] a respeito do movimento (ginástica, dança, esgrima, acrobacia, etc.), Stanislávski insiste nas sensações que o comediante sente na forma de uma "energia", que vai lhe permitir manipular a emoção. Portanto, o trabalho do ator sempre procede de dentro, onde se desencadeia o processo do "reviver", para fora, onde seu corpo desenha a imagem do personagem. Para ele, o personagem é uma máscara detrás da qual o ator se esconde. "O que o torna tão ousado?", pergunta Stanislávski. "A máscara e o figurino detrás do qual ele se abriga. Sendo ele próprio, nunca ousaria falar como faz quando representa o papel dessa outra pessoa. Nesse momento, não é mais ele o responsável pelas palavras que pronuncia, é o outro.

"Assim, o personagem é a máscara que dissimula o indivíduo-ator. Assim protegido, o ator pode desnudar sua alma até o mais íntimo detalhe. É esse um dos pontos mais importantes da construção do personagem.

"Você notou que esses atores e atrizes que não gostam de representar personagens diferentes de si mesmos, aquele e aquelas que representam seu personagem mesmo, gostam de aparecer em cena como criaturas belas, bem-nascidas, boas e sentimentais? E notou, ao contrário, que os atores de composição gostam de representar papéis de tratantes, de indivíduos grotescos, disformes? É que eles encontram nesses papéis possibilidades mais ricas, silhuetas mais recortadas, uma paleta mais colorida, um modelado mais ousado e mais vivo, imagens. E tudo isso, evidentemente, tem mais efeito, teatralmente falando, e deixa uma marca mais profunda na memória do público.

"A composição de um personagem, quando acompanhada por uma transposição autêntica, por uma espécie de reencarnação, é uma grande coisa. E como o que se espera do ator quando ele entra no palco é essa criação de uma imagem autêntica, e não a exibição de uma personalidade particular, é necessário que cada um de nós se torne capaz de fazê-lo. Em outras palavras, todos os atores que são ao mesmo tempo artistas, criadores de imagens, devem construir seus personagens de forma a encarná-los quando os representarem." Protegido assim em sua intimidade, o ator pode se desnudar. É então que ele alcança o papel ideal, a identificação, a encarnação e a representação constituindo um todo. "Quanto mais a passagem da forma interior à forma exterior for imediata, espontânea, viva, precisa, mais a compreensão da vida interior do personagem que você representar será, para o público, correta, ampla e plena. É para chegar a isso que as peças foram escritas e que o teatro existe."

2.3. Grotowski e o "teatro pobre"

Jerzy Grotowski (nascido em 1933) se declara alimentado de Stanislávski, de quem foi aluno em Moscou e cujo procedimento racionalizou posteriormente. Grotowski reconhece sua dívida para com aquele que "formulou as questões metodológicas fundamentais", como escreve num artigo de 1965, ao mesmo tempo que afirma que as soluções e conclusões deles dois divergem. Seus escritos, artigos, conferências, etc., estão reunidos numa obra intitulada *Vers un théâtre pauvre* [*Em busca de um teatro pobre*], publicado em 1971. Criou em 1959, em Opole, no sudoeste da Polônia, o Teatro Laboratório, que transferiu em 1965 para Wroclaw, o maior centro cultural do oeste polonês. O teatro recebe então o estatuto oficial de "Instituto de Pesquisa do Trabalho do Ator". Depois de uma série de estadas nos Estados Unidos e na Europa, em 1986 Grotowski se instala na Itália, perto de Pontedera.

Em sua vontade de santificar o teatro, Grotowski constrói um "teatro pobre", que recusa todo e qualquer estetismo e se situa no oposto da concepção wagneriana da mistura das artes. "Em primeiro lugar", escreve Grotowski, "procuramos evitar o ecletismo, tentando resistir à ideia de que o teatro é um composto de disciplinas. Tratamos de definir o que distingue o teatro, o que separa suas atividades das outras categorias de espetáculos." O texto literário não é um elemento indispensável à criação desse "teatro pobre". Pode estar ausente, e nesse caso a pantomima do ator bastar ou servir apenas de roteiro, de trampolim, comparável nisso aos mitos da Antiguidade, de que o poeta dramático dispunha à vontade. Toda operação de transformação é concebível. Em *Akropolis* (1962), Grotowski adapta uma peça do dramaturgo polonês Wyspianski (1869-1907), alterando o texto original apenas com ligeiras interpolações, mas contradizendo deliberadamente, pela transposição cênica, a visão do autor. Enquanto Wyspianski situa o drama na catedral de Cracóvia, dando-lhe um aspecto onírico, Grotowski substitui essa visão de sonho pelo pesadelo de um campo de concentração.

Esse "teatro pobre" se caracteriza por um despojamento absoluto, por uma rejeição maciça de todos os elementos de espetáculo, cenários, maquinaria, jogos de luz, figurinos, maquiagem, música, sonoplastia. "Eliminando gradativamente o que se mostrou supérfluo, descobrimos que o teatro podia existir sem maquiagem, sem figurinos autônomos nem cenografia, sem um lugar separado para o espetáculo (palco), sem efeitos de luz ou de som, etc. Ele não pode existir sem a relação ator/espectador, sem a comunhão de percepção direta, 'viva'." "É uma antiga verdade teórica, claro, mas, quando é rigorosamente aplicada, ela mina a maioria das nossas ideias usuais sobre o teatro. Ela rejeita a noção de teatro como síntese de disciplinas criadoras díspares – literatura, escultura, pintura, arquitetura, jogos de luz, interpretação (sob a direção de um *encenador*)." Todo efeito que não fosse produzido pelos próprios intérpretes é eliminado. O ator, investido da mais alta missão, deve criar, no despojamento, apenas com os meios de que dispõe.

Grotowski exige do ator uma verdadeira ascese, baseada num treinamento físico particularmente duro. Ele estudou os métodos mais marcantes, os exercícios de Dullin, a "biomecânica" de Meyerhold, as técnicas de treinamento da ópera de Pequim, do nô japonês, do kathalaki hindu. O ator, num "amadurecimento" constante, deve conhecer os mil recursos do instrumento que ele toca: seu corpo e sua voz. Grotowski chegou inclusive a criar uma técnica que lhe permitia utilizar os múltiplos ressoadores de que é dotado. "O ator deve ser capaz de decifrar todos os problemas de seu corpo que lhe são acessíveis. Deve saber como dirigir o ar para as partes de seu corpo onde o som pode ser criado e amplificado por uma espécie de ressonância. O ator médio conhece apenas o ressoador da cabeça; ou seja, utiliza sua caixa craniana como um ressoador para amplificar sua voz, tornando o som mais 'nobre', mais agradável ao público. Ele pode até utilizar às vezes, fortuitamente, o ressoador de peito. Mas o ator que examina detalhadamente as possibilidades do seu organismo descobre que a quantidade de ressoadores é praticamente ilimitada. Ele pode explorar não apenas a caixa craniana e o peito, mas também a parte de trás da cabeça (occipúcio), o nariz, os dentes, a laringe, o ventre, a coluna dorsal, como um ressoador total que compreende atualmente o corpo inteiro, e muitos outros mais que ainda não conhecemos. Ele descobre que não basta empregar a respiração abdominal em cena. As diferentes fases das suas ações físicas requerem diferentes tipos de respiração, se ele quiser evitar as dificuldades de respiração e de resistência do seu corpo. Ele descobre que a dicção que aprendeu na escola de teatro provoca com muita frequência um bloqueio da laringe. Ele deve adquirir a destreza de abrir a laringe conscientemente e verificar de fora se está aberta ou fechada, se não resolver seus problemas, sua atenção será distraída pelas dificuldades que não deixará de encontrar, e o processo de autopenetração fracassará necessariamente. Se o ator tem consciência do seu corpo, não pode penetrar no interior de si mesmo nem se revelar." Peter Brook (nascido em 1925), no prefácio que escreveu em 1971 para a tradução francesa de *Em busca de um teatro pobre*, relata o imenso choque que seus atores experimentaram quando ele convidou Grotowski para ir à Inglaterra, para trabalhar com eles durante duas semanas. Foi "o choque de ver que, em algum lugar do mundo, o jogo teatral é uma arte à qual você se entrega absolutamente, uma arte monástica e total".

Esse treino, que permite que o ator explore e controle seus meios físicos, não tem seu fim em si mesmo mas se inscreve, como em Stanislávski, num procedimento espiritual. O ator deve descer dentro de si, a fim de comunicar ao espectador sua vida interior e inventar uma linguagem de signos para organizar o que, sem isso, não seria mais que uma confissão informe. Com uma base de exercícios servindo de ponto de apoio à improvisação, ele aprende a pôr em jogo suas associações pessoais. O diretor que o guia deve ajudá-lo a eliminar suas inibições, a destruir os estereótipos do seu comportamento. Sua melhor proteção, nessa etapa difícil da ruptura das defesas psicológicas, reside no ato criador, no dar forma. "O ator que se revela e sacrifica a parte mais íntima de si mesmo – aquela que não é feita para os olhos do mundo – deve ser capaz de manifestar o impulso último, deve ser capaz de dar, pelo som e pelo movimento, esses impulsos que balançam na fronteira entre o sonho e a realidade. Resumindo, ele deve ser capaz de construir sua própria linguagem psicanalítica de sons e de gestos, da mesma maneira que um grande poeta cria sua própria linguagem de palavras." Não se trata, para Grotowski, de ensinar uma técnica ao ator, mas de eliminar seus bloqueios, o que ele chama de "via negativa". "Assim", ele escreve, "nossa *via é negativa* – não um conjunto de meios mas uma eliminação dos bloqueios." É preciso fazer desaparecer no ator o gesto comum, o gesto cotidiano, que obscurece o "impulso puro". Nos momentos de grande alegria ou de grande sofrimento, o homem, arrebatado pelo "entusiasmo", no sentido etimológico, utiliza signos rítmicos, põe-se a cantar ou a dançar. É essa expressão elementar que o ator deve tentar reencontrar, é "o signo orgânico". O longo percurso interior que o ator consuma desemboca na descoberta de uma corporeidade antiga ligada a imagens arcaicas, a "imagos" primitivas de personagens parentais, que estão na origem da formação da psique. "Um dos acessos à via criativa", escreve Grotowski, "consiste em descobrir em nós mesmos uma corporeidade antiga à qual estamos ligados por uma relação ancestral forte. Não nos encontramos então nem no personagem nem no não personagem. A partir de detalhes, podemos descobrir em nós um outro – o avô, a mãe. Uma foto, a lembrança das rugas, o eco distante de uma cor de voz permite reconstruir uma corporeidade. Primeiro a corporeidade de alguém conhecido e, em seguida, cada vez mais longe, a corporeidade de um desconhecido, do ancestral. Ela é verídica ou não? Talvez ela não seja como foi mas como poderia ter sido. Você pode chegar bem longe lá atrás, como se a memória despertasse. É um fenômeno de reminiscência, como se nos lembrássemos do *performer* do ritual primário. Cada vez que descubro uma coisa, tenho a sensação de que é aquilo de que me lembro. As descobertas estão lá atrás e temos de fazer uma viagem para trás a fim de chegar até elas.

"Pela penetração – como na volta de um exilado –, podemos atingir algo que não está mais ligado às origens mas, se ouso dizer, à origem?"

Assim, o ator, em Grotowski, não procura construir pouco a pouco um personagem que lhe seria exterior, mas sim encontrar, por intermédio do papel, uma expressão elementar arcaica. Ele deve "aprender a utilizar seu papel, como se fosse o bisturi de um cirurgião, para se dissecar a si mesmo". Thomas Richards, seu discípulo, se explica assim, em *Travailler avec Grotowski sur le actions physiques* [*Trabalhar com Grotowski sobre as ações físicas*], em 1995[35]: "Não é a mesma coisa que o trabalho de Stanislávski sobre o personagem. Stanislávski centrava sua pesquisa na *construção de um personagem* dentro de uma história e de circunstâncias dadas por um texto teatral. O ator se perguntava: qual é a linha lógica de ações físicas que eu executaria se eu estivesse nas circunstâncias desse *personagem*? Mas no trabalho de Grotowski, por exemplo, em seu trabalho no Teatro Laboratório, os atores não *buscavam* personagens. Ao contrário, os personagens aparecem mais na mente do espectador por causa da montagem (no espetáculo e no papel). Grotowski frisou várias vezes esse aspecto ao falar do trabalho de Ryszard Cieslak em *Le Prince Constant* [*O príncipe constante*]. No fundo, Cieslak não havia trabalhado sobre o personagem da tragédia de Calderón, mas sobre as lembranças pessoais ligadas a um acontecimento importante da sua vida."

É a uma verdadeira oferenda de si mesmo que o ator se consagra em seu desempenho, à qual Grotowski, rejeitando categoricamente o termo desnaturado de espetáculo, dá o nome de "ação". Essa entrega só pode se efetuar em um "teatro de câmara", onde uma verdadeira intimidade, favorecida pela proximidade, se estabelece entre o público e os atores. Daí resulta uma autoanálise do ator, mas também do espectador, se ele aceitar participar. Para cada produção, Grotowski concebe um novo espaço de atuação, que cria relações específicas ator/público. "Assim", escreve Grotowski, "uma variante infinita de relações ator/espectador é possível. Os atores podem atuar no meio dos espectadores, entrando diretamente em contato com o público e atribuindo a este um papel passivo no drama (cf. nossos espetáculos *Caim*, baseado em Byron, e *Shakuntala*, baseado no Kalidasa). Ou então os atores podem edificar estruturas entre os espectadores, incluindo-os assim na arquitetura da ação, sujeitando-os a uma espécie de pressão, de amontoa-

---

35. Thomas Richards, *Travailler avec Grotowski sur les actions physiques*, Actes Sud, 1995, col. Le Temps du théâtre.

mento e de limitação do espaço (*Akropolis*, baseada em Wyspianski). Os atores também podem atuar entre os espectadores e ignorá-los, olhando através deles. Os espectadores podem ser separados dos atores – por exemplo, por uma paliçada alta chegando à altura da cabeça (*O príncipe constante*, baseado em Calderón); nessa perspectiva radicalmente inclinada, eles olham os atores embaixo, como se estes fossem animais numa arena, ou como estudantes de medicina acompanhando uma operação (de resto, essa visão desprendida, de cima para baixo, dá à ação um sentido de transgressão moral). Ou toda a sala é utilizada como um lugar concreto: a 'Santa Ceia' de Fausto no refeitório do mosteiro, em que Fausto conversa com os espectadores, que são convidados da festa barroca servida em imensas mesas, oferecendo episódios da sua vida. A eliminação da dicotomia palco/auditório não é a coisa importante – ela simplesmente cria um campo de pesquisas apropriado. O essencial consiste em encontrar a relação espectador/ator própria de cada tipo de espetáculo e encarnar a decisão em arranjos físicos."

3. UM TEATRO POLÍTICO

Se no século XX teóricos como Artaud, Stanislávski ou Grotowski desejam dar novamente ao teatro uma missão sagrada, outros politizam a cena, de que também têm uma ideia elevada. Eles lhe confiam a missão de desvendar as causas dos conflitos sociais, a fim de conduzir o espectador a uma tomada de consciência política. Meyerhold na Rússia, Brecht na Alemanha, que viveram, ambos, acontecimentos sangrentos – um, a revolução russa e a instauração do stalinismo; o outro, o nazismo –, querem fazer do teatro um lugar de reflexão e um instrumento de propaganda. Assim, por caminhos diferentes, Meyerhold, criando "um teatro da convenção consciente", Brecht introduzindo o conceito de "distanciamento", procuram eliminar a ilusão, que adormece o espírito crítico, recordando constantemente que a cena não passa de ficção. A influência deles ainda é imensa na cena contemporânea.

3.1. Meyerhold e o "teatro da convenção consciente"

O desejo de alcançar uma teatralidade pura está na origem da teoria de Vsevolod Meyerhold (1874-1942). Ele descobre com entusiasmo o conceito de teatralidade em 1908 com um de seus compatriotas, Evreinov (1879-1953), diretor e autor dramático russo que subverte completamente a cena czarista tanto ao recorrer às técnicas do teatro chinês quanto se inspirando em ritos primitivos[36]. Artista engajado que, do mesmo modo que Maiakóvski, de quem criou grande número de peças, abraça com fervor a causa da revolução russa desde 1917, Meyerhold sonha

---

36. Nicolai Evreinov renova a arte cênica na Rússia entre 1905 e 1925, ano em que parte para o exílio. Seus conhecimentos de etnólogo, adquiridos durante longas viagens à Ásia, África e América, sua paixão pela biologia, que o leva a trabalhar com a utilização dos ritmos biológicos no teatro, fazem dele um encenador excepcional.

com um teatro revolucionário que se inspire ao mesmo tempo na tenda de mafuá e no desfile popular, sem com isso largar de vez uma grandeza heroica. Assim, ele preconiza o "teatro da convenção consciente", no qual o ator, que não deve se deixar levar por sua atuação, sabe o tempo todo que a cena é factícia, de modo que o espectador, por sua vez, nunca esqueça que o mundo que ele contempla é o produto de uma ficção. "A técnica da convenção consciente luta contra o procedimento da ilusão. O novo teatro não tem o que fazer com a ilusão, esse sonho apolíneo", declara. A cena, profundamente irrealista, é constituída, para ele, de um conjunto de signos plásticos carregados de um poder emocional capaz de tocar o espectador e levá-lo a refletir, propondo-lhe uma interpretação do mundo pelo viés de uma estilização abstrata, que ele define deste modo: "Entendo por 'estilização' uma reconstituição exata do estilo de uma época ou de um acontecimento que o fotógrafo busca, mas associo a ela a ideia de 'convenção consciente', de generalização, de símbolo. 'Estilizar' significa exteriorizar a síntese interior de uma época ou de um acontecimento valendo-se de todos os meios de expressão, reproduzir os caracteres específicos ocultos que uma obra de arte comporta."

Meyerhold, embora decididamente engajado no movimento comunista, logo se torna, como muitos artistas, suspeito para o regime soviético e cai, vítima de Stálin. Em 1938, o Teatro Meyerhold, que lhe havia sido atribuído pelo governo em 1920, é fechado por decreto. Quando, no ano seguinte, ele se recusa a fazer sua autocrítica, condenando o formalismo, e a aderir ao realismo socialista, é detido e deportado, morrendo em 1942 no degredo. Por isso, sua obra teórica, que ficou dispersa durante muito tempo, por estar proibida na URSS, só foi traduzida na França tardiamente. Em 1963, é lançada uma primeira obra, intitulada *Le Théâtre théâtral* [*O teatro teatral*], depois, em 1980, os *Écrits sur le théâtre* [*Escritos sobre o teatro*], que reúnem o essencial da obra. Sua estética formalista no entanto foi reconhecida imediatamente. Em razão do imenso sucesso da sua encenação do *Revizor* [*O inspetor-geral*] de Gogol, em 1926, vai montar a peça em Paris a pedido de Gaston Baty.

Meyerhold se mostra particularmente severo em relação ao naturalismo cujos excessos pôde avaliar quando trabalhava no Teatro de Arte de Moscou[37], como colaborador de Stanislávski, onze anos mais velho que ele, pelo qual, aliás, nutre uma grande admiração. O realismo dos cenários, dos figurinos e da maquiagem debilita, a seu ver, o drama, cuja força poética reside essencialmente na composição rítmica. A representação realista, captando a atenção do espectador para detalhes insignificantes, faz perder de vista o essencial e estica inutilmente a duração do espetáculo, que perde todo dinamismo. "O tempo é precioso no palco", afirma Meyerhold, convicto de que não se poderia reter a atenção do público por muito tempo e que a lentidão compromete a concisão que a arte da cena requer. Ele critica os diretores de peças históricas, em particular, por sua tentativa de reconstituição de uma época. A peça, na qual a composição rítmica é relegada ao

---

37. Stanislávski fundou o Teatro de Arte de Moscou em 1898. Meyerhold, que não se satisfaz com o naturalismo utilizado por Stanislávski, deixa o Teatro de Arte em 1902 e funda a Sociedade do Novo Drama. Posteriormente, voltará a trabalhar com Stanislávski, ao criarem juntos o Teatro Estúdio.

segundo plano, não poderia deixar de sofrer com esse procedimento de "cópia de estilos históricos". Fortemente atraído pelo onirismo de Maeterlinck, de quem estreia, com uma estilização extrema, um grande número de peças na Rússia, opta por uma ausência total de cenário ao montar La Mort de Tintagilès [*A morte de Tintagiles*] e declara: "Por isso, atribuíamos a *A morte de Tintagiles* unicamente um fundo decorativo. Ensaiávamos essa peça com um simples fundo de telão, e a tragédia ficava ainda mais impressionante por ficar o desenho dos gestos mais nítido."

Quanto ao modo de representar naturalista, que pretende imitar fielmente os gestos cotidianos, parece-lhe de uma pobreza aflitiva. "Ele pede ao ator uma expressão nítida, rematada, precisa; não admite uma representação alusiva, voluntariamente imprecisa. É por isso que, na maior parte das vezes, esse ator *exagera*. Ora, *ao interpretar um personagem, não é de modo algum necessário precisar rigorosamente seus contornos para tornar a figura clara*. O espectador possui a faculdade de completar a alusão com sua própria imaginação. Muitos são justamente atraídos pelo teatro por seu mistério e pelo desejo de penetrar neste. O teatro naturalista parece recusar ao público esse poder de sonhar e de completar que ele exerce ao ouvir música.

"Com uma insistência perseverante, o teatro naturalista se aplicou a escorraçar da cena o poder do mistério." Maeterlinck relata numerosos diferendos que opuseram Tchekhov e seus atores no Teatro de Arte de Moscou. Em seu desejo de representar a realidade no palco, eles estragavam com isso o espetáculo, ao ver de Tchekhov, para quem o teatro é um lugar onde se projetam os estados de alma. Peremptório em sua condenação, ele afirma: "O teatro naturalista recusa o direito de sonhar e inclusive a capacidade de compreender as considerações inteligentes ditas no palco."

É pela abstração dos movimentos cênicos e não pela reprodução do real que o ator, segundo Meyerhold, comunica os sentimentos, as emoções do personagem que ele encarna. "O movimento é subordinado às leis da forma artística. Numa representação, é o meio de expressão mais poderoso. O papel do movimento cênico é mais importante do que o dos outros elementos teatrais. Privado da palavra, dos figurinos, da ribalta, das coxias, do prédio, o teatro, com o ator e sua arte dos movimentos, não é menos teatro: são os movimentos, os gestos e os jogos de fisionomia do ator que informam o espectador sobre seus pensamentos e seus impulsos." Como Craig, Meyerhold está convencido de que o ator pode encontrar modelos de posturas estilizadas na escultura, arte que se desenrola nas três dimensões, muito mais que na pintura, congelada no plano. "O corpo do homem e os acessórios – mesas, cadeiras, camas, armários – têm três dimensões. Logo, no teatro, onde o ator é o objeto principal, é preciso recorrer aos achados da arte plástica, e não da pintura. Para o ator, a base é a *arte estatuária*." Como a força poética da representação reside em parte na arte do movimento, Meyerhold, que às vezes se inspira no *music-hall* e na arte circense, que requerem, de parte do intérprete, virtuosismo, agilidade e domínio, dá uma grande importância ao treinamento físico do ator, a "biomecânica". Não se trata, como às vezes pretenderam abusivamente, de uma eliminação do psíquico em benefício do corporal, cuja expressão só pode ter sentido em estreita ligação com a psique. "(...) o domínio corporal é, sem dúvida, um elemento do novo sistema de representação, sem que o domínio dos meios psíquicos possa ser considerado secundário. Digamos, antes, que o sistema de Meyerhold está baseado na demonstração formal do fundo emocional."

A abstração do jogo cênico liberta a imaginação do espectador. Meyerhold, que não procura fazer da cena um reflexo do real, rejeita a ilusão que o teatro anterior lhe oferecia e pede a este, em contrapartida, uma real participação. Por isso, ele espera do diretor, que faz tradicionalmente o papel de maestro, uma nova atitude. Segundo ele, nenhuma liberdade criadora foi deixada até agora nem ao ator, que se submete a um esquema estabelecido de antemão pelo diretor, nem ao espectador, que contempla a visão que lhe é imposta da obra. Meyerhold representa essa concepção, para ele passadista, por meio de um triângulo em que o "ponto superior"[38] figura o diretor, e os outros dois o autor e o ator.

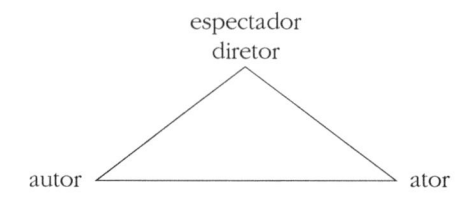

```
           espectador
            diretor
             /\
            /  \
           /    \
          /      \
    autor /_____\ ator
```

De acordo com esse esquema, o diretor se interpõe entre o par constituído pelo autor e pelo ator, de um lado, e pelo público, do outro. Ele manipula o texto e o ator para mostrar ao espectador uma obra que ele forjou, tal como Pigmalião, sua estátua. É outro o método que Meyerhold reivindica, figurado por uma linha reta:

```
autor ——————————— diretor ——————————→ ator/espectador
```

O diretor desse "teatro da linha reta" transmite as reflexões que a obra lhe inspira ao ator, que é livre na sua interpretação. O espetáculo nasce então do encontro de duas sensibilidades que se exprimem com toda liberdade: a arte do ator e a imaginação do espectador. Nesse "teatro teatral", o espectador representa o papel essencial de "quarto criador".

Para favorecer essa conivência do ator e do espectador, Meyerhold recorre a dois procedimentos de atuação, a "pré-representação", que ele toma emprestada do teatro oriental, e a "representação invertida", uma espécie de fala dirigida ao público. Eis como ele os define, de acordo com o testemunho de seus colaboradores próximos. A propósito da "pré-representação", escreve: "Antes de abordar a situação propriamente dita, o ator japonês ou chinês representa toda uma panto-

---

38. Utilizamos esses termos, apesar de nada ortodoxos do ponto de vista geométrico, porque são os que Meyerhold emprega.

mima. Sem uma palavra, por uma série de gestos alusivos, ele sugere aos espectadores a ideia do personagem que ele encarna e os prepara para perceber de certa maneira o que vai se seguir. Às vezes essa pantomima 'preparatória' se prolonga por quinze minutos, para pôr em relevo uma breve réplica. Os atores orientais conheciam com perfeição o mecanismo teatral, o que lhes permitia preparar o espectador para ter a impressão desejada. Às vezes o principal interesse da interpretação residia nessa 'pré-representação'."

Meyerhold retoma esse antiquíssimo procedimento para pô-lo a serviço da agitação política, principalmente quando se trata da sátira de um personagem. "Quanto à 'representação invertida', termo que ele qualifica como 'de feição industrial, que vem de inverter a corrente elétrica', ele precisa sua natureza do seguinte modo: é 'um aparte: parando de repente de representar seu personagem, o ator interpela o público diretamente, para lembrar que está apenas *representando* e que, na realidade, o espectador e ele são 'cúmplices'."

Para que o espectador participe da ação, como Meyerhold deseja, é necessário não apenas transformar o papel do diretor, mas também suprimir a barreira que o teatro à italiana instaura entre a sala e a cena, para voltar ao palco aberto. "É preciso definitivamente destruir a jaula cênica", declara. "Senão, será impossível tornar o espetáculo dinâmico." Meyerhold se inspira tanto na estrutura do teatro grego antigo quanto na do teatro elisabetano, com seu palco que avança no meio do público (*apron stage*), seu balcão e sua cena alta (*upper stage*), sua cena de interior (*inner stage*) (ver fig. 4). Ele acrescenta a esse dispositivo tridimensional do palco elisabetano as plataformas móveis, inspirando-se no eciclema do teatro grego, nos cadafalsos do teatro medieval, nos carros do teatro espanhol (ver fig. 3). Toma emprestados também certos dispositivos do teatro oriental, em particular a ponte do teatro japonês que atravessa o espaço dos espectadores, das coxias ao palco, dando à entrada do ator em cena o caráter de uma verdadeira aparição.

3.2. O distanciamento brechtiano

Os *Écrits sur le théâtre* [*Escritos sobre o teatro*] reúnem o essencial da obra teórica de Brecht (1898-1956), que foi autor dramático, encenador e teórico. Em razão dos acontecimentos políticos que isolaram a França da Alemanha por várias décadas – a ascensão do fascismo desde os anos 30, depois a Segunda Guerra Mundial –, Brecht só foi descoberto na França em 1950[39], com a representação no Théâtre des Noctambules de *L'Exception et la règle* [*A exceção e a regra*]. Gaston Baty, vinte anos antes, havia tentado, sem o menor sucesso, torná-lo conhecido montando *L'Opéra de quat'sous* [*A ópera dos três vinténs*].

Suas concepções dramatúrgicas nasceram da descoberta conjugada de Marx, que ele leu em 1926, e dos teatros orientais. A leitura de Marx provoca nele um verdadeiro estalo, levando-o a tomar consciência dos objetivos que traz em si. "Foi lendo *O capital*", escreve em "La Marche vers le théâtre contemporain" ["O cami-

---

39. Em 1933, quando da subida de Hitler ao poder, Brecht foi obrigado a fugir da Alemanha. Só voltará para a Europa em 1947, instalando-se na futura RDA e logo tornando-se diretor do Berliner Ensemble.

nho rumo ao teatro contemporâneo"] (1927-1931), "que compreendi minhas peças." Ele agora sabe que a missão do teatro, que considera "o espelho da cultura de um povo", é antes de mais nada analisar os conflitos sociais. Sua colaboração, no início de sua carreira teatral, com Erwin Piscator (1893-1966) fortalece essa sua convicção de que só um teatro político importa[40]. Esse diretor alemão, fortemente engajado no comunismo, funda, em 1919, um teatro em Koenigsberg, O Tribunal, dirige em 1920 em Berlim o Teatro Proletário, depois o Teatro Central, antes de criar em 1977 o Piscator-Bühne. Concebendo a cena como um instrumento de propaganda, define sua concepção em Le Théâtre politique [O teatro político] (1929). Brecht reconhece plenamente sua dívida para com ele: "Foi Piscator que empreendeu a tentativa mais radical para conferir ao teatro um caráter didático", escreve em "Sur une dramaturgie non aristotélicienne" (1933-1941) ["Sobre uma dramaturgia não aristotélica"]. "Participei de todas as experiências, e não há uma só que não tenha visado desenvolver a função didática do teatro. Tratava-se expressamente de dominar no palco os grandes conjuntos temáticos da nossa época: as lutas pelo petróleo, a guerra, a revolução, a justiça, a questão racial, etc. O que fez surgir a necessidade de transformar completamente a cena."

Outra influência foi decisiva sobre a dramaturgia brechtiana. Em 1935, Brecht assiste em Moscou a um espetáculo dado pela trupe do ator chinês Fang Lang. Admirado com a utilização cênica dos símbolos nessa dramaturgia nova para ele, Brecht anota: "o teatro chinês é cheio de símbolos". Ele próprio vai cultivar esse procedimento para alcançar a *Verfremdung*, ou efeito V, esse "distanciamento" que é a pedra angular do seu teatro. A introdução constante de símbolos, que desrealiza a cena brechtiana, permite introduzir uma distância entre o espectador e o espetáculo, e fazê-lo compreender de uma forma diferente fenômenos sobre os quais não tinha se interrogado. "Ao produzir o efeito de distanciamento", escreve Brecht em "Nova técnica da arte dramática" (1935-1941), "faz-se uma coisa banal e cotidiana, pois ele é uma maneira bastante difundida de fazer compreender algo a alguém ou a si mesmo; esse efeito se encontra sob muitas formas, tanto no decorrer dos estudos quanto durante uma reunião de homens de negócios. Distanciar é transformar a coisa que queremos dar a entender, para a qual queremos chamar a atenção, de coisa banal, conhecida, imediatamente dada, numa coisa particular, insólita, inesperada. O que se entende espontaneamente é, de certo modo, tornado incompreensível, mas com o único fim de permitir em seguida uma melhor compreensão. Para passar de uma coisa conhecida ao conhecimento claro dessa coisa, é necessário tirá-la fora da sua normalidade e romper com o hábito que temos de considerar que ela dispensa comentários. Por mais banal, insignificante, popular que seja, nós a marcamos com o selo do inabitual." Todo o trabalho poético de Brecht é trabalho sobre a metáfora, procedimento sobre o qual medita a

---

40. Brecht participa notadamente de um dos mais célebres espetáculos de Piscator, *Le Brave soldat Schweyk* [*O bravo soldado Schweyk*], de Hasek, que estreou em janeiro de 1928 no Piscator-Bühne. Piscator adere ao movimento espartaquista, depois ao PC. Como Brecht, é obrigado a fugir da Alemanha nazista, de que parte em 1933, indo para Moscou. Instala-se de 1936 a 1938 em Paris, depois, em 1939, em Nova York, só voltando para a Alemanha em 1951.

vida toda, interrogando as diferentes formas artísticas para encontrar nelas algum segredo de composição. Fascinado por Cézanne, ele escreve por exemplo, em "Nouvelle technique d'art dramatique" ["Nova técnica de arte dramática"]: "A pintura distancia (Cézanne) quando ela exagera a forma oca de um recipiente."

Brecht, que, em razão das suas convicções políticas, quer fazer do teatro uma tribuna, procura, como Meyerhold, destruir a ilusão realista que adormece o espírito crítico e mantém o espectador numa total passividade. Fazendo crer na realidade dos acontecimentos representados, o teatro de ilusão exerce sobre o público uma função hipnótica. Brecht condena o teatro aristotélico, termo que para ele é sinônimo de teatro de ilusão, o qual tende a criar no espectador a catarse e o leva a se identificar com o herói, a ponto de esquecer completamente de si. "O que nos parece do maior interesse social", escreve em "Sobre uma dramaturgia não aristotélica", "é o fim que Aristóteles atribui à tragédia: a catarse, purgação no espectador do medo e da piedade pela imitação de ações que suscitam o temor e a piedade. Essa purgação repousa num ato psicológico muito particular: a identificação do espectador com os personagens ativos que os comediantes imitam. Chamamos de aristotélica toda dramaturgia que provoca essa identificação, sem que importe saber se ela a obtém apelando ou não para as regras enunciadas por Aristóteles. No correr dos séculos, esse ato psicológico muito particular – a identificação – se realizou segundo maneiras bem diferentes." Além do mais, o teatro de ilusão é, a seu ver, um teatro de classe, centrado em personagens excepcionais. Por isso, ele condena categoricamente os autores clássicos que ignoram totalmente, a seu ver, as relações sociais. "Os clássicos serviam para satisfazer os amantes da identificação", escreve em "O caminho rumo ao teatro contemporâneo". "A utilidade dos clássicos é por demais limitada, não é o mundo que eles nos mostram, mas eles mesmos. Individualidades para a vitrine do colecionador. Citações com valor de joias. Um horizonte limitado, burguês. Tudo com medida e sob medida."

Convém portanto para Brecht introduzir uma "distância" entre o espectador e o espetáculo. O conceito de "distanciamento" nasce da análise política de Brecht, que denuncia, na Alemanha pré-nazista dos anos 30, o procedimento teatral pelo qual Hitler, na sua perversidade, hipnotiza as multidões. Como a política se teatraliza então de maneira inquietante, Brecht deseja desteatralizar o teatro, para manter constantemente o senso crítico do espectador em estado de alerta. "O fascismo", escreve ele em "Sobre uma dramaturgia não aristotélica", "com sua maneira grotesca de insistir no fator emocional, e tanto quanto ele, talvez, certo declínio do elemento racional da doutrina marxista me estimularam a insistir mais sobre o aspecto racional."

Para produzir esse "distanciamento" que desalienará o espectador, Brecht preconiza um "teatro épico". "A característica essencial do teatro épico", escreve ele em "O caminho rumo ao teatro contemporâneo", "talvez seja se dirigir menos à *afetividade* do espectador do que à sua *razão*. O espectador não deve viver o que vivem os personagens, mas questionar estes últimos. Seria no entanto falso afirmar que o sentimento é alheio a esse teatro. Isso equivaleria apenas a afirmar, hoje, que o sentimento é alheio à ciência." A expressão contém uma contradição, na medida em que o drama e a epopeia são dois gêneros bem distintos que têm sua forma própria, contradição que Brecht é o primeira salientar, insistindo todavia no fato de que ela perdeu sua rigidez a partir do momento em que o teatro pôde incorporar elementos narrativos, graças às técnicas do audiovisual. Esse teatro terá uma dimensão "épica", como a poesia dos bardos ou dos trovadores, que cantavam as proezas guerreiras dos heróis antigos. Enquanto o teatro de ilusão tenta recriar um falso presente, o teatro épico, estritamente histórico, lembra constantemente ao público que ele assiste apenas a um relato de acontecimentos passados.

O abandono da ilusão realista liberta o dramaturgo das convenções a que estava submetido no teatro anterior. Não lhe é mais necessário, no decorrer da exposição, apresentar os personagens através do diálogo dos atores. No teatro épico, os personagens se apresentam por si mesmos ao público, seus nomes podem até ser projetados numa tela. Um recitador está ali para comentar perpetuamente a ação, julgá-la. Ao contrário dos teatros orientais, onde é sempre o mesmo personagem que faz o papel de recitante, sem participar da ação, qualquer ator pode momentaneamente abandonar seu papel para ser recitante. Às vezes esse recitante descreve, em certos momentos, os pensamentos e os móveis dos personagens: é um procedimento de distanciamento que tende a salvaguardar a liberdade de reflexão do espectador. Às vezes, ele pode antecipar e informar o público do desenlace. Graças a essa prolepse, o espectador, liberto das inquietudes relativas ao futuro dos heróis, fica com o espírito livre para julgar o desenrolar da ação. De fato, Brecht pensa que o mais importante no teatro é a ação. A noção de "fábula" ou de "história", em Brecht, substituiu a velha noção de intriga dramática, que é o relato de uma crise com exposição, nó e desenlace. Já a "fábula" brechtiana é uma justaposição de episódios ligados ao comportamento de um personagem em face de um problema permanente. Não são tanto os personagens que importam, mas as relações que os unem e os opõem, a história na qual eles se engajaram. O indivíduo perdeu seu papel de epicentro. O *gestus*, isto é, a conduta dos personagens uns em relação aos outros, tornou-se a unidade de base do teatro épico. O próprio Brecht o define assim, em "Sur le métier de comédien" ["Sobre o ofício de comediante"] (1935-1941): "Pelo termo de *gestus* há que entender um conjunto de gestos, de jogos de fisionomia e, no mais das vezes, de declarações feitas por uma ou várias pessoas (a) uma ou várias outras."

Enquanto a ação progride de forma permanente no teatro de ilusão, no teatro épico ela é fragmentada. A estrutura de *Mère Courage* [*Mãe Coragem*] (1939) é dominada por um princípio de alternância. Um grupo de cenas mostra como Coragem perde seus filhos, enquanto as outras cenas, mais curtas, apresentam-na em suas atividades de comerciante. Essa oposição, contida no título, realça a incompatibilidade entre amor materno e desejo de lucro, ao mesmo tempo que insere a história de Coragem numa "Crônica da guerra de trinta anos". Por conseguinte, vários acontecimentos estão relacionados com a guerra e, tendo certa autonomia com respeito à história de Coragem (os recrutadores, as prostitutas, etc.), vêm interromper a ação principal, que, em sua organização, é atomizada. A sequência – que pode ser falada, pantomímica ou, ao mesmo tempo, falada e pantomímica – se torna unidade de significação. A cena, que constitui uma unidade no teatro de ilusão, não passa, aqui, de uma justaposição de sequências. Ora as sequências se sucedem rapidamente num mesmo lugar, ora são concomitantes, e dois lugares diferentes são representados simultaneamente. Brecht reencontra aqui a estética medieval ou elisabetana. Um jogo de correspondência entre as sequências, no qual se faz sentir a influência do cinema, convida o espectador a construir sua compreensão da peça, confrontando certas sequências.

A essa fragmentação da ação corresponde a da linguagem dramática. Os *songs*, passagens versificadas e cantadas, dotadas de um refrão e divididas em estrofes, criam uma ruptura formal em relação às cenas em prosa, destinadas a ser recitadas, ao mesmo tempo que uma ruptura dramática, porque, ao introduzir uma pausa lírica que faz as vezes de discurso comentarista, interrompem a ação. Além do mais, a ligação entre o *song* e a ação repousa muitas vezes num efeito de contraste. Em *Mãe Coragem*, o cinismo alegre do *song* da cena 1 é desmentido pelo primeiro fracasso de Coragem, já que seu filho lhe escapa. Os *songs*, como os outros elementos do espetáculo, chamam no espectador uma faculdade de aproximação. Essa descontinuidade da linguagem tende a evitar a identificação do espectador.

O cenário, que não visa criar uma ilusão de realidade, também é, em sua descontinuidade, um elemento de distanciamento. "Hoje", escreve Brecht em "Sur le déclin du vieux théâtre" ["Sobre o declínio do velho teatro"] (1924-1928), "é mais importante os cenários dizerem ao espectador que ele está no teatro do que lhe sugerirem, por exemplo, que está em Áulis. O teatro deve, como teatro, adquirir essa realidade fascinante (que) tem o ginásio esportivo durante uma luta de boxe. O melhor é mostrar a maquinaria, roldanas e cabos.

"São necessários cenários que, se representam por exemplo uma cidade, deem a impressão de uma cidade construída para durar somente duas horas. A realidade do tempo deve ser restabelecida.

"Tudo deve ser provisório e no entanto digno de respeito. Basta que um lugar tenha a credibilidade de um lugar percebido em sonho." Brecht recorre a procedimentos que descobriu em Piscator. Este último introduziu notadamente o cinema na cenografia do teatro, distinguindo o "filme dramático" do "filme de comentário", que ele compara ao coro antigo. Piscator os define assim em seu livro *Le Théâtre politique* [*O teatro político*]: "O *filme dramático* intervém no desenrolar da ação. Ele substituiu a cena falada. Onde o teatro perde tempo em explicações e diálogos, o filme esclarece a situação mediante algumas imagens rápidas. Apenas o mínimo indispensável (...). O *filme de comentário* acompanha a ação à maneira de um coro. Ele se dirige diretamente ao espectador, interpela-o. (...) O filme de comentário chama a atenção do espectador para as reviravoltas importantes da ação. (...) Ele critica, acusa, explicita as datas importantes, faz às vezes propaganda direta." Brecht preconiza, a exemplo de Piscator, a utilização de projeções cinematográficas: o diretor pode fazer aparecer, no fundo da cena, documentos, peças de arquivos, estatísticas, acrescentar ou subtrair, como na técnica das colagens. O cinema deve ser utilizado como uma sucessão de quadros. Ele desempenha um papel de "coro ótico", pois "pode confirmar o que é apresentado pela ação ou refutar, rememorar ou profetizar. Ele é capaz de retomar o papel que tinham outrora as aparições de espíritos", escreve Brecht em "Sobre uma dramaturgia não aristotélica".

Como Meyerhold, Brecht atribui um novo papel ao espectador. Este não deve mais ser um consumidor que assiste passivamente, com uma atitude que Brecht qualifica de "culinária", mas um observador que decifra uma mensagem política. Sem sua participação ativa, a representação é incompleta. O espectador, incluído no acontecimento teatral, é "teatralizado", como escreve Brecht em "O caminho rumo ao teatro contemporâneo".

O ator, a que também é atribuído um papel diferente, não deve se identificar com seu personagem, mas lembrar-se o tempo todo, durante a representação, que relata acontecimentos passados. Brecht multiplica os conselhos relativos a ele e lhe sugere diferentes meios para continuar no comando da sua atuação. "O comediante que renuncia à metamorfose integral" – escreve em "Nova técnica de arte dramática" – "dispõe de três procedimentos que o ajudarão a distanciar as palavras das ações do personagem a representar:

"1. a transposição para a terceira pessoa;
"2. a transposição para o passado;
"3. o enunciado de indicações cênicas e de comentários.

"A transposição para a terceira pessoa e para o passado possibilita ao comediante situar-se a uma justa distância de seu personagem. Ele busca além disso indicações de encenação e as diz nos ensaios. (...) Introduzindo sua fala com uma indicação de encenação dita na terceira pessoa, o comediante provoca o choque de duas cadências; a segunda (a do texto propriamente dito) se encontra por conseguinte distanciada." Esses meios possibilitam ao ator assumir o papel de narrador em relação ao personagem que encarna. Em *O paradoxo do comediante*, Diderot também insiste no fato de que o ator, que empresta seu corpo ao personagem, não deve sentir nenhuma das suas emoções, a fim de analisar a situação do exterior. Todavia, se desaconselha ao comediante identificar-se com seu personagem, é para criar no espectador a ilusão de realidade mais perfeita possível, fazendo-o acreditar na existência do personagem que ele encarna. Brecht, em compensação, veda toda identificação dos atores, a fim de destruir a ilusão no espectador. Ele sabe que a sala e a cena intercambiam relações comparáveis à dos vasos comunicantes e que, se os comediantes se emocionam, sua emoção logo ganhará o público. De fato, somente o ator pode garantir o êxito do distanciamento, como mostra Giorgio Strehler (1921-1998) em *Un Théâtre pour la vie* [*Um teatro para a vida*] (1980). "Mas o que é afinal o 'distanciamento', senão uma operação de 'poesia'? E mesmo a operação fundamental da 'poesia'? O ator, por meio de uma certa entonação, um certo gesto, entonações e gestos ao mesmo tempo – ele tem à sua disposição modos e possibilidades infinitos – 'sublinha' distanciando-se, isto é, colocando-se 'fora' do que representa alguma coisa nesse momento. Nesse instante mesmo, ele suspende o tempo ou o acelera, imobiliza-o ou precipita-o, transforma-o em 'algo diferente'. Ele acende como que uma chama desconhecida numa coisa de todos conhecida, tornando-a assim 'nova', nunca vista, inteiramente a compreender, como que intacta. Ou então apaga uma luz sobre uma coisa conhecida, tornando-a assim nova, inteiramente a descobrir e a conhecer. Numa palavra, o ator toca e isola, das mil maneiras que sua arte lhe oferece, as coisas desconhecidas, nunca compreendidas ou mal compreendidas, e as faz aparecer em sua verdade numa cena ideal, onde razão e sentimento se fundem, sem que uma jamais se exerça em detrimento da outra, mas onde os dois aspectos se reforçam reciprocamente."

É em relação à ópera, em particular ao drama wagneriano, que a crítica de Brecht é mais mordente, porque a ilusão se encontra no seu auge. Brecht, como outrora Bossuet, se dá conta de que a emoção do espectador é mais forte na ópera, onde a música é mais envolvente do que no teatro. Seu encontro com o músico Kurt Weill (1900-1950), decididamente antiwagneriano, é determinante. Movido por um desejo de reforma democrática, Kurt Weill atribui uma função social à ópera, que não será mais reservada às classes privilegiadas. É em colaboração com ele que Brecht escreve suas óperas épicas em que os *leitmotive* são abandonados em benefício dos *songs*. A música deve servir de contraponto paródico ao texto, como explica Brecht em "Sur l'architecture scénique et la musique du théâtre épique" ["Sobre a arquitetura cênica e a música do teatro épico"] (1935-1942). Ao contrário do que ocorre na ópera wagneriana, em que o fosso da orquestra é cuidadosamente ocultado dos olhares, a orquestra deve estar nitidamente visível ao espectador, a fim de realçar a ficção. Ansiosos, ambos, por quebrar a partição estética tradicional entre as artes nobres, que são o teatro e a ópera, e as artes menores, que são o circo, as variedades, o cabaré, escrevem juntos em 1926, *Royal Palace*, ópera que abre caminho para a "nova objetividade", na qual se misturam música popular, saxofone, ritmos de foxtrote. Em suas duas grandes óperas, que a seu ver constituem "as primeiras tentativas de aplicação prática do teatro épico", a *Ópera dos três vinténs* (1928) e *Grandeur et décadence de la ville de Mahagonny* [*Ascensão e Queda da Cidade de Mahagonny*]. A *Ópera dos três vinténs* não é apenas uma paródia de opereta, é um ensaio para analisar o conceito de ópera no decorrer de uma sessão de teatro, para fazer o espectador tomar consciência do que ele vem confusamente buscar. Brecht quer nos fazer descobrir que a inverossimilhança é fonte de prazer. O último "final a três", em que o enviado do rei salva a situação ao trazer a ordem de agraciar Mac Heath, não é apenas uma paródia da intervenção do deus ex machina no desenlace, é principalmente a denúncia de uma arte cuja própria condição é a incoerência, na medida em que agradam ao espectador situações indefensáveis.

Dando um novo lugar ao espectador no espetáculo, Brecht é o fundador do teatro popular, que Jean Vilar, na década de 50, sonhará criar na França. "Para Brecht", escreve Roland Barthes em seus *Essais critiques* (Seuil, 1964), "a cena conta, a sala julga, a cena é épica, a sala é trágica. Ora, isso é a própria definição do grande teatro popular."

Muitos autores dramáticos franceses, que se alinham explicitamente a Brecht, criam, depois da guerra, um teatro engajado. Gatti, Césaire, Yacine, Planchon, tratam, em suas peças, de acontecimentos políticos contemporâneos. O teatro de Armand Gatti (nascido em 1924) reproduz sua experiência nos campos de concentração (*L'Enfant rat* [*A criança rato*]). Esse filho de emigrantes italianos participa virulentamente da luta contra o fascismo (*La Passion du Général Franco* [*A paixão do general Franco*]), a bomba atômica (*La Cigogne* [*A cegonha*]), a guerra do Vietnã (*V. comme Vietnam* [*V. de Vietnã*]). Aimé Césaire (nascido em 1913), poeta martinicano de língua francesa, aparece, em toda a sua obra, como o cantor da negritude. Esse militante político estigmatiza a colonização desde a sua primeira peça, *Et les chiens se taisent* [*E os cães se calam*] (1956)[41]. A mesma problemática tem continuidade, num modo mais amplo ainda, em *La Tragédie du roi Christophe* [*A tragédia do rei Cristóvão*] (1964), *Une saison au Congo* [*Uma temporada no Congo*] (peça sobre o assassinato de Patrice Lumumba, presidente desse país) e *Une Tempête* [*Uma tempestade*]. Kateb Yacine (1929-1989) escreve em francês um hino à Argélia e à revolução argelina, em peças como *Le Cadavre encerclé* [*O cadáver cercado*] (1958) e *Les Ancêtres redoublent de férocité* [*Os ancestrais redobram sua ferocidade*] (1967)[42].

Enquanto Gatti, Césaire e Yacine tratam em suas peças de acontecimentos políticos contemporâneos, Roger Planchon (nascido em 1931) recorre, em sua obra dramática, à história, que ele utiliza como uma mediação para abordar os problemas do nosso tempo de um modo estilizado. A exemplo de Brecht, em cuja linha se inscreve, ele a trata como uma crônica. Em *Bleus, Blancs, Rouges ou Les Libertins* [*Azuis, Brancos, Vermelhos ou Os libertinos*] (1967), ele põe em cena uns interioranos mergulhados na tormenta da Revolução; em *Le Radeau de la Méduse* [*A jangada de Medusa*] (1993), jovens cujos ideais ruíram com o fracasso de Napoleão e a volta da monarquia. Planchon pinta o drama das guerras de religião tanto entre os católicos como entre os protestantes em *Le Vieil Hiver* [*O velho inverno*] e em *Fragile Fôret* [*Frágil floresta*] (1991). Em cada uma dessas peças, da disposição das sequências do drama nasce uma análise dos acontecimentos passados que leva o espectador a meditar sobre a situação político-social atual.

Após 1968, os autores dramáticos inscrevem a política no universo cotidiano. Planchon revela Michel Vinaver (nascido em 1927) ao público em 1956, com *Aujourd'hui ou les Coréens* [*Hoje ou Os coreanos*]. O argumento da peça é o encontro prosaico de um soldado francês ferido, pertencente às forças da ONU, e de uma jovem coreana numa Coreia devastada pela guerra. Os grandes sucessos de Vinaver serão *Iphigénie Hôtel* [*Ifigênia Hotel*], que tem como pano de fundo a guerra da Argélia, de 1960, e *Les Travaux et les jours* [*Os trabalhos e os dias*] de 1980. A ação desta última peça transcorre no serviço de atendimento ao cliente de uma fábrica de moedores de café, onde se encontram o chefe de serviço, um operário e três secretárias que atendem os telefonemas dos clientes, enquanto batem papo entre si, o que dá ao diálogo um aspecto descosido. Jean-Claude Grumberg, nascido em 1939, se situa nesse caminho. *L'Atelier* [*O ateliê*], montado no Odéon em 1979, representa a vida de um pequeno ateliê de confecção entre 1945 e 1952, onde certo número de personagens procura reviver, depois do trauma dos campos de concentração. Nessa peça, decididamente naturalista, as atrizes que representam as costureiras costuram realmente roupas que o espectador vê serem feitas. No

---

41. Essa peça é a reescrita de *Le Livre de Christophe Colomb* [*O livro de Cristóvão Colombo*], de Claudel, peça de 1927. Enquanto Claudel glorifica, na pessoa de Colombo, a vitória do cristianismo, Césaire condena o opressor.
42. A partir de 1972, Yacine, que volta para a Argélia, escreve em árabe dialetal. Suas últimas peças, remanejadas incessantemente durante os ensaios, não são publicadas.

prefácio de *Iphigénie Hôtel*[43], Vinaver define assim o teatro do cotidiano: "Dito e feito. Essa nova evidência, que se aplica de uma só vez a muitas coisas fora da pintura, poderia levar o teatro a se soltar, em certo sentido. A dar menos importância aos personagens e aos acontecimentos apresentados, mais ao que os separa e os liga; menos ao que é dito, mais ao fato de que o que é dito é dito – é dito em certo instante, em certo lugar, com certo gesto e certa ênfase.

"O procedimento consiste em partir de ruídos e de palavras, de movimentos e de passos, de objetos, de espaços; uma matéria é secretada, a mesma da vida cotidiana. Não a vida cotidiana em si, mas certa vida cotidiana determinada pelo lugar, o momento da história, a posição social das pessoas que se encontram ali em relação umas com as outras. Essa matéria, nos limites desses marcos, é antes de tudo amorfa e insignificante. Os acontecimentos que vão se desenrolar serão quaisquer uns e sem ligação particular uns com os outros. Só que a partir dessa matéria perpassada e sacudida por esses acontecimentos, se estabelecem necessariamente relações, desprendem-se significações para os personagens às voltas uns com os outros e às voltas com o acontecimento. O espectador é convidado a 'procurar seu gancho', a encontrar sua relação com as pessoas, a se orientar na situação dada, a extrair seus próprios significados."

É na dupla corrente do teatro político e do teatro cotidiano que aparece essa criação coletiva. O movimento de contestação de maio de 68, libertário em seus ideais, queria instaurar novas relações com os indivíduos, experimentadas por alguns na vida em comunidade, e, em matéria teatral, na criação coletiva. Além do seu desejo de escapar do repertório, julgado restritivo, esses artistas querem encontrar uma liberdade numa obra que seja o fruto da voz coletiva e não mais dissociar texto e jogo cênico. A noção de texto escrito tende então a ser questionada. Essa criação se dá, no mais das vezes, a partir de uma série de improvisações no palco, às vezes a partir da adaptação de textos narrativos. É desse sonho que nasce o Théâtre du Soleil, sob a direção de Ariane Mnouchkine. Ela funda a companhia em 1964, a partir de um grupo estudantil, com base no modelo do Berliner Ensemble de Brecht, isto é, em cooperativa. Desde 1969, com *Les Clowns* [*Os palhaços*], ela cria seus próprios textos dramáticos. Cada ator participa tanto da elaboração do texto quanto da encenação. *1789* (criado em 1970), *1792* e *L'âge d'or* [*A idade de ouro*] representam o triunfo da criação coletiva. Nesse ciclo de duas peças sobre a Revolução francesa, Mnouchkine quer pôr em cena o povo, e em *A idade de ouro* seu equivalente contemporâneo, Abdallah, o trabalhador estrangeiro. A propósito de *A idade de ouro*, ela declara, em nome de toda a trupe: "A realidade social de 1975 se apresenta para nós como um mosaico de universos desiguais e impermeáveis uns aos outros, cujo funcionamento nos é ocultado. Para contá-la, para tentar fazer compreender seus motores, optamos por recriá-la com os meios do teatro. Queremos mostrar a farsa do nosso mundo, criar uma festa serena e violenta, reinventando os princípios de teatros populares tradicionais. (…) Desejamos um teatro em linha direta com a realidade social, que não seja uma simples constatação, mas um incentivo para mudar as condições em que vivemos.

---

43. Publicado em *Théâtre complet*, t. 1, Actes Sud, 1986.

Queremos contar nossa História para fazê-la avançar, se esse pode ser o papel do teatro."[44]

Certo número de grupos trabalha com esse modelo nos anos 70, o Théâtre de la Salamandre, fundado pro Gildas Bourdet, o Théâtre de l'Aquarium, por Jacques Nichet. Certos espetáculos nascem da transposição de textos narrativos, relidos à luz da atualidade política. É o caso, em especial, de *Les Guerres pichrocolines* [*As guerras picrocolinas*], baseado em Rabelais, criado por Gildas Bourdet; outros são fruto de uma verdadeira criação coletiva, a partir de pesquisas feitas pelos atores. Assim, em 1976, *La Vieille Lune tient la jeune lune toute une nuit dans ses bras* [*A Lua Velha segura a Lua Nova no colo uma noite inteira*], criada pelo Aquarium, é uma peça sobre a ocupação das fábricas, em que os documentos são utilizados para chegar, graças às improvisações, a uma transposição teatral. Do mesmo modo, Jacques Kraemer, diretor do Théâtre de Lorraine, escreve em 1970, *Splendeur et misère de Minette la bonne Lorraine* [*Esplendor e miséria de Minette, a boa lorena*], sobre o problema do esgotamento das minas de ferro na Lorena, a partir de um trabalho de improvisação de toda a trupe. É assim que procede, na mesma época, Jérôme Savary, que dirige o Grand Magic Circus. O espetáculo, intitulado *De Moïse à Mao*, é o fruto da criação coletiva.

A influência de Brecht é mais forte ainda nos autores dramáticos alemães, suíços e austríacos. Max Frisch (1911-1991), suíço alemão, escreve, a exemplo de Brecht, peças parábolas como *Andorra* (1961), obra que denuncia visceralmente o antissemitismo. Peter Weiss (1916-1982), judeu alemão exilado na Suécia, escreve *L'Instruction* [*A investigação*] (1965), peça sobre os campos de concentração. Friedrich Dürrenmatt (1921-1990), que se explicou brilhantemente sobre suas concepções da cena em seus *Écrits sur le théâtre* [*Escritos sobre o teatro*] (1970), também é fortemente marcado por Brecht, em toda a sátira que esboça da sociedade contemporânea. *La Visite de la vieille dame* [*A visita da velha senhora*] (1956) tornou-o célebre no mundo inteiro. O teatro do austríaco Thomas Bernhard (1931-1989), fortemente político, também se situa na corrente brechtiana, com peças como *Avant la retraite* [*Antes da aposentadoria*] (1979), assim como o do alemão Heiner Müller (1929-1995), que aborda em várias das suas peças os problemas econômicos e sociais da Alemanha Oriental, como em *Les Paysans* [*Os camponeses*] e *Le Chantier* [*O canteiro de obras*], de 1964, por exemplo.

---

44. *L'Âge d'or, Première ébauche*, Stock, Théâtre ouvert, 1975.

Conclusão

Filósofos e padres, autores dramáticos, diretores teorizaram, cada um a seu modo, para captar a essência do teatro, analisando ora as regras de composição da peça, ora os afetos que o espetáculo põe em jogo, ora o desempenho que ele necessita de parte dos intérpretes. Enquanto a Antiguidade e o Classicismo privilegiaram dramaturgia e estética da recepção, desde o século XVIII e o nascimento do drama, os teóricos se interrogaram cada vez mais sobre a arte do ator e do diretor. Em todos os tempos, eles definiram o teatro como reflexo do mundo. É esse, segundo Shakespeare, em *Hamlet*, "o objeto próprio do teatro, cuja finalidade foi desde o início, e continua sendo, por assim dizer, segurar o espelho diante da natureza, mostrar ao bem seu rosto e ao mal sua fisionomia, ao próprio século e ao corpo do nosso tempo sua imagem e sua efígie". Mas a arte do reflexo, complexo, supõe um trabalho de depuração, entendido de maneira diferente conforme as épocas. O realismo vive mal no palco; o teatro, tanto quanto a pintura, não é fotografia do real. O mundo estilizado que ele evoca, mais verdadeiro que o verdadeiro, implica o espectador em sua existência mesma, e é por isso que nos comove. Originalmente, o teatro é sempre estilizado, tanto no Oriente como no Ocidente. Enquanto a arte oriental conhece pouca evolução, a cena ocidental passou por uma série de metamorfoses, da estilização ao realismo. É essa uma característica das artes espaciais: as mais antigas representações visuais que o homem já produziu, na pré-história, as que pintou em grutas como as de Lascaux e Altamira, as que gravou na rocha, como no Vale das Maravilhas, são estilizadas. Só tardiamente na história da humanidade é que as representações plásticas se tornam figurativas. Se a estilização caracteriza o teatro grego e o teatro clássico, uma tendência ao realismo abre timidamente caminho no fim do Classicismo, culminando com o drama, de Diderot a Zola, momento crucial na história do teatro ocidental, que assinala uma guinada decisiva. A partir da última década do século XIX, o movimento se inverte. Tendo a estética naturalista decepcionado artistas e espectadores, um desejo de estilização, muito mais acentuado do que na Antiguidade, se afirma. Todos no século XX, autores dramáticos, diretores e atores, tentam destruir a ilusão que fundava o teatro desde as suas origens, seja para confundi-lo com a vida, em tentativas extremas como a de Artaud, seja para fazer da cena, que eles desmistificam exibindo as convenções, um lugar metafórico. Como será no século XXI, se chegamos ao fim desse movimento pendular que se efetuou no Ocidente durante perto de dois milênios e meio, da estilização ao realismo, depois novamente à estilização? Seria presunçoso julgar essa questão atualmente.

Glossário

Aparte (*aparté*). Fala, geralmente breve, em que o personagem parece dirigir-se a si mesmo. O público como que ouve por acaso.

Atelana (*atellane*). Farsa importada para Roma de Atella, cidadezinha da Campânia, célebre por seu teatro popular.

Autossacramental (*auto-sacramental*). Peça em um ato representada por ocasião da festa de Corpus Christi, na Espanha, sobre o mistério da Eucaristia.

Cadafalso (*échafaud*). Estrado de madeira em que se coloca, na Idade Média, um elemento cenográfico.

Cenário chapado (*décor à plat*). Designa o cenário simultâneo medieval, em que as casas são contíguas.

Cenário convergente (*décor convergent*). Designa o cenário simultâneo renascentista e pré-clássico, em que os elementos são unificados pela perspectiva.

Cenário simultâneo (*décor simultané*). Contém todos os elementos necessários à representação de uma ação que se desenrola em diversos lugares.

Cenário sucessivo (*décor successif*). Muda em função dos lugares em que se desenrola a ação. A mudança pode ser feita à vista do público ou com a cortina fechada.

Cenário único (*décor unique*). Representa um só lugar que não muda ao longo da representação.

Cenografia (*scénographie*). Arte de dar forma ao espaço da representação (nasce no século XVI com a introdução da perspectiva).

Comedia. Peça profana do teatro espanhol que reveste, a partir do fim do século XVI, uma forma mista, mesclando elementos de tragédia e de comédia.

Comédia (*comédie*). Sinônimo de teatro, da Idade Média ao século XVIII. Ir à comédia significa ir ao teatro. No sentido moderno, a comédia é uma peça que provoca o riso. Distinguem-se tradicionalmente três tipos de comédia: a comédia de intrigas, fértil em peripécias; a comédia de costumes, satírica; a comédia de caráter, em que o personagem tem uma característica psicológica exageradamente ampliada.

Comédia-balé (*comédie-ballet*). Gênero misto, meio caminho entre o balé de corte e a comédia, criado por Molière com *Les Fâcheux* [*Os importunos*], em 1661, para as festas no castelo de Vaux-le-Vicomte dadas por Fouquet em homenagem a Luís XIV.

Comédia heroica (*comédie héroïque*). Gênero intermediário entre a tragédia e a comédia, criado em 1650 com *Don Sanche d'Aragon* [*Don Sancho de Aragão*] por Corneille, que introduz no universo cômico personagens de alta estirpe.

Comédia lacrimejante (*comédie larmoyante*). Gênero criado por Nivelle de la Chaussée em 1735 com *Le Préjugé à la mode* [*O preconceito na moda*]. Prepara o caminho para o drama burguês.

Commedia dell'arte. Teatro popular cômico, também chamado *commedia all'improviso* (comédia com improvisações), que se desenvolve na Itália do século XVI ao século XVIII. É herança da Antiguidade, sem dúvida transmitida pelos menestréis da Idade Média, que perpetuam a tradição latina da atelana. Esse teatro se baseia no virtuosismo, tanto verbal quanto gestual, do ator, que usa uma meia máscara.

Coro (*choeur*). Conjunto dos coreutas no teatro grego, latino e renascentista.

Coturnos (*cothurnes*). Calçados de teatro que, graças a uma sola alta, aumentam a estatura do protagonista da tragédia, na época helenística e, mais tarde, na romana.

Didascália (*didascalies*). Indicações cênicas (inclusive o nome dos personagens antes de cada fala). Elas informam sobre o espaço em que se desenrola a ação, sobre a ação e sobre o emissor da mensagem.

Ditirambo (*dithyrambe*). Apelido de Dioniso, depois, por extensão, canto religioso em sua homenagem que seria, de acordo com Aristóteles, a origem da tragédia.

Drama (*drame*). Etimologicamente, o termo significa ação, sem levar em conta o caráter emotivo dessa ação, que pode ser cômica ou patética. Torna-se em seguida sinônimo de ação horrível, digna de piedade. Mais tarde, com o nascimento do drama burguês, é sinônimo, por extensão, de gênero dramático.

Drama burguês (*drame bourgeois*). Gênero dramático, também chamado "gênero sério" ou "tragédia doméstica e burguesa", que nasce na segunda metade do século XVIII com autores como Diderot, Beaumarchais e Sébastien Mercier.

Drama romântico (*drame romantique*). Gênero dramático criado no século XIX por poetas românticos como Hugo, Vigny, Musset, que se caracteriza pela rejeição das regras clássicas e pela mistura dos tons.

Drama satírico (*drame satyrique*). Peça tragicômica com um coro de sátiros, representada para encerrar as trilogias por ocasião dos concursos na Grécia antiga.

Dramaturgia (*dramaturgie*). Conjunto de regras que presidem a composição de uma peça de teatro.

Eciclema (*eccyclème*). Plataforma rolante, destinada a levar à cena, na Grécia antiga, algo ou alguém que estaria dentro dela, atrás das portas da cena. Essa maquinaria, de manejo difícil, não foi mais utilizada desde o século IV a.C. Alguns diretores recorrem a ela hoje em dia.

Espaço cênico (*espace scénique*). Espaço em que se desenrola a ação (pode ser descrito no diálogo e na didascália).

Espaço dramático (*espace dramatique*). Espaço imaginário que a cena nunca mostra (evocado pelo diálogo apenas).

Fala dirigida ao público (*adresse au public*). Parte do texto dramático em que o ator, abandonando momentaneamente seu papel, se dirige ao público.

Implantação (*plantation*). Disposição dos cenários no palco.

Jornada (*journée*). Parte da ação de um mistério medieval, destinada a ser representada num dia; sinônimo de ato a partir da época barroca.

Milagre (*miracle*). Peça medieval cujo tema, tomado de empréstimo à legenda áurea, reconstitui um episódio da vida de um santo ou da Virgem.

Mistério (*mystère*). Drama sacromedieval, cujo tema, tomado de empréstimo à *Bíblia* ou à legenda áurea, reconstitui o mistério da redenção (desde o pecado de Adão até a ressurreição).

Orquéstica (*orchestique*). Conjunto de regras que codificam a simbólica dos gestos do corpo.

Palco aberto (*scène ouverte*). Visível, originalmente, palco ao ar livre. É o mais antigo.

Palco fechado (*scène fermée*). Parcialmente fechado, por estar contido numa espécie de caixa, aberta na frente, totalmente oculto quando a cortina está abaixada. É o palco italiano.

Praticável (*praticable*). – adj.: qualifica todo o espaço em que o ator pode representar. – subst.: elemento cenográfico (estrado edificado em níveis variáveis) que possibilita a passagem ou a permanência de um ou vários atores.

Protagonista (*protagoniste*). Originalmente, na Grécia antiga, ator principal que dirige o deuteragonista (2º ator) e o tritagonista (3º ator). Função preenchida inicialmente pelo dramaturgo. Por extensão, designa o personagem principal de uma peça.

Quironomia (*chironomie*). Conjunto das regras que codificam a simbólica dos gestos das mãos.

Tragédia-balé (*tragédie-ballet*). Gênero aristocrático oriundo da tradição dos balés de corte, nascido da mania dos espetáculos coreográficos sob Luís XIV. Ex.: para *Psyché*, em 1671, Molière e Corneille escrevem o texto a quatro mãos, Lulli a música, Quinault o libreto.

Tragédia com máquinas (*tragédie à machines*). Tragédia em que primam os elementos de espetáculo: música, canto, sonoplastia, cenário. Ex.: em 1659, *Andrômeda*, obra criada por Corneille com acompanhamento musical de d'Assoucy, com cenário de Torelli.

Tragédia em música (*tragédie en musique*). Gênero criado por Racine com *Esther* em 1689, em colaboração com Jean-Baptiste Moreau. A estética do gênero, que tende a fazer concorrência à ópera, muito em voga na França a partir da segunda metade do século XVII, se baseia num misto de declamação, música e canto.

Tragicomédia (*tragi-comédie*). Gênero dramático desconhecido na Antiguidade, criado por Garnier em 1582, com *Bradamante*, floresceu na França principalmente de 1628 a 1642 com autores como Hardy e Rotrou. Esse gênero irregular faz parte ao mesmo tempo da tragédia e da comédia.

Cronologia
OS TEÓRICOS DA ESTÉTICA TEATRAL

século IV a.C.
entre 389-370   Platão, *A república* (livros III e X)
entre 355-323   Aristóteles, *Poética*

século I a.C.
entre 23-13   Horácio, *Epístola aos Pisões*

século I d.C.   Quintiliano, *A instituição oratória*
século II d.C.   Tertuliano, *Sobre os espetáculos*
século V d.C.   Santo Agostinho, *Confissões* (livros III e VI)

1498   Tradução em latim da *Poética* de Aristóteles
1503   Publicação em grego da *Poética* de Aristóteles
1541   Tradução francesa da *Epístola aos Pisões* por Peletier du Mans
1548   Edição comentada da *Poética* por Robortello
1549   Du Bellay, *Defesa e ilustração da língua francesa*
1550   Edição comentada da *Poética* por Maggi
1555   Peletier du Mans, *Arte poética*
1561   Scaliger, *Poética* (em latim)
                 Grévin, *Breve discurso para a compreensão desse teatro*
1570   Castelvetro, *Poética de Aristóteles vulgarizada*
1572   La Taille, *A arte da tragédia*
1605   Vauquelin de la Fresnaye, *Arte poética*
1609   Lope de Vega, *A arte de fazer comédias*
1611   Heinsius, *Poética* (em latim)
1623   Chapelain, prefácio ao *Adônis* de Marino
1628   Ogier, *Prefácio ao leitor de Tiro e Sídon de Jean de Schélandre*
1630   Chapelain, *Carta sobre a regra das vinte e quatro horas*
1631   Mairet, prefácio de *La Silvanire*
1635   Scudéry, *Observações sobre Le Cid*
                 Discurso a Clito sobre as Observações sobre Le Cid
1638   Chapelain, *Os sentimentos da Academia Francesa sobre Le Cid*
1639   Sarasin, *Discurso sobre a tragédia*
                 Scudéry, *Apologia do teatro*
                 La Mesnardière, *Poética*
1647   Vossius, *Poética* (em latim)
1650   Corneille, *Epístola dedicatória* de *Dom Sancho de Aragão*
1657   D'Aubignac, *Prática do teatro*
1660   Corneille, *Discurso sobre a utilidade e as partes do poema dramático*

	Discurso sobre a tragédia e os meios de tratá-la segundo o verossímil ou o necessário
	Discurso sobre as três unidades: de ação, de dia e de lugar
1663	Molière, *A crítica da Escola de Mulheres*
1664	D'Aubignac, *Dissertation sur le poème dramatique* [*Dissertação sobre o poema dramático*]
1667	Nicole, *Tratado da comédia*
	Racine, prefácio de *Andrômaca*
1669	Racine, 1º prefácio de *Britânico*
1671	1ª tradução em francês da *Poética* de Aristóteles
	Racine, prefácio de *Berenice*
1674	Boileau, *Arte poética*
	Rapin, *Reflexões sobre a poética*
1676	Racine, 2º prefácio de *Britânico*
1677	Racine, prefácio de *Fedra*
1694	Bossuet, *Máximas e reflexões sobre a comédia*
1714	Houdar de la Motte, *Discurso sobre Homero*
1719	Du Bos, *Reflexões críticas sobre a poesia e a pintura*
1721-1730	Houdar de la Motte, *Discours et réflexions* [*Discursos e reflexões*]
1731	Voltaire, *Discurso sobre a tragédia*
1748	Voltaire, *Dissertation sur la tragédie ancienne et moderne* [*Dissertação sobre a tragédia antiga e moderna*]
1757	Diderot, *Conversas sobre "O filho natural"*
1758	Rousseau, *Carta a d'Alembert sobre os espetáculos*
	Diderot, *Discurso sobre a poesia dramática*
1762	Diderot, *Elogio de Terêncio*
1764	Voltaire, *Comentário sobre Corneille*
1767	Beaumarchais, *Ensaio sobre o gênero dramático sério*
1767-1768	Lessing, *A dramaturgia de Hamburgo* (em alemão)
1769-1773	Diderot, *Paradoxo sobre o comediante* (publicado em 1830)
1773	Mercier, *Do teatro ou Novo ensaio sobre a arte dramática*
1778	Mercier, *De la littérature et des littérateurs, suivi d'un nouvel examen de la tragédie française* [*Da literatura e dos literatos, seguido de um novo exame da tragédia francesa*]
1785	Tradução francesa de *A dramaturgia de Hamburgo*
1787	Marmontel, *Elementos de literatura*
1792	Schiller, *Sobre a arte trágica*
1793	Schiller, *Sobre o patético*
1794	Schiller, *Do sublime*
1803	Schiller, *Sobre o emprego do coro na tragédia*
1807-1813	*Curso de literatura dramática* (trad. em 1813)
1809	Constant, *Reflexões sobre o teatro alemão*
1810	Kleist, *Sobre o teatro de marionetes*
1814	Madame de Staël, *Da Alemanha*
1823	Stendhal, *Racine e Shakespeare* (I)

	Manzoni, *Lettre à M.C. sur l'unité de temps et de lieu dans la tragédie* [Carta ao sr. C. sobre a unidade de tempo e de lugar na tragédia]
1825	Stendhal, *Racine e Shakespeare* (II)
1827	Hugo, prefácio de *Cromwell*
1829	Vigny, *Carta a lorde *** sobre a soirée de 24 de outubro de 1829*
1830	Hugo, prefácio de *Hernani*
1832	Hegel, *Estética*
1833	Hugo, prefácios de *Maria Tudor* e de *Lucrécia Borgia*
1838	Musset, *Da tragédia*
	Hugo, prefácio de *Ruy Blas*
1843	Hugo, prefácio de *Os burgraves*
1848	Wagner, *A obra de arte do futuro*
1851	Wagner, *Ópera e drama*
1864	Hugo, *William Shakespeare*
1872	Nietzsche, *O nascimento da tragédia*
1881	Zola, *O Naturalismo no teatro*
	Zola, *Nossos autores dramáticos*
1884	Becq de Fouquières, *L'art de la mise en scène* [A arte da encenação]
1888	Prefácio de *Senhorita Júlia*
1890	Antoine, *Le Théâtre libre* [O teatro livre]
	Maeterlinck, *Trivialidades*
1891	Quillard, "Da inutilidade absoluta da encenação exata"
1895	Appia, *A encenação do drama wagneriano*
1896	Jarry, "Da inutilidade do teatro no teatro"
1897	Mallarmé, *Divagações*
1899	Appia, *A música e a encenação*
1903	Rolland, *Le théâtre du peuple, essai d'esthétique d'un théâtre nouveau* [O teatro do povo, ensaio de estética de um teatro novo]
	Antoine, *Conversas sobre a encenação*
1904	Appia, *Comment réformer notre mise en scène* [Como reformar nossa encenação]
	Craig, *A arte do teatro*
1908	Evreinov, *A apologia de teatralidade*
1910	Rouché, *A arte teatral moderna*
1911	Craig, *Da arte do teatro*
1918	Apollinaire, prólogo de *As mamelas de Tirésias*
1921	Appia, *A obra de arte viva*
1925	Stanislávski, *Minha vida na arte*
1926	Baty, *Le masque et l'encensoir* [A máscara e o turíbulo]
1927	Schlemmer, *Théâtre et abstraction* [Teatro e abstração]
1929	Piscator, *O teatro político*
1930	Claudel, *Le Drame et la musique* [O drama e a música]
1938	Stanislávski, *A formação do ator*
	Artaud, *O teatro e seu duplo*
	Jouvet, *Réflexions du comédien* [Reflexões do comediante]

1941	Copeau, *Le Théâtre populaire* [*O teatro popular*]
1946	Mauriac, *Le théâtre et l'idée que je m'en fais* [*O teatro e a ideia que tenho dele*]
	Dullin, *Souvenirs et notes de travail d'un acteur* [*Lembranças e notas de trabalho de um ator*]
1947	Genet, "Como representar *As criadas*"
1948	Brecht, *Petit organon pour le théâtre* [*Pequeno organon para o teatro*]
1949	Baty, *Rideau baissé* [*Pano baixado*]
	Pitoëff, *Notre théâtre* [*Nosso teatro*]
	Barrault, *Réflexions sur le théâtre* [*Reflexões sobre o teatro*]
1952	Jouvet, *Témoignages sur le théâtre* [*Depoimentos sobre o teatro*]
1953	Montherlant, prefácio de *Port-Royal*
1955	Camus, *Conférence sur l'avenir de la tragédie* [*Conferência sobre o futuro da tragédia*]
	Adamov, nota preliminar ao tomo II de *Théâtre* [*Teatro*]
	Vilar, *De la tradition théâtrale* [*Da tradição teatral*]
1958	Genet, "Pour jouer Les Nègres" ["Para representar Os negros"]
1962	Genet, "Comment jouer Le Balcon" ["Como representar O balcão"]
1966	Claudel, *Mes idées sur le théâtre* [*Minhas ideias sobre o teatro*]
	Genet, *Cartas a Roger Blin*
	Ionesco, *Notas e contranotas*
1968	Grotowski, *Em busca de um teatro pobre* (trad. fr.: 1971)
1969	Dullin, *Ce sont les dieux qu'il nous faut* [*É dos deuses que precisamos*]
1970	Dürrenmatt, trad. fr. de seus *Escritos sobre o teatro*
1973	Sartre, *Un théâtre de situations* [*Um teatro de situações*]
1973-1980	Meyerhold, trad. fr. de seus *Escritos sobre o teatro*
1974	Novarina, *Carta aos atores*
	Sarraute, *Le Gant retourné* [*A luva devolvida*]
1974-1984	Copeau, *Registres*, I, II, III, IV [*Registros*, I, II, III, IV]
1975	Vilar, *Le théâtre, service public* [*O teatro, serviço público*]
1976	Início da publicação francesa das obras completas de Artaud (22 volumes)
1977	Kantor, trad. fr. *Le théâtre de la mort* [*O teatro da morte*]
	Brook, *L'Espace vide* [*O espaço vazio*]
1980	Strehler, *Um teatro para a vida*
1982	Vinaver, *Écrits sur le théâtre* [*Escritos sobre o teatro*]
1989	Novarina, *Le Théâtre des paroles* [*O teatro das palavras*]
1991	Vitez, *Le Théâtre des idées* [*O teatro das ideias*]

Bibliografia

Abirached, R. (1978), *La Crise du personnage dans le théâtre moderne*, Grasset.
Architecture et dramaturgie (obra coletiva) (1950), 1.ª ed., Flammarion; (1980), 2.ª ed., Éditions d'aujourd'hui, Les Introuvables.
Aslan, O. E Bablet, D. (1985), *Le Masque: du rite au théâtre*, Éditions du CNRS.
Bensky, R.-D. (1971), *Recherche sur les structures et la symbolique de la marionette*, Nizet.
Brook, P. (1977), *L'Espace vide*, Le Seuil.
Dictionnaire encyclopédique du théâtre, obra coletiva sob a direção de Michel Corvin (1991), Bordas.
Dort, B. (1971), *Théâtre réel*, Le Seuil.
Gaulme, J. (1985), *Architecture, scénographie et décor de théâtre*, Magnard.
Helbo, A. (1975), *Sémiologie de la représentation. Théâtre, Télévision, Bande dessinée*, Bruxelas, ed. Complexe.
Histoire des spectacles, org. por Guy Dumur (1965), Encyclopédie de la Pléiade, Gallimard.
Hubert, M.-C. (1987), *Langage et corps fantasmé dans le théâtre des années cinquante*, Corti.
———. (1988 1.ª ed.), *Le Théâtre*, A. Colin, col. Cursus.
———. (1992), *Histoire de la scène occidentale*, A. Colin, col. Cursus.
Jacquot, J., e Bablet, D. (1963), *Le Lieu théâtral dans la société moderne*, Éditions du CNRS.
Jansen, S. (1968), "Esquisse d'une théorie de la forme dramatique", *Langages* 12, pp. 71-93.
Jomaron, J. (de) (1989), *Le Théâtre en France*, v. 2, obra coletiva, A. Colin.
Larthomas, P. (1972), *Le Langage dramatique, sa nature, ses procédés*, A. Colin.
Les Voies de la création théâtrale (obra coletiva) (1970), Éditions du CNRS, (Le Choeur des Muses) t. 1 e ss.
Sonrel, P. (1943), *Traité de scénographie*, Odelle Lieutier.
Strehler, G. (1980), *Un Théâtre pour la vie*, Fayard.
Ubersfeld, A. (1978), *Lire le théâtre I*, Éditions Sociales.
———. (1981) *Lire le théâtre II*, Éditions Sociales.

Assinalemos algumas revistas:
Cahiers Renaud-Barrault
Cahiers Théâtre-Louvain
L'Art du théâtre
L'Avant-Scène Théâtre
Revue d'Histoire du théâtre
Théâtre/Public
Travail théâtral

Índice onomástico

A
Adamov, 236
Agaton, 30, 32
Alembert (d'), 148, 149
Antoine, 219-20
Apollinaire, 128, 235
Appia, 219-28, 237
Aristófanes, 9, 17, 30, 52, 152
Aristóteles, 7, 9-11, 13, 15-7, 27-30, 32-49, 51-3, 55, 57, 60, 63, 65, 68-71, 74-6, 78, 80, 91, 97, 98, 100, 105-8, 110, 111, 114-20, 126, 128, 136, 163, 169, 174, 175, 190, 194, 202, 235, 263, 274, 276
Arrabal, 236, 240, 249
Artaud, 45, 149, 223-5, 234, 243-9, 257, 271, 278-9
Aubignac (d'), 7, 36, 51, 54, 56, 57, 60, 61-5, 70, 73, 80-4, 86-8, 90, 92, 94-6, 98, 109, 145, 158
Augier, 212, 221
Agostinho (santo), 24, 26, 120, 276

B
Baïf (Lazare de), 52
Balzac (Guez de), 54
Barba, 249
Barrault, 223, 241, 247, 279
Barthes, 267
Baty, 241, 258, 261
Baudelaire, 200, 224
Beaumarchais, 33, 45, 139, 143-5, 150, 151, 155, 163, 165, 182, 207
Beck, 249
Becque, 221
Bellerose, 96
Bernhard, 270
Blin, 241, 248
Boileau, 58, 70, 99, 101, 104, 105, 122, 133, 156
Boisrobert, 54, 132
Bonnard, 229

Bossuet, 24, 55, 120-4, 201, 267
Bourdet, 270
Brecht, 21, 45, 123, 168, 215, 225, 257, 261-70
Brook, 255

C
Calderón, 63, 134, 152, 173, 196, 198, 256-7
Castelvetro, 28, 53, 69
Cervantes, 196, 209
Césaire, 267-8
Chaikin, 249
Chapelain, 7, 48, 51, 54-6, 60, 67, 69, 70, 72, 77-80, 82, 86-9, 90, 97, 133, 134, 203
Cieslak, 256
Clairon (Mademoiselle), 160, 168, 169, 189
Claudel, 29, 33, 228-9, 231, 234, 243, 268
Constant, 196
Copeau, 238, 239, 241
Corneille, 7, 28, 29, 33-6, 51, 54-7, 59-66, 68, 69, 71-3, 75-86, 90-6, 100, 101, 104-22, 132-4, 136, 138, 153, 162, 163, 165, 170, 171, 174, 175, 198, 201, 207, 211, 216
Craig, 224-6, 232, 236-8, 240-2, 245, 259
Cuny, 241

D
Dancourt, 142
Debussy, 229
Derrida, 248
Descartes, 51
Destouches, 142
Diderot, 7, 31, 45, 96, 125, 135, 141, 144, 145, 147, 148, 151-4, 156-9, 161-75, 178-80, 182, 191, 194, 195, 197, 199, 202, 205, 207, 212, 220, 251, 252, 266, 271
Donato, 52
Donneau de Visé, 102
Dostoiévski, 10, 36
Du Bellay, 49, 52
Du Bos, 21, 149, 184

Ducis, 197-8
Dujardin, 228
Dullin, 238, 241, 247, 254
Dumas filho, 212, 221
Dumas pai, 194
Dürrenmatt, 270

E

Ésquilo, 9, 20, 32, 33, 39, 40, 41, 47, 48, 64, 108, 112, 118, 147, 163
Eurípides, 9, 30, 32, 33, 35, 41, 42, 43, 48, 52, 62, 65, 67, 76, 105, 108, 112, 117, 135, 156, 163, 200

F

Faulkner, 247
Fénelon, 136
Flaubert, 215
Fontenelle, 136, 142
Freud, 39, 234-6
Frínico, 32, 39
Frisch, 270

G

Garrick, 161
Gatti, 267-8
Gauguin, 229
Gautier, 211
Genet, 32, 155, 225, 240, 242, 248
Gherardi, 161
Godeau, 79, 82, 87, 89, 90, 134, 203
Goethe, 176, 183, 195, 198, 232
Gogol, 251, 258
Goldoni, 29, 45, 125, 152, 173, 182-94, 237
Goll, 235-6
Goncourt (Edmond), 220
Gottsched, 173
Gozzi, 183, 189
Grévin, 52
Grimm, 139, 151, 167, 169, 170
Gropius, 239, 241
Grotowski, 225, 243, 244, 245, 249, 253-7
Grumberg, 268
Guarini, 125, 130, 131, 134, 135

H

Hardy, 108, 111, 132, 275
Hegel, 208

Hesíodo, 20
Homero, 12, 13, 16, 18, 19, 20, 22, 30, 48, 208
Honegger, 229
Horácio, 28, 45-9, 51-3, 58, 60, 64, 65, 72, 74, 75, 76, 85, 91, 93, 95, 96, 108, 112, 116, 122, 156, 190, 212
Houdar de la Motte, 136
Hugo, 15, 29, 45, 132, 134, 194, 199, 200, 201, 202, 204, 205, 207-14

I

Icres, 219
Ionesco, 236, 245

J

Jacques-Dalcroze, 228
Jarry, 127, 225, 226, 232, 233
Jodorowsky, 249
Jonson (Ben), 126, 232, 233, 234, 243
Jouvet, 241

K

Kafka, 36
Kantor, 245
Kean, 198
Kemble, 197-8
Kleist, 241-2
Koltès, 40
Kraemer, 270

L

La Bruyère, 124
La Mesnardière, 54, 56, 70, 75
La Rochefoucauld, 122
La Taille, 52-4
Labiche, 212
Lamartine, 201, 206, 207
Lautrec, 229
Lesage, 163
Lessing, 125, 151, 172-83, 191, 195
Lillo, 152, 187
Lope de Rueda, 132
Lope de Vega, 45, 80, 125, 126, 127, 130, 132, 133, 134, 135, 152, 173, 178
Lucrécio, 13
Lugné-Poe, 224, 229, 230, 231, 232, 233
Lulli, 55, 123, 275

M

Maeterlinck, 229-32, 259
Maggi, 28
Mahelot, 93
Maiakóvski, 257
Mairet, 7, 13, 51, 54, 56, 88, 98
Mallarmé, 229, 230, 231, 232, 241, 242, 246
Mareschal, 63
Marino, 55
Marivaux, 100, 138, 142, 156, 184
Marlowe, 125, 232
Marmontel, 14, 64, 133, 136, 160, 171, 172, 176, 177
Mauclair, 229
Menandro, 1132, 134, 140
Mercier, 7, 45, 78, 125, 134, 135, 139, 140, 141, 144, 145, 146, 150, 152, 153, 154, 155, 156, 157, 173, 187, 194, 195, 197, 199, 200, 202, 205, 207, 212, 274
Mérimée, 194
Meyerhold, 225, 226, 254, 257, 258, 259, 260, 261, 263, 266
Michaux, 224
Michelet, 215
Milhaud, 229, 231
Minyana, 248
Mnouchkine, 33, 248, 269
Molière, 30, 55, 57, 58, 61, 73, 74, 79, 99, 100, 102, 103, 104, 121, 124, 132, 133, 134, 140-2, 152, 156, 159, 178-9, 187, 191, 198, 199, 207, 216
Mondory, 96
Müller, 270
Musset, 31, 194, 195, 201, 205, 206, 211

N

Nichet, 270
Nicole, 24, 55, 105, 120, 121, 122, 124
Nivelle de la Chaussée, 142
Novarina, 248

O

Ogier, 125, 134, 135
Ovídio, 47, 67

P

Pascal, 18, 122
Pausânias, 67, 118
Peletier du Mans, 49, 52-3
Picasso, 223
Pirandello, 241
Piscator, 225, 262, 265
Pitoëff (Georges), 241, 249
Pitoëff (Ludmila), 241, 249
Planchon, 191, 267-8
Plauto, 49, 62, 99, 101, 131, 132, 140, 154, 184
Plutarco, 18-9, 71, 111, 132

Q

Quillard, 229, 232
Quinault, 123
Quintiliano, 14, 46

R

Rachel, 211
Racine (Jean), 14, 19, 29, 40, 42, 57, 58, 65, 67, 68, 73, 76, 80, 85, 90, 93, 95, 105, 106, 107, 108, 110, 111, 113, 114, 116-9, 122, 138, 139, 167, 170, 171, 175, 194, 197, 199, 200-4, 206, 207, 209, 211, 216
Rapin, 189, 194
Rayssiguier, 63
Régnard, 142, 179
Riccoboni (François), 166
Riccoboni (Luigi), 166
Richards, 256
Richardson, 145
Rilke, 37
Robortello, 28, 126
Ronsard, 52
Rotrou, 63, 65, 132
Rouché, 226
Rousseau, 138, 141, 148-50, 178

S

Sabbattini, 60, 97
Sacchi, 186
Saint-Sorlin, 60, 73
Sardou, 212, 220
Sarraute, 42
Savary, 249, 270
Scaliger, 28, 46, 52, 83, 87, 109
Schélandre (Jean de), 125, 134
Schiller, 183, 195-6, 198, 202

Schlegel, 72, 196
Schlemmer, 225, 226, 241, 242
Schnitzler, 241
Scribe, 220
Scudéry (Georges de), 54, 55, 60, 63, 72, 73
Sêneca, 49, 52, 97, 108, 131, 132, 152, 164, 178
Serlio, 240
Shakespeare, 63, 125, 129, 130, 152, 157, 161, 170, 171, 173, 174, 175, 194-206, 208, 232, 236, 237, 238, 271
Shaw, 241
Smithson, 197-8
Sócrates, 11, 17, 19, 21, 53, 144
Sófron, 11
Staël (Madame de), 195-6, 201
Stanislávski, 225, 226, 237, 241, 243, 249-53, 255-8, 278
Stchepkin, 251-2
Stendhal, 19, 45, 194, 197, 199, 200, 202-6
Strehler, 192, 266
Strindberg, 219-20, 241

T

Taille (Jean de la), 52-4
Tchekhov, 252, 259
Terêncio, 49, 52, 62, 99, 100-2, 131, 132, 133, 152, 157, 178, 184
Tertuliano, 24, 26, 120
Téspis, 18-9, 32
Tirso de Molina, 125, 132
Tolstói, 219
Topor, 249
Torelli, 60

Tourneur, 126, 232

V

Valincour (de), 105
Vauquelin de la Fresnaye, 52, 130
Viau (Théophile de), 92
Vigny, 29, 45, 194-6, 198, 199, 201, 205, 206, 209
Vilar, 241, 264
Vinaver, 118, 268-9
Virgílio, 13, 76
Vitez, 249
Vitrac, 234
Voltaire, 133, 136, 142, 143, 147, 148, 157, 159, 160, 161, 167, 170, 171, 175, 179, 207, 212
Vossius, 108
Vuillard, 229

W

Wagner, 163, 223, 224, 226, 229, 230, 241
Weill, 267
Weingarten, 236
Weiss, 270

X

Xenarco, 11

Y

Yacine, 267-8

Z

Zêuxis, 169, 233
Zola, 154, 191, 212, 213-21, 271

Índice das ilustrações

1. O teatro grego (reconstituição do teatro de Delos) 44
2. Disposição típica da cena à italiana, segundo um desenho de Sabbattini (1638) 97
3. O carro do autossacramental espanhol 128
4. O teatro elisabetano (o "Swan Theatre") 129
5. Le Vieux-Colombier, de Jacques Copeau 239
6. O teatro total, de Walter Gropius (1927) 239

Índice

Sumário 5
Prefácio 7

Capítulo 1. A ANTIGUIDADE 9

  1. A ARTE DA MÍMESIS.. 9
    1.1. O conceito de mímesis.. 9
    1.2. Lugar do teatro na tipologia dos gêneros literários............... 11
    1.3. Os critérios de diferenciação das artes miméticas............... 15

  2. A CONDENAÇÃO PLATÔNICA.. 17
    2.1. O ponto de vista do metafísico.. 17
    2.2. O ponto de vista do moralista... 19
    2.3. Os herdeiros de Platão 24

  3. A DRAMATURGIA ARISTOTÉLICA.. 27
    3.1. Os seis elementos constitutivos da peça de teatro 28
    3.2. O primado da ação.. 29
        3.2.1. "Uma ação una e que forma um todo"........................ 30
        3.2.2. A regra do verossímil e do necessário 33
        3.2.3. Subordinação do personagem à ação........................ 36
    3.3. A configuração trágica ideal 36
        3.3.1. Definição da tragédia.. 37
        3.3.2. Os critérios da tragédia ideal 40
    3.4. O lugar do espetáculo... 43

  4. A CONTRIBUIÇÃO DE HORÁCIO 45
    4.1. Fidelidade a Aristóteles 46
    4.2. Um ponto de vista normativo... 48

Capítulo 2. O CLASSICISMO 51

  1. DO HUMANISMO AO CLASSICISMO 51
    1.1. Releitura de Horácio e de Aristóteles.................................. 52
    1.2. Os teóricos do Classicismo... 54

  2. AS "PARTES INTEGRANTES" 58
    2.1. O primado da ação.. 59
    2.2. As artes subsidiárias: moral e retórica................................ 59
    2.3. Espetáculo e indicações cênicas 60

  3. A UNIDADE DE AÇÃO.. 63

4. A VEROSSIMILHANÇA INTERNA ... 66
4.1. A verossimilhança da ação ... 67
4.1.1. A rejeição do maravilhoso ... 67
4.1.2. O verdadeiro ou o verossímil ... 69
4.1.3. O gosto do público ... 73
4.2. A credibilidade dos costumes ... 74
4.2.1. Sua "conveniência" ... 75
4.2.2. Sua "similitude" ... 75
4.2.3. Sua "igualdade" ... 77
4.2.4. Sua "excelência" ... 78
4.3. Verossimilhança e linguagem dramática ... 79
4.3.1. O verso em questão ... 79
4.3.2. O artifício do monólogo e do aparte ... 82
4.3.3. A motivação da narrativa ... 85

5. "A ILUSÃO DE PRESENÇA" ... 86
5.1. A unidade de tempo ... 87
5.2. A unidade de lugar ... 91

6. A ESTÉTICA DA PUREZA ... 97
6.1. Definição tradicional dos gêneros dramáticos ... 98
6.2. Formas novas ... 100

7. A TRAGÉDIA IDEAL ... 105
7.1. Seu objetivo: a catarse ... 105
7.2. O acontecimento patético ... 108
7.3. Um personagem longe da humanidade média ... 110
7.4. As relações de aliança ... 111
7.5. A falta trágica ... 114
7.6. A rejeição da agnição ... 117
7.7. Um novo móvel trágico: a admiração da virtude ... 118
7.8. Os Padres da Igreja e o teatro ... 120

Capítulo 3. A REVOLUÇÃO DO DRAMA ... 125

1. LOPE DE VEGA E OS PRECURSORES DO DRAMA ... 125
1.1. O respeito da unidade de ação ... 127
1.2. A mistura dos gêneros ... 130
1.3. A adaptação da peça ao gosto do público ... 132
1.4. Ogier, herdeiro de Lope de Vega ... 134

2. O TEATRO DAS LUZES ... 135
2.1. Condenação dos gêneros antigos ... 136
2.2. O sonho de um teatro cívico e popular ... 143
2.3. O realismo ilusionista do drama burguês ... 150
2.3.1. A mistura dos tons ... 150
2.3.2. A pintura das condições sociais ... 153
2.3.3. Uma ação que reproduz o real ... 155
2.3.4. A quarta parede ... 158

2.4. Foco no ator... 159
   2.4.1. Uma atuação natural... 159
   2.4.2. O poder emocional do gesto............................. 162
   2.4.3. A sensibilidade do comediante......................... 166

3. LESSING, UM ÊMULO DE DIDEROT................................. 172
   3.1. O anticlassicismo.. 174
   3.2. O realismo a serviço da moralidade....................... 176
   3.3. Um espetáculo edificante....................................... 180

4. GOLDONI, O REFORMADOR DA COMÉDIA NA ITÁLIA 182
   4.1. A *commedia dell'arte*, um gênero congelado 183
   4.2. A reforma.. 185
      4.2.1. Da improvisação ao texto................................. 185
      4.2.2. O abandono da máscara.................................. 186
   4.3. O objetivo da reforma.. 189
      4.3.1. A crônica de costumes..................................... 190
      4.3.2. A moralidade do riso....................................... 192

5. O DRAMA ROMÂNTICO 194
   5.1. A influência estrangeira.. 195
   5.2. Modernidade e liberdade da arte........................... 199
   5.3. A aliança do grotesco com o sublime..................... 207

6. O TEATRO NATURALISTA 212
   6.1. A rejeição do inverossímil....................................... 213
   6.2. Verdade psicológica e realismo cênico................... 216

Capítulo 4. RUMO À MODERNIDADE...................................... 223
   1. UM TEATRO ABSTRATO... 225
      1.1. Appia: música e luz no palco.................................. 226
      1.2. Os simbolistas ou o sonho de um teatro mental..... 228
      1.3. Jarry: da inutilidade do teatro no teatro 232
      1.4. Craig e a supermarionete....................................... 236
      1.5. O balé de objetos de Oskar Schlemmer 241

   2. UM TEATRO SAGRADO 242
      2.1. Artaud e o "teatro da crueldade"............................ 243
      2.2. Stanislávski ou a arte do "reviver" 249
      2.3. Grotowski e o "teatro pobre".................................. 253

   3. UM TEATRO POLÍTICO.. 257
      3.1. Meyerhold e o "teatro da convenção consciente" .. 257
      3.2. O distanciamento brechtiano................................. 261

Conclusão.. 271
Glossário 273

Cronologia 276
Bibliografia 280
Índice onomástico 281
Índice das ilustrações 285